기초자료로 본 독일 통일 20년

서울대학교통일학연구총서 12

기초자료로 본 독일 통일 20년

펴낸곳 서울대학교출판문화원
펴낸이 성낙인
지은이 임홍배 송태수 정병기

초판 1쇄 발행 2011년 11월 20일
초판 2쇄 발행 2014년 9월 30일
출판등록 제15-3호

주소 서울 관악구 관악로 1 우편번호 151-742
대표전화 02-880-5252 **팩스** 02-888-4148
마케팅팀(주문상담) 02-889-4424, 02-880-7995
이메일 snubook@snu.ac.kr
홈페이지 www.snupress.com
영문홈페이지 eng.snupress.com

ISBN 978-89-521-1228-6 94340
978-89-521-1029-9(세트)

서울대학교통일학연구총서 12

기초자료로 본 독일 통일 20년

임홍배 · 송태수 · 정병기 지음

서울대학교출판문화원

Twenty Years after the Reunification of Germany:
Basic Data

Hong Bae Lim

Tae-Soo Song

Byungkee Jung

Seoul National University Press

서울대학교통일학연구총서를 내면서

냉전체제의 와해와 남북교류의 증대로 21세기 한반도의 창조적 미래구상이 절실히 요청되는 시대를 맞고 있다. 우리의 희망과는 달리 남북관계는 여전히 불안정하고 국제정세 또한 유동적이지만 상호적대적인 분단체제는 더 이상 유지되기 어려운 상황임이 분명하다. 민주화와 경제발전을 성공적으로 이룩한 우리 사회의 역량을 바탕으로 통일한국의 미래를 기획하고 추진하는 일이 핵심적인 시대적 과제로 부각되고 있다.

어떤 형태의 통일이 바람직할 것인가에 대해 완전한 합의를 얻기는 쉽지 않다. 통일이 이루어질 시기를 예측하기도 곤란하며 통일과정이 반드시 점진적이거나 평화적일 것이란 보장도 없다. 우리가 원치 않는 방식으로 이 문제에 맞부딪치게 될 가능성도 얼마든지 있다. 그럼에도 불구하고, 아니 그렇기 때문에, 통일에 대한 연구는 더욱 총체적인 시야에서 체계적으로 이루어져야 한다. 실제로 통일과정에 돌입했을 때 그 전 과정을 적절히 관리할 역량이 갖추어지지 못하면 오히려 심각한 갈등과 후유증을 겪을 우려가 크기 때문이다.

통일논의가 구체화되고 정책적 실현가능성이 높아질수록 그에 적합한 전문성과 책임성을 갖추기 위해 노심초사해야 하는 것이 한국 지식인의 책무일 것이다. 반세기 이상 남북한 주민들이 경험해 온 상이한 제도와 관행을 적절히 통합하고 전쟁의 상처와 오랜 대립에서 유래하는 적대감과 이질성을 극복하기 위해서는 고도의 전문성과 기획력이 무엇보다도 필요하다. 한반도 통일을 바람직한 동북아 지역질서와 연계시키고 보다 나은 공동체를 구현하는 일도 지식인들의 높은 식견과 섬세한 대응역량이 없이는 불가능하다.

서울대학교는 2003년부터 통일학 연구 지원 사업을 시작하였고 우리 사회의 지적 대응능력을 키우는 데 진력하고 있다. 서울대학교의 통일연구사업은 북한에 대한 지역연구 차원을 넘어서 통일과정 전반에서 고려되어야 할 쟁점들을 학제적으로 분석하는 데 목적을 둔다. 따라서 정치, 경제, 사회, 역사, 문화, 환경의 영역은 물론이고 농학과 의학, 과학 기술과 예술 및 체육에 이르기까지 광범위한 영역을 포괄한다. 이 일을 총괄하는 서울대학교 통일평화연구원은 국내외의 연구기관 및 연구자들과 교류하면서 종합학문으로서의 통일학을 정립하고자 애쓰고 있다.

서울대학교통일학연구총서는 이러한 학문적 노력의 결실이다. 이 총서가 우리 시대 최대의 과제인 분단극복과 통일한국을 향한 역사적 장정에 긴요한 지적 자산이 되기를 기대한다. 또한 소모적인 이념 논란을 지양하고 창조적인 대안과 정책적 지혜를 탐색하는 이성적 도구로 활용되기를 바란다. 끝으로 통일 연구의 시대사적 중요성을 인식하고 서울대학교 통일 연구사업의 제도적 바탕을 마련해 주신 정운찬 전 총장님과 변함없이 이 연구사업을 지원, 격려해 주신 이장무 전 총장님, 그리고 종전의 통일평화연구소를 통일평화연구원으로 승격하여 새로운 도약과 발전의 기틀을 마련해 주신 오연천 총장님께 깊은 감사를 표한다.

2011년 10월

서울대학교 통일평화연구원

머리말

통일 20년 후의 한반도를 상상해 보자. 통일의 방식도 중요하지만, 통일 후 정치 · 이념적 통합과 사회 · 경제 · 문화적 통합도 중요한 과제다. 한반도의 남북처럼 오랜 세월 이념을 달리해 온 두 진영이 통일된 독일의 사례를 살펴보는 것은 통일 후 한반도의 모습을 미리 상상해 보고 올바른 통합의 길을 모색하는 데 중요한 시사점을 제공해 줄 것이다.

사실 독일 통일과 통일 이후 통합에 대한 국내의 관심은 결코 적지 않았다. 그러나 특정 사안에 대한 연구나 분석은 다양하게 이루어져 왔지만 보다 폭넓은 연구의 토대가 될 기초자료에 대한 조사는 미흡한 편이었다. 독일 연방정부가 통일 후 거의 매년 발간해 온 〈통일 백서〉는 동서통합의 과정과 정도를 전체적으로 개괄하는 장점은 있지만, 통일 직후부터 최근까지의 중장기적 변화 추이를 제시하지는 못했다. 독일 통일 후 국가통합에 관한 객관적 자료가 국내에 충분히 소개되지 못한 주된 이유는 통일 독일의 통합과정에 대한 연구가 그러한 한계를 안고 있는 〈통일 백서〉를 번역 소개하는 수준에 그쳤기 때문이다.

따라서 이 연구는 1990년 독일의 통일 후 20년 동안 이루어진 국가통합과정에 대한 기초자료를 수집하고 분석하여 기본적인 평가를 내림으로써 통일학 연구의 토대를 확대하고자 기획되었다. 마침 서울대학교 통일평화연구원의 2008년도 통일학 연구사업의 지원을 받아 독어독문학을 전공하는 연구책임자와 정치와 노동문제 전문가 및 정치경제 전문가를 공동연구원으로 하는 연구진을 구성하여 이 기획은 결실을 거둘 수 있었다. 이 연구는 무엇보다 정치, 경제, 사회, 교육 및 연구개발, 문화, 에너지와 환경 분야에 관하여 통일 직후부터 최근까지 독일에서 발간된 정책보고서와 통계자료들을 빠짐없이 수집하고 체계적으로 분석하여 통일 20주년을 맞은 독일의 국가통합 지표들을 제시함으로써 주요 영역별로 국가 통합의 수준을 객관적으로 판단할 수 있는 기초자료를 집대성했다는 데 의의가 있다.

임홍배 교수는 교육과 연구개발 및 문화 영역을 맡았고, 송태수 교수는 사회 부문 일부와 경제 및 에너지와 환경 부문을 담당했으며, 정병기 교수는 정치 부문과 사회 일부 부문을 맡아, 각자 연구를 수행하고 수차례의 토론을 거쳐 집필에 착수하였다. 정치 영역에서는 연방제, 공공부문 개혁, 정당, 선거와 관련되는 자료들을 수집 분석하였고, 경제 영역에서는 각종 경제동향 지표들을 추적하되 지역 경제에 큰 비중을 두어 지역총생산, 경제지원, 경기지수와 같은 거시 경제지표들뿐만 아니라 기업 창업과 폐업 및 농촌개발, 교통인프라, 도시건설, 투자 등과 관련된 미시경제지표들도 추적하였다. 사회 영역에서는 우선 사회인구학적 자료들을 수집하여 성별 · 연령별 인구구조, 직업구조, 학력구조들을 살펴보고, 실업 문제를 비롯한 노동정책과 교육과 연구, 아동 · 청소년 · 가족 · 여성정책들을 조사하였으며, 교육 영역에서는 통일 후 가장 큰 변화를 겪었던 대학개혁과 관련하여 구동독 지역 대학들의 구조개혁 과정과 결과를 분석하고 연구개발과 관련된 각종 정책들을 고찰하였다. 그리고 문화 영역에서는 구동독 지역의 문화재 보호, 통일 독일의 수도 베를린의 문화예술 진흥정책, 구동독 지역의 시민 참여 문화 활성화, 동서 문화교류 지원 등 통일 후 구동독 지역을 위한 주요 문화정책을 살펴보았으며, 에너지와 환경 영역에서는 석탄과 핵 에너지에 초점을 두어 에너지 정책과 사용량을 추적하고 대기, 수질, 쓰레기와 관련된 환경 지표들을 조사하였다.

가능한 한 광범위한 영역에 걸쳐 세부적이고 구체적인 기초자료를 수집하고 정리하여 향후 독일 통일 연구를 비롯한 통일학 연구의 중요한 토대를 마련하는 것이 이 연구의 의도였으므로, 자료에 대한 심층적인 분석과 평가에 대한 기대까지 충족시키지는 못했다. 이 연구는 다만 그와 같은 분석과 평가가 이 연구를 통해 촉진되기를 바랄 뿐이다. 그럼에도 불구하고 여러 가지 제한으로 인해 초래된 기초자료의 양적 · 질적 한계에 대해서는 전적으로 세 연구자의 책임임을 밝혀 둔다. 이 연구가 수행될 수 있도록 지원해 준 서울대학교 통일평화연구원과 편집체제 등을 세심히 점검해 준 서울대학교출판문화원에 심심한 감사를 드린다.

2011년 10월
필자 일동

차례

서울대학교 통일학연구총서를 내면서 · v
머리말 · vii

제1장 정치

1. 통일 시기 구동독의 정치 과정 · 1
2. 통일 헌법 · 5
3. 연방제 · 9
4. 정부 · 14
5. 정당과 선거 · 16
   1) 정당 지지율 분포 · 16
   2) 연방의회 선거 · 26
   3) 주의회 선거 · 38
6. 통일 관련 의식 · 66
7. 요약과 전망 · 70

제2장 경제

1. 통일독일 및 구동독 지역 경제의 발전과 현황 개괄 · 75
   1) 전환기(1990~1994년)와 정상화기(1995~2000년) · 81
   2) 혁신기(2001년 이후) · 84
2. 거시경제 동향 · 91
3. 노동과 노동시장 · 105
   1) 노동시장 · 105
   2) 노동생산성과 노동시간 및 산업부문별 추세 · 114
4. 투자와 대외 경제구조의 개선 · 125
   1) 투자와 혁신경쟁력 · 125
   2) 대외 경제구조의 변화 · 129
5. 도시건설과 주택 개조 · 133

1) 도시의 현대화 · 133
2) 주거환경의 개선 및 '사회적 도시' · 137
3) 구동독 지역 주택 및 건설부문의 시장경제체제에의 통합 · 140
6. 농촌개발 및 농업부문의 통합 · 145
1) 1989년 이후 농업경제구조의 개편 · 145
2) 토지매입 및 구(舊)채무 조정을 위한 법제도 · 151
3) 농촌에 대한 재정 지원책 · 155
7. 교통 인프라 확충 · 159
8. 요약과 전망 · 164

제3장 사회

1. 인구 변동 · 167
2. 근로자 소득수준 · 168
3. 사회보장제도 · 170
1) 실업보험제도 도입 · 173
2) 연금제도의 통합 · 173
3) 의료보험제도의 통합 · 178
4) 산재보험제도의 통합 · 180
5) 간병보험제도의 통합 · 181
6) 원호제도의 통합 · 181
7) 사회부조제도의 통합 · 182
4. 보건 · 의료체계 · 183
1) 개괄 · 183
2) 보건제도 통합의 과정 · 186
3) 구동독 지역 의사 급여 수준의 제고 · 188
4) 의료서비스 강화를 위한 지원 체계의 확대 · 189
5. 노동과 노동조합 · 190
1) 독일 통일 과정의 노동조합 · 190
2) 통일독일의 노동조합 활동 · 197
6. 요약과 전망 · 202

제4장 교육 및 연구개발

1. 구동독 지역의 대학 구조개혁 · 205
1) 대학 구조개혁의 원칙 · 205
2) 대학의 통폐합과 신설 · 207

3) 대학 교원의 인적 쇄신 · 209
4) 대학생 수의 증감 · 212
5) 특별 재정 지원 · 215
2. 연구기반 확충 · 218
1) 통일독일의 연구개발 정책 · 218
2) 연구개발 인력의 쇄신 · 220
3) 대학 외 연구소 육성 · 222
4) 대학 연구역량 강화 · 224
3. 기술혁신 지원 사업 · 225
1) 지역 혁신역량 강화 사업 · 226
2) 첨단분야 육성 지원 · 228
3) 하이테크 창업 지원 · 229
4) 기업 연구개발 역량 강화 · 230
4. 주요 교육 지표 · 231
1) 교육 재정 · 231
2) 교육 수준 · 234
3) 교육 환경 · 242
5. 주요 연구개발 지표 · 246
1) 연구개발 재정 개관 · 246
2) 부문별 · 주별 연구개발비 · 251
3) 연구개발 인력 · 257
6. 요약과 전망 · 264

제5장 문화

1. 통일독일의 문화정책 · 269
1) 1단계(1991~1993년) · 272
2) 2단계(1994~1998년) · 272
3) 3단계(1999~2004년) · 273
4) 4단계(2005년~현재) · 273
2. 주요 정책사업 · 275
1) 국가문화재 보호: '문화 등대' 프로젝트 · 275
2) 수도 베를린의 문화 진흥 · 278
3) 지역시민 참여문화 활성화 · 284
4) 문화예술 교육의 강화 · 286
5) 동서 문화교류 · 290
6) 문화산업 육성 · 292

7) 시민참여 유도: '통일공로상' · 293
3. 민간 부문의 문화운동 · 295
1) 도시 공동화에 대한 문화적 대응: '수축하는 도시들' 프로젝트 · 295
2) 구동독 지역 문화예술 지원 협의회 · 297
4. 주요 문화 지표 · 298
1) 문화 재정 · 298
2) 문화 생활 · 302
5. 요약과 전망 · 307

제6장 환경과 에너지

1. 구동독의 환경파괴 실태와 통독 후 개선 개괄 · 311
1) 환경파괴의 원인 · 313
2) 환경개선의 일반 현황 · 315
2. 환경오염의 개선 · 319
1) 환경오염 개선 개괄 · 319
2) 대기 · 324
3) 물 · 335
4) 쓰레기(폐기물) · 338
3. 에너지 · 347
갈탄에 의한 발전원(發電源) 확보 · 350
4. 자연보호 · 352
1) 구동독 지역 자연보호지역의 사유화 중단 · 353
2) 생물 서식공간 연결체계의 마련 · 354
5. 요약과 전망 · 354

참고문헌 · 357
부록: 2006, 2009년 독일기본법 개정 내용 · 369
Abstract · 383
찾아보기 · 385

그림 차례

그림 1-1 통일 후 기민/기사연 구동서독 지역 연방의회 선거결과: 정당명부 제2기표 · 17
그림 1-2 통일 후 사민당 구동서독 지역 연방의회 선거결과: 정당명부 제2기표 · 18
그림 1-3 통일 후 동맹90/녹색당 구동서독 지역 연방의회 선거결과: 정당명부 제2기표 · 19
그림 1-4 통일 후 자민당 구동서독 지역 연방의회 선거결과: 정당명부 제2기표 · 20
그림 1-5 통일 후 민사당/좌파당 구동서독 지역 연방의회 선거결과: 정당명부 제2기표 · 21
그림 1-6 통일 후 극우정당 구동서독 지역 연방의회 선거결과: 정당명부 제2기표 · 25
그림 1-7 구동서독 지역 연방의회 투표참여율: 정당명부 제2기표 · 30
그림 1-8 1990년 구동서독 지역 연방의회 선거: 정당명부 제2기표 · 31
그림 1-9 1994년 구동서독 지역 연방의회 선거: 정당명부 제2기표 · 32
그림 1-10 1998년 구동서독 지역 연방의회 선거: 정당명부 제2기표 · 33
그림 1-11 2002년 구동서독 지역 연방의회 선거: 정당명부 제2기표 · 34
그림 1-12 2005년 구동서독 지역 연방의회 선거: 정당명부 제2기표 · 36
그림 1-13 2009년 구동서독 지역 연방의회 선거: 정당명부 제2기표 · 37
그림 2-1 구동서독 지역 GDP 성장률 · 75
그림 2-2 독일의 GDP 추이(1990~2009년) · 77
그림 2-3 독일의 GDP 추이(1950~2009년) · 78
그림 2-4 독일의 무역 추이(1990~2009년) · 79
그림 2-5 구동독 지역 1인당 소비수준의 변화 · 80
그림 2-6 GDP 중 제조업과 건설업의 비중(구동서독 지역 비교) · 85
그림 2-7 연도별 GDP 대비 수출비중 · 86
그림 2-8 주별 1인당 수출 규모 · 86
그림 2-9 기업 수익률과 총생산가치 중 임금비중의 변동 추이 · 87
그림 2-10 구동독 지역 주별 제조업 비중 · 91
그림 2-11 구동서독 지역 GDP 성장률 · 97
그림 2-12 구동독 지역 취업률 변화 · 108
그림 2-13 구동독 지역 남성과 여성의 실업률 비교 · 110
그림 2-14 구동독 지역 산업별 임금인상률 · 118

그림 2-15 산업부문별 임금수준, 생산성 및 단위임금비용 구동서독 지역 비교 · 123
그림 2-16 구동독 지역 지원 전략의 발전 · 126
그림 2-17 공적 연구장려금 수혜 제조 및 서비스부문 기업 · 128
그림 2-18 도시혁신 촉진을 위한 연방정부의 재정지원 · 136
그림 2-19 사회적 도시 프로그램 개념도 · 139
그림 2-20 사회적 도시 프로그램 목표 · 140
그림 2-21 인구증감 현황 및 예측인구 수 · 144
그림 3-1 동서독 지역 인구 변동 · 169
그림 3-2 구동서독 지역의 예상 수명 비교 · 185
그림 4-1 작센 주의 출산인구 증감 추이 · 214
그림 4-2 연구기관별 연구개발비(2007년 기준) · 258
그림 5-1 국내총생산 대비 문화산업의 비중(2004년 기준) · 292
그림 5-2 문화예산의 주요 부문별 비율(2005년) · 302
그림 6-1 주민 1인당 조세수입(2007년) · 319
그림 6-2 유독성 폐기물 처리 대규모 프로젝트 · 321

표 차례

표 1-1 1989년 시위대중들의 정당정치성향 · 3
표 1-2 1990년 3월 18일 동독 인민의회 선거결과 · 6
표 1-3 독일(서독) 역대 총리와 집권당 · 15
표 1-4 독일 연방의회 선거: 정당명부 제2기표 · 28
표 1-5 통일 후 구동서독 지역별 연방의회 선거결과: 정당명부 제2기표 · 30
표 1-6 주의회 선거제도 · 39
표 1-7 바덴-뷔르템베르크(Baden-Wüttemberg) 주의회 선거 · 41
표 1-8 바이에른(Bayern) 주의회 선거 · 42
표 1-9 베를린(Berlin) 주의회 선거 · 44
표 1-10 동베를린 지역 주의회 선거 · 46
표 1-11 브레멘(Bremen) 주의회 선거 · 47
표 1-12 함부르크(Hamburg) 주의회 선거 · 49
표 1-13 헤센(Hessen) 주의회 선거 · 51
표 1-14 니더작센(Niedersachsen) 주의회 선거 · 52
표 1-15 노르트라인-베스트팔렌(Nordrhein-Westfalen) 주의회 선거 · 54
표 1-16 자를란트(Saarland) 주의회 선거 · 55
표 1-17 라인란트-팔츠(Rheinland-Pfalz) 주의회 선거 · 57
표 1-18 슐레스비히-홀슈타인(Schleswig-Holstein) 주의회 선거 · 58
표 1-19 브란덴부르크(Brandenburg) 주의회 선거 · 60
표 1-20 메클렌부르크-포어포메른(Mecklenburg-Vorpormmern) 주의회 선거 · 61
표 1-21 작센(Sachsen) 주의회 선거 · 62
표 1-22 작센-안할트(Sachsen-Anhalt) 주의회 선거 · 64
표 1-23 튀링엔(Th ringen) 주의회 선거 · 65
표 1-24 서독인들의 부정적 통일 전망 · 67
표 1-25 사회주의 이념에 대한 찬성률 · 69
표 2-1 주별 전년대비 GDP 성장률 · 76
표 2-2 주간노동시간 비교 · 88
표 2-3 실업률 변화 추이 · 89
표 2-4 산업부문별 성장률 추이 · 89
표 2-5 구동독 지역 2차산업(건설 제외)이 독일 전체에서 차지하는 비중 변화 · 90

표 2-6 구동독 지역 주별 일반 통계(2008년 현재) · 92
표 2-7 구동서독 지역 거시경제지표의 비교(1991년과 2008년) · 94
표 2-8 주별 국내총생산 · 95
표 2-9 주별 GDP 상대지수(2000년 기준) · 96
표 2-10 주별 전년대비 GDP 성장률 · 98
표 2-11 주별 2차산업(건설 제외) 부가가치 생산 · 99
표 2-12 2차산업(건설 제외) 전년대비 성장률 · 100
표 2-13 주별 건설부문 부가가치 생산 · 101
표 2-14 주별 건설부문 부가가치 생산 증가율 · 102
표 2-15 서비스부문 부가가치 생산량 · 103
표 2-16 서비스부문 부가가치 생산 증가율 · 104
표 2-17 구동독 지역 취업률 변화 · 107
표 2-18 신탁청 산하기업 및 사유화된 기업 고용상태의 변화 · 108
표 2-19 실업률 일반 통계(구동서독 지역 비교) · 109
표 2-20 전체 노동인구 대비 각 주별 실업률 · 111
표 2-21 전체 노동인구 대비 남성 실업률 · 112
표 2-22 전체 노동인구 대비 여성 실업률 · 113
표 2-23 구동독 지역 노동시장 및 고용상황의 변화(1991~1996년) · 114
표 2-24 구동독 지역 1차산업 임금수준 · 115
표 2-25 구동독 지역 3차산업 임금수준 · 116
표 2-26 구동독 지역 2차산업(건설 제외) 임금수준 · 116
표 2-27 구동독 지역 건설부문 임금수준 · 117
표 2-28 구동독 지역 1차산업 임금인상률 · 118
표 2-29 구동독 지역 3차산업 임금인상률 · 119
표 2-30 구동독 지역 2차산업(건설 제외) 임금인상률 · 119
표 2-31 구동독 지역 건설부문 임금인상률 · 120
표 2-32 구동서독 지역 평균 노동시간 · 121
표 2-33 성별 노동시간 구동서독 지역 비교 · 121
표 2-34 주간 노동시간 동향 비교 · 122
표 2-35 제조부문 시간당 총비용 중 임금비중 · 124
표 2-36 연구개발 인력구조 비교 · 130
표 2-37 국가 및 지역별 수출입(1989년 현재) · 130
표 2-38 전체경제 중 수출 비중 · 131
표 2-39 제조업 중 수출 비중 · 131
표 2-40 수출의존도 · 131
표 2-41 독일의 기업 규모별 구조(2007년 현재) · 132
표 2-42 주별 기업 규모별 수(2007년 현재) · 132

표 2–43 구동독 지역 대기업 현황 · 133
표 2–44 체제전환 초기 건설업 생산규모의 변화 · 137
표 2–45 주거상황 구동서독 지역 비교 · 138
표 2–46 1989년 당시 동독의 농업구조 · 146
표 2–47 구동독 지역 농업구조의 변화 · 148
표 2–48 구동독 지역 농업 구조(1995년) · 150
표 2–49 토지 사유화(재사유화 및 재공영화 제외) · 152
표 2–50 도로교통 인프라 · 160
표 2–51 철도 인프라의 특징 · 162
표 3–1 독일 인구 변동 · 168
표 3–2 독일 연방주 인구 변동 · 169
표 3–3 독일 구동서독 지역 근로자 소득 비교(2008년도 정규직 연소득) · 171
표 3–4 실제로 지급된 연금 · 175
표 3–5 45년간 보험에 가입한 평균소득자의 표준연금 비교 I · 176
표 3–6 45년간 보험에 가입한 평균소득자의 표준연금 비교 II · 176
표 3–7 평균연금액과 연금수령자 수 · 177
표 3–8 연령에 따른 예상 수명 · 184
표 3–9 노동자의 병가율 · 185
표 3–10 인구 10만 명당 의사, 치과의사 및 약사 · 185
표 3–11 구동서독 지역 단협임금 인상률과 수준 변화 · 199
표 3–12 구동서독 지역 월평균 실질임금수준 비교 · 199
표 3–13 독일노련(DGB) 조합원 수와 조직률 추이 · 201
표 3–14 독일노련(DGB) 조직과 조합원 현황(2008년 12월 31일) · 202
표 4–1 구동독의 대학구조 재편 · 206
표 4–2 전공분야별 대학교원 퇴출 현황 · 209
표 4–3 대학유형별 교원 수 비율의 변화(1989~1994년) · 210
표 4–4 연차별 대학교원 충원율 · 211
표 4–5 구동독 지역 대학교원의 출신 지역 분포(1995년) · 212
표 4–6 구서독 지역 대비 구동독 지역의 실업률 · 213
표 4–7 17~20세 학령인구 감소(2006~2020년 예측) · 213
표 4–8 대학혁신 프로그램 지원 내역 · 216
표 4–9 주별 대학생 수 증감 추이(2005~2010년) · 217
표 4–10 구동독과 구서독의 연구개발 인력 구성(1989년 기준) · 221
표 4–11 구동독 지역의 연구인력 구성 변화 · 221
표 4–12 구동독 지역에 신설된 대학 외 연구소(1992년 기준) · 222
표 4–13 구동독 지역 연구소에 대한 연방정부의 지원금 추이 · 223
표 4–14 연구기관별 연방정부의 지원금(2004년 기준) · 223

표 4-15 구동독 지역 소재 대학들에 대한 중점연구분야 지원 현황 · 225
표 4-16 구동독 지역 소재 대학들에 대한 혁신연구 지원 사업 · 226
표 4-17 교육 예산 현황 · 232
표 4-18 교육예산 증감 추이 · 233
표 4-19 주별 학생/대학생 1인당 평균 지출(2005년 현재) · 234
표 4-20 GDP 대비 교육부문 공공지출(2006년 현재) · 235
표 4-21 주별 학력 수준(2006년 현재) · 236
표 4-22 연령별 대졸자 분포(2006년 현재) · 237
표 4-23 대학입학생 수 증감(2000~2006년) · 238
표 4-24 25~64세 주민 교육수준별 취업률(2006년 현재) · 239
표 4-25 25~64세 주민 학력별 실업률(2006년 현재) · 240
표 4-26 학력수준별 청년층 실업률(2006년 현재) · 241
표 4-27 평균 학급 크기(2006년 현재) · 243
표 4-28 1995~2006년간 교수 1인당 대학생 수(SCED 5A/6) 증감 · 244
표 4-29 25~64세 주민의 재교육 과정 참여 비율(2006년 현재) · 245
표 4-30 학술 및 연구개발 지출 총액 · 247
표 4-31 학술 및 연구개발비 공공재정 구조 · 248
표 4-32 연구개발비 총액 및 재원 · 248
표 4-33 부문별 연구개발비 배분 구조 · 249
표 4-34 주정부에 대한 연방정부의 연구개발 지원(1995~2003년) · 250
표 4-35 주정부에 대한 연방정부의 연구개발 지원(2004~2006년) · 251
표 4-36 주정부의 연구개발비 추이 · 252
표 4-37 주별 기업 연구개발비 추이 · 253
표 4-38 대학 연구개발비 추이 · 253
표 4-39 주별 대학 연구개발비 추이 · 254
표 4-40 분야별 대학 연구개발비 추이 · 255
표 4-41 분야별 대학 외 연구개발비 추이 · 256
표 4-42 주별 대학 외 연구개발비 추이 · 256
표 4-43 연구개발 인력 변동 추이 · 258
표 4-44 구동독 지역 연구개발 인력 · 259
표 4-45 주별 연구개발 인력 · 260
표 4-46 주별 기업부문 연구개발 인력 · 261
표 4-47 주별 대학소속 연구개발 인력 · 262
표 4-48 학문분야별 대학 외 연구소 연구개발 인력 · 263
표 4-49 주별 대학 외 연구소 연구개발 인력 · 264
표 4-50 주별 특허 출원 수 · 265
표 5-1 '문화 등대' 프로젝트 등재 문화재 목록 · 276

표 5-2 '프로이센의 성과 공원들' 재정 구조 · 277
표 5-3 베를린의 문화예산 추이 · 280
표 5-4 주요 부문별 예산 추이 · 299
표 5-5 지역별 문화예산 증감 추이 · 300
표 5-6 주별 문화예산 비교(2005년) · 301
표 5-7 문화재 보호를 위한 재정 지출 · 303
표 5-8 도서대여 및 도서관 방문자 수(2006년) · 304
표 5-9 주별 박물관 방문자 수(2002~2006년) · 305
표 5-10 주별 연극 관람자 수(2001~2006년) · 306
표 5-11 인터넷 및 개인용 컴퓨터 보급률 · 307
표 5-12 가계 문화생활비 지출 · 308
표 6-1 주민 1인당 오염물질 배출량 · 316
표 6-2 1차에너지 사용에 따른 주민 1인당 이산화탄소(CO_2) 배출량(1990~2006년) · 317
표 6-3 쓰레기 배출량 · 318
표 6-4 재정지원 대형프로젝트 · 320
표 6-5 연도별 온실가스 배출량(1995~2006년) · 324
표 6-6 연도별 온실가스 배출 증감률(1995~2006년) · 325
표 6-7 연도별 1인당 온실가스 배출 증감률(1995~2006년) · 326
표 6-8 에너지 사용에 의해 배출된 이산화탄소량 · 327
표 6-9 에너지 사용에 의해 배출된 이산화탄소 증감률 · 328
표 6-10 에너지 사용으로 발생한 이산화탄소로 인해 감소된 산소량 · 329
표 6-11 에너지 사용으로 발생한 이산화탄소로 인한 산소 증감률 · 330
표 6-12 에너지 사용으로 발생한 이산화탄소로 인해 감소된 산소량 · 331
표 6-13 메탄(CH_4) 배출량 · 332
표 6-14 메탄(CH_4) 배출 증감률 · 332
표 6-15 1인당 메탄(CH_4) 배출량 · 333
표 6-16 아산화질소(N_2O) 배출량(1995~2006년) · 333
표 6-17 아산화질소(N_2O) 배출량 추이(1995~2006년) · 334
표 6-18 1인당 아산화질소(N_2O) 배출량(1995~2006년) · 334
표 6-19 자연으로부터의 물 급수량 · 335
표 6-20 자연으로부터의 물 급수량 지역별 구성비 · 335
표 6-21 1인당 자연으로부터의 물 급수량 · 336
표 6-22 하수 유입총량 · 336
표 6-23 주민 1인당 하수 유입량 · 337
표 6-24 경제부문별 및 일반가정으로부터의 하수 유입총량 · 337
표 6-25 경제부문별 하수 유입량 비중 · 338

표 6-26 가정 쓰레기(폐기물) · 339
표 6-27 1인당 가정 쓰레기(폐기물) · 340
표 6-28 연도별 쓰레기(폐기물) 총량 · 341
표 6-29 쓰레기(폐기물) 전년 대비 증감률 · 342
표 6-30 연도별 쓰레기(폐기물) 증감 추이 · 343
표 6-31 연도별 매립 쓰레기(폐기물) 총량 · 344
표 6-32 매립 쓰레기(폐기물) 증감률 · 345
표 6-33 연도별 매립 쓰레기(폐기물) 증감 추이 · 346
표 6-34 주민 1인당 1차에너지 소비량(1990~2006년) · 348
표 6-35 에너지생산성 변화 추이 · 349
표 6-36 구동독 지역에서의 자연보호 프로젝트 · 352

제1장

정치

1. 통일 시기 구동독의 정치 과정

베를린 장벽이 무너진 후 21년, 독일의 정치적 통일 이후 20년이 지났다. 그리고 그 20년 동안 통일 후 정치도 마찬가지로 강산이 두 번 변화하는 긴 시간을 지나왔다고 할 수 있다. 2009년 9월 27일의 총선이 4년을 임기로 하는 독일 연방의회가 통일 후 선출된 지 다섯 번의 임기를 마치고 여섯 번째 심판대에 오른 것이었기 때문이다.

통일 후 20년의 독일 정치와 그에 대한 국민들의 심판은 이미 통일 과정에서 배태되었다고 해도 과언이 아니다. 특히 동독 최초의 자유선거이자 통일선거였던 1990년 3월 인민의회선거와 이를 둘러싼 당시 정치과정이 그 축소판이었다. 따라서 당시 선거결과와 정치과정에 대해 간략히 짚고 넘어가겠다.[1]

통일을 향한 동독의 정치과정은 1989년 베를린 장벽 붕괴 정국에서 시작하며, 이를 달리 표현하면 동독 현실사회주의에 대한 개혁 움직임에서 출발했다는 것이다. 이미 우리나라에도 잘 알려진 바 있는, 라이프치히(Leipzig)와 동베를린(Ost-Berlin) 등지에서 매주 월요일마다 열린 이른바 월요시위

---

1 통일과정의 정치에 대해서는 정병기(2003: 301-334)를 재구성.

(Montagsdemonstration)의 초성은 통일 요구가 아니라 '인간의 얼굴을 한 사회주의' 혹은 인민이 진정한 주권자로 인정되는 '개혁사회주의'의 주장이었다. 그 상징적 표현이 바로 "우리가 인민이다!(Wir sind das Volk!)"라는 구호였다.

그러나 점차 정치 권력의 공백기가 나타나기 시작하자 이 구호는 서서히 힘을 잃어 가면서 급기야는 통일 주장으로 변해 "우리는 하나의 국민이다!(Wir sind ein Volk!)"로 전환되었다. 물론 이러한 급선회가 순조롭게 이루어진 것은 아니며, 격동하는 정세에서 일련의 갈등 과정을 거쳐야 했다.

개혁사회주의 주장이 다수를 이루는 가운데 처음에는 소수에 머물렀던 통일지향세력들은 "독일은 하나의 조국(Deutschland einig Vaterland)"이라는 민족국가적 구호를 내놓았다. 그러나 베를린 장벽 붕괴 정국은 통일보다는 개혁에 가까웠다. 〈표 1-1〉에서 보는 바와 같이 장벽이 무너지기 시작한 11월 말경에는 여전히 구동독 공산당인 통일사회당에 대한 지지가 적지 않았으나 시간이 지날수록 개혁사회주의적 주장이 높아져 갔다(Zwahr, 1993: 150).

11월 말경 구동독 공산당인 통일사회당(SED: Sozialistische Einheitspartei Deutschland)의 지지율은 31%에 달했고 그 반사효과로 여전히 위성정당이기는 하지만 가장 부르주아자유주의적 이념으로 알려진 자민당(LDPD)의 지지율이 23%로 높은 비율을 보였으나, 두 정당은 모두 시간이 지남에 따라 지지율이 급격히 낮아졌다. 자민당은 12월 4일과 12월 11일에 각각 11%와 7%로 점차 지지를 잃어 갔으며 통일사회당 지지율은 같은 시간대에 6%로 대폭 낮아졌다가 다시 15%로 상승했다. 12월 11일에 통일사회당 지지율이 다시 높아진 것은 통일사회당이 개혁사회주의의 목소리를 일정하게 반영하여 스스로 변화했기 때문인 것으로 보인다.

실제로 통일사회당은 대중 시위가 확산됨에 따라 1989년 11월 22일 '중앙원탁회의(Der zentrale Runde Tisch)'의 구성을 제안했으며, 이 원탁회의는 11월 29일 라이프치히(Leipzig) 시를 시초로 지역에서 먼저 활발하게 구성되었다.[2]

---

2 원탁회의에 대해서는 Kolinsky(1993: 243-244) 참조.

표 1-1 1989년 시위대중들의 정당정치성향(전체 응답자 2,000명에 대한 백분율)

정당/정치 · 사회단체	1989년 11월 말	1989년 12월 4일	1989년 12월 11일
기민연(CDU)	10	12	9
독일자민당(LDPD)	23	11	7
민족당(NDPD)	3	2	1
통일사회당(SED)	31	6	15
농민당(DBD)	5	1	0
노이에스 포룸(Neues Forum)	17	18	14
사민당(SDP)	6	37	42
기타 개혁사회주의적 정당	5	13	12

- 기민연(CDU): 독일기독민주연합(Christlich Demokratische Union Deutschlands).
- 독일자민당(LDPD): 독일자유민주당(Liberal-Demokratische Partei Deutschlands).
- 민족당(NDPD): 독일민족민주당(National-Demokratische Partei Deutschlands).

*독일자민당과 민족당은 자유민주동맹(BFD: Bund Freier Demokraten)으로 연맹하였다가 이후 자민당(FDP)으로 통합.

- 통일사회당(SED): 동독공산당인 독일사회주의통일당(Sozialistische Einheitspartei Deutschlands).
- 농민당(DBD): 독일민주농민당(Demokratische Bauernpartei Deutschlands).
- 사민당(SDP): 동독인민공화국사회민주당(Sozialdemokratische Partei in der DDR). 1990년 1월 전당대회에서 서독 사민당과 동일한 독일사민당(SPD: Sozialdemokratische Partei Deutschlands)으로 개명.

출처: Zwahr(1993: 149).

이어 12월 3일에는 통일사회당이 개혁의 의지를 보여 주는 상징적 의미로 당 권력 핵심기구인 중앙위원회(Zentralkomitee)와 정치국(Politbüro)을 해체했으며, 그 나흘 뒤인 12월 7일에는 중앙원탁회의가 구성되어 인민의회 의원들과 정당 및 저항운동단체 대표들이 참가하였다. 이후 일정기간 동안 원탁회의는 정부와 의회의 기능을 대신하는 위치로까지 발전하게 되었다.

반면, 사회주의 개혁을 주장하는 노이에스 포룸(Neues Forum)과 국가 간 연방제를 거친 완만한 통일 정책을 주장하는 동독사민당(SDP)이나 그와 유사한 입장의 다른 신생정당들을 지지하는 시위대중의 비율은 통일사회당 지지가 여전히 높았던 초기에 상대적으로 낮았으나 이후 점차 높아졌다. 1989년 11월에 그 지지율은 28%였으나 12월 4일과 12월 11일에는 68%에 이르렀던 것이다(12월 4일: 동독사민당 37%, 노이에스 포룸 18%, 기타 13%; 12월 11일: 동독사민당 42%, 노이에스 포룸 14%, 기타 12%).

이러한 상황에서 통일 주장이 다수 대중의 지지를 획득하기 시작한 것은 인민의회 선거전이 본격적으로 시작된 1990년 1월부터였다. 그 핵심적인 선거전략은 경제 · 화폐통합이었다. 개혁사회주의 단체들이 경제적 대안과 개혁사회주의의 새로운 질서를 제시하지 못한 채 분열해 간 것과 달리, 기민연 중심의 선거연합체인 '독일을 위한 연맹(Allianz für Deutschland)'은 '화폐 · 경제 · 사회 통합(Währungs-, Wirtschafts- und Sozialunion)' 협정을 통해 동서화폐의 1:1 교환(당시 실제 환율은 약 10:1) 가능성을 구체화했던 것이다. 결국 통일 총리가 된 당시 콜(Helmut Kohl) 총리의 통일정책과 함께 '사회적 시장경제'라는 장밋빛 약속이 '우리는 하나의 국민이다(Wir sind ein Volk)'라는 구호로 정교화되어, 통일사회당 정권이 물러난 상태에서 소득 증진과 사회안정망을 유지하고자 하는 대중정서에 효과적으로 파고들 수 있었다.[3] 이와 같이 급격한 흡수통일의 내용을 담은 '하나의 국민'이라는 구호가 개혁을 요구하는 '주권자 인민'의 구호를 대체한 것은 사회주의적 전망에 입각한 새로운 사회질서의 대안과 개혁이 현실로부터 멀어져 가고, 시위대중들의 헤게모니가 정당으로 넘어감을 의미했다(Zwahr, 1993: 141).

선거전 자체도 통일된 입장을 갖지 못한 채 동맹90(Bündnis 90), 녹색당-독립여성연합(Grüne-Unabhängige Frauenverband) 및 통일좌파행동동맹(Aktionsbündnis Vereinigte Linke)으로 분열된 소규모 조직으로서 재정과 경험이 매우 열악했던 저항운동단체들에게는 처음부터 승산 없는 싸움이었다. 반면 기민연과 자민당 등 과거 '민족전선(Nationale Front)'이라는 집권블럭에 속했던 이른바 블럭정당(Block Parteien)들과 사민당은 서독으로부터 막대한 재정과 장비 지원 및 전문적 조언을 받고 있었다. 특히 기민연의 경우는 가장 큰 블럭정당으로서 통일사회당에 대한 정책적 지지와 동의를 이끌어 내는 역할에 걸맞게 각 지역과 사회계층에 잘 정비된 지구조직을 갖추고 있었을 뿐만 아니라, 기존의 인프라 시설을 이용하는 면에서도 특권적 지위를 누리고

3 당시 대중들의 이러한 정서는 함께 등장했던 "독일 마르크가 우리에게 오지 않으면, 우리가 간다."라는 주장에서도 엿볼 수 있다. Musiolek und Wuttke(1991: 15-16, 241) 참조.

있었으며, 서독 기민연은 이를 효과적으로 활용할 것을 적극 지지 · 지원하였다.[4] 선거결과는 사회주의 개혁을 주장하는 저항운동단체의 세 정당들이 도합 5.05%를 얻고, 완만한 통일을 주장한 사민당이 21.9%를 얻는 데 그친 반면, 급속한 통일을 주장하는 '독일을 위한 연맹'은 48.0%를 획득함으로써, 흡수통일 주장의 승리로 귀결되었다(〈표 1-2〉 참조). 결국 1990년 3월의 인민의회 선거는 통일을 기정사실화한 국민투표이자 급격한 흡수통일을 선택한 통일방안을 둘러싼 정책투표였다고 할 수 있다.

그러나 '독일을 위한 연맹'에 대한 동독 인민들의 지지가 단순한 흡수통일이 아니라 그것이 가져다줄 경제발전에 따른 소득증진과 사회안전망이었다는 점은 매우 중요하다. 또한 그와 마찬가지로 통일 이슈를 둔 국민투표라는 선거의 성격을 볼 때, 그 지지율이 과반수에 미치지 못하는 48.0%였다는 점도 통일 이후 전개될 사회 경제적 변화에 따라 통일 독일의 새로운 균열을 형성할 소지를 충분히 안고 있었다.

2. 통일 헌법

독일 헌법은 통일 이전의 임시 헌법이라는 의미에서 '헌법'이 아니라 '연방공화국기본법(Grundgesetz für die Bundesrepublik Deutschland)'의 명칭으로 1949년 5월 23일 서독에서 제정되었다. 그러나 통일된 이후에도 서독 기본법이 구동독 지역에 확대 적용되었으며, 오늘날까지 이 명칭을 유지하고 있다. 통일 후 기본법 개정은 2006년 8월 28일 연방제에 관한 내용들의 대폭 개정을

---

4 서독 기민/기사연의 원내총무로서 콜 총리의 두터운 신임을 받아 1998년 총리후보로서 가장 가능성 있는 인물로 물망에 올랐던 볼프강 쇼이블레(Wolfgang Schäuble)는 동독 기민연이 블럭정당이었다는 사실이 반드시 단점만은 아니며, 과거 블럭정당으로서 동독 사회를 구성해 가는 데 이바지한 사회세력의 하나였다는 점으로 인해 통일을 추진하는 데 오히려 더 유용할 수 있다고 주장한 바 있다(Schmidt, 1994: 40-41).

표 1-2 1990년 3월 18일 동독 인민의회 선거결과(투표참여율: 93.4%)

<table>
<tr><th>선거연합</th><th>정당 정치/사회단체</th><th colspan="2">득표율(%)</th><th colspan="2">의석 수</th></tr>
<tr><td rowspan="3">독일을 위한 연맹
(Allianz für Deutschland)</td><td>기민연(CDU)</td><td>40.8</td><td rowspan="3">48.0</td><td>163</td><td rowspan="3">192</td></tr>
<tr><td>사회연(DSU)</td><td>6.3</td><td>25</td></tr>
<tr><td>민주혁파(DA)</td><td>0.9</td><td>4</td></tr>
<tr><td colspan="2">사민당(SPD)</td><td colspan="2">21.9</td><td colspan="2">88</td></tr>
<tr><td colspan="2">민사당(PDS)</td><td colspan="2">16.4</td><td colspan="2">66</td></tr>
<tr><td rowspan="3">자유민주/자유 동맹
(BFD/Liberalen)</td><td>포룸당(DFP)</td><td colspan="2" rowspan="3">5.3</td><td colspan="2" rowspan="3">21</td></tr>
<tr><td>독일자민당(LDPD)</td></tr>
<tr><td>자민당(FDP)</td></tr>
<tr><td colspan="2">동맹90(Bündnis 90)</td><td colspan="2">2.9</td><td colspan="2">12</td></tr>
<tr><td colspan="2">농민당(DBD)</td><td colspan="2">2.2</td><td colspan="2">9</td></tr>
<tr><td rowspan="2">녹색당/여성연합
(Grünen/UF)</td><td>녹색당(Grüne Partei)</td><td colspan="2" rowspan="2">2.0</td><td colspan="2" rowspan="2">8</td></tr>
<tr><td>여성연합(UF)</td></tr>
<tr><td colspan="2">여성동맹(DFD)</td><td colspan="2">0.2</td><td colspan="2">1</td></tr>
<tr><td colspan="2">기타</td><td colspan="2">1.1</td><td colspan="2">3</td></tr>
<tr><td colspan="2">합 계</td><td colspan="2">100.0</td><td colspan="2">400</td></tr>
</table>

- 기민연(CDU): 독일기독민주연합(Christlich Demokratische Union Deutschlands).
- 사회연(DSU): 독일사회연합(Deutsche Soziale Union).
- 민주혁파(DA): 민주적 혁파(Demokratischer Aufbruch).
- 사민당(SPD): 독일사회민주당(Sozialdemokratische Partei Deutschlands).
- 민사당(PDS): 독일민주사회당(Partei des Demokratischen Sozialismus). 통일사회당의 후속정당.
- 포룸당(DFP): 독일포룸당(Deutsche Forumpartei).
- 독일자민당(LDPD): 독일자유민주당(Liberal-Demokratische Partei Deutschlands).
- 자민당(FDP): 자유민주당(Freie Demokratische Partei).
- 농민당(DBD): 독일민주농민당(Demokratische Bauernpartei Deutschlands).
- 여성연합(UF): 독립여성연합(Unabhängige Frauenverband).
- 여성동맹(DFD): 독일민주여성동맹(Demokratischer Frauenbund Deutschlands).

출처: Zwahr(1993: 157-158).

통해 이루어진 후 2009년 3월 19일 최종적으로 개정되어 2009년 7월 1일부터 효력을 발휘하였다. 현행 기본법은 전체적으로 1949년 기본법을 근간으로 하면서 연방제와 관련해서는 2006년 개정법에 토대를 둔다.[5]

5 2009년 개정은 제106조에서 관련 세목을 구체화하고 제106b조를 추가하여 자동차세의 연방 이관에 따른 주들의 분담금 수령 권한을 규정하며 효력발생일을 명기하고 일부 자구를 수정하는 정도였다. "Bundesgesetzblatt Jahrgang 2009 Teil I Nr. 16, ausgegeben

임시 헌법의 의미를 가진 기본법이라는 용어를 사용하는 것을 두고 통일헌법이 제정되지 않았다는 비판과 논쟁이 현재까지 제기되고 있다. 이미 이러한 논쟁은 통일 직후에 서독 연방기본법을 동독 지역에 확대 적용하느냐 새 통일헌법을 제정하느냐를 두고 벌어진 바 있다. 이것은 독일 기본법 자체의 이중적 규정에 의해 법적 논쟁으로 전개되기도 했다. 곧, 기본법 제23조는 서독 기본법의 확대 적용을 가능하게 한 반면, 기본법 제146조는 새로운 헌법을 제정하여 통일 독일에 적용할 수 있도록 규정했기 때문이다(Müller-Graff, 2005: 58).

그러나 통일 후 기본법 개정이 2006년에 처음 이루어진 것은 아니었다. 이미 통일과 동시에 통일조약이 발효되면서 기본법 개정 효과가 발생했으며, 이른바 헌법개혁이라 불리는 2006년 기본법 개정(제42차 개정)이 이루어지기 전까지 이미 다섯 차례의 일부 개정이 이루어졌다(제36~41차 개정)(장태주, 2001: 35-37). 우선 제36차 개정이라 불리는 통일조약의 발효로 동독 지역으로 서독 기본법이 확대 적용되었으나 연방과 주의 관계(제2장), 연방법률의 집행과 연방행정(제8장), 공동과제(제8a장), 사법부(제9장), 경과규정(제11장) 등은 1995년 말까지 그 확대적용이 유보되었다. 이때부터 이미 연방제 개혁의 필요성이 제기되었다고 할 수 있다. 이후 1994년 10월 27일의 제37차 개정부터 2006년 제42차 기본법 개정 이전까지 이루어진 개정의 주요 내용은 유럽통합, 연방과 주의 관계 조정, 망명권의 제한 등에 관한 것으로 다음과 같다:

- 통합유럽을 궁극적 목표로 하는 유럽연합의 발전에 대한 협력을 국가목표로 설정(제23조 1항)
- 유럽연합과 관련하여 연방의회 및 주의 협력권을 규정(제23조 2항)
- 유럽연합 회원국으로서 독일에 부여된 권리 주장에 관해 규정(제23조 6항)

---

zu Bonn am 25. März 2009"(http://www.bundesfinanzministerium.de/nn_82/DE/BMF__Startseite/Aktuelles/Aktuelle__Gesetze/Gesetze__Verordnungen/033__Aend__GG__anl,templateId=raw,property=publicationFile.pdf)을 참조.

• 정치적 망명 제한(제16조 2항 2문 삭제, 제16a조 1항 추가)

2006년의 기본법 개정은 이전과 달리 흡수통일에 따라 단일제 국가였던 동독이 과거의 주(州)들로 분리되어 서독 연방에 편입됨으로써 발생한 연방제에 관련된 내용이 중심이었다. 통일 후 16년이 지난 후였지만, 이 개정으로 통일독일의 연방제가 완성된 셈이었다. 이는 연방제에 관한 주들 간 갈등이 얼마나 심각했는가를 알려 주는 방증이기도 하다. 곧, 이 연방제 개혁은 상이한 이해관계들 간 타협의 산물로 주의 자율성이 강화된 동시에 연방의 권한도 유지 또는 강화된 이중적이고 복합적인 성격을 보여 준다(윤석진 · 이준서, 2008: 9; 유진숙, 2006: 301-302).

2006년 기본법 개정은 연방제 개혁을 핵심으로 하고 있으므로 그 주요 내용은 다음 절에서 소개하고 여기에서는 다음과 같이 개혁의 주요 과정만 기술한다.[6]

• 2003년 10월~2006년 6월: 제1차 연방제개혁위원회['연방국가적 질서의 현대화에 관한 공동위원회(gemeinsame Kommission zur Modernisierung der bundesstaatlichen Ordnung: Föderalismuskommission)']
• 2004년 12월: 교육 관련 권한을 두고 연방과 주의 대립으로 협의 결렬
• 2005년 9월 11일: 대연정 연립협정에서 연방제 개혁 내용 합의: "① 효과적인 의사결정과 행동을 위한 능력의 향상(법률의 성립에 다수의 다른 입장의 주가 참가하고 주정부의 대표로 구성된 연방평의회(Bundesrat)와 연방의회(Bundestag)의 지배정당이 다른 것에 기인하는 방해의 위험성을 개선), ② 정부 책임분배의 명확화, ③ 행정부의 유효성과 편의성의 개선

6 윤석진 · 이준서(2008: 46-7); Deutscher Bundestag, "60 Jahre Grundgesetz," http://www.mitmischen.de/index.php/Informativ/Zeitleiste/pos/10/infobox/22330(검색일: 2009.8.2.); Deutscher Bundestag, "Kommission zur Modernisierung der Bund-Länder-Finanzbeziehungen," http://www.bundestag.de/bundestag/ausschuesse/gremien/foederalisreform/index.html(검색일: 2009.8.2.).

- 2005년 12월 14일: 연방 총리와 주 총리들이 위 개혁목표에 동의하고 명시
- 2006년 3월 7일: 기민/기사연과 사민당, 연방제 개혁을 위한 기본법 개정안과 관련 법률의 개정안(BT-Drucksache 16/813, 16/814)을 연방의회에 제출; 4개 주(Nordrhein-Westfalen, Bayern, Berlin, Bremen)가 동일 내용의 기본법 및 관련 법률 개정안(BT-Drucksache 178/06, 179/06)을 연방평의회에 제출
- 2006년 5월 15일~6월 2일: 연방의회 공청회
- 2006년 6월 30일: 제1차 개정법안 연방의회 통과
- 2007년 3월 8일~2009년 3월 5일: 제2차 연방제개혁위원회[연방-주의 재정관계 현대화를 위한 위원회(Kommission zur Modernisierung der Bund-Länder-Finanzbeziehungen)]
- 2009년 3월 19일: 제2차 개정법안 연방의회 통과
- 2009년 7월 2일: 개정 기본법 발효

3. 연방제

2006년 독일 기본법 개정은 총 25개 조항을 개정(14개 조항 보충, 5개 조항 삽입, 3개 조항 추가, 3개 조항 삭제)한 사상 최대 규모였다. 그 주요 내용은 위원회의 논의를 거친 합의의 결과 주요 내용은 국가목표의 추가 설정 및 연방과 주의 입법권한 조정에 관한 사항이었다(장태주, 2001: 37). 우선, 환경에 대한 국가적 인식(20a조), 장애인의 불이익 금지(3조 3항 2문), 남녀평등의 실질적 보장(3조 2항 2문) 등을 추가하여 국가목표 규정을 명확히 했으며, 주정부의 기능을 강화하여 연방과 주의 대등한 입법권한을 보장할 목적으로 연방과 주의 관계를 재정립하였다. 구체적으로 지방자치행정을 강화하고(제28조 2항 보충), 구동독 지역 주들의 신규 편성을 구체화하며(29조), 사회보험에 대한 주의 권한을 확대하고(87조 2항 3문), 주의 헌법소송참여기회를 확대했으며(93조 2a항), 연방과 주의 입권권한을 조정했다(74조 1항, 96조 2항, 80조 3항과 4항)(이하 부록 참조).

독일의 연방국가 개념은 중앙집권국가를 거부하는 주(Länder: 베를린, 브레멘, 함부르크 등 자치도시도 포함하여 총 16개 주)라는 독자적인 구성국가들(Gliedstaaten)의 총국가(Gesamtstaat)로서(Hrbek, 1991: 17), 연방과 지방의 관계를 핵심으로 한다. 중요한 특징으로는 지방의 폭넓은 입법권과 행정권 및 재정균형 제도와 연방평의회 제도가 있다.[7]

배제규정인 연방과 주의 입법권과 행정권상의 권한 · 의무 배분규정에 따라, 외무, 국방, 국제조직 가입과 연방재정 등 연방의 주요 권한과 관련된 행정권과 법률제정권을 제외한 모든 권한과 의무는 주정부에 속한다. 그중 교육, 문화, 치안 등은 지방의 중요한 권한 영역에 해당한다. 이른바 행정연방주의(Verwaltungsföderalismus)라고도 불리는 독일 연방주의는 광범위한 행정권상의 자치를 인정하고 있다.[8]

---

7 그 외에 양원의 조정을 위한 중재위원회 제도가 있으나 구동독 지역과 관련해서는 특별한 의미가 없으므로 생략한다. 연방제의 구조적 특징에 관해서는 정병기(1997: 61-86)를 주로 참조.

8 그러나 일방적으로 서독의 제도가 이식된 구동독 각 주는 근 40년 동안 입법부 구성 경험이나 행정 자치 경험이 전무한 상태여서 시설이나 재정 및 인적 측면에서 많은 난관에 봉착할 수밖에 없었다. 자치 경험 및 그 중요성에 대한 인식 부족은 통일 직후(10월 14일) 실시된 첫 주의회 선거의 투표참여율이 인민의회 선거 투표참여율 93.4%에 비해 69.1%로 현저히 낮았던 것에서도 드러난다(Gibowski und Kaase, 1991: 5). 그러나 보다 심각한 문제는 통일조약(Einigungsvertrag)에서부터 나타나는 동독 관리들의 배제와 서독 인사들의 이식으로 진행된 연방정부의 인사정책에 있었다. 곧 통일조약 규정에 따라:

- 통일 후 지속되지 않는 모든 관공서의 고용 및 임용계약은 통일과 함께 중단되며, 최고 6개월까지(이 기간 동안은 이전 6개월간 월 평균임금의 70%를 요구할 권한을 갖는다) 다른 기관에 임용되지 않을 때 자동 소멸되고;
- 통일사회당(SED) 정권의 특정 정치기관 관련자는 파면되며;
- 1992년 10월 3일까지(곧, 통일 후 2년까지) 기관해체, 잉여인력, 자격이나 능력미달 인력은 해임 내지 해고된다는 것이었다.

그에 따라 이후 속도가 다소 늦어지기는 했으나, 1989년 9월 30일 당시 전체 230만 명이었던 구동독 공무원들 중 1993년까지 이미 74만 명이 해임 또는 해고되었으며, 그 이후에도 35만 명의 해임 · 해고가 진행됨으로써, 총 100만 이상의 해임 · 해고가 진행되어 왔다. 그중 문제의 소지가 되는 것은 자격이나 능력 미달을 정치적 이유와 결부시킴으로써 반서독 인사들을 체계적으로 배제시켜 나간 점이었다. 그리고 그 자리에는 대부분 서독 공무원들을 임명하여, 1993년까지 구동독 지역 행정기관들에 배치된 서독 공무원은 총 3만 5,000명을 헤아렸다(연방 업무 1만 5,000명, 주 및 지역 업무 1만 명, 기타 1만 명). Henneberger(1995: 394); Osterland(1996: 41-6) 참조.

좁은 의미에서 볼 때 연방주의의 핵심은 '제2의회'로 불리는 연방평의회 제도다. 인구비에 따른 비례대표제로 선출되는 연방의회(Bundestag)와 달리, 연방평의회는 각 주 및 자치시 정부가 그 크기에 따라 수를 달리하여 파견하는 대표들로 구성된다. 통일 전 3명 내지 5명이었던 각 주 및 자치시 대표 수는 통일 후 3명 내지 6명으로 조정되어 총수는 69명으로 늘어났다. 주들의 구체적 대표 구성은 다음과 같다(Andersen und Woyke, 2003: 60):

- 6명: 바덴-뷔르템베르크(Baden-Württemberg), 바이에른(Bayern), 노르트라인-베스트팔렌(Nordrhein-Westfalen), 니더작센(Niedersachsen)
- 5명: 헤센(Hessen)
- 4명: 베를린(Berlin), 브란덴부르크(Brandenburg), 라인란트-팔츠(Rheinland-Pfalz), 작센(Sachsen), 작센-안할트(Sachsen-Anhalt), 슐레스비히-홀슈타인(Schleswig-Holstein), 튀링엔(Thüringen)
- 3명: 브레멘(Bremen), 함부르크(Hamburg), 메클렌부르크-포어포메른(Mecklenburg-Vorpommern), 자를란트(Saarland)

연방평의회는 재정관련법과 각 주나 자치시에 영향을 미치는 정책 및 법안 의결에 대해 연방의회와 동등한 권한으로 동의권과 이의신청권 및 거부권을 갖는다. 그에 따라 연방의회에서 다수를 차지한 집권당이 주정부를 석권하지 못했을 때는 평의회가 효과적인 제동 역할을 할 수 있으며, 작은 주일지라도 연방의 정책결정에 참여할 수 있는 폭을 상대적으로 크게 갖는다. 약 60%의 입법이 연방평의회의 동의를 필요로 하여 주정부가 연방 차원의 야당에 의해 장악되면 정치는 여야 간의 공동통치의 의미를 가지기도 한다(Schmidt, 2005: 19). 그러나 지역 간 차별과 불평등을 효과적으로 조절하기 위한 이러한 평의회제도도 구동독 지역 전체의 공통된 이해를 대변하기에는, 구동독 5개 주(베를린 제외: 브란덴부르크 4, 작센 4, 작센-안할트 4, 튀링엔 4, 메클렌부르크-포어포메른 3)의 대표가 전체 69명 중 19명에 불과하다는 사실로 보아 분명한 한계를 가진다.

연방제와 관련하여 중요한 재정 체계로는 조세상의 분리[9]와 지방 간 수평적 재정균형 제도다(김수행 · 정병기 · 홍태영, 2006: 216–218 참조). 특히 구동독 지역 주들과 관련하여 중요한 것은 부유한 주와 자치시들의 흑자 재정을 곤궁한 주나 자치시로 이전시키는 재정균형 제도다. 연방기본법은 '동일한 생활조건' 형성을 보장하고 있고(구 기본법 제2장의 2조 72항과 3조 106항), 그 취지에 따라 시행되고 있는 현행 주재정균형제도는 협조적 연방주의 이념 아래 다음과 같은 세 단계의 조세수입재분배를 내용으로 해 왔다(Arbeitsgruppe Alternative Wirtschaftspolitik, 2001: 26–29):

- 각 주에 돌아갈 판매세(Umsatzsteuer)의 1/4을 재정이 취약한 주들에게 그 주들의 재정이 주 전체의 재정평균 92%에까지 도달하도록 사용
- 그럼에도 해소가 되지 않을 경우 추가적으로, 각 주의 재정이 전체 평균의 95%에 이르도록 부유한 주에서 취약한 주로 재정을 이전
- 마지막으로 모든 취약한 주에 대해 그 주의 재정이 전체 평균의 99.5%에까지 이르도록 연방이 지원

그러나 부유한 세 주인 바이에른(Bayern), 바덴-뷔르템베르크(Baden-Württemberg), 헤센(Hessen) 주가 이러한 재정균형제도를 시장논리에 위배된다고 연방헌법재판소에 소송을 제기하였고 그 소송은 받아들여졌다. 당시 적녹연정도 기존의 협조적 연방주의를 경쟁적 연방주의로 전환하려는 이러한 시도에 반대하지 않았다. 물론 연방헌법재판소는 2003년까지 연방기본법의 취지를 살릴 수 있는 적절한 대안조치를 입안하고 2005년부터는 이 새로운 조치에 따라 주 사이의 재정균형을 이룰 수 있도록 하라는 단서를 달았다(위의

---

9 주류, 담배, 석유, 교통, 자본 유통과 보험에 관련된 조세는 연방에 귀속하며, 재산세, 상속세, 자동차세와 맥주세는 지방정부에 속한다. 그 외 소득세와 법인세는 연방과 지방에 절반씩 납부되고, 이러한 형태의 조세와 관련된 결정은 연방과 지방의 공동 권한에 속한다.

책, 27). 이러한 단서는 2006년 개정을 통해 일정하게 달성되었다.

독일 연방법의 집행원인주의에 따라 재정권한은 행정권한을 따른다. 즉 연방과 주들은 자신의 과제를 수행함에 따라 발생하는 지출을 스스로 부담한다는 것이다. 그 핵심 규정은 기본법 제10편으로 일명 재정헌법(Finanzverfasssung)이라고도 부른다. 기본법 제10편은 두 개의 큰 범주로 구분되며, 그중 제104a조에서 제109조까지가 협의의 재정헌법이고 제110조에서 제115조까지가 예산헌법(Haushaltsverfassung)이다. 그러나 기본법 제109조가 재정헌법과 예산헌법의 성격을 모두 가지고 있어서 양자를 포괄하는 의미에서 재정헌법과 예산헌법이라고 보기도 한다. 이때 협의의 재정헌법과 예산헌법을 총괄하여 광의의 재정헌법이라고 할 수 있다(윤석진 · 이준서, 2008: 121).

개정 기본법도 주의 지출부담 원칙(Ausgabenverteilung)을 유지하고 있다. 그러나 다른 한편으로는 주 재정의 연방 지원을 규정하여 주 재정 확충을 꾀하기도 한다. 개정 기본법 역시 제104a조 제3항의 "주에 의해서 집행되는 금전의 급부에 관한 연방법률은 그 급부의 전부 또는 일부를 연방이 부담하도록 규정할 수 있다"고 명시한 '금전급부법(Geldleistungsgesetz)' 조항을 유지하고 있다. 곧, 개정 기본법은 다수의 입법권한을 주에 이관함과 동시에 기존의 주 사이의 재정균형 제도를 유지하면서 주의 책임과 권한을 확대한 것으로 볼 수 있다.

그러나 2006년 개정 기본법의 연방제 규정에 대한 비판도 없지 않다. 우선, 재정 관련 조항들이 재정이 풍부한 주에게 유리하게 작용하여 주 상호간 경쟁이 심화될 우려가 있다는 비판이 제기되고 있다. 반면 주의 권한을 더 중시하는 입장에서는 주에 대한 입법권한의 이양이 여전히 불충분하다는 의견이 표명되기도 한다(위의 책, 10).

4. 정부

통일 이전 서독의 정부는 기민/기사연(CDU/CSU)과 사민당(SPD)의 양대 정당들을 중심으로 연립정부로 성립되었으며 이러한 경향은 통일 이후에도 그대로 유지되고 있다(〈표 1-3〉 참조). 그중 통일 이전에는 1966~1969년 사이에 양대 정당의 대연정이 한 차례 있었으며, 역시 통일 이후에도 2005~2009년 사이에 한 차례 대연정이 구성되었다. 그리고 통일 이전에는 1957~1961년을 제외하면 제3당인 자민당(FDP)이 항상 연정파트너로서 연립정부에 참여한 것과 달리, 통일 이후에는 1998~2005년 기간 동안 역사상 처음으로 동맹90/녹색당(Bündnis 90/Grüne)이 연립정부에 참여하게 되었다.

양대 정당 중심으로 볼 때 정권교체는 통일 이전과 이후 각각 두 차례 있었다. 통일 이전에는 1969년에 사민당 중심의 연립정부(적황연정)가 기존의 기민/기사연 주도 연정을 교체하였고, 적황연정은 다시 1982년에 기민/기사연 주도 연정으로 교체되었다. 통일 이후에는 1998년까지 기민/기사연 주도 연정이 지속되다가 이른바 '제3의 길' 노선을 제창한 사민당 주도 연정(적녹연정)으로 교체되었고, 이후 2005년에 적녹연정은 대연정으로 전환되었다.

통일을 전후해 네 차례 16년에 걸친 기민/기사연 주도 연정은 통일을 가능하게 한 콜 총리(Helmut Kohl)가 이끌었다. 특히 통일 정부로서 콜 정부는 통일 완수의 효과에 힘입어 통일 이후에도 두 차례 8년 동안 정권을 연장할 수 있었다. 그러나 16년 동안 지속된 신자유주의 정책을 통해 실업률 증가와 사회복지 축소 및 세계경제위기에서 독일 국민들의 선택은 신자유주의 경제정책과 케인스주의의 중간을 주장하는 사민당의 새로운 '제3의 길'인 '신중도' 노선을 선택했다. 그렇지만 사민당의 경제정책도 경제사회적 위기를 해결할 수는 없었고, 그에 따라 2005년 독일 국민의 선택은 양자를 동시에 선택하는 대연정을 가능하게 하였다.

2009년 선거는 미국 발 금융위기의 여파로 독일 경제도 흔들거렸지만, 역대 선거와 달리 경제위기가 연정이나 연정 주도 정당에게 불리하게 작용하지

표 1-3 독일(서독) 역대 총리와 집권당

	총리	연립정부
1949~1953	Adenauer(기민연)	기민/기사연, 자민당, 독일당(DP)
1953~1957	Adenauer(기민연)	기민/기사연, 자민당, 독일당, 실향민연맹(BHE)
1957~1961	Adenauer(기민연)	기민/기사연, 독일당
1961~1963	Adenauer(기민연)	기민/기사연, 자민당
1963~1966	Erhard(기민연)	기민/기사연, 자민당
1966~1969	Kiesinger(기민연)	기민/기사연, 사민당
1969~1972	Brandt(사민당)	사민당, 자민당
1972~1974	Brandt(사민당)	사민당, 자민당
1974~1976	Schmidt(사민당)	사민당, 자민당
1976~1980	Schmidt(사민당)	사민당, 자민당
1980~1982	Schmidt(사민당)	사민당, 자민당
1982~1983	Kohl(기민연)	기민/기사연, 자민당
1983~1987	Kohl(기민연)	기민/기사연, 자민당
1987~1990	Kohl(기민연)	기민/기사연, 자민당
1990~1994	Kohl(기민연)	기민/기사연, 자민당
1994~1998	Kohl(기민연)	기민/기사연, 자민당
1998~2002	Schröder(사민당)	사민당, 동맹90/녹색당
2002~2005	Schröder(사민당)	사민당, 동맹90/녹색당
2005~2009	Merkel(기민연)	기민/기사연, 사민당
2009~현재	Merkel(기민연)	기민/기사연, 자민당

출처: Gabriel und Brettschneider(1994: 597)를 보완.

는 않았다. 사민당도 대연정을 통해 정부에 참여했기 때문에 직접적인 정부 공격이 불가능했기 때문이었다. 게다가 2008년에 실업률이 하락하고 경제위기 관리가 효과를 발휘하기 시작함으로써 오히려 경제정책에 대한 긍정적인 결과가 기민/기사연의 성과로 인식되었다. 그에 따라 사민당 표가 크게 줄어 기민/기사연은 자민당과 연정을 구성하고 메르켈(Angela Merkel) 총리가 연임하게 되었다.

5. 정당과 선거

1) 정당 지지율 분포

통일 전 서독은 기민/기사연(CDU/CSU)과 사민당(SPD)의 양당을 중심으로 자민당(FDP)과 녹색당(Grüne)이 연정파트너로 고려되는 양당중심체제 혹은 온건다당제였다. 반면, 동독은 통일사회당(SED)이 국가정당으로 독재체제를 구축하여 다른 블럭정당들이 대중의 동원기제로 작용하는 비경쟁적 정당체제였다. 통일 과정에서 서독의 정당들이 동독 지역으로 확장함으로써 구서독 지역에서는 기존의 체제가 유지되는 가운데 구동독 지역에서는 구서독 정당들과 통일사회당 후신인 민사당(PDS)이 경쟁하는 구도가 형성되었다. 따라서 구서독 지역과 구동독 지역이 서로 다른 정당체제를 갖추게 된 것이다. 특히 구동독 지역에서는 사민당과 기민연 및 민사당의 세력이 비슷한 다당제 구도를 띠게 되었다. 정당일체감도 구동독 지역에서는 크게 낮아 정당일체감 없는 부동층 유권자가 구서독 지역이 1/3인 데 비해 구동독 지역에서는 1/2 수준으로 나타난다(Schmidt, 2005: 20).

통일 후 기민/기사연(CDU/CSU)은 1998년 정권을 상실할 때 특히 큰 폭으로 지지율이 떨어졌고 그 후 일정하게 지지율을 회복하기는 했으나 전반적으로 득표율은 계속 하락하는 상황을 벗어나지 못했다. 구동서독 지역을 비교해 보면, 〈그림 1-1〉에서 보는 바와 같이 기민/기사연의 지지율은 전반적으로 구동독 지역보다 구서독 지역에서 높고, 지지율 하락 추세는 구서독 지역보다 구동독 지역에서 월등히 심각하다. 구서독 지역의 득표율은 1990년 44.3%에서 점차 낮아져 1998년 이후 2002년을 제외하면(40.8%) 40% 이하에 머물렀다(1998년 37.1%, 2005년 37.5%, 2009년 34.6%). 구동독 지역에서 이 하락 추세는 더욱 심해 1990년 41.8%였던 득표율이 1994년에 바로 40% 이하인 38.5%로 떨어졌고 1998년 이후에는 30%를 넘지 못했다(27.3%, 28.3%, 25.3%, 29.8%).

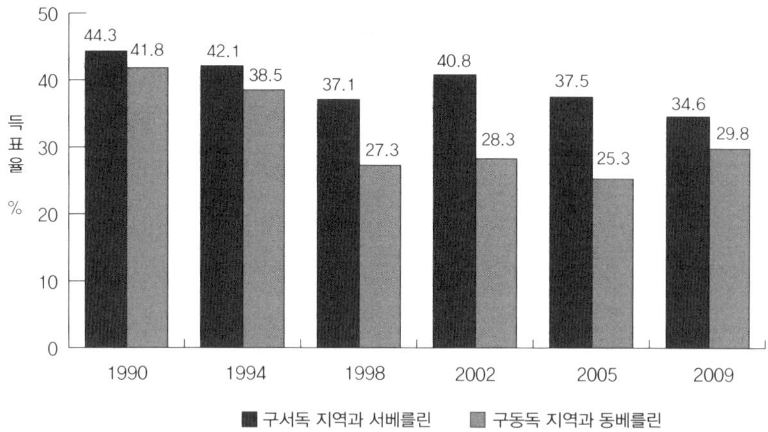

자료: 독일연방선관위(http://www.bundeswahlleiter.de).

그림 1-1 통일 후 기민/기사연 구동서독 지역 연방의회 선거결과: 정당명부 제2기표

사민당(SPD)의 경우는 2002년 선거를 제외하면(구서독 지역 38.3%, 구동독 지역 39.7) 전반적인 지지율이 기민/기사연과 마찬가지로 구동독 지역보다 구서독 지역에서 높다(〈그림 1-2〉 참조). 반면 지지율 추세는 기민/기사연과 달리 통일 후 1998년 집권 때까지 구동서독 지역에서 모두 지속적으로 상승하다가 2002년 선거 이후 양 지역에서 모두 감소하지만 그 정점은 달리 나타난다. 구서독 지역에서 사민당 지지율은 1990년 35.7%에서 점차 높아져 1994년과 1998년에 각각 37.5%, 42.3%였으며 이후에는 다시 낮아져 2002년 38.3%, 2005년 35.1%, 2009년 24.1%였다. 그와 달리 구동독 지역의 득표율은 2002년 선거 때까지 꾸준히 상승하여 1990년 24.3%에서 31.5%(1994), 35.1%(1998)를 거쳐 2002년에는 구서독 지역에서보다 높은 39.7%였다. 그러나 전통 사민주의자들이 탈당한 후 민사당과 합당함으로써 구동독 지역에서는 구서독 지역에서보다 훨씬 더 큰 폭으로 하락해 2005년도에 30.4%를 얻고 2009년에는 다시 그 절반 정도까지 떨어져 17.9%에 그쳤다.

녹색당은 1990~1994년 선거에서 구동독 지역 녹색당인 동맹90(Bündnis 90)과 선거연합체를 구성하였다가 1998년 이후에는 합당하여 동맹90/녹색당

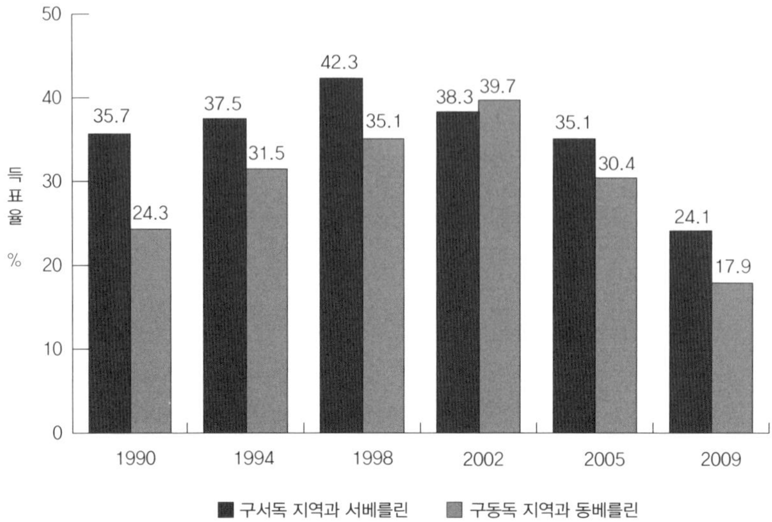

자료: 독일연방선관위(http://www.bundeswahlleiter.de).

그림 1-2 통일 후 사민당 구동서독 지역 연방의회 선거결과: 정당명부 제2기표

(B '90/Grüne)으로 선거에 참여하였다. 양대 정당과 달리 동맹90/녹색당은 통일 이후 선거에서 증감을 반복했다. 구서독 지역의 득표율은 전반적으로 상승 추세에 있기는 하나 1990년 4.8%에서 1994년에 7.9%로 비약적으로 상승했으며 1998년에는 다시 7.3%로 소폭 하락했고 2002년에 9.4%로 크게 상승했다가 2005년에 8.8%로 다시 소폭 하락했으며 2009년 선거에서 다시 상승해 역대 최고 득표율인 11.5%를 얻었다(〈그림 1-3〉 참조). 반면, 구동독 지역에서는 1990년 6.2%를 얻었다가 1998년까지 4.3%, 4.1%로 점차 하락했으며 2002년과 2005년에는 상승 추세에 접어들어 4.7%, 5.2%를 기록했고, 2009년에는 역시 역대 최고인 6.8%를 얻었다. 전반적으로는 1990년 선거에서 구서독 지역(4.8%)에 비해 구동독 지역(6.2%)에서 50% 가까이 높은 득표율을 보였으나, 이후에는 양대 정당들처럼 구서독 지역에서 더 높은 지지율을 보이고 있다. 그러나 그 폭은 1990년도와 반대 현상을 보여 구서독 지역의 득표율이 구동독 지역의 득표율보다 약 절반 가까이 더 높게 나타난다.

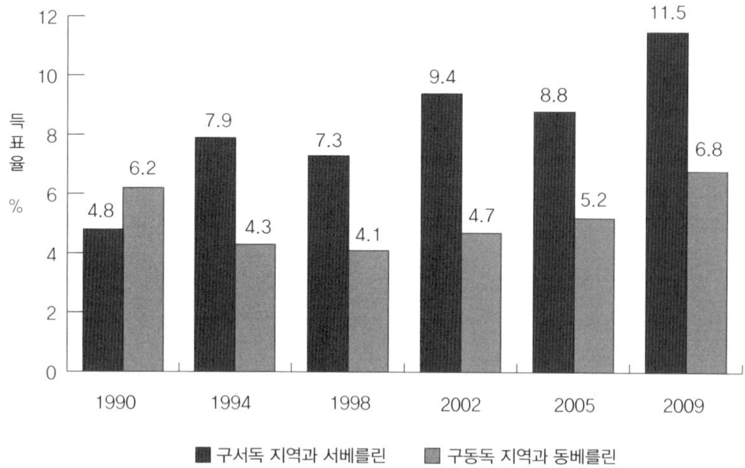

자료: 독일연방선관위(http://www.bundeswahlleiter.de).

그림 1-3 통일 후 동맹90/녹색당 구동서독 지역 연방의회 선거결과: 정당명부 제2기표

자민당(FDP) 지지율은 1998년을 저점으로 하락 추세에서 상승 추세로 돌아섰으며, 이 현상은 구동서독 지역에서 동일하게 나타난다(〈그림 1-4〉 참조). 구동서독 지역의 전반적 지지율 차이는 동맹90/녹색당과 마찬가지로 1990년에 구동독 지역에서 더 높았다가(구서독 지역 10.6%, 구동독 지역 12.9%) 이후에는 반전되어 모두 구서독 지역에서 더 높다. 그 폭은 동맹90/녹색당보다 조금 작지만 1994년과 1998년에는 구서독 지역의 지지율이 구동독 지역의 지지율에 비해 거의 2배에 가까웠으며 2002년부터 줄어들었다. 구서독 지역에서 자민당 지지율은 10.6%에서 점차 낮아져 1994년과 1998년에 각각 7.7%와 7.0%였으며 2002년과 2005년에 다시 상승해 각기 7.6%, 10.2%에 이르렀으며, 2009년에는 역대 최고 기록인 15.4%를 획득했다. 반면 구동독 지역의 지지율은 1990년에 12.9%를 기록했다가 1994년에는 그 1/3에도 미치지 못하는 3.5%로 급강하했고 1998년에도 소폭 더 떨어져 3.3%에 머물렀다. 그러나 이후에는 구서독 지역과 마찬가지로 다시 상승해 2002년에 2배로 증가한 6.4%를 보였고 2005년과 2009년에는 각각 8.0%와 10.6%를 기록했다.

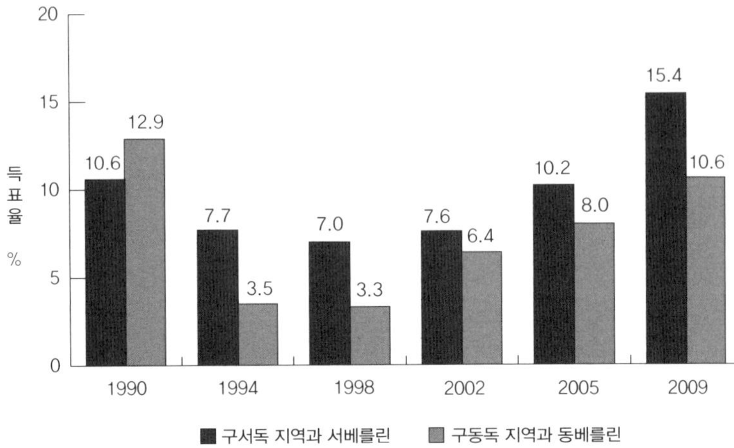

자료: 독일연방선관위(http://www.bundeswahlleiter.de).

그림 1-4 통일 후 자민당 구동서독 지역 연방의회 선거결과: 정당명부 제2기표

민사당은 독일 통일 이후 정당체제의 가장 특징적인 현상이다. 민사당은 구동독 공산당인 통일사회당(SED)이 1989년 12월에 통일사회당-민사당(SED-PDS: Sozialistische Einheitspartei Deutschlands-Partei des Demokratischen Sozialismus)으로 개명했다가 다시 1990년 2월에 민사당(PDS)으로 개명함으로써 생겨났다.[10] 그 후 민사당은 2005년 7월에 다시 한 번 개명하여 좌파당(Linkspartei)으로 불렸으며,[11] 2007년 6월에는 사민당에서 분당해 나온 선거대안당(WASG: 노동과 사회정의를 위한 선거대안 Wahlalternative Arbeit und Soziale Gerechtigkeit)과 통합하여 오늘날의 좌파당(Die Linke)으로 재창당되었다. 선거대안당은 적녹연정 출범 후 사민당의 '제3의 길' 노선이 우경화했다는 판단

10 민사당과 좌파당에 대해서는 Bundeszentrale für politische Bildung, "Die Linke," http://www.bpb.de/methodik/HSJR9J,0,0,DIE_LINKE_%28DIE_LINKE%29.htm(검색일: 2009.8.6.) 참조.

11 정확한 공식 당명은 '좌파당(Linkspartei)' 뒤에 PDS를 부기하여 '좌파당.PDS(Die Linkspartei.PDS)'이며 '좌파.PDS(Die Linke.PDS)'라고도 불렀다.

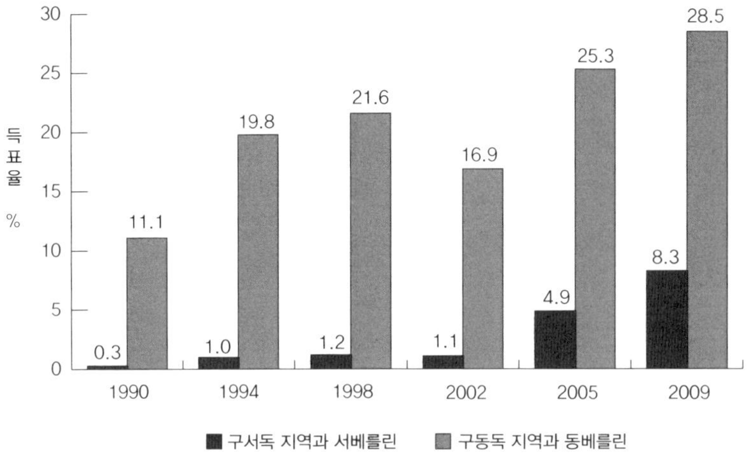

자료: 독일연방선관위(http://www.bundeswahlleiter.de).

그림 1-5 통일 후 민사당/좌파당 구동서독 지역 연방의회 선거결과: 정당명부 제2기표

에서 이를 비판하던 전통 사민주의자들과 노동조합 활동가들이 중심이 되어 2004년에 사민당에서 분당해 창당된 정당이다.

통일 이후 민사당은 민주적 사회주의를 주장하며 사민당의 '제3의 길' 노선과 차별성을 분명히 해 왔지만 구동독 지역의 이해관계를 대변하는 새로운 지역주의 정당이라는 비판도 받아 왔다. 선거대안당과의 통합으로 등장한 좌파당은 이러한 측면에서 구 민사당의 전국 정당화를 위한 새로운 기회로 받아들여진다. 좌파당의 노선은 신자유주의와 미국의 제국주의적 세계화 정책 및 파시즘에 대한 반대와 NATO 해체를 주요 내용으로 하며, 구체적으로는 적녹연정의 사회정책(Hartz IV) 철회와 외국 주둔 군대 철수 및 빈부격차 해소 그리고 무료 유아원 보급과 생계보장적 법정 최저 임금제 등을 주장한다.

〈그림 1-5〉에서 보는 바와 같이 2002년을 제외하면 민사당은 구동독 지역을 중심으로 지속적인 성장세를 보여 왔다. 구서독 지역에서도 대단히 미미한 지지율이지만 꾸준한 증가를 보여 왔으며(1990년 0.3%, 1994~2002년 1.0~1.2%) 선거대안당과 연합체를 구성했던 2005년에는 4.9%에 이르렀고 좌

파당으로 통합하여 참가한 2009년 선거에서는 8.3%를 획득했다. 반면 구동독 지역에서는 1990년 11.1%에 머물렀으나 이후부터는 거의 2배로 증가해 1994년 19.8%, 1998년 21.6%에 이르렀다. 2002년에는 적녹연정의 개혁 기대에 따라 사민당에게 많은 표를 빼앗겨 16.9%로 다시 하락하기도 했으나 2005년에는 다시 역대 최고인 25.3%를 얻어 적어도 구동독 지역에서는 사민당과 기민/기사연과 대등한 위치에까지 올라섰으며 2009년에도 다시 역대 최고 기록을 갱신해 28.5%를 얻었다.

기존 극우정당의 성장과 여러 신생정당의 등장도 통일 이후의 주요한 변화다.[12] 기존 극우정당으로는 연방 차원에서까지 활동하는 3개 정당으로 민족당(NPD)과 공화당(REP) 및 국민연(DVU)이 대표적이며, 주 이하에서 활동하는 정당으로는 서독 바이에른(Bayern) 주의 가정당(Familie)이 있다. 그밖에 역시 구서독 지역의 군소정당으로 독일중도당(Zentrum)도 통일 이전부터 활동해 왔다. 반면, 통일 이후 등장한 신생정당들은 연방 차원에서까지 활동하는 정당은 없으며 주로 주의회 이하에서 활동한다. 구서독 지역에서는 공세당(Offensive)과 대안당(STATT Partei)이 대표적이며, 구동독 지역에서는 사회연(DSU)과 유권자연합(FW)이 대표적이다.

민족당(NPD: 독일민족민주당 Nationaldemokratische Partei Deuschlands)은 1964년에 창당된 극우민족주의 정당으로 이데올로기적 · 강령적 · 언술적으로 나치당(NSDAP)과 매우 유사하다. 실제 독일 연방헌법수호청(BfV: Bundesamt für Verfassungsschutz)이 공화당, 국민연과 함께 극우정당으로 분류한 대표적인 정당이다. 1960년대 후반 처음으로 주의회 선거에서 부분적으로 5% 봉쇄조항을 넘었으며, 곧 이어 서독 7개 주의회에 진입하기도 했다. 그러나 그 후 점차 세력이 약화되었으며, 통일 이후에는 1990년대 초에 특히 구동독 지역에서 경제적으로 낙후된 지방자치단체에 진출하고 있다. 지난 2009년 선거에서는 작센(Sachsen) 주와 튀링엔(Thüringen) 주의회에 진출하였다.

---

12 군소정당에 대해서는 독일 위키피디아(http://de.wikipedia.org)를 주로 참조.

공화당(REP: 공화주의자들 Die Republikaner)은 1983년 바이에른(Bayern) 주 뮌헨(München) 시에서 기사연(CSU)으로부터 분당해 창당되었다. 공화당 역시 극우 혹은 극보수정당의 하나로서 1992년 연방헌법수호청에 의해 극우정당으로 분류되었다. 그러나 민족당 및 국민연과 달리 상대적으로 세력이 빨리 약화되어 2006년부터는 더 이상 단일한 정당 형태가 아니라 여러 정치집단들로만 존재하고 있다. 1989년에 유럽의회와 베를린 의회에 진출한 바 있고, 1992~2001년에는 바덴-뷔르템베르크(Baden-Württemberg) 주의회에 진출하였다. 그러나 이미 1994년부터 극우적 경향을 탈피하여 온건한 지방군소정당의 하나로 남게 되었다.

국민연(DVU: 독일국민연합 Deutsche Volksunion)도 연방헌법수호청이 극우정당으로 분류한 대표적 군소정당이다. 1987년 이후 8개 주의회에 진출하였으며, 1998년에는 작센-안할트(Sachsen-Anhalt) 주에서 12.9%를 얻는 등 극우정당들 중 역사적으로 최고의 득표율을 획득하기도 했다. 일시적으로 민족당 및 공화당과 선거연합을 구성한 적도 있지만, 민족당보다는 상대적으로 온건한 정당으로 알려져 있다.

중도당(Zentrum: 독일중도당 Deutsche Zentrumspartei)은 가장 오래된 군소정당으로서 1870년대에 창당되어 1933년까지 가톨릭을 대변하는 주요 정당의 하나였다. 그러나 독일연방공화국 수립 이후 기민연(CDU) 창당으로 급격하게 세력이 약화되어 1950년대 중반부터는 주의회에도 거의 진출하지 못하는 군소정당으로 남아 있다.

가정당(Familie: 독일가정당 Familien-Partei Deutschlands)은 1981년 바이에른(Bayern) 주에서 창당되어 중도적 유권자들의 자유민주주의 정당으로 자칭한다. 자녀의 수와 연령에 따라 차등화된 사회보장급여와 비과세 육아비 및 역시 자녀 연령에 따라 차등화되고 소득수준과 무관한 생계보장형 양육비 지급을 요구하는 등 주로 임신과 자녀 양육에 대한 적극적인 보장을 주장하고 있다. 2000년대 중반에 자를란트(Saarland) 주와 브란덴부르크(Brandenburg) 주에서 약 2~3%를 얻었을 뿐 주의회 봉쇄조항을 넘지는 못하고 있다.

공세당(Offensive: 법치국가적 공세당 Partei Rechtsstaatlicher Offensive)은 2000~2007년까지 존재했던 우익보수주의 혹은 우익포퓰리스트 정당이었다. 이른바 '쉴 시대(Ära Schill)'라고 불렸던 2000~2004년까지 창설자 로날트 쉴(Ronald Schill)의 이름을 따 '쉴당(Schill-Partei)'이라고 불렸으며,[13] 2004년 이후에는 쉴파의 탈당으로 약화되어 2007년 해산한 시기까지 공세당으로 불렸다. 2001년도 함부르크(Hamburg) 주의회 선거에서 19.4%를 얻어 선풍을 일으키고 2004년까지 주 연립정부에 참가했으나, 2004년 이후에는 세력이 급감했다.

대안당(STATT Partei: 대안당-독립자들 STATT Partei-Die Unabhängigen)은 1993년 유권자연합체로 형성되어 1994년에 우파포퓰리스트 정당으로 전환하였다. 함부르크의 정치혐오층과 소수 기민연 당원들에 의해 창당되었으며, 1993년 함부르크 주의회 선거에서 5.6%를 얻은 후 점차 약화되어 2000년대에는 1% 이하의 지지율에 머물고 있다.

사회연(DSU: 독일사회연합 Deutsche Soziale Union)은 1990년 통일 직전 인민의회 선거 때 작센(Sachsen) 주 라이프치히(Leipzig) 시에서 창당된 우익보수주의 군소정당으로 환경보호와 관료제철폐를 주장하는 기독교적-서양적 세계관을 가지고 있다. 공산주의 주변의 이른바 '갈색 사회주의(braune Sozialisten)'로 불리며, 민족사회주의(Nationalsozialisten)와 네오나치즘에 대응해 자유주의자(Freiheitlichen) 혹은 민족자유주의자(Nationalliberalen)로서 자기정체성을 규정하였다. 1990년에 작센 주에서 3.6%, 작센-안할트(Sachsen-Anhalt) 주에서 1.7%, 튀링엔(Thüringen) 주에서 3.3%를 얻었으나 봉쇄조항에는 미치지 못했고, 이후에는 1% 이하의 지지율에 머물러 있다.

유권자연합(FW: 자유유권자연합 Freie Wähler)은 유권자 그룹들의 연합체인 '자유유권자연합(Freie Wähler)'으로 상대적으로 성공적인 주는 바이에른(Bayern), 튀링엔(Thüringen), 슐레스비히-홀슈타인(Schleswig-Holstein), 바덴-뷔르템베

13 '쉴 시대'에는 PRO라는 약칭을 사용했으나 또 다른 정당인 친마르크당(Partei Pro DM)의 이의제기에 의해 포기하고 창설자의 이름을 붙인 '쉴당'이라는 명칭으로 알려졌다.

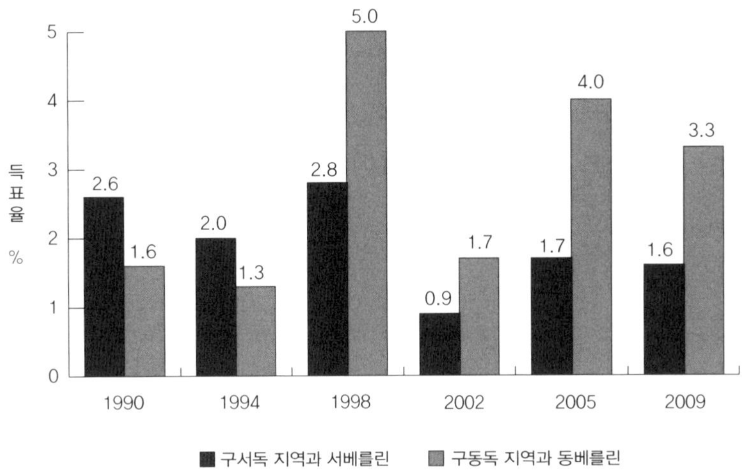

자료: 독일연방선관위(http://www.bundeswahlleiter.de).

그림 1-6 통일 후 극우정당 구동서독 지역 연방의회 선거결과: 정당명부 제2기표

르크(Baden-Württemberg) 주다. 연방 차원의 조직인 독일자유유권자연합(Freie Wähler Deutschlands)은 연방 조직이지만 연방 차원에서 활동하지 않고 주 유권자연합들만이 지역 차원에서 선거에 참여한다. 2008년에는 슐레스비히-홀슈타인 광역자치단체 선거(Kommunalwahlen)에서 51.8%를 얻고 바덴-뷔르템베르크 주 기초자치단체(Gemeinderäte) 선거에서 44.0%를 얻은 바 있다. 특히 바이에른(Bayern) 주에서는 2003년 주의회 선거에서 4.0%를 얻고 2008년에는 10.2%를 얻어 현 바이에른 주의회에 참여하고 있다. 튀링엔 주의회에서도 2009년에는 3.9%를 얻어 의회신입을 눈앞에 두고 있다.

통일 이후 주목받는 군소정당 현상으로는 구동독 지역에서 나타나는 극우정당의 강화다. 실제 구동서독 지역의 연방의회 선거결과를 비교해 보면, 〈그림 1-6〉에서 보이는 것처럼 구동독 지역에서 극우정당의 성장세가 뚜렷하게 나타난다. 독일의 3대 극우정당인 민족당(NPD), 공화당(REP), 국민연(DVU)을 합산해 볼 때, 통일 후 1990년대 중반까지는 구서독 지역에서 지지율이 높았으나, 1998년부터는 구동독 지역에서 월등히 높게 나타난다. 지지율 변화도

구서독 지역에서는 부침을 거듭하면서도 일정한 범위를 유지하면서 낮아지는 반면, 구동독 지역에서는 역시 부침을 거듭하면서도 큰 폭의 성장을 보이고 있다. 1990년과 1994년에 구서독 지역과 구동독 지역의 극우정당 득표율은 각각 2.6%와 1.6%에서 2.0%와 1.3%로 하락했다. 반면 1998년에는 구서독 지역과 구동독 지역에서 각각 2.8%와 5.0%로 나타나 구동독 지역의 상승세가 뚜렷했고, 2002년에는 두 지역에서 모두 다시 하락해 구서독 지역과 구동독 지역이 각기 0.9%, 1.7%에 그쳤다. 그러나 2005년에는 다시 급격히 상승해 구서독 지역에서 1.7%, 구동독 지역에서 4.0%를 보였다가, 2009년에 소폭으로 낮아진 1.6%와 3.3%를 나타냈다.

2) 연방의회 선거

독일 연방의회는 이른바 '인물화된 비례대표제(personalisierte Verhältniswahl)'로 지역구 직접출마로 보완한 정당명부 비례대표제로 구성된다(Andersen und Woyke, 2003: 693–698 참조). 우선 연방 전체를 전체 의석의 반수에 해당하는 선거구로 나누어 직접출마자들에게 투표한 제1기표들 중 1위 득표를 한 후보들을 정당후보 리스트와 무관하게 영순위로 하여 우선적인 당선자로 규정한다. 그러나 전체 의석 배분은 정당명부에 투표한 주별 제2기표를 기준으로 하여 각 주의 전체 의석률을 정하며, 제1기표로 1위를 한 직접출마 후보들은 단지 각 정당명부에서 0순위로 편입된다. 의석을 배분받을 수 있는 최소기준인 봉쇄조항은 연방 전체 유효투표의 5% 혹은 직접출마 1위 후보자 3명 이상이다.

특이한 것은 특정 정당이 정당명부 득표율보다 1위를 한 직접출마자를 더 많이 배출했을 경우에도 이들을 '잔출(殘出)의원(Überhangmandat, 추가의석이라고도 번역함)'이라 하여 의회의 의원정수와 무관하게 당선자로 간주한다는 점이다. 잔출의원의 수는 통일 전에 대개 10명 내지 15명 정도였으나 통일 후에는 20명이 넘을 때가 종종 있다. 이러한 잔출의원으로 인해 연방의회 총의석수는 항상 유동적이지만, 선거를 앞두고 선거구 획정과 의석 배분의 기준을 위한 총의석 수는 미리 확정되어 있다. 그 총의석 수는 1949년 421석에서 조금씩 늘어나 1965년 이후 518석이었으며, 1990년 통일 직후 656석으로 대폭 증가했다가 1996년에 현재와 같은 598석으로 줄어들었다. 의석 배분 방식은 1985년 이후 기존의 동트(d'Hont) 방식을 포기하고 헤어-니마이어(Hare-Niemeyer) 방식으로 바꾸었다. 헤어-니마이어 방식은 최대잔여방식(largest remainder formula)으로서, 전체 득표율에 따라 일괄 계산[총의석 수×(각 정당 총득표수/총유효투표수)]하여 의석을 배분한 후, 배분되지 않은 의석들을 계산되지 않은 잔여득표 수가 가장 큰 정당들에게 배분한다.

통일 이후 연방의회 선거에서 뚜렷하게 나타나는 특징[14]은 투표참여율 저조와 기민/기사연의 지지율 하락 및 동맹90/녹색당과 민사당/좌파당의 지지율 상승이다(〈표 1-4〉 참조). 기민/기사연 지지율은 통일 직후 43.8%에서 지속적으로 하락해 2005년에는 35.2%까지 내려갔으며, 사민당 지지율은 통일 직후 33.5%였다가 이후 계속 상승하여 집권 때인 1998년에는 40.9%까지 상승했다. 그러나 사민당 지지율도 2000년대에는 기민/기사연과 마찬가지로 다시 하락 추세로 돌아서 기존 양대 정당에 대한 지지율이 동반 하락하는 현상을 보여 결국 2005년도에는 대연정을 구성할 수밖에 없었다.

반면 자민당의 경우에는 적녹연정 시기를 제외하면 항상 양대 정당과 연정을 구성함으로써 대표적인 전통적 정당의 하나로 인식되지만 양대 정당의 지지율이 동반 하락할 때에는 그 표를 흡수하기도 해 통일 직후 약화되었다가 다시 상승하는 U자형 분포를 보이고 있다. 곧, 통일 직후 11.0%였던 자민당 지지율이 1998년까지는 계속 낮아져 6.7%까지 내려갔으나 2000년도에는 다시 상승해 8.1%까지 회복했으며 2009년 선거에서는 역대 최고인 14.6%를 기록한 것이다.

동맹90/녹색당은 통일에 대한 소극적 대응 혹은 급격한 통일 반대 입장으로 인해 통일 직후에는 5.1%까지 지지율이 떨어졌으나 이후 다시 지지율

---

14 통일 후 연방의회 선거 분석은 정병기(2009)를 주로 참조.

표 1-4 독일 연방의회 선거: 정당 명부 제2기표(단위: %)

	기민/기사연	사민당	자민당	동맹90/녹색당[1)]	공산당[2)]	민사당/좌파당[3)]	제국당/민족당[4)]	공화당[5)]	중도당[6)]	기타[7)]	투표참여율
1949	31.0	29.2	11.9	–	5.7	–	1.8		3.1	17.3	78.5
1953	45.2	28.8	9.5	–	2.2	–	1.1		0.8	12.5	86.0
1957	50.2	31.8	7.7	–	–	–	1.0		–	9.4	87.8
1961	45.3	36.2	12.8	–	1.9	–	0.8		–	3.0	87.7
1965	47.6	39.3	9.5	–	1.3	–	2.0		–	0.3	86.8
1969	46.1	42.7	5.8	–	0.6	–	4.3		0.0	0.5	86.7
1972	44.9	45.8	8.4	–	0.3	–	0.6		–	0.1	91.1
1976	48.6	42.6	7.9	–	0.3	–	0.3		–	0.2	90.7
1980	44.5	42.9	10.6	1.5	0.2	–	0.2		–	0.1	88.6
1983	48.8	38.2	7.0	5.6	0.2	–	0.2		–	0.1	89.1
1987	44.3	37.0	9.1	8.3	–	–	0.6		0.1	0.7	84.3
1990	43.8	33.5	11.0	5.1	–	2.4	0.3	2.1	–	1.8	77.8
1994	41.5	36.4	6.9	7.3	–	4.4	–	1.9	0.0	1.7	79.0
1998	35.1	40.9	6.2	6.7	–	5.1	0.3	1.8	–	3.8	82.2
2002	38.5	38.5	7.4	8.6	–	4.3	0.4	0.6	0.0	1.8	79.1
2005	35.2	34.2	9.8	8.1	–	8.7	1.6	0.6	0.0	1.8	77.7
2009	33.8	23.0	14.6	10.9	–	11.9	1.5	0.4	–	3.9	70.8

* 1990년까지 서베를린 제외.

1) 1990~1994년 구동독 지역의 동맹90(Bündnis 90)과 선거연합, 1998년 이후 합당.

2) 1949~1953년 독일공산당(KPD: Kommunistische Partei Deutschlands), 1961~1965년 독일평화연합(DFU: Deutsche Friedensunion), 1969년 민주진보행동(ADF: Aktion Demokratischer Fortschritt), 1972~1983년 독일공산당(DKP: Deutsche Kommunistische Partei).

3) 2005년 선거대안당(WASG) 출마자를 포함한 좌파당·민사당 명부(Linkspartei.PDS 혹은 Linke.PDS); 2009년 좌파당(Die Linke).

4) 1949~1961년 독일제국당(DRP: Deutsche Reichspartei), 1965년 이후 독일민족민주당(NPD: Nationaldemkratische Partei Deutschlands).

5) 공화주의자들(REP: Die Republikaner).

6) 독일중도당(Zentrum: Deutsche Zentrumspartei).

7) 1949년 바이에른당(BP: Bayernpartei) 4.2%; 1949, 1953, 1957, 1961년 독일당(DP: Deutsche Partei) 4.0%, 3.3%, 3.4%; 1953년과 1957년 전독일블럭/실향민연맹(GB/BHE: Gesamtdeutscher Block/Bund der Heimatvertriebenen und Entrechteten) 5.9%, 4.6%.

출처: 독일연방선관위(http://www.bundeswahlleiter.de) 자료 종합.

을 회복해 2002년도에는 통일 이전 최고 지지율이었던 8.3%(1987년)를 넘는 8.6%를 얻었으며 이후 선거에서도 이 지지율을 일정하게 유지하고 있다. 구동독 지역에 지지기반을 둔 민사당과 이후의 좌파당에 대한 지지율도 통일 직후 2.4%라는 미미한 수준에서 지속적으로 상승해 2005년에는 동맹90/녹색당을 뛰어넘는 8.7%를 기록했다. 특히 2005년도 선거에서 민사당은 사민당 탈당파와 통합해 구동독 지역당의 한계를 극복하는 기회를 얻었다. 그 밖에 군소정당인 극우정당의 지지율은 민족당의 경우 상승세를 이어가고 있으나 다른 정당들의 하락으로 인해 전반적으로는 3% 이하의 답보상태에 머물러 있다.

2009년 선거는 독일 정당체제의 새로운 변화 예고에 더욱 힘을 실어 주었다. 투표참여율이 다시 사상 최저치를 갱신하여 70.8%에 그친 가운데 양대 정당 지지율이 하락하고 소수정당 지지율이 상승하여 다당체제의 가능성을 높인 것이다. 사민당과 기민/기사연에 대한 지지율이 동시에 하락해 역시 모두 역대 최저치를 갱신했는데, 사민당은 무려 11.2%p나 떨어진 23.0%였고 기민/기사연도 비록 보수연정 구성이 가능해졌지만 2.3%p 떨어진 33.8%를 얻었다. 반면 자민당(14.6%)과 동맹90/녹색당(10.7%) 및 좌파당(11.9%)은 나란히 역대 최고 득표율을 기록했으며, 특히 좌파당은 연방 차원에서 제4당의 위치를 지켰다. 그밖에 극우민족주의 정당들은 예외 없이 지지율 하락 추세에 있었다.

이를 구서독 지역과 구동독 지역으로 나누어 비교해 보면, 구서독 지역은 독일 연방 전체의 흐름과 대단히 유사하게 나타나는 반면, 구동독 지역에서는 여전히 변동이 심한 가운데 연방 전체와 구서독 지역과는 사뭇 다른 모습을 보인다(〈표 1-5〉 참조). 우선, 투표참여율에서 전반적으로 구서독 지역이 높게 나타나며 구동독 지역은 여전히 낮은 비율을 보이면서 부침을 거듭하고 있다(〈그림 1-7〉 참조). 구동서독 지역 모두 정권교체기인 1998년에는 투표참여율이 고점을 기록했지만, 구서독 지역에서는 1998년 82.8%를 정점으로 좌우는 1990년과 2009년이 78.6%와 72.2%로 각각 저점을 보여 정규분포 형

표 1-5 통일 후 구동서독 지역별 연방의회 선거결과: 정당명부 제2기표(단위: %)

	사민당	기민연	기사연	동맹90/녹색당	자민당	민사당/좌파당	극우 정당[1]	기타	투표 참여율
구서독 지역과 서베를린									
1990	35.7	35.5	8.8	4.8	10.6	0.3	2.6	1.7	78.6
1994	37.5	33.2	8.9	7.9	7.7	1.0	2.0	1.9	80.5
1998	42.3	28.7	8.4	7.3	7.0	1.2	2.8	2.4	82.8
2002	38.3	29.8	11.0	9.4	7.6	1.1	0.9	1.9	80.6
2005	35.1	28.4	9.1	8.8	10.2	4.9	1.7	1.8	78.5
2009	24.1	26.7	7.9	11.5	15.4	8.3	1.6	4.5	72.2
구동독 지역과 동베를린									
1990	24.3	41.8	-	6.2	12.9	11.1	1.6	2.1	74.5
1994	31.5	38.5	-	4.3	3.5	19.8	1.3	1.1	72.6
1998	35.1	27.3	-	4.1	3.3	21.6	5.0	3.6	80.0
2002	39.7	28.3	-	4.7	6.4	16.9	1.7	2.3	72.8
2005	30.4	25.3	-	5.2	8.0	25.3	4.0	1.8	74.3
2009	17.9	29.8	-	6.8	10.6	28.5	3.3	3.1	64.7

1) 독일민족민주당(NPD) + 공화당(REP) + 독일국민연합(DVU: Deutsche Volksunion).

출처: 독일연방선관위(http://www.bundeswahlleiter.de); Schroeder(2006: 471) 자료 종합

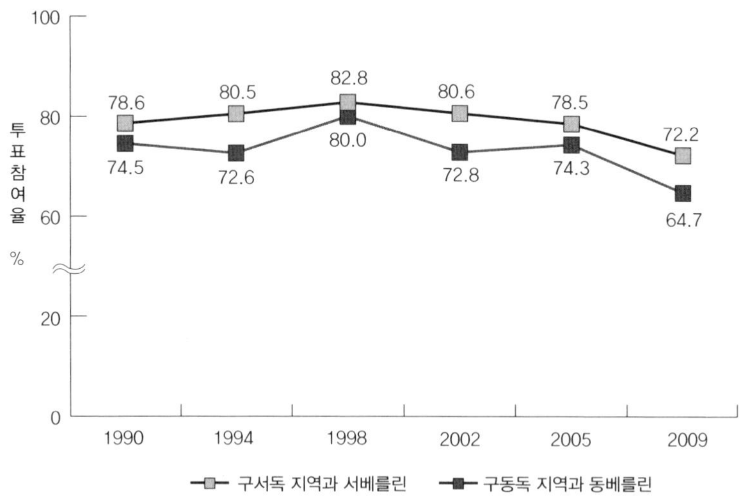

그림 1-7 구동서독 지역 연방의회 투표참여율: 정당명부 제2기표

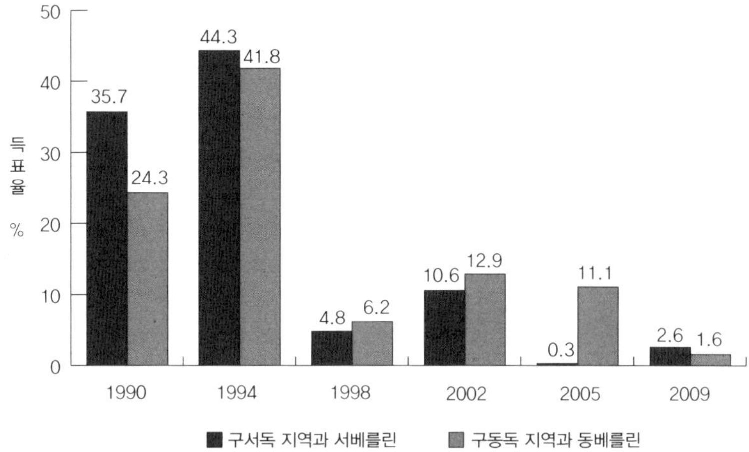

그림 1-8 1990년 구동서독 지역 연방의회 선거: 정당명부 제2기표

태를 보인다. 반면, 구동독 지역은 1998년 80.0%를 정점으로 좌우는 74.5%와 64.7% 사이에서 파도 모양을 이루고 있다.

통일의 해인 1990년의 연방의회 선거는 기민/기사연-자민당 연정의 통일 정부 효과가 작용한 대표적인 선거였다. 기민/기사연이 구동서독 지역에서 모두 가장 높은 44.3%와 41.8%를 얻으면서 특히 구동독 지역에서는 사민당의 2배 가까운 득표율을 보였다(〈그림 1-8〉 참조).[15] 자민당은 절대치로는 양대 정당에 비교할 수 없지만 역사적으로 가장 높은 득표율 중의 하나를 기록하면서 특히 구동독 지역에서 구서독 지역보다 2.3%p 높은 12.9%에 이르렀는데 이 수치는 1961년 최고 기록인 12.8%보다 높은 것이었다. 양대 정당과 다른 군소정당들의 특징은 극우정당들을 제외하고는 동맹90/녹색당까지 모두 구서독 지역보다 구동독 지역에서 높은 지지율을 얻었다는 점이다. 무엇보다 민사당은 구서독 지역에서 0.3%에 머문 반면 구동독 지역에서는 11.1%를 얻

15 기사연(CSU)은 기민연(CDU)과 항상 공조를 유지하지만 구서독 지역의 바이에른(Bayern) 주에서만 선거에 참여하는 정당이므로 구동독 지역에서는 기민연(CDU)만 계산한다.

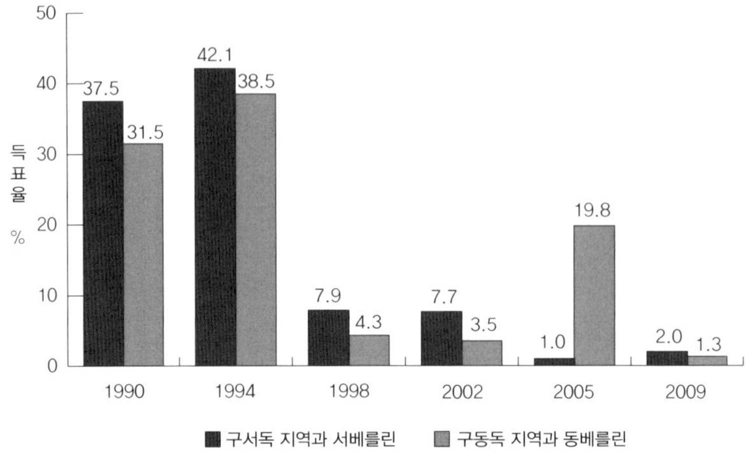

그림 1-9 1994년 구동서독 지역 연방의회 선거: 정당명부 제2기표

어 통일 독일의 새로운 지역당으로 부상했다. 정당별 순위를 보면, 우선 구서독 지역에서 기민/기사연과 사민당이 양대 정당으로 우뚝 서고 자민당이 제3당으로 캐스팅보트(casting vote)를 갖는 전통적인 양당체제를 유지했으며, 구동독 지역에서는 기민연이 헤게모니를 장악하고 사민당이 제2당으로 등장하고 자민당과 민사당이 제3당을 두고 경쟁하는 형국이었다.

1994년 연방의회 선거는 기민/기사연 주도 연정 효과가 약화되는 가운데 사민당이 약진하고 민사당이 크게 성장하는 구도를 보였다(〈그림 1-9〉 참조). 기민/기사연은 구동서독 지역에서 모두 2~3%p 하락했으며, 자민당은 구서독 지역에서 기민/기사연과 유사한 하락폭을 갖지만 구동독 지역에서는 1990년 득표율의 무려 1/3 수준인 3.5%로 떨어져 크게 약화되었다. 반면 사민당은 구서독 지역에서 지지율을 유지하는 한편 구동독 지역에서 7.2%p 오른 31.5%를 기록했으며, 민사당 지지율은 구서독 지역에서 약 3배, 구동독 지역에서 약 2배로 신장되었다. 민사당의 구서독 지역 지지율은 절대치가 낮아 여전히 1.0%에 머물렀지만 구동독 지역의 지지율은 19.8%를 기록해 제3당으로 떠올랐다. 한편 동맹90/녹색당은 구서독 지역에서 약진한 반면(7.9%),

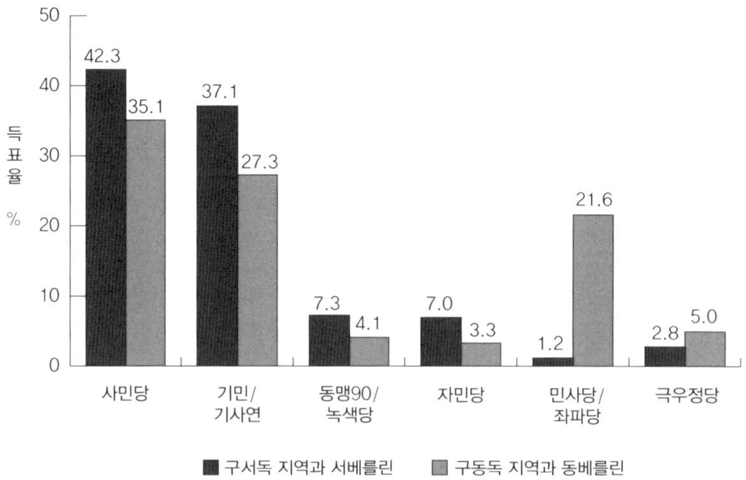

그림 1-10 1998년 구동서독 지역 연방의회 선거: 정당명부 제2기표

구동독 지역에서는 1990년 득표율의 약 2/3로 떨어졌다. 극우정당들의 지지율도 구동서독 지역 모두에서 하락세를 보였다. 1994년 선거는 구동독 지역의 좌경화와 특히 민사당의 성장이 뚜렷한 대표적인 선거였다. 정당체제의 측면에서는 먼저 구서독 지역에서 기민/기사연과 사민당의 양대 정당이 각축하고 동맹90/녹색당과 자민당이 제3당을 두고 경쟁하는 조금 변형된 양당체제로 나타나고, 구동독 지역에서는 사민당이 성장하여 구서독 지역처럼 양대 정당 경쟁이 형성되고 민사당이 제3당의 헤게모니를 장악하며 동맹90/녹색당과 자민당이 군소정당이 되어 전통적인 서독 양당체제를 닮아 갔다.

1998년 선거는 동맹90/녹색당과 사민당의 추세가 유지되었지만 사민당의 강화와 기민/기사연의 약화가 뚜렷하게 나타나 정권교체로 이어졌다(〈그림 1-10〉 참조). 또한 극우정당에 대한 지지율이 구서독 지역보다 구동독 지역에서 더 높아지는 역전 현상이 생겨났다. 사민당은 양 지역에서 모두 약 4~5%p의 상승을 보였으며, 기민/기사연은 구서독 지역에서는 사민당 상승폭과 유사한 5.0%p의 하락률을 보였지만 구동독 지역에서는 11.2%p나 지지율이 떨어져 통일 정부 효과가 거의 사라졌음을 증명했다. 반면, 민사당 지지

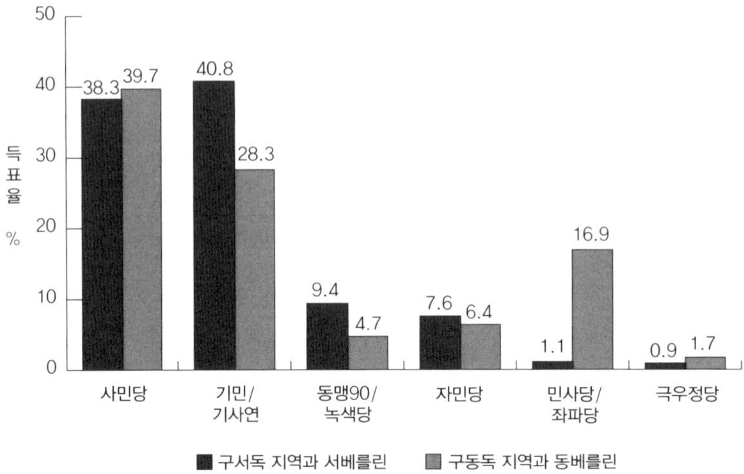

그림 1-11 2002년 구동서독 지역 연방의회 선거: 정당명부 제2기표

율은 구동서독 지역에서 모두 조금씩 상승했으며, 극우정당에 대한 지지율은 구서독 지역에서 소폭 상승했으나 구동독 지역에서는 크게 상승하여 1994년의 근 4배에 해당하는 5.0%를 기록했다. 통일 후 8년의 사회경제통합정책이 기대에 못 미쳤다는 판단에서 구동독 지역 주민들이 좌경화하는 가운데 일부는 노동시장에서 외국인에 대한 경쟁의식 및 불만으로 연결된 극우민족주의 정당들을 선택한 것으로 보인다. 정당체제는 구서독 지역에서 사민당이 기민/기사연을 추월하여 순위가 바뀌었지만 동맹90/녹색당과 자민당이 군소정당으로서 제3당을 두고 경쟁하는 1994년의 양당체제를 유지했으며, 구동독 지역에서도 극우정당들이 동맹90/녹색당과 자민당보다 높은 득표율을 얻어 제3당의 새로운 주체로 등장했지만 전체적으로는 민사당이 더욱 성장하고 사민당과 기민/기사연이 약화되어 3당구도의 형태를 보였다.

2002년 연방의회 선거는 적녹연정의 긍정적 효과가 지속되면서 특히 구동독 지역에서 뚜렷하게 나타난 선거였다(〈그림 1-11〉 참조). 통일 이후 구동독 지역의 투표 경향 변화가 1994년 민사당의 급성장 이후 처음으로 다시 나타났다. 그러나 이 변화는 민사당에게는 불리하였으며 집권당인 사민당에게 크게 유리한 것이었다. 사민당은 집권을 유지하기는 했지만 그 지지율은 인구가 훨씬 많은 구서독 지역에서 4.0%p 하락하여 전체 지지율을 감소시켜(-2.4%p) 차기 집권을 위태롭게 했으며 반대로 구동독 지역에서는 4.6%p 상승해 정권을 유지하는 수준에 머물렀다. 반면 기민/기사연의 지지율은 구동독 지역에서 1.0%p 상승하는 데 그쳤으나, 구서독 지역에서는 3.7%p 상승하고 전체적으로는 3.4%p 상승해 적녹연정을 위협했다. 동맹90/녹색당은 구서독 지역의 약진과 구동독 지역의 정체로 특징되고, 자민당은 역으로 구서독 지역 정체와 구동독 지역 약진으로 나타났다. 민사당의 경우는 사민당에게 적지 않은 표를 빼앗겨 1998년에 비해 4.7%p 하락한 16.9%에 머물렀으며, 극우정당들은 구동서독 지역에서 모두 크게 하락하여 2%를 넘지 못했다. 정당체제의 관점에서, 2002년의 구도는 구서독 지역에서 제3당을 두고 자민당과 동맹90/녹색당이 각축하는 양당체제가 유지되었고, 구동독 지역에서도 사민당과 기민연의 차이가 커졌지만 민사당의 지지율이 감소함으로써 민사당이 제3당의 자리를 지키는 1994년의 양당체제로 회귀했다.

2005년 독일 총선은 적녹연정을 좌초시키고 대연정을 성립시킨 선거였다(〈그림 1-12〉 참조). 양대 정당인 기민/기사연과 사민당의 지지율이 동일하게 하락하고 동맹90/녹색당의 정체와 자민당의 약진 및 민사당/좌파당의 도약과 극우정당들의 성장을 특징으로 한다. 우선 사민당 지지율은 구서독 지역에서 3.2%p 하락한 반면, 구동독 지역에서 무려 9.3%p나 하락해 구동서독 지역간 순위가 다시 역전되었다. 기민/기사연은 구서독 지역과 구동독 지역에서 각각 3.3%p와 3.0%p 떨어져 비슷한 하락 수준을 유지했다. 동맹90/녹색당은 전체적으로 지지율이 정체된 상태에서 구서독 지역에서 감소한 만큼(-0.6%p) 구동독 지역에서 상승했으며(+0.5%p), 자민당은 구서독 지역과 구동독 지역에서 각각 2.6%p와 1.6%p 상승해 역시 비슷한 상승폭을 보인 반면, 민사당은 좌파당(Linkspartei)으로 개명하고 구서독 지역에서 선거대안당과 공조한 결과 양 지역에서 모두 급격한 지지율 상승에 성공했다. 민사당/좌파당은 구서독 지역에서 3.8%p 상승한 4.9%를 얻었고 구동독 지역에서 8.4%p

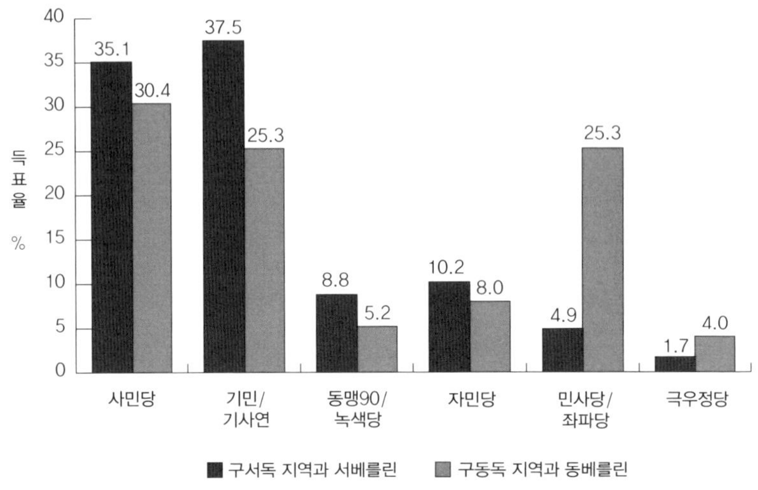

그림 1-12 2005년 구동서독 지역 연방의회 선거: 정당명부 제2기표

상승한 25.3%를 획득한 것이다. 극우정당의 재약진도 눈에 띈다. 2002년 선거에 비해 구서독 지역에서는 0.8%p 오른 1.7%를 얻고 구동독 지역에서는 2.3%p 오른 4.0%를 얻은 것이다. 정당구도에서는 자민당이 제3당의 지위를 다시 회복하고 동맹90/녹색당이 그 뒤를 바싹 추격하는 전통적인 구서독 양당체제와 다시금 유사해졌다. 우선 기민연과 민사당/좌파당이 동일한 득표율을 얻고 사민당이 근소한 비율(5.1%p)의 우세를 보이는 전형적인 3당체제가 구축되었다.

최근 좌파당의 등장과 대연정 지속 여부를 두고 비상한 관심을 모은 2009년 연방의회 선거는 보수연정을 성립시켰으나 연정주도 정당인 기민/기사연의 쓰라린 승리로 결판났다(그림 1-13〉 참조). 기민/기사연의 득표율이 하락해 보수연정의 성립은 사민당의 지지율 급락과 자민당의 득표율 신장으로 가능했기 때문이다. 2009년 선거의 진정한 승자는 중소규모 정당이었다고 할 수 있다. 구서독 지역의 선거결과는 역시 연방 전체의 선거결과와 유사하게 나타났다. 사민당이 대량 실표(−11.0%p)하고 기민/기사연 지지율이 소폭 하락(−2.9%p)했으며, 자민당과 동맹90/녹색당의 지지율이 각각 4.0%p와 0.2%p

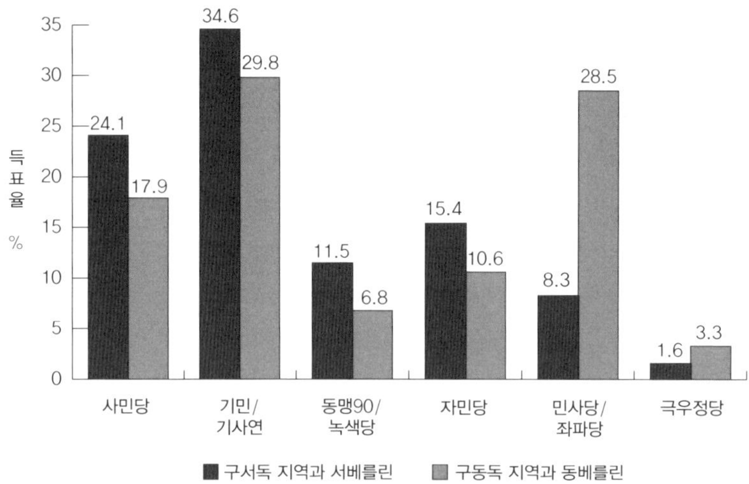

그림 1-13 2009년 구동서독 지역 연방의회 선거: 정당명부 제2기표

상승했다. 이번 선거에서 가장 선전한 것은 좌파당으로 구서독 지역에서도 2배 가까운 지지율 상승을 보이며 8.3%를 기록했다. 구서독 지역과 비교해 구동독 지역에서 나타나는 특징은 기민연의 득표율 신장이었다. 기민연은 구동독 지역에서 4.5%p 득표율을 제고함으로써 여전히 제1당의 지위를 유지한 것이다. 사민당은 구서독 지역과 연방 전체에서와 마찬가지로 대량 실표(−12.5%p)를 보인 반면, 동맹90/녹색당(+1.6%p)과 자민당(+2.6%)은 일정한 지지율 상승을 보였다. 좌파당도 근소하지만 3.2%p의 득표율을 제고한 28.5%를 얻어 29.8%를 얻은 기민연을 바싹 추격했다. 정당체제에서 2009년 선거는 기민연과 좌파당이 양대 성낭을 이루며 사민당이 전락하여 제3당의 입장에서 캐스팅보트를 갖는 구도를 형성했다. 이제 구동독 지역에서 대연정은 사민당과 기민연이 아니라 좌파당과 기민연이 형성하는 연정을 표현하는 용어가 되고 있다.

3) 주의회 선거

주의회의 선거제도는 대부분 연방의회 선거제도와 같다. 다만 브레멘과 함부르크가 정당명부를 개방하여 유권자들이 직접 후보자들을 선택할 수 있게 했으며(브레멘 5기표, 함부르크 10기표), 자를란트가 순수비례대표제만을 운영하고 있다(1기표). 그리고 바덴-뷔르템베르크는 연방의회 선출방식과 동일하지만 기표는 1회에 한하며, 함부르크, 헤센, 바이에른은 개방명부제를 채택하고 있다(〈표 1-6〉 참조). 반면 의석 배분 방식은 세 가지 방식 중 각기 다른 방식을 채택하고 있다. 바덴-뷔르템베르크, 브레멘, 함부르크, 노르트라인-베스트팔렌이 생-라그(Sainte-Laguë) 방식, 바이에른, 베를린, 브란덴부르크, 헤센, 메클렌부르크-포어포메른, 라인란트-팔츠, 작센-안할트, 튀링엔이 헤어-니마이어(Hare-Niemeyer) 방식, 니더작센, 자를란트, 작센, 슐레스비히-홀슈타인이 동트(d'Hont) 방식을 사용한다. 봉쇄조항은 연방의회 제2기표와 마찬가지로 모든 주에서 유효투표의 5% 이상이며(베를린은 예외적으로 무효표까지 포함하여 계산) 그에 더하여 주에 따라 직접출마구에서 1위 후보자 수가 추가되기도 한다. 의석배분방식에 있어 구동독 지역의 주들은 작센만 1987년 이전 서독 연방의회 방식인 동트 방식을 채택했으며 나머지 네 개 주들(브란덴부르크, 메클렌부르크-포어포메른, 작센, 작센-안할트)은 모두 현재 독일 연방의회 방식인 헤어-니마이어 방식을 채택했다.[16]

주의회 선거에 진출한 정당들은 주마다 지역적 성격을 달리하고 있다. 독일도 역시 지역주의가 강하게 작용하는 곳이 많기 때문이기도 하지만, 주의

---

16 동트 방식과 생-라그 방식은 최고평균방식에 속한다. 동트 방식(d'Hondt largest average formula)은 매 의석마다 한 번씩 $\frac{t}{s+1}$(t: 각 정당의 총득표 수, s: 각 정당에 이미 배분된 의석 수)을 계산하여 그 크기가 가장 큰 정당에게 첫 번째 의석부터 마지막 의석까지 차례로 배분하는 것으로, 선거구가 아주 크지 않는 한 대규모 정당에게 유리하다. 반면, 라그 방식(Laguë largest average formula)은 기본적으로 위와 대부분 동일하나 분모를 달리하여 $\frac{t}{2(s+1)-1}$로 계산하므로 분모 변화가 기하급수적으로 증가하기 때문에 동트 방식에 비해 상대적으로 중소규모의 정당에게 유리하다. 이때 첫 번째 의석배분에서는 분모를 1.4로 계산한다.

표 1-6 주의회 선거제도

연방 주	임기	선출방식	명부	기표	총의석(직접출마)	봉쇄조항	잔출의석	의석배분 방식
바덴-뷔템베르크	5년	인물화된 비례대표	직접출마 명부	1	120(70)	주 단위 5%	선거구별 허용	생-라그
바이에른	5년	인물화된 비례대표	개방	2	180(92)	주단위 5%	선거구별 허용	헤어-니마이어
베를린	5년	인물화된 비례대표	폐쇄	2	130(78)	주단위 5%(무효표 포함) 혹은 직접출마 당선 1명	허용	헤어-니마이어
브란덴부르크	5년	인물화된 비례대표	폐쇄	2	88(44)	주단위 5%[소르브(Sorbe)족 제외] 혹은 직접출마 당선 1명	허용	헤어-니마이어
브레멘	4년	순수 비례대표 (개방 명부)	개방	5	83(0)	브레멘과 브레머하펜 별도로 5%	규정 없음	생-라그
함부르크	4년	순수 비례대표 (개방 명부)	개방	10	121(71)	주단위 5%	허용	생-라그
헤센	5년	인물화된 비례대표	폐쇄	2	110(55)	주단위 5%	허용	헤어-니마이어
메클렌부르크-포어포메른	5년	인물화된 비례대표	폐쇄	2	71(36)	주단위 5%	허용	헤어-니마이어
니더작센	5년	인물화된 비례대표	폐쇄	2	135(87)	주단위 5%	허용	동트
노르트라인-베스트팔렌	5년	인물화된 비례대표	폐쇄	2	181(128)	주단위 5%	허용	생-라그
라인란트-팔츠	5년	인물화된 비례대표	폐쇄	2	101(51)	주단위 5%	허용	헤어-니마이어
자를란트	5년	순수 비례대표	폐쇄	1	51(0)	주단위 5%	규정 없음	동트
작센	5년	인물화된 비례대표	폐쇄	2	120(60)	주단위 5% 혹은 직접출마 당선 2명	허용	동트
작센-안할트	5년	인물화된 비례대표	폐쇄	2	91(45)	주단위 5%	허용	헤어-니마이어
슐레스비히-홀슈타인	5년	인물화된 비례대표	폐쇄	2	69(40)	주단위 5%(덴마크족 제외) 혹은 직접출마 당선 1명	허용	동트
튀링엔	5년	인물화된 비례대표	폐쇄	2	88(44)	주단위 5%	허용	헤어-니마이어

출처: Wahlen, Wahlrecht und Wahlsysteme, "Landtagswahlrecht" (http://www.wahlrecht.de/landtage/index.htm, 검색일: 2009.8.10.).

경제적 · 문화적 특색에 따라 달리 나타나는 측면도 없지 않다. 또한 연방의회에 비해 극우민족주의 정당들의 약진이 돋보이고 기타 지역적 군소정당들이 주에 따라 달리 나타나는 현상이 주목된다. 구동독 지역과 구서독 지역의 차이도 연방의회에서보다 두드러진다. 다만 공산당의 경우 서독에서 독일연방공화국 수립 직후 봉쇄조항을 넘는 경우가 간혹 발견되기는 하지만 해가 갈수록 급속히 약화되어 통일 이후에는 0.2% 이하에 머물거나 아예 선거에 참여하지 않는 경우가 더 많다. 따라서 군소정당을 살펴볼 때 공산당의 경우는 대부분 제외하기로 한다.

주의회 선거에서도 투표참여율 하락으로 표현되는 정당혐오증은 연방의회 선거와 크게 다르지 않다. 연방국가임에도 불구하고 전반적으로 투표참여율은 연방의회 선거에 비해 낮으며 갈수록 그 격차는 커져 가고 있다. 두 지역을 비교해 보면, 역시 연방의회 선거에서와 마찬가지로 주의회 선거에서도 투표참여율은 구서독 지역에 비해 구동독 지역에서 더 낮다. 통일 직후 선거에서 구서독 지역의 투표참여율은 66~83%대에 분포되었고 가장 최근 선거에서는 53~68%대로 떨어졌다. 반면, 구동독 지역의 주의회 선거에서 각 주의 투표참여율은 통일 직후 65~73%대에 위치하다가 최근에 44~59%대에 머물렀다. 투표참여율에 관한 설명도 구동서독 지역의 전체적 비교에 그치고 아래 주별로 살피는 부분에서는 따로 설명하지 않는다. 주의회 선거결과에 관한 집계도 연방의회처럼 정당명부에 대한 제2기표만을 대상으로 한다. 그리고 구동독 지역의 주의회 선거에서는 처음부터 민사당/좌파당이 제3당으로 등장했으므로 베를린 지역을 포함한 구동독 지역 주의회 선거와 관련해서는 민사당/좌파당의 연정 참여 여부에 초점을 두어 주정부 구성에 대해서도 살펴본다.

구서독 지역의 바덴-뷔르템베르크(Baden-Württemberg) 주는 전통적으로 기민연이 강한 주로서 통일 이후에도 이것은 거의 크게 변하지 않았다(〈표 1-7〉 참조). 1970~1980년대에 50%를 넘는 지지율을 보였던 기민연이 통일 이후에는 40% 초반의 지지율을 넘지 못했지만 사민당도 마찬가지로 이전 시기에

표 1-7 바덴-뷔르템베르크(Baden-Württemberg) 주의회 선거(단위: %)

	기민연	사민당	자민당/국민당[1]	녹색당	공화당[2]	공산당[3]	민족당[4]	기타	투표 참여율
1952	36.0	28.0	18.0	-	-	4.4	-	13.6	63.7
1956	42.6	28.9	16.6	-	-	3.2	-	8.7	70.3
1960	39.5	35.3	15.8	-	-	-	-	9.4	59.0
1964	46.2	37.3	13.1	-	-	-	-	3.5	67.7
1968	44.2	29.0	14.4	-	-	-	9.8	2.6	70.0
1972	52.9	37.6	8.9	-	-	0.5	-	0.1	80.0
1976	56.7	33.3	7.8	-	-	0.4	0.9	0.9	75.5
1980	53.4	32.5	8.3	5.3	-	0.3	-	0.2	72.1
1984	51.9	32.4	7.2	8.0	-	0.3	-	0.2	71.2
1988	49.0	32.0	5.9	7.9	-	-	2.1	2.9	71.8
1992	39.6	29.4	5.9	9.5	10.9	0.2	-	4.7	70.2
1996	41.3	25.1	9.6	12.1	9.1	0.2	-	2.8	67.5
2001	44.8	33.3	8.1	7.7	4.4	-	0.2	1.5	62.6
2006	44.2	25.2	10.7	11.7	2.5	-	0.7	5.0	53.3

1) 자유민주당/민주국민당(FDP/DVP: Freie Demokratische Partei/Demokratische Volkspartei).
2) 공화주의자들(REP: Die Republikaner).
3) 1972년까지 KPD(Kommunistische Partei Deutschlands), 1972년부터 DKP(Deutsche Kommunistische Parei).
4) 독일민족민주당(Nationaldemokratische Partei Deuschlands).
출처: 독일연방선관위(http://www.bundeswahlleiter.de) 자료 종합.

비해 지지율 하락을 보였으므로, 이것은 양대 정당 전체에 대한 지지율 감소 현상의 하나로 볼 수 있다.

반면 자민당의 경우는 1960년대 말 이전까지 15% 안팎의 득표율을 유지하다가 1970년대부터 통일 직후까지 지속적으로 하락(1988년과 1992년에 5.9%)을 거듭한 후 1990년대 후반부터 상승세로 돌아서 2006년 선거에서 10.7%를 얻어 크게 약진했다. 반면 녹색당은 1980년 처음 주의회에 진입한 이후 1996년(12.1%)까지 지속적인 성장을 구가하다가 2000년대에는 하락과 상승의 파도를 타고 있다. 통일 직후 1990년대에 바덴-뷔르템베르크 주의 한 특징으로 1%를 넘지 못한 민족당과 달리 또 다른 극우민족주의 정당인 공화당의 등장이 눈에 띈다. 1992년 통일 후 첫 선거에서 공화당은 10.9%를 얻어

표 1-8 바이에른(Bayern) 주의회 선거(단위: %)

	기사연	사민당	자민당	녹색당	공화당	유권자 연합	좌파당	공산당[1]	제국당/ 민족당[2]	기타	투표 참여율
1946	52.3	28.6	5.6	-	-	-	-	6.1	-	7.4	75.7
1950	27.4	28.0	7.1	-	-	-	-	1.9	-	35.6	79.9
1954	38.0	28.1	7.2	-	-	-	-	2.1	-	24.6	82.4
1958	45.6	30.8	5.6	-	-	-	-	-	0.4	17.6	76.6
1962	47.5	35.3	5.9	-	-	-	-	-	-	11.3	76.5
1966	48.1	35.8	5.1	-	-	-	-	-	7.4	3.5	80.6
1970	56.4	33.3	5.5	-	-	-	-	0.4	2.9	1.5	79.5
1974	62.1	30.2	5.2	-	-	-	-	0.4	1.1	1.1	77.7
1978	59.1	31.4	6.2	1.8	-	-	-	0.3	0.6	0.5	76.7
1982	58.3	31.9	3.5	4.6	-	-	-	0.2	0.6	0.9	78.0
1986	55.8	27.5	3.8	7.5	3.0	-	-	-	0.5	1.9	70.3
1990	54.9	26.0	5.2	6.4	4.9	-	-	-	-	2.6	65.9
1994	52.8	30.0	2.8	6.1	3.9	-	-	-	0.1	4.3	67.9
1998	52.9	28.7	1.7	5.7	3.6	3.7	-	0.0	0.2	3.5	70.0
2003	60.7	19.6	2.6	7.7	2.2	4.0	-	-	-	3.2	57.1
2008	43.4	18.6	8.0	9.4	1.4	10.2	4.4	-	1.2	3.4	57.9

1) 1954년까지 KPD, 1970년부터 DKP.

2) 독일제국당/독일민족민주당(DRP/NPD): 1958년 독일제국당(DRP: Deutsche Reichspartei), 1966년부터 독일민족민주당(NPD).

출처: 독일연방선관위(http://www.bundeswahlleiter.de) 자료 종합.

처음으로 주의회에 진입함과 동시에 제3당의 위치에 올라섰고 다음 선거인 1996년 선거에서도 9.1%를 얻어 주의회 의석을 배분받았다. 그러나 2001년부터는 봉쇄조항을 넘지 못해 주의회 진입에 성공하지 못하고 있다.

독일에서 가장 부유한 주의 하나로 손꼽히며 가톨릭의 비중이 높은 바이에른(Bayern) 주는 기사연(CSU: 기독사회연합 Christliche Soziale Union)이라는 독자적인 정당을 가지고 있다. 기사연은 바이에른 주에서만 후보를 내고 당활동을 하지만 기민연과 항시적 공조를 하여 두 정당은 거의 단일 정당처럼 인식되기도 한다. 〈표 1-8〉에서 보는 것처럼 기사연은 바이에른 주에서 헤게모니를 장악하기 시작한 1950년대 말 이후 항상 45% 이상의 득표율을 획득하며 주정부를 장악해 왔다. 특히 통일 이후 그 세력은 1990년대 후반에 조금 약화되기도 했으나 2003년에는 1974년 이래 두 번째로 높은 60.7%의 득표율을 올리기도 했다. 그러나 최근 그 부침은 심해 2008년 선거에서 1950년대 후반 이후 최저 득표율인 43.4%에 그쳤다. 양대 정당의 지지율 하락에 영향을 받은 것으로 볼 수 있다. 사민당의 지지율 하락도 그에 못지않다. 다른 주에 비해 지지율 자체가 그리 높지 않은 바이에른 주 사민당은 1990년 선거에서 역대 가장 낮은 26.0%를 얻었으며 1994년 선거에서 다시 높아져 30.0%에 이르기도 했으나 이후 다시 낮아져 2003년부터 계속 최저치 기록을 갱신해 2008년에는 18.6%까지 내려갔다.

독자적인 지역당을 가지고 있다는 점으로 인해 바이에른 주에서는 제3당과 군소정당들의 입지도 크지 않았다. 그러나 이 주에서도 사민당의 지지율 하락과 최근 기사연을 포함한 양대 정당 지지율의 하락으로 제3당과 군소정당들의 입지가 다시 커지고 있다. 자민당은 1980년대에 주의회에 진입하지 못했으나 1990년에 다시 봉쇄조항을 넘는 5.2%를 얻었다. 그러나 1994년과 1998년에는 다시 3% 이하로 떨어졌으며, 2008년에 와서 양대 정당 지지율의 급감에 따라 8.0%를 얻어 주의회에 참여하였다. 반면 녹색당은 1986년에 주의회에 진입한 후 1990년대에 지지율이 떨어지기는 했으나 2000년대에 다시 상승세로 돌아서 2008년에는 사상 최고치인 9.4%를 얻었다. 반면 기사연의 전통적인 보수적 성향에 의해 공화당이나 민족당 등 극우민족주의 정당들은 1966년 민족당(7.4%)을 제외하고는 의회에 진입하지 못하고 있다. 다만 공화당이 1990년 선거에서 4.9%를 얻어 의회 진입을 목전에 두기도 했으나 이후에는 지지율이 점차 낮아져 2008년 선거에서는 1.4%에 그쳤으며 민족당의 경우 지지율이 올라가기는 했지만 여전히 0.1%에서 1.2% 사이에서 벗어나지 못했다. 반면 바이에른유권자연합은 1998년 처음 주의회 선거에 참여하여 지지율을 점차 높인 후 2008년 선거에서 10.2%를 얻어 주의회에 진입했다.

베를린(Berlin) 주의회 선거결과를 표시한 〈표 1-9〉는 통일 이전에는 서베를린만을 집계하고 통일 이후에는 동서 베를린 전체를 집계한 것이다. 구동

표 1-9 베를린(Berlin) 주의회 선거(단위: %)

	기민연	사민당	자민당	녹색당	민사당/좌파당	공화당	기타	투표 참여율
1950	24.7	44.7	23.1	-	-	-	7.7	90.4
1954	30.4	44.6	12.8	-	-	-	9.5	91.8
1958	37.7	52.6	3.8	-	-	-	5.9	92.9
1963	28.8	61.9	7.9	-	-	-	1.4	89.9
1967	32.9	56.9	7.1	-	-	-	4.0	86.2
1971	38.2	50.4	8.4	-	-	-	2.9	88.9
1975	43.9	42.6	7.1	-	-	-	6.4	87.8
1979	44.4	42.7	8.1	3.7	-	-	1.2	85.4
1981	48.0	38.4	5.6	7.2	-	-	1.0	85.3
1985	46.4	32.4	8.5	10.6	-	-	6.6	83.6
1989	37.7	37.3	3.9	11.8	-	7.5	1.8	79.6
1990	40.4	30.4	7.1	9.4[1)]	9.2	3.1	0.4	80.8
1995	37.4	23.6	2.5	13.2	14.6	2.6	6.1	68.6
1999	40.8	22.4	2.2	9.9	17.7	2.7	4.3	65.9
2001	23.8	29.7	9.9	9.1	22.6	1.3	3.6	68.1
2006	21.3	30.8	7.6	13.1	13.4	0.9	12.8	58.0

* 1989년까지 서베를린.

1) 동맹90이 독자적으로 선거에 참여했으나 합산하여 집계(동맹90, 4.4%).

출처: 독일연방선관위(http://www.bundeswahlleiter.de) 자료 종합.

독의 수도였던 동베를린을 통합해 통일 독일의 수도 지위를 되찾은 베를린의 주의회 선거는 그만큼 독특한 성격을 띠고 있다. 무엇보다 뚜렷한 특징은 서독 위주로 흡수통합된 통일 독일의 수도임에도 불구하고 민사당이 제3당으로 등장하였다는 점이다.

또 한 가지 특징은 통일 이후 양대 정당의 지지율이 뚜렷하게 하락하는 가운데 민사당을 제외하면 녹색당과 자민당이 각축하는 독일 연방의회 선거와 유사한 구도를 보인다는 점이다. 우선 기민연은 1980년대 이래의 지지율 하락 추세를 1990년과 1999년에 잠시 회복하기는 했으나 2000년 들어서는 23.8%, 21.3%를 얻어 역대 최저점을 기록했다. 사민당도 통일 직후 지지율이 급락해 1999년 22.4%라는 사상 최저점 행진을 계속하다가 2000년대에는 기민연과 달리 다시 상승세로 돌아섰으나 가까스로 30%를 넘어서 전반적으로는 여전히 역대 최저 수준에 머물러 있다고 할 수 있다.

자민당은 통일 직전인 1989년에 주의회 진입에 실패했으나 통일과 더불어 다시 의회 진입에 성공했다가 이후 1990년대에는 다시 주의회에 진입하지 못했다. 그러나 2001년에 와서는 기민연 지지율의 급감에 따른 반사 효과로 인해 9.9%로 지지율이 급상승함에 따라 다시 의회로 돌아가 2006년에도 근소한 감소를 보이지만 여전히 원내 정당의 입지를 가지고 있다. 반면 녹색당은 통일 직후 동맹90과 합산해 9.4%를 얻기는 했지만 독자적으로는 간신히 봉쇄조항을 넘기는 5.0%를 얻는 데 그쳤다. 그러나 1999년과 2001년에 근소한 감소를 보이기는 하지만 1995년과 2006년에 13%를 넘겨 안정적인 원내 정당의 지위를 유지하고 있다. 반면 민사당/좌파당은 지지율이 구동독 지역에 집중되어 있음에도 불구하고 2001년에는 22.6%의 득표를 하는 등 고공행진을 계속하다가 2006년에는 13.4%로 다시 떨어졌다. 그렇지만 다른 제3당인 자민당 및 녹색당보다는 높은 득표율을 가지고 통일 이후 지속적으로 제3당의 위치를 지키고 있다. 그 밖에 제2기표 5%에 직접출마 1위 후보 1명을 추가한 봉쇄조항에 따라 구동독 지역의 동맹90(Bündnis 90)이 1990년 선거에서 4.4%의 득표로 11석을 획득하기도 했다.

동베를린 지역과 베를린 전체를 비교해 보면(〈표 1-10〉 참조), 기민연은 베를린 전체 득표율에 비해 동베를린 지역의 득표율이 1990년대에 60% 정도를 유지하다가 2000년대에 들어서는 50%선으로 낮아졌다. 자민당도 2000년에 그 차이는 일정하게 줄어들었지만 대개 1995년부터 50~60%선에 머물고 있으며, 동맹90/녹색당은 2006년 선거에서 동베를린 지역의 지지율이 베를린 전체 지지율의 80%에 도달했지만 1990년을 제외하면 대개 60~70%선이었다. 사민당은 동베를린 지역에서의 지지율이 크게 떨어지지는 않지만 1990년을 제외하면 역시 베를린 전체에 비해 동베를린 지역의 지지율이 더 낮게 나타난다. 반면 민사당/좌파당이 유독 동베를린 지역에서 압도적인 지지율을 보이는데, 그 격차가 조금씩 줄어들기는 하지만 통일 이후 지속적으로 베를

표 1-10 동베를린 지역 주의회 선거(단위: %)

	기민연	사민당	민사당/좌파당	동맹90/녹색당	자민당	기타
베를린 전체						
1990	40.4	30.4	9.2	9.4[2)]	7.1	3.5
1995	37.4	23.6	14.6	13.2	2.5	8.7
1999	40.8	22.4	17.7	9.9	2.2	7.0
2001	23.8	29.7	22.6	9.1	9.9	4.9
2006	21.3	30.8	13.4[1)]	13.1	7.6	13.8[3)]
동베를린						
1990	25.0	32.1	23.6	11.1[2)]	5.6	2.6
1995	23.6	20.2	36.3	10.0	1.1	8.8
1999	26.9	17.8	39.5	6.4	1.1	8.3
2001	12.4	23.2	47.6	5.9	5.3	5.6
2006	11.4	29.8	28.1[1)]	10.5	4.9	15.3[3)]

1) 민사당과 WASG의 통합 이전 좌파당(Linkspartei-PDS) 득표율. WASG는 별도로 선거에 참여함. 2006년 WASG 득표율은 서베를린 2.7%, 동베를린 3.3%, 베를린 전체 2.9%.

2) 동맹90이 독자적으로 선거에 참여했으나 합산하여 집계(동맹90: 베를린 전체 4.4%, 동베를린 9.8%).

3) 총 23개의 군소정당들이 참가했으나 모두 봉쇄조항을 넘지 못함.

출처: 베를린선관위(http://www.berlin.de/wahlen).

린 전체 지지율의 2배 이상을 기록했다.

베를린 주정부는 통일 직후 통일 베를린 주의회 선거 이전(1990.10.3.~1990.12.2.)까지 동서 베를린에서 독자적으로 지속되어 두 개가 병존했었다. 1990년 12월의 통일 베를린 첫 주의회 선거 이후 베를린 주정부는 기민연과 사민당이 각축한 선거 결과에 따라 오랫동안 대연정으로 구성되었고, 이 대연정은 2001년 6월 베를린은행 스캔들로 사민당이 연정을 탈퇴할 때까지 지속되었다. 대연정은 총선을 4개월 앞둔 시점에서 의회가 새 내각을 선출함에 따라 사민당-동맹90/녹색당의 적녹연정으로 이어졌으며, 같은 해 10월 총선을 통해 이 적녹연정은 사민당-민사당의 적적연정(2002년 1월 출범)으로 교체되어 현재까지 지속되고 있다(2006년 이후 사민당/좌파당).

도시로서 주로 인정되는 브레멘은 전통적으로 진보적인 도시로 알려져 있다. 〈표 1-11〉에서 보는 것처럼 양대 정당의 지지율이 높은 것은 다른 주와

표 1-11 브레멘(Bremen) 주의회 선거(단위: %)

	사민당	기민연	자민당	녹색당	민사당/좌파당[1]	공산당[2]	제국당/민족당/국민연[3]	기타	투표 참여율
1947	41.7	22.0	19.4[4]	–	–	8.8	–	8.1	67.8
1951	39.1	9.1	11.8	–	–	6.4	7.7	25.9	83.3
1955	47.8	18.0	8.6	–	–	5.0	–	20.6	84.0
1959	54.9	14.8	7.2	–	–	–	–	23.1	79.2
1963	54.7	28.9	8.4	–	–	–	–	8.0	76.1
1967	46.0	29.5	10.5	–	–	–	8.8	5.7	77.0
1971	55.3	31.6	7.1	–	–	3.1	2.8	0.1	80.0
1975	48.8	33.8	13.0	–	–	2.1	1.1	1.2	82.2
1979	49.4	31.9	10.8	5.1[5]	–	0.8	0.4	1.6	78.5
1983	51.3	33.3	4.6	5.4	–	–	–	5.3	79.7
1987	50.5	23.4	10.0	10.2	–	0.6	3.4	1.8	75.5
1991	38.8	30.7	9.5	11.4	–	–	6.2	3.5	72.2
1995	33.4	32.6	3.4	13.1	2.7	–	2.5	12.9	68.6
1999	42.6	37.1	2.5	9.0	2.9	–	3.0	2.9	60.1
2003	42.3	29.8	4.2	12.8	1.7	–	2.3	7.0	61.3
2007	36.7	25.6	6.0	16.5	8.4	–	2.7	3.9	57.6

1) 1995~2003년 민사당(PDS), 2007년부터 좌파당(Die Linke).

2) 1947~1955년 KPD, 1971~1987년 DKP.

3) 1967년까지 사회주의제국당(SRP: Sozialistische Reichspartei), 1967~1979년 독일민족민주당(NPD), 1987년부터 독일국민연합(DVU: Deutsche Volksunion).

4) 1947년 브레멘민주국민당(BDV: Bremer Demokratische Volkspartei)과 선거연합.

5) 브레멘녹색리스트(Bremer Grüne Liste).

출처: 독일연방선관위(http://www.bundeswahlleiter.de) 자료 종합.

다르지 않지만 사민당의 지지율이 압도적으로 높으며 통일 연방공화국 수립 직후 1950년대까지는 자를란트(Saarland) 주와 마찬가지로 공산당이 세 자례나 주의회에 진출한 적도 있다.[17] 통일 이후 1990년대 초중반 사민당이 약화되고 기민연이 강화되어 특히 1995년에는 두 정당이 백중세(사민당 33.4%, 기민

17 그 밖에 독일공산당은 연방공화국 수립 직후 노르트라인-베스트팔렌(Nordrhein-Westfalen) 주와 함부르크(Hamburg) 시에서 두 차례, 바이에른(Bayern), 헤센(Hessen), 니더작센(Niedersachsen), 라인란트-팔츠(Rheinland-Pfalz) 주에서 한 차례씩 주의회에 진입했다.

연 32.6%)를 이루기도 했으나 2000년대에는 다시 사민당의 헤게모니가 작동했다.

그러나 통일 이후 특히 2000년대에 주목할 점은 가장 최근 선거인 2007년 선거에서 사민당이 2003년에 비해 5.6%p의 지지율을 상실해 다시 30%대인 36.7%를 얻고 기민연도 마찬가지로 득표율이 떨어진 반면, 자민당, 녹색당의 약진이 두드러지고 무엇보다 좌파당의 성장세가 뚜렷하다는 것이다. 이것은 민사당의 지지율 약 1.7~2.9%에 더해 사민당 탈당파인 선거대안당 세력의 지지율이 높았기 때문으로 풀이된다. 녹색당도 브레멘의 중요한 특징으로서 1999년을 제외하면 지속적인 상승세를 보이고 있을 뿐만 아니라 1979년 처음 선거에 참여한 이후 지속적으로 주의회에 진입해 있으며 특히 2007년에는 역대 최고이자 연방 전체에서 최고의 득표율인 16.5%를 획득했다. 한편, 자민당의 지지율은 다른 주에서와 마찬가지로 통일 이후 계속 하강하다가 마지막 선거에서 다시 상승하였다. 극우민족주의 정당들은 통일 직후 1991년 선거에서 6.2%를 얻어 주의회에 진입했으나 이후 봉쇄조항을 넘지 못했으며 전반적으로 지속적인 하락 추세에 있다.

브레멘 도시주는 브레멘(Bremen) 지역과 브레머하펜(Bremerhaven) 지역으로 나누어 봉쇄조항을 적용하고 있다. 그에 따라 첫 주의회 선거인 1947년에 이미 독일당(DP: Deutsche Partei)이 3.9% 득표율에 의원 1명을 배출하였고 1989년에는 국민연(DVU)이 3.4%로 역시 1석을 배분받았다. 통일 후에는 1999, 2003, 2008년에 다시 국민연이 3% 안팎의 득표율로 연이어 의원 1명을 배출하고, 2003년에는 자민당이 4.2%의 득표율로 역시 1석을 배분받았으며, 2007년에는 기타 정당에서도 동일한 경우가 한 번 나타났다.

함부르크에서는 특히 상업이 발달한 도시주인 만큼 양당제도가 유지되면서도 군소정당의 스펙트럼이 대단히 넓다. 우선, 기민연을 보면 통일 이전의 하락추세를 지속하다가 2001년에는 사상 최저 득표율인 26.2%를 기록했으나 2004년에 비약적인 증가를 통해 주정부를 교체하였다(〈표 1-12〉 참조). 반면 사민당은 1980년대 후반의 상승세를 이어 통일 직후 48.0%를 얻어 1987

표 1-12 함부르크(Hamburg) 주의회 선거(단위: %)

	기민연[1]	사민당	자민당	녹색당	쉴/공세당[2]	좌파당	제국당/민족당[3]	대안당[4]	국민연	기타	투표참여율
1946	26.7	43.1	18.2	–	–	–	–	–	–	12.0	79.0
1949	34.5	42.8	–	–	–	–	–	–	–	22.7	70.5
1953	50.0	45.2	–	–	–	–	–	–	–	4.8	80.9
1957	32.2	53.9	8.6	–	–	–	–	–	–	5.3	77.3
1961	29.1	57.4	9.6	–	–	–	–	–	–	3.9	72.3
1966	30.0	59.0	6.8	–	–	–	–	–	–	4.2	69.8
1970	32.8	55.3	7.1	–	–	–	–	–	–	4.8	73.4
1974	40.6	45.0	10.9	–	–	–	–	–	–	3.6	80.4
1978	37.6	51.5	4.8	4.5[5]	–	–	–	–	–	1.3	76.7
1982 (I)	43.2	42.7	4.9	7.7	–	–	–	–	–	1.5	77.9
1982 (II)	38.6	51.3	2.6	6.8	–	–	–	–	–	0.7	84.0
1986	41.9	41.7	4.8	10.4	–	–	–	–	–	1.1	78.1
1987	40.5	45.0	6.5	7.0	–	–	–	–	–	1.0	79.6
1991	35.1	48.0	5.4	7.2	–	–	1.2	–	–	3.1	66.1
1993	25.1	40.4	4.2	13.5	–	–	4.8	5.6	2.8	3.6	69.6
1997	30.7	36.2	3.5	13.9	–	–	1.8	3.8	5.0[6]	5.1	69.5
2001	26.2	36.5	5.1	8.5	19.4	–	0.1	0.4	0.7	3.1	71.0
2004	47.2	30.5	2.8	12.3	0.4	–	–	–	–	6.5	68.7
2008	42.6	34.1	4.8	9.6	–	6.4	–	–	0.8	1.7	63.5

1) 1949년, 기민연, 자민당, 독일보수당(Deutsche Konservative Partei)의 선거연합체인 '함부르크 고향 연맹(VBH: Vaterstädtischer Verband Hamburg); 1953년, 기민연, 자민당, 독일당(DP: Deutsche Partei)의 선거연합체인 '함부르크 블럭(Hammburg-Block).

2) 2001년 쉴(Schill), 2004년 공세당(Offensive: Partei Rechtsstaatlicher Offensive).

3) 1951년까지 독일제국당(DRP), 1965년부터 독일민족민주당(NPD).

4) 대안당-독립자들(STATT Partei – Die Unabhängigen).

5) 오색리스트(Bunte Liste) 3.5%, 녹색리스트환경보호(Grüne Liste Umweltschutz) 1.0%.

6) 4.98%로 반올림해 5.0%이므로 봉쇄조항을 넘지 못함.

출처: 독일연방선관위(http://www.bundeswahlleiter.de) 자료 종합.

년 이후의 주정권을 공고히 했으나 1993년부터 세력이 약화되어 2004년에 30.5%까지 떨어져 정권연장에 실패했다. 최근 선거인 2008년 선거에서도 득표율을 제고하기는 했으나(34.1%) 집권에는 성공하지 못했다. 역시 양대 정당 지지율 하락추세가 최근에 와서 전환하는 전반적 추세 속에 있다고 할 수 있다.

한편 1980년대부터 제3당이 된 녹색당은 7.2%(1991)에서 13.9%(1997) 사이에서 등락을 거듭하고 있으나 통일 이전에 비해서는 높은 득표율을 유지하고 있다. 반면 자민당은 통일 전후에 소폭의 성장을 보였으나 역시 등락을 거듭하는 가운데 1992년과 2001년 외에는 주의회에 진입하지 못한 군소정당으로 남아 있다. 집계에서 제외된 정당들 중 공산당은 1946년과 1949년 선거에서 10.4%와 7.4%를 얻은 후 곧 급격하게 약화되어 1957~1966년 사이에는 선거에 참여하지 않았고 1970~1986년 사이에는 대부분 2% 미만의 득표율을 보였고(1974년에만 2.2%), 1986년 1.2%를 얻은 후 현재까지 다시 선거에 참여하지 않고 있다. 역시 집계에서 제외된 제국당/민족당(DRP/NPD)도 통일 이전에는 1953~1978년간 선거에 참여했으나 1966년(3.9%)과 1970년(2.7%)을 제외하고는 1% 미만에 머물렀으며, 통일 이후에는 2004년에 선거에 참여했으나 다시 0.3%를 얻는 데 그쳤다.

함부르크 주의회 선거의 특징 중 한 가지는 2001년에 기존의 극우민족주의 정당들을 제쳐두고 신생정당인 쉴당(Schill-Partei)이 무려 19.4%를 얻어 비록 1회에 한했지만 대단히 위협적인 제3당으로 등장했다는 사실이다. 또한 1993년에는 대안당(STATT-Partei)이 5.6%를 얻어 주의회에 진입하기도 했다.

통일 이후 헤센 주는 통일 직후 사민당이 신승을 거둔 후(사민당 40.8%, 기민연 40.2%)에는 지속적으로 기민연이 우세한 가운데 자민당과 녹색당이 제3당을 두고 각축하는 구도를 보이고 있다(〈표 1-13〉 참조). 기민연은 1970년대 중반 이후 하락 추세를 1999년에 되돌려 2003년까지 약 43~49%에 달하는 놀라운 득표율을 보였으나 2008년에는 다시 36.8%로 떨어져 이듬해 재선거에서도 회복하지 못했다. 반면 사민당은 통일 직후 1991년에 소폭의 득표율 제고(1987년에 비해 0.6%p)로 기민연보다 0.6%p 앞서기도 했으나 이후 지속적으로 약화되어 2009년 재선거에서는 역사상 가장 낮은 23.7%를 기록했다.

자민당은 통일 직전인 1987년 선거에서 1982년 이후 두 번째로 녹색당에게 제3당의 지위를 빼앗긴 후 2008년 선거에서 가까스로 되찾았고 이듬

표 1-13 헤센(Hessen) 주의회 선거(단위: %)

	기민연	사민당	자민당	녹색당	좌파당	공화당	공산당[1]	민족당	기타	투표 참여율
1946	30.9	42.7	15.7	-	-	-	10.7	-	-	73.2
1950	18.8	44.4	31.8	-	-	-	4.7	-	0.3	64.9
1954	24.1	42.6	20.5	-	-	-	3.4	-	9.6	82.4
1958	32.0	46.9	9.5	-	-	-	-	-	11.6	82.3
1962	28.8	50.8	11.4	-	-	-	-	-	9.0	77.7
1966	26.4	51.0	10.4	-	-	-	-	7.9	4.3	81.0
1970	39.7	45.9	10.1	-	-	-	1.2	3.0	0.1	82.8
1974	47.3	43.2	7.4	-	-	-	0.9	1.0	0.2	84.8
1978	46.0	44.3	6.6	2.0	-	-	0.4	0.4	0.3	87.7
1982	45.6	42.8	3.1	8.0	-	-	0.4	-	0.1	86.4
1983	39.4	46.2	7.6	5.9	-	-	0.3	-	0.5	83.5
1987	42.1	40.2	7.8	9.4	-	-	0.3	-	0.2	80.3
1991	40.2	40.8	7.4	8.8	-	1.7	-	-	2.8	70.8
1995	39.2	38.0	7.4	11.2	-	2.0	-	-	1.9	66.3
1999	43.4	39.4	5.1	7.2	-	2.7	-	-	2.2	66.4
2003	48.8	29.1	7.9	10.1	-	1.3	-	-	2.9	64.6
2008	36.8	36.7	9.4	7.5	5.1	1.0	-	0.9	2.5	64.3
2009	37.2	23.7	16.2	13.7	5.4	0.6	-	0.9	2.3	61.0

1) 1954년까지 KPD, 1970년부터 DKP.

출처: 독일연방선관위(http://www.bundeswahlleiter.de) 자료 종합.

해 재선거에서는 격차를 더욱 벌린 16.2%를 얻어 입지를 굳혔다. 반면 녹색당은 등락을 거듭하면서도 통일 직전부터 자민당을 앞질렀고 2008년에 다시 제3당의 지위를 자민당에게 돌려주기는 했지만 전반적으로 지지율을 높여 가는 추세이며 2009년 선거에서 역대 최고치인 13.7%를 얻었다. 좌파당 역시 2008년과 2009년에 모두 5%를 넘겨 주의회에 진입했다. 반면 공화당은 1991년 이후 선거에 참여했으나 0.6~2.7% 사이에서 부침하고 민족당은 2008년과 2009년 선거에 참여해 0.9%에 머물렀다.

니더작센(Niedersachsen) 주는 기민연과 사민당의 양당체제가 유지되는 가운데 사민당 좌파의 지지율이 상대적으로 높아 2008년 선거에서 자민당과 녹색당의 각축 속에 좌파당이 제3당의 위치를 두고 경쟁상대로 부상한 형국

표 1-14 니더작센(Niedersachsen) 주의회 선거(단위: %)

	기민연	사민당	자민당	녹색당	좌파당	공화당	공산당[1]	제국당/민족당[2]	기타	투표 참여율
1947	19.9	43.4	8.8	–	–	–	5.7	0.3	22.0	65.1
1951	23.7[3]	33.7	8.3	–	–	–	1.8	2.2	30.0	75.8
1955	26.6	35.2	7.9	–	–	–	1.3	3.8	25.2	77.5
1959	30.8	39.5	5.2	–	–	–	–	3.6	20.9	78.0
1963	37.7	44.9	8.8	–	–	–	–	1.5	7.1	76.9
1967	41.7	43.1	6.9	–	–	–	–	7.0	1.3	75.8
1970	45.7	46.3	4.4	–	–	–	0.4	3.2	3.1	76.7
1974	48.8	43.1	7.0	–	–	–	0.4	0.6	0	84.4
1978	48.7	42.2	4.2	3.9	–	–	0.3	0.4	0.3	78.5
1982	50.7	36.5	5.9	6.5	–	–	0.3	–	0	77.7
1986	44.3	42.1	6.0	7.1	–	–	0.1	–	0.4	77.3
1990	42.0	44.2	6.0	5.5	–	1.5	–	0.2	0.6	74.6
1994	36.4	44.3	4.4	7.4	–	3.7	–	–	3.8	73.8
1998	35.9	47.9	4.9	7.0	–	2.8	–	–	1.5	73.8
2003	48.3	33.4	8.1	7.6	0.5	0.4	–	–	1.6	67.0
2008	42.5	30.3	8.2	8.0	7.1	–	–	1.5	2.4	57.1

1) 1955년까지 KPD, 1970년부터 DKP.
2) 1963년까지 독일제국당(DRP), 1967년부터 독일민족민주당(NPD).
3) 기민연과 독일당(DP)의 선거연합체인 '남독일 연합(Niederdeutsche Union)'.
출처: 독일연방선관위(http://www.bundeswahlleiter.de) 자료 종합.

이다(〈표 1-14〉 참조). 기민연은 1970년대 중반 이후의 하락세를 이어 1998년 35.9%에 이르렀다가 2003년에 48.3%를 얻어 통일 직후 상실한 주정부를 다시 장악해 오늘에 이르고 있다. 사민당은 1980년대의 상승세를 지켜 1998년에는 47.9%를 얻어 역대 최고 득표율을 기록했으나 2003년부터 다시 30% 초반대로 떨어졌다.

자민당은 통일 직후 상승한 지지율이 다시 떨어져 1994년과 1998년에는 봉쇄조항을 넘지 못했다가 2003년부터 8%를 조금 넘게 얻어 주의회에 재진입했다. 이와 반대로 녹색당은 통일 직전 7%대였던 지지율이 통일 직후 5.5%로 떨어졌다가 1994년부터 만회하여 이후 상승추세에 있으며 2008년에 자민당보다 0.1%p 부족한 8.0%를 얻었다. 2003년 처음 선거에 참여한 민사당은 0.5%를 얻는 데 그쳤으나 좌파당(Die Linke)의 이름으로 선거대안당과 통합해 참여한 2008년에는 7.1%라는 비약적인 득표율을 보였다. 2008년에 민족당이 다소 상승한 득표율인 1.5%를 얻기는 했으나 공화당이 봉쇄조항 아래에서 지속적인 하락세를 보이고 있어 니더작센 주에서 극우민족주의 정당들은 위협적인 요인이 되지 못한다.

표에서 1947~1959년 사이 기타 정당들의 득표율이 높은 것은 이 기간에 특히 실향민연맹/전독일당(BHE/GDP: Bundes der Heimatvertriebenen und Entrechteten/Gesamtdeutsche Partei)과 민족자유당/독일당(NLP/DP: Nationalliberale Partei/Deutsche Partei)의 득표율이 높았기 때문이다(BHE/GDP: 1951년 14.9%, 1955년 11.0%, 1959년 8.3%; NLP/DP: 1947년 17.9%, 1955년 12.4%, 1959년 12.4%).

노르트라인-베스트팔렌(Nordrhein-Westfalen) 주는 1980년부터 이전과 달리 사민당이 헤게모니를 장악했었고, 녹색당이 등장하여 자민당과 제3당을 두고 경쟁하는 구도였다(〈표 1-15〉 참조). 기민연은 전반적인 하락추세 속에서 1990년대 내내 37% 안팎의 지지율 범주에 머물렀던 반면, 사민당은 통일 전후 50~52%의 지지율에서 점차 하락해 2000년에는 42.8%까지 떨어졌지만 여전히 기민연보다 최소한 5%p 이상 높은 지지율로 선거를 주도하고 있었다. 그러나 2005년 선거에서 이 상황은 급반전하여 기민연이 44.8%를 얻고 사민당은 37.1%를 얻는 데 그쳐 기민연 주도 연정이 가능해졌다.

자민당은 통일 직후까지 이어진 전반적인 하락세를 벗어나지 못해 1995년에는 4.0%를 얻어 주의회 진입에 실패하기도 했으나 2000년에는 9.8%를 얻고 2005년에는 6.2%를 얻어 2000년대에는 능락을 거듭하면서도 다시 주의회에 진출한 제3당의 지위를 유지하고 있다. 반면 녹색당은 1980년 이후 지지율 상승을 거듭하여 1990년에 처음으로 주의회에 진입한 후 1995년에는 2배로 증가한 10.0%의 득표율을 올렸고 이후 다시 하락했으나 2000년대에는 6~7%대의 주의회 정당으로 남아 있다. 극우민족주의 정당인 공화당과 민족당은 1% 안팎에 머문 군소정당으로서 이 주에서도 위협요인은 되지 못한다.

자를란트 주도 전통적으로 좌파들의 지지율이 높은 대표적인 지역이다. 브

표 1-15 노르트라인-베스트팔렌(Nordrhein-Westfalen) 주의회 선거(단위: %)

	기민연	사민당	자민당	녹색당	공화당	공산당[1]	민족당	중도당[2]	기타	투표 참여율
1947	37.6	32.0	5.9	-	-	14.0	-	9.8	0.7	67.3
1950	36.9	32.3	12.1	-	-	5.5	-	7.5	5.7	72.3
1954	41.3	34.5	11.5	-	-	3.8	-	4.0	4.9	72.6
1958	50.5	39.2	7.1	-	-	-	-	1.0	2.2	76.6
1962	46.4	43.3	6.8	-	-	-	-	0.9	2.6	73.4
1966	42.8	49.5	7.4	-	-	-	-	0.2	0.1	76.5
1970	46.3	46.1	5.5	-	-	0.9	1.1	0.1	-	73.5
1975	47.1	45.1	6.7	-	-	0.5	0.4	-	0.2	86.1
1980	43.2	48.4	5.0[3]	3.0	-	0.3	-	-	0.1	80.0
1985	36.5	52.1	6.0	4.6	-	-	-	-	0.8	75.2
1990	36.7	50.0	5.8	5.0	1.8	-	-	-	0.7	71.8
1995	37.7	46.0	4.0	10.0	0.8	-	-	0.1	1.4	64.0
2000	37.0	42.8	9.8	7.1	1.1	-	-	-	2.2	56.7
2005	44.8	37.1	6.2	6.2	0.8	-	0.9	-	4.0	63.0

1) 1954년까지 KPD, 1970년부터 DKP.

2) 독일중도당(ZENTRUM: Deutsche Zentrumspartei).

3) 4.98%로 반올림해 5.0%이므로 봉쇄조항을 넘지 못함.

출처: 독일연방선관위(http://www.bundeswahlleiter.de) 자료 종합.

레멘처럼 연방공화국 수립 직후에는 공산당이 연이어 세 차례 주의회에 진입했었다. 그러나 1970년대까지는 전체적으로 기민연이 헤게모니를 장악하고 있었으며 사민당은 지속적으로 지지율이 상승했으나 기민연을 앞선 것은 1980년부터 1994년까지다(〈표 1-16〉 참조). 그러나 사민당의 지율은 통일 직후까지 상승해 1990년에는 54.4%에 이르기도 했으며 이것은 자를란트 주의회 사상 가장 높은 득표율이었다. 이 사민당 지지율은 라퐁텐(Oskar Lafontaine)이라는 사민당 좌파 지도자의 지도력에 주로 의지한 것이기 때문에 1998년 연방정부 장악 이후에는 당내 갈등과 라퐁텐의 당내 세력약화로 다시 하락하기 시작했다. 다만 1~2%에서 맴돌던 민사당과 라퐁텐이 주도한 선거대안당이 통합하여 참여한 2009년 선거에서 그 통합당인 좌파당은 21.3%라는 비약적인 결과를 얻었다.

표 1-16 자를란트(Saarland) 주의회 선거(단위: %)

	기민연	사민당	민주당/자민당[1]	녹색당	좌파당	공화당	공산당[2]	민족당	가정당[3]	기타	투표 참여율
1947	51.2[4]	32.8[5]	7.6	-	-	-	8.4	-	-	0.0	95.7
1952	54.7[4]	32.4[5]	-	-	-	-	9.5	-	-	1.4	93.1
1955	25.4[6]	14.3[7]	24.2	-	-	-	6.6	-	-	1.9	90.3
1960	36.6	30.0	13.8	-	-	-	-	-	-	19.6	79.1
1965	42.7	40.7	8.3	-	-	-	-	-	-	8.3	81.8
1970	47.8	40.8	4.4	-	-	-	2.7	3.4	-	0.9	83.1
1975	49.1	41.8	7.4	-	-	-	1.0	0.7	-	0	88.8
1980	44.0	45.4	6.9	2.9	-	-	0.5	-	-	0.3	85.0
1985	37.3	49.2	10.0	2.5	-	-	0.3	0.7	-	0	85.0
1990	33.4	54.4	5.6	2.6	-	3.4	0.1	0.2	-	0.2	83.2
1994	38.6	49.4	2.1	5.5	-	1.4	-	-	-	3.0	83.5
1999	45.5	44.4	2.6	3.2	0.8	1.3	-	-	-	2.2	68.7
2004	47.5	30.8	5.2	5.6	2.3	-	-	4.0	3.0	1.6	55.5
2009	34.5	24.5	9.2	5.9	21.3	-	-	1.5	2.0	1.1	67.7

1) 자르민주당(DPS: Demokratische Partei Saar)/자민당(FDP).
2) 1955년까지 KPD, 1970년부터 DKP.
3) 독일가정당(Familie: Familien-Partei Deutschlands).
4) 자를란트기독국민당(CVP: Christliche Volkspartei des Saarlandes).
5) 자를란트사민당(SPS: Sozialdemokratische Partei des Saarlandes).
6) 기민연자를란트주지구당과 기존의 자를란트기독국민당이 분리 참가.
7) 사민당자를란트주지구당과 기존의 자를란트사민당이 분리 참가.
출처: 독일연방선관위(http://www.bundeswahlleiter.de) 자료 종합.

반면 기민연은 1980년대 이후의 지지율 하락을 통일 이후에 극복하기 시작해 연방의 적녹연정 시기인 1999년과 2004년에 각각 45.5%와 47.5%까지 얻기도 했다. 그러나 좌파당이 부상한 2009년에는 사민당 지지율 감소보다(-6.3%p) 더 큰 13.0%p가 떨어져 34.5%를 얻는 데 그쳤다. 한편 자민당은 통일 이후 1990년대 초에 급락한(1994년 2.1%) 지지율을 다시 만회하기 시작하여 2004년에 다시 주의회에 진입했으며 2009년에는 1980년대 중반 수준인 9.2%를 획득했다. 녹색당은 통일 이후인 1994년에 5.5%의 득표율로 처음 주의회에 진입한 후 다음 선거에서 다시 재야정당이 되기도 했으나 2004년부터 복귀하고 지지율 상승을 보이고 있다. 2004년 선거에서 민족당이 4.0%의 득표율을 얻기도 했으나 자를란트에서 극우민족주의 정당들은 세력이 약화되거나(공화당) 미미한 수준에 그쳐 역시 위협적인 존재가 되지 못한다.

표에서 1960년에 기타 정당의 비율이 높은 것은 1960년에 창당되어 1970년경까지 존재했던 자를란트국민당(SVP: Saarländische Volkspartei)이 창립되던 해에 이 지역에서 선전했기 때문이다. 그러나 이 당도 1965년에 지지율이 5.2%로 격감했고 1970년에는 0.9%밖에 얻지 못해 결국 해산하고 말았다.

자를란트 주에서 1980년을 기점으로 양대 정당 세력구도가 바뀌었고 통일 이후 다시 역전된 것과 달리 라인란트-팔츠(Rheinland-Pfalz) 주에서는 통일을 기점으로 양대 정당의 세력구도가 완전히 바뀌어 현재까지 유지되고 있다는 점이 특징적이다. 통일 이전 라인란트-팔츠 주는 기민연의 텃밭이어서, 1947년 이후 사민당이 점차적으로 강화됨에도 불구하고 반 세기 동안 기민연이 정권을 상실한 적이 없었다(〈표 1-17〉 참조). 그러나 통일 이후 첫 선거인 1991년 선거에서 기민연은 38.5%를 얻어 44.8%를 얻은 사민당에게 패배하였다. 이 득표율은 통일 직전 선거인 1987년 선거결과를 뒤집은 것과 유사했다(기민연 45.1%, 사민당 38.8%). 또한 사민당은 통일 이후 지속적으로 지지율을 제고하여 1996년을 제외하고는 최근 선거에까지 상승세를 유지했다는 점도 특징적이다.

자민당은 등락을 거듭하면서 전반적으로는 1980년대의 하락세를 극복하고 있으며 통일 이후에는 약 7~8%대의 득표율을 얻으며 주의회 진출에 실패한 적이 없다. 한편 녹색당은 1983년에 처음 라인란트-팔츠 주의회 선거에 참여하고 1987년에 봉쇄조항을 넘었으며(5.9%) 1996년 6.9%에 이르기까지 지속적으로 지지율 상승을 보였다. 그러나 2006년에는 4.6%에 머물러 주의회 진입에 실패하였다. 극우민족주의 정당들 중에서는 다른 일반적인 경우들처럼 공화당이 약화되고 민족당이 강화되지만 역시 봉쇄조항을 넘지 못해 유의미한 정당들이 등장하지 못했다.

슐레스비히-홀슈타인(Schleswig-Holstein) 주는 양대 정당의 세력판도가 장

표 1-17 라인란트-팔츠(Rheinland-Pfalz) 주의회 선거(단위: %)

	기민연	사민당	자민당	녹색당	공화당	공산당[1]	제국당/민족당[2]	기타	투표 참여율
1947	47.2	34.3	9.8[3]	-	-	8.7	-	-	77.9
1951	39.2	34.0	16.7	-	-	4.3	0.5	5.3	74.8
1955	46.8	31.7	12.7	-	-	3.2	-	5.6	76.0
1959	48.4	34.9	9.7	-	-	-	5.1	1.9	77.2
1963	44.4	40.7	10.1	-	-	-	3.2	1.5	75.5
1967	46.7	36.8	8.3	-	-	-	6.9	1.2	78.5
1971	50.0	40.5	5.9	-	-	0.9	2.7	-	79.4
1975	53.9	38.5	5.6	-	-	0.5	1.1	0.3	80.8
1979	50.1	42.3	6.4	-	-	0.4	0.7	0.5	81.4
1983	51.9	39.6	3.5	4.5	-	0.2	0.1	0.1	90.4
1987	45.1	38.8	7.3	5.9	-	0.1	0.8	2.0	77.0
1991	38.7	44.8	6.9	6.5	2.0	-	-	1.1	73.9
1996	38.7	39.8	8.9	6.9	3.5	-	0.4	1.8	70.8
2001	35.3	44.7	7.8	5.2	2.4	-	0.5	4.0	62.1
2006	32.8	45.6	8.0	4.6	1.7	-	1.2	6.1	58.2

1) 1955년까지 KPD, 1971년부터 DKP.

2) 1963년까지 독일제국당(DRP), 1967년부터 독일민족민주당(NPD).

3) 자유당(LP: Liberale Partei) + 사회국민당(SV: Soziale Volkspartei).

출처: 독일연방선관위(http://www.bundeswahlleiter.de) 자료 종합.

기간에 걸쳐 바뀌는 주이며 역시 통일 이후에는 자민당과 녹색당이 제3당을 두고 각축하는 구도를 보인다(〈표 1-18〉 참조). 1958년부터 지속적으로 우위를 보이던 기민연이 1987년에 사민당에게 패한 후 2005년에 다시 이길 때까지 통일 전후와 통일 이후 약 15년간 정국을 주도하지 못했다. 그러나 통일 이후 기민연은 지속적인 상승세를 보였고, 사민당은 등락을 거듭하며 소폭의 하락세를 보였지만 전반적으로 양대 정당의 지지율이 높아 양대 정당 지지율 하락을 보인 대부분의 주들과 다른 양상을 보였다.

자민당은 1970년대 중반부터 통일 직전까지 기민연처럼 지속적인 득표율 하락을 보였으나 통일 이후에는 거꾸로 지속적인 지지율 상승을 보이다가 2005년에 다시 약화되었다. 녹색당은 1996년 8.1%로 예외적으로 높은 득표

표 1-18 슐레스비히-홀슈타인(Schleswig-Holstein) 주의회 선거(단위: %)

	기민연	사민당	자민당	녹색당	국민연	민사당	공화당	공산당[1]	제국당/민족당[2]	기타	투표 참여율
1947	34.1	43.8	5.0	-	-	-	-	4.7	3.0	9.5	69.8
1950	19.8	27.5	7.1	-	-	-	-	2.2	2.8	40.6	78.2
1954	32.2	33.2	7.5	-	-	-	-	2.1	1.5	23.5	78.6
1958	44.4	35.9	5.4	-	-	-	-	-	1.1	13.2	78.7
1962	45.0	39.2	7.9	-	-	-	-	-	-	7.9	70.1
1967	46.0	39.4	5.9	-	-	-	-	-	5.8	2.9	74.1
1971	51.9	41.0	3.8	-	-	-	-	0.4	1.3	1.6	79.2
1975	50.4	40.1	7.1	-	-	-	-	0.4	0.5	1.4	82.3
1979	48.3	41.7	5.7	2.4	-	-	-	0.2	0.2	1.4	83.3
1983	49.0	43.7	2.2	3.6	-	-	-	0.1	-	1.4	84.8
1987	42.6	45.2	5.2	3.9	-	-	-	-	-	3.1	76.6
1988	33.3	54.8	4.4	2.9	-	-	0.6	0.1	1.2	2.7	77.4
1992	33.8	46.2	5.6	5.0	6.3	-	1.2	-	-	2.0	71.7
1996	37.2	39.8	5.7	8.1	4.3	-	-	-	-	4.9	71.8
2000	35.2	43.1	7.6	6.2	-	1.4	-	-	1.0	5.4	69.5
2005	40.2	38.7	6.6	6.2	-	0.8	-	0.1	1.9	5.5	66.5

1) 1954년까지 KPD, 1971년부터 DKP.

2) 1958년까지 독일제국당(DRP), 1967년부터 독일민족민주당(NPD).

출처: 독일연방선관위(http://www.bundeswahlleiter.de) 자료 종합.

율을 보인 후 다시 하락했으나 여전히 예전보다는 높은 6.2%를 유지하고 있다. 자민당과 녹색당, 두 정당 모두 통일 이후에는 지속적으로 주의회에 진출해 있다.

슐레스비히-홀슈타인 주의회 선거결과에서 1947~1958년 사이에 기타 정당들의 득표율이 높은 것은 전독일블럭/실향민연맹(GB/BHE: Gesamtdeutscher Block/Bund der Heimatvertriebenen und Entrechteten)과 독일당(DP) 및 남슐레스비히연맹(SSV/SSW: Südschleswigscher Verein/Südschleswigscher Wählerverband)의 선전 때문이다. 1950, 1954, 1958년에 전독일블럭/실향민연맹은 각각 23.4%, 14.0%, 6.9%의 득표율을 얻었고 독일당은 9.6%, 5.1%, 2.8%를 얻었다. 그리고 1947년에는 남슐레스비히연맹이 9.3%의 득표를 했

다. 남슐레스비히연맹은 지역 소수당으로서 현재까지 꾸준히 1~4%의 득표율을 얻으면서 잔존하고 있으나, 전독일블럭/실향민연맹과 독일당은 1960년대에 사라졌다.

제2기표 봉쇄조항에서 소수종족인 덴마크 족을 예외로 하고 직접출마 1위 후보 1명을 추가한 슐레스비히-홀슈타인 주에서도 5% 이하 득표율을 가진 정당이 의회에 진입하는 경우가 적지 않았다. 통일 전인 1958년에 독일당이 2.8% 득표율에 불과했음에도 1명의 의원을 배출했고 1962년에도 기타 정당에서 동일한 현상이 한 번 발생하였다. 통일 이후 이 현상은 더욱 두드러졌는데, 그 혜택은 남슐레스비히연맹이 독차지했다. 남슐레스비히연맹은 1996년부터 2005년까지 1~4%의 득표율에 머물렀음에도 지속적으로 2명 내지 3명의 의원을 배출한 것이다.

브란덴부르크(Brandenburg) 주는 베를린을 둘러싼 구동독 지역으로 옛 동독의 핵심 지역이었다. 때문에 구서독의 브레멘과 자를란트처럼 진보적 색채가 뚜렷하며 특히 민사당/좌파당의 지지율이 연방 주 중에서는 가장 높다. 구동독 지역으로 국한시켜 보아도 동베를린 다음으로 높으며, 사민당의 지지율도 구동독 지역에서 가장 높다. 통일 직후 기민연이 전 독일을 석권하고 있을 때에도 이 주에서는 사민당 지지율이 기민연 지지율보다 8.8%p 높은 38.2%를 기록했으며 1994년에는 기민연 지지율(18.7%)의 2.9배에 달하는 54.1%를 보이기도 했다(〈표 1-19〉 참조). 반면, 1999년에는 사민당 지지율이 하락하고 기민연과 민사당의 지지율이 상승하여 3당구도를 보였다. 그러나 2000년대에는 사민당 지지율이 다시 상승하고 기민연 지지율이 하락한 반면 좌파당 지지율이 크게 상승하여 사민당과 민사당이 주도하는 불완전한 3당 구도로 전환하였다(2009년 사민당 33.0%, 좌파당 27.2%, 기민연 19.8%).

브란덴부르크 주의 특징은 민사당/좌파당이 동베를린에서처럼 강력하지는 않지만 제3당이 아니라 제2당을 두고 기민연과 경쟁해 왔으며 2000년대에는 제1당을 두고 사민당과 경쟁하고 있다는 것이다. 기민연은 통일 직후 1990년 선거에서 29.4%를 얻어 13.4%를 얻은 민사당을 큰 폭으로 따돌렸

표 1-19 브란덴부르크(Brandenburg) 주의회 선거(단위: %)

	사민당	기민연	민사당/좌파당	동맹90/녹색당	자민당	국민연	공화당	가정당	기타	투표 참여율
1990	38.2	29.4	13.4	9.3[1)]	6.6	–	1.1	–	1.9	67.1
1994	54.1	18.7	18.7	2.9	2.2	–	1.1	–	2.2	56.3
1999	39.3	26.6	23.3	1.9	1.9	5.3	–	–	1.7	54.3
2004	31.9	19.4	28.0	3.6	3.3	6.1	–	2.6	5.1	56.4
2009	33.0	19.8	27.2	5.7	7.2	1.1	0.2	–	5.8	67.0

1) 동맹 90(Bündnis 90) 6.4%, 녹색당(Grüne): 2.8%.

출처: 독일연방선관위(http://www.bundeswahlleiter.de) 자료 종합.
2009년 자료는 브란덴부르크주선관위(http://www.wahlergebnis.brandenburg.de).

을 뿐, 다음 선거인 1994년 선거에서 기민연과 민사당은 동일한 18.7%를 얻었다. 이후에도 두 정당은 엎치락뒤치락하여 1999년 선거에서 민사당은 기민연(26.6%)보다 3.3.%p 적은 23.3%를 얻었으나 2004년 선거에서 이 판세는 다시 뒤집혀 민사당은 28.0%를 얻음으로써 19.4%를 얻은 기민연을 큰 폭으로 추월하였다. 2009년 선거에서도 기민연은 0.4%p를 추가하는 데 그쳐, 좌파당이 0.8%p를 상실했음에도 여전히 강력한 제2당으로 남게 되었다.

반면 동맹90/녹색당은 통일 직후 동맹90의 구동독 지역 선전으로 도합 9.3%를 얻었으나 이후에는 봉쇄조항을 넘지 못하다가 2009년 선거에서 5.7%를 얻어 다시 주의회에 진입했으며, 자민당도 마찬가지로 1990년 선거에서 7.2%를 얻어 주의회 진출에 성공했으나 이후에는 재야정당으로 남아 있다가 2009년에 다시 진입했다. 진보적 주로 알려진 이 주에서 또 한 가지 특징적인 것은 극우민족주의 정당인 국민연의 등장이다. 1999년 처음 선거에 참여한 국민연이 이 선거에서 바로 5.3%를 얻어 주의회에 진출했으며 다음 선거인 2004년 선거에서도 6.1%로 득표율을 제고했다. 사민당과 기민연의 지지율이 동반 하락하면서 생긴 부동표들의 선택으로 해석된다.

주정부는 지속적으로 사민당이 주도해 왔으며 1994~1999년에는 사민당 단독정부가 구성되기도 했다. 1990~1994년에는 사민당-자민당-동맹90의 연정이 구성되고 1999~2008년까지는 사민당-기민연 연정이 구성되어 민사

표 1-20 메클렌부르크-포어포메른(Mecklenburg-Vorpommern) 주의회 선거(단위: %)

	기민연	사민당	민사당/ 좌파당[1]	자민당	동맹90/ 녹색당	민족당	공화당	국민연	기타	투표 참여율
1990	38.3	27.0	15.7	5.5	6.4[2]	0.2	0.9	–	6.1	64.7
1994	37.7	29.5	22.7	3.8	3.7	0.1	1.0	–	1.6	72.9
1998	30.2	34.3	24.4	1.6	2.7	1.1	0.5	2.9	2.4	79.4
2002	31.4	40.6	16.4	4.7	2.6	0.8	0.3	–	3.2	70.6
2006	28.8	30.2	16.8	9.6	3.4	7.3	–	–	4.0	59.1

1) 1990년 좌파리스트/민사당(LL/PDS: Linke Liste/Partei des Demokratischen Sozialismus), 1994~2002년 민사당(PDS), 2006년 좌파당(Die Linke).

2) 동맹90(Bündnis 90) 2.2%, 녹색당(Grüne) 4.2%.

출처: 독일연방선관위(http://www.bundeswahlleiter.de) 자료 종합.

당은 지속적으로 주정부에서 배제되었다. 그러나 2009년 선거에서는 민사당이 선거대안당과 통합한 좌파당으로 선거에 참여했고 2004년에 이어 또다시 기민연을 압도적으로 추월함으로써 역사상 처음으로 민사당/좌파당의 적적 연정이 구성되었다.

메클렌부르크-포어포메른(Mecklenburg-Vorpommern) 주에서도 1998년 연방정부가 교체되던 해에 기민연 주도 정국이 사민당 주도 정국으로 전환되었다(〈표 1-20〉 참조). 기민연은 지속적인 하락 추세를 이어가며 2006년 선거에서는 30% 이하로 내려가 28.8%에 머물렀다. 반면 사민당은 2006년에 간신히 30%를 넘은 30.2%를 얻어 기민연에게 신승을 거두었지만 2002년까지는 지속적인 상승세를 보여 40.6%에까지 이르렀다.

민사당은 1998년까지 계속 성장하여 24.4%에 이르렀으며 2000년내에는 16%대로 내려가 정체되어 있지만 확고한 제3당의 위치를 굳히고 있다. 반대로 자민당은 1998년까지 하락세 속에서 1.6%까지 내려갔다가 2000년대에 다시 상승하였으며 최근 선거인 2006년 선거에서는 9.6%를 얻어 1990년에 이어 두 번째로 주의회에 진입했다. 동맹90/녹색당은 최근 선거에서 다소 성장하기는 했으나(3.4%) 1990년 수준(6.4%)을 회복하지 못했으며 여전히 의회 진입에 성공하지 못하고 있다. 동맹90/녹색당의 1990년대 득표율도 봉쇄조

표 1-21 작센(Sachsen) 주의회 선거(단위: %)

	기민연	사민당	민사당/ 좌파당[1]	동맹90/ 녹색당[2]	자민당	민족당	공화당	사회연[3]	기타	투표 참여율
1990	53.8	19.1	10.2	5.6	5.3	0.7	–	3.6	1.7	72.8
1994	58.1	16.6	16.5	4.1	1.7	–	1.3	0.6	1.1	58.4
1999	56.9	10.7	22.2	2.6	1.1	1.4	1.5	0.4	3.2	61.1
2004	41.1	9.8	23.6	5.1	5.9	9.2	–	0.5	3.1	59.6
2009	40.2	10.4	20.6	6.4	10.0	5.6	0.2	0.2	6.5	52.2

1) 1990년 좌파리스트/민사당(LL/PDS: Linke Liste/PDS).

2) 1990년 노이에스 포룸(Neues Forum), 동맹90, 녹색당의 선거연합체 '포룸(Forum)'.

3) 독일사회연합(DSU: Deutsche Soziale Union).

출처: 독일연방선관위(http://www.bundeswahlleiter.de) 자료 종합.

항보다 높지만 당시에는 동맹90과 녹색당이 따로 선거에 임했고 개별적으로는 봉쇄조항을 넘지 못해 모두 주의회 진입에 성공하지 못했다. 극우민족주의 정당들 중에서는 민족당이 2006년 선거에서 7.3%를 얻어 주의회에 진출했다. 그러나 그 이전에는 1998년 국민연이 2.9%를 얻었을 뿐 3대 극우민족주의 정당들 모두 1.1% 이하의 득표율에 머물렀다.

주정부는 기민연-자민당 연정과 사민당-민사당 연정 및 대연정이 번갈아 구성되었다. 1990~1994년에는 기민연-자민당 연정이 출범했고, 1994~1998년에는 기민연-사민당 대연정이 구성되었다. 그러나 브란덴부르크 주와 달리 메클렌부르크-포어포메른 주에서는 두 차례나 사민당-민사당의 이른바 적적연정이 구성되었다. 대연정을 이은 1998~2002년 연정과 2002~2006년 연정이 그것이다. 2006년 이후 현재까지는 다시 기민연-사민당의 대연정이 구성되어 있다.

작센(Sachsen) 주는 브란덴부르크 주와 반대로 구동독 지역에서 기민연이 가장 강세인 지역이다. 〈표 1-21〉에서 보는 바와 같이 기민연은 1999년에 56.9%에까지 이르러 이후 하락세 속에서도 여전히 40%를 넘는 지지율을 가지고 있다. 반면 사민당 지지율은 매우 저조할 뿐만 아니라 지속적인 하락세를 보여 1990년 19.1%였던 지지율이 2004년에 10% 이하로까지 내려갔다가 현재는 10.4%에 머물렀다. 반면 기민연이 강세인 작센 주에서도 사민당의 약화로 1999년부터는 민사당/좌파당이 제2당으로 부상했다. 민사당은 1990년 10.2%의 지지율밖에 얻지 못해 당시 제2당이던 사민당의 약 절반을 조금 넘는 수준이었지만 1999년에는 이 현상이 역전되어 민사당은 22.2%나 얻어 사민당의 2배를 넘는 득표율을 보였다. 2009년 선거에서 좌파당은 다소 주춤하기는 했으나 여전히 20%를 넘는 지지율(20.6%)을 획득했다.

동맹90/녹색당은 1990년 선거에서 봉쇄조항을 넘어 통일 후 첫 선거에서 의회에 진입했으나 이후 연이어 두 번의 선거에서 의회진입에 실패했다. 그러나 2000년대에는 다시 1990년의 수준을 회복하여 다시 주의회에 진입한 후 지속적인 지지율 상승을 보이고 있다. 자민당도 동맹90/녹색당과 마찬가지로 통일 후 첫 선거에서 의회에 진입했고 이후 약화되다가 2004년에 다시 의회에 진입했으며 2009년 선거에서는 10.0%를 얻었다. 작센 주에서도 극우민족주의 정당들 중 민족당이 최근에 다소 주춤하기는 했으나 2004년에 9.2%를 얻어 주의회에 진출했으며 2009년에도 5.6%를 득표해 원내정당을 구성했다. 반면 다른 정당들은 지속적인 하락추세 속에서 최근에는 1%를 넘지 못하고 있다.

작센 주정부는 기민연 독주가 지속된 만큼 기민연 단독정부가 오래 이어졌고 그 이후에도 기민연 주도 연정이 이루어졌다. 1990년부터 2004년까지 14년 동안 절대다수를 획득한 기민연이 단독정부를 구성했으며, 2004~2009년에는 사민당과 연정을 구성했고, 2009년 이후 현재에는 자민당과 연정을 구성하고 있다.

작센-안할트(Sachen-Anhalt) 주도 작센 주만큼은 못하지만 기민연이 주도하는 지역이다. 이 주에서 기민연은 1990년 39.0%를 얻은 후 1998년(22.0%)까지 계속 약화되었지만 2000년대에는 다시 30% 후반대로 올라서 제1당의 위치를 지키고 있다(〈표 1-22〉 참조). 반면 사민당은 1990년대에 지속적인 상승세를 보여 1998년에 35.9%를 얻어 7.9%p의 큰 차이로 처음 기민연을 추월했지만 2000년대에는 이전보다 더욱 떨어진 20% 초반대를 벗어나지 못하고

표 1-22 작센-안할트(Sachsen-Anhalt) 주의회 선거(단위: %)

	기민연	사민당	민사당	동맹90/녹색당[1)]	자민당	공화당	국민연	사회연	기타	투표 참여율
1990	39.0	26.0	12.0	5.3	13.5	0.6	–	1.7	1.9	65.1
1994	34.4	34.0	19.9	5.1	3.6	1.4	–	0.2	1.4	54.8
1998	22.0	35.9	19.6	3.2	4.2	0.7	12.9	–	1.5	71.7
2002	37.3	20.0	20.4	2.0	13.3	–	–	–	7.0	56.5
2006	36.2	21.4	24.1	3.6	6.7	0.5	3.0	0.3	4.2	44.4

1) 1990년 노이에스 포룸과 녹색당의 선거연합체 '녹색리스트/노이에스 포룸(Grüne Liste/Neues Forum)'.

출처: 독일연방선관위(http://www.bundeswahlleiter.de) 자료 종합.

있다. 그에 따라 2000년대에는 민사당이 제2당의 자리를 차지해 사민당과의 격차도 조금씩 벌려 가고 있다. 민사당은 통일 직후 12.0%였던 지지율이 지속적으로 상승해 2006년 선거에서 2배로 증가한 24.1%의 득표율을 올렸다.

동맹90/녹색당은 작센 주와 달리 지속적인 하락 추세에 있으며 1990년과 1994년에 각각 5.3%와 5.1%로 가까스로 주의회에 진출한 이후 지금까지 재야정당으로 남아 있다. 반면 자민당은 등락을 거듭하면서도 1990년과 2002년에 13%를 넘는 득표율을 보였으며 1994년과 1998년에 주의회 진입에 실패하기도 했지만 2006년에는 6.7%의 지지율로 다시 주의회에 진입했다. 공화당과 사회연은 지속적인 하락 추세 속에서 1% 안팎의 지지율을 가진 무의미한 정당으로 남아 있다. 그러나 1998년에는 국민연이 12.9%를 얻어 주의회에 진출하고 2002년에는 쉴당(Schill-Partei)이 4.5%를 얻어 극우민족주의적 우려를 자아내기도 했다.

기민연과 사민당 및 민사당이 각축하는 상황에서 작센-안할트 주는 주정부 구성이 가장 복잡하다. 기민연 우세가 가장 뚜렷했던 1990~1994년에는 기민연과 자민당의 연정이 손쉽게 이루어진 반면, 기민연(34.4%)과 사민당(34.0%)이 박빙의 승부를 다툰 1994년에는 제2당인 사민당과 동맹90/녹색당이 어렵게 연정을 구성했다. 또한 1998년에는 35.9%의 득표율을 얻어 절대다수를 획득하지 못한 사민당이 단독정부를 구성하기도 했으며, 2002년에는 기민연-사민당-자민당의 3당연정이 출범하기도 했다. 2006년 구성되어 현

표 1-23 튀링엔(Thüringen) 주의회 선거(단위: %)

	기민연	사민당	민사당/ 좌파당[1]	동맹90/ 녹색당	자민당	유권자 연합[2]	민족당	공화당	기타	투표 참여율
1990	45.4	22.8	9.7	6.5	9.3	-	-	0.8	5.6	71.7
1994	42.6	29.6	16.6	4.5	3.2	-	-	1.3	2.3	74.8
1999	51.0	18.5	21.4	1.9	1.1	-	-	0.8	5.4	59.9
2004	43.0	14.5	26.1	4.5	3.6	2.6	1.6	2.0	2.2	53.8
2009	31.2	18.5	27.4	6.2	7.6	3.9	4.3	0.4	0.4	56.2

1) 2009년 좌파당(Die Linke).

2) 튀링엔자유유권자연합(Freie Wähler Thüringen).

출처: 독일연방선관위(http://www.bundeswahlleiter.de) 자료 종합.

재까지 지속되는 주정부는 처음으로 기민연과 사민당의 연정이다. 작센-안할트 주도 줄곧 제2당을 위협했고 급기야 2000년대에는 제2당으로 등장한 민사당을 정부에서 배제해 왔다.

튀링엔(Thüringen) 주도 작센-안할트 주와 유사하게 기민연이 주도하는 가운데 사민당과 민사당/좌파당이 제2당을 두고 각축하는 구도를 보인다(〈표 1-23〉 참조). 기민연은 1999년 51.0%를 기록할 때까지 득표율이 증가하다가 2000년대에는 하락 추세를 이어 가면서 최근 2009년에는 31.2%에 그쳤지만 여전히 제1당의 위치를 고수하고 있다. 반면 사민당은 2009년에 약간의 반등을 보였지만 역시 전반적으로 하락 추세를 이어 가며 1999년 이후에는 20%를 넘지 못하고 있다. 이와 반대로 민사당/좌파당은 1990년에 9.0%의 지지율을 얻는 데 불과했지만 지속적인 급등 속에서 1999년에는 사민당을 추월해 21.4%를 얻었으며 이후에도 상승세 속에서 제2당의 지위를 자지했다.

동맹90/녹색당은 1999년을 저점으로 지지율이 다시 상승하고 있으며 2009년에는 1990년 지지율(6.5%)을 거의 회복한 6.2%를 얻어 다시 주의회에 진출하였다. 자민당도 동맹90/녹색당과 동일하게 1999년(1.1%)을 고비로 다시 강화되고 있으며 2009년 선거에서 7.6%를 얻어 다시 주의회에 진출하였다(1990년 9.3%). 튀링엔 주에서는 유권자연합이 선거에 참여하여 군소정당들 중에서는 상대적으로 많은 지지율을 올리는 것이 특징 중의 하나다. 튀링엔자유유권자연합이 2004년부터 선거에 참여해 2.6%를 얻었고 2009년에는 3.6%를 얻어 향후 주의회 진출을 노리고 있다. 노이에스 포룸(Neues Forum)도 독자적으로 선거에 참여했었으나 1994, 1999년에 각각 1.1%와 0.3%를 얻는 데 그쳐 그 이후에는 더 이상 참가하지 않고 있다.

극우민족주의 정당들 중 공화당과 민족당의 지지율도 상승하는 추세다. 그 중 공화당은 여전히 2.0% 이하지만 민족당은 2009년에 4.3%를 얻어 극우화 바람의 우려를 불러일으키고 있다. 그 밖에 국민연은 1999년에만 선거에 참여하여 3.1%를 얻었고, 사회연은 1990년대에 세 차례 선거에 참여하여 각각 3.3%, 0.2%, 0.2%를 얻어 점차 약화됨으로써 2000년대에는 더 이상 선거에 참여하지 않고 있다.

튀링엔 주정부 구성도 2009년 최근 선거 이전까지는 작센 주처럼 기민연 주도 정국에서 큰 어려움을 겪지 않았다. 1990~1994년에는 기민연 주도로 자민당과의 연정이 이루어졌고, 1994~1998년에도 대연정이었지만 여전히 압도적인 득표율 차이로 기민연이 주도하는 연정으로 구성되었다. 1999년에는 절대다수를 획득한 기민연의 단독정부가 출범했으며, 그 뒤를 이어 2004년에는 비록 절대다수를 획득하지는 못했지만 제2당으로 등장한 민사당을 견제하기 위해 다른 정당들의 동의를 얻어 역시 기민연 단독 정부가 이어졌다. 반면 2009년에는 기민연의 지지율이 크게 떨어졌고 그 뒤를 좌파당이 바싹 추격함으로써 위협을 느낀 기민연은 오랜 진통 끝에 사민당과 연정을 구성하였다.

6. 통일 관련 의식[18]

독일 통일은 콜 총리를 위시한 당시 기민/기사연–자민당 연정의 저돌적

18 정병기(2009)의 내용을 재구성.

표 1-24 서독인들의 부정적 통일 전망

	1966	1976	1986
비율(%)	72	87	93

질문: "당신은 서독과 동독이 통일되는 것을 체험할 수 있다고 믿으십니까?"

답변: "체험할 수 없거나 통일이 불가능하다"

출처: Landeszentrale für Politische Bildung Baden-Württemberg(1990: 4).

인 추진과 동독 주민들의 적극적 통일 여망에 의해 이루어졌다. 그러나 통일 전 일반 서독인들의 정서는 통일의 실현가능성에 대해 회의적인 전망을 가지고 있었다. 〈표 1-24〉에서 보면, "당신은 서독과 동독이 통일되는 것을 체험할 수 있다고 믿으십니까?"라는 질문에 '통일을 체험할 수 없거나 통일이 불가능하다'는 답변에 대해 1966년부터 1986년까지 10년 주기로 집계한 결과를 알 수 있다. 이러한 부정적 답변의 비율은 1966년 72%에서 1976년 87%를 거쳐 1986년에는 무려 93%에 이르렀다.[19]

이와 같은 조사는 독일 통일이 정부 주도로 얼마나 급속하게 이루어졌는가를 짐작하게 한다.[20] 또한 앞에서 설명한 바와 같이 통일 정국에서 동독 주민들의 정서도 처음에는 사회주의 내 개혁을 요구하다가 정부 주도의 경제적 흡수통합에 이끌려 통일을 선택하게 된 과정을 통해서도 짐작할 수 있다. 게다가 베를린 장벽이 무너진 1989년 11월 당시 청소년들의 설문조사 결과도 이를 뒷받침한다. "당신은 동독과 서독의 통일에 대해 어떻게 생각하십니까?"라는 질문에 당시 청소년들의 23%가 절대반대를 표명하고 29%가 찬성보다 반대를 표명해 결국 반대가 52%에 이르렀다.[21]

19 Landeszentrale für Politische Bildung Baden-Württemberg(1990: 4); 정용길(2001: 35)에서 재인용.

20 물론 1960년대 말 이후 사민당 주도 연정의 동방정책을 통해 동서교류의 장을 넓히고 사회문화적 통합의 수순을 밟기 위한 초석을 놓은 것은 사실이다. 그러나 이러한 노력과 다른 측면에서 1990년 직전의 통일 정국에서는 동서독 주민들 모두가 통일에 대한 준비와 전망을 제대로 갖추지 못했다는 것도 사실이다.

21 *Der Spiegel*, 1990.3.12.; 정용길(2001: 35-36)에서 재인용.

이와 같은 통일 과정은 통일 이후의 사회적 · 심리적 통합이 순탄치 않을 것이라는 예상을 가능하게 했으며 통일 후 적어도 15년 동안은 이러한 예상이 사실로 드러났다. 이와 관련해 구동서독 지역을 비교한 최근 자료는 없지만 통일 후 15년을 평가한 자료들을 통해 유추해 볼 때 20년이 지난 현재에도 이러한 구동서독 주민들 간의 사회적 · 심리적 갈등은 해소되지 않았다고 추단할 수 있다.

먼저 독일민주주의 제도에 대한 긍정적 태도를 보면, 2005년도에 구서독 주민들은 71%로 나타나고 구동독 주민들은 그 절반이 조금 넘는 38%로 나타났다(Gabriel, 2007: 545). 흡수통합되어 수립된 서독식 자유민주주의에 대한 구동독 주민들의 만족도가 절반에도 미치지 않았다는 것이다. 물론 구동독 주민들의 자유민주주의 만족도가 다른 탈공산주의 국가들과 비교해 볼 때에는 일정하게 높은 수치라고 이야기되지만, 전반적으로 구서독 주민들보다는 중 · 동유럽 탈공산주의 국민들과 더 유사한 정치문화를 보인다고 한다(위의 책, 545–546).

서독 자유민주주의의 대응 개념으로 사회주의 이념에 대한 찬성을 조사한 자료를 보아도 유사한 경향이 발견된다. 1991년부터 2004년까지 조사한 자료[22]에 따르면, 통일 이듬해인 1991년에 "사회주의는 잘못 실현되었을 뿐 원래 훌륭한 이념이다."라는 견해에 '전적으로 찬성'이라는 답변과 '반대보다는 찬성'이라는 답변을 한 구서독 주민들은 40%였던 반면 같은 답변을 한 구동독 주민들은 여전히 압도적으로 높은 비율인 76%를 보여 그 격차는 36%p로 거의 곱절에 가까웠다(〈표 1–25〉 참조).

구동독 지역에서 이 비율은 1996년에 3%p 낮아졌지만 1994년에 다시 급증하여 81%에 이르렀으며 1998년에 다시 낮아지기는 했지만 2000년까지 1991년 수준인 76%를 유지해 왔다. 그리고 2004년에 가서는 통일 직후보다

22 Fuchs und Roller(2004: 33); *Der Spiegel*, 2004.9.20., S.50; Höhne(2006: 55)에서 재인용.

표 1-25 사회주의 이념에 대한 찬성률(단위: %)

	1991	1992	1994	1998	2000	2004
구서독 지역	40	43	44	43	51	47
구동독 지역	76	73	81	76	76	70
지역차	36	30	37	33	25	23

질문: "사회주의는 잘못 실현되었을 뿐 원래 훌륭한 이념이다."

Allbus, 1991, 1992, 1994, 1998, 2000 참조(찬성 항목은 '전적으로 찬성', '반대보다 찬성', '찬성보다 반대', '전적으로 반대'에서 앞의 두 답변을 합산). 2004년 통계는 TNS Infratest가 동일한 문항으로 실시하여 *Der Spiegel*에 발표한 자료를 참조. 구서독 지역과 구동독 지역은 각각 서베를린과 동베를린을 포함.

지역차=구서독 지역−구동독 지역.

출처: Fuchs und Roller(2004: 50).

6%p 낮은 70%로 떨어졌지만, 그 절대적 비율은 여전히 높은 수준이며 구서독 주민들에 비해서도 여전히 2배에 가까운 수치다. 반면 구서독 지역에서는 사회주의 이념에 대한 찬성이 전반적으로 구동독 지역의 절반을 조금 넘는 수준이지만 갈수록 그 비율은 증가했으며, 2004년에 비록 다시 떨어지기는 했지만 2000년에는 1991년에 비해 11%p 높은 51%를 기록하기도 했다. 구서독 주민들 중에서도 사회주의 이념에 찬성하는 비율이 절반을 넘은 것이다.

그러나 다른 한편으로 보면 통일 이후 구동서독 간의 사회주의 이념에 대한 견해차는 점차 줄어드는 것으로 나타난다. 1991년 36%였던 지역차가 1994년에 예외적으로 높아지기는 하지만 2004년에 이를 때까지 지속적으로 하락해 23%로 떨어진 것이다. 이러한 자료가 던지는 시사점은 상반되는 두 가지의 이중적 의미로 볼 수 있다. 우선, 지역차가 좁혀진다는 점에서 구동서독 주민들 간의 심리적 · 이념지향적 통합이 이루어져 간다고 할 수 있는 반면, 여전히 구동독 주민들의 심리적 · 이념적 지향은 구서독 주민의 그것과는 갑절이나 차이나는 상태에서 벗어나지 못했다는 것이다. 그리고 구동독 지역의 사회주의 추구 성향이 최근에 다소 감소하기는 했지만 전체적으로는 통일 직후 크게 변화가 없는 반면 구서독 지역의 사회주의 추구 성향이 증가하고 있다는 점은 서독 자본주의로의 흡수통합이 구동서독 주민 모두에게 만족스럽지 못한 것으로 인식되는 것으로 판단된다.

7. 요약과 전망

독일의 정치적 통일 과정은 "우리가 인민이다"라는 구호가 "우리는 하나의 국민이다"라는 구호로 바뀌는 과정에서 명확하게 드러난다. 통일 전야의 개혁사회주의적 전망이 서독 정당들에 의한 효과적 선거전과 콜 정부의 경제적 전망 제시를 통해 급격한 통일 구호로 바뀐 것이다. 이 과정은 콜민화(Kohlonisierung)라는 비유적 표현에서 보듯이 당시 동독 주민들의 이념적 경향을 경시한 채 콜 정부가 주도하는 급격한 흡수통일로 연결되었으며, 통일 직후의 인사정책도 강제 편입과 퇴출에 의한 일방적 식민화 과정을 밟았다. 또한 연방제 개혁이 서독 기본법의 확대 적용의 한계를 벗어나지 않은 채 경제력이 약한 구동독 주들에게 불리하게 이루어졌다.

이와 같은 일련의 과정은 통일 이후 20년 가까이 진행된 사회경제적 통합 과정과도 맞물려 새로운 균열을 부추겼다. 동서를 가르던 베를린 장벽은 20년 전에 무너졌지만, 구동독 지역과 구서독 지역을 가르는 새로운 이념적·물질적 장벽은 여전히 남아 있거나 오히려 강화된 면을 보여 왔다. 그에 따라 구동독 지역 주민들은 일부 극우 정당들에게 지지를 보내기도 하지만, 대부분 괄목할 만한 증가 추세로 민사당을 선택해 왔다. 결국 구동독 지역에서 민사당은 갈수록 성장하여 제1당을 두고 각축하거나 지역에 따라서는 이미 제1당으로 등장함으로써 가시화되었다. 특히 구동독 지역 주의회 선거에서 이러한 현상은 더욱 뚜렷하게 나타났다. 통일 직후의 기민연–사민당 양당체제에서 점차 3당구도나 기민연–좌파당 양당체제로 변해 가는 주가 늘어가고 있기 때문이다. 이것은 사민당의 급격한 지지율 하락과 민사당/좌파당의 꾸준한 성장에 따른 것이었다. 통일 독일을 동서로 가르는 이 정당정치적 균열은 비단 통일 이후의 사회경제적 통합의 실패뿐만 아니라 상술한 바와 같이 통일을 전후한 통일 정책과 통일 직후의 연방제 편입 과정에서 비롯되었다. 곧, 통일 독일은 급격한 정치 통합으로 시작된 통일이 사회통합의 타임래그(time lag)를 초래함으로써 다시금 정치 통합의 균열이 야기되는 부메랑 효과를 맞고 있다.

이 효과는 통일 이후 양 지역 주민들의 의식 변화에서도 분명하게 나타났다. 먼저 서독식 자유민주주의에 대한 2005년도 구동독 주민들의 만족도가 절반에도 미치지 못했다. 또한 "사회주의는 잘못 실현되었을 뿐 원래 훌륭한 이념이다."라는 견해에 대해서도 통일 이후 2004년까지 구동독 주민들은 구서독 주민들에 비해 지속적으로 거의 2배 가까이 높은 찬성률을 보였다. 그러나 다른 한편으로 통일독일의 역사가 깊어 가면서 적어도 이념 지향성에 있어서는 그 격차가 점차 줄어든 것도 여론 조사에서 분명하게 감지되고 있다. 이러한 조사 결과가 던지는 시사점은 이중적 의미로 새길 수 있다. 곧, 지역차가 좁혀진다는 점에서 구동서독 주민들 간의 심리적 · 이념적 통합이 이루어져 간다고 할 수 있는 반면, 구동독 주민들의 심리적 · 이념적 지향이 구서독 주민의 그것과는 갑절이나 차이 나는 상태는 여전히 지속되고 있다.

민사당에 대한 구동독 주민들의 지지율이 높아지는 것도 이중적 의미로 이해할 수 있다. 민사당이 과거 현실사회주의적 색채를 버리고 민주사회주의로 정체성을 재확립한 것과 구동독 지역의 이익을 대변하는 지역주의적 성격을 강화한 것이 유효하게 작용했다는 점이다. 적어도 현재와 같은 이중적 의식과 인식이 지속되는 한 민사당과 그 후신인 좌파당에 대한 구동독 주민들의 지지도 지속된다고 볼 수 있다. 물론 민사당은 서독 좌파사민주의자들과 통합하여 좌파당으로 재창당됨으로써 구동독 지역당의 한계를 벗어날 수 있는 기회를 가지게 된 것도 사실이다. 그렇지만 좌파당의 지역주의성이 새로운 이념적 지역균열로 이어질 수 있는 가능성은 여전히 남아 있다. 따라서 통일 독일의 진정한 정치적 통합은 20년의 세월로는 온전히 이루어졌다고 보기 어려우며, 앞으로 진행될 사회적 · 경제적 · 문화적 통합의 진척에 달려 있다고 할 수 있다.

제2장
경제

독일 베를린 장벽의 붕괴 이후 20년이 지났다. 독일의 대중매체를 통해 많은 "장벽들"이 세워졌다 허물어졌다를 반복하는 시간을 지나왔다. 그만큼 역동적이었다는 것을 의미한다. 통일 10년 후 독일정부가 발간한 『독일통일백서 '99』는 구동독 지역의 경제를 "스스로에 의한 경제성장을 이끌어 내지 못하고" 있는 상태에 있어 재정과 자본 양면에서 구서독 지역에 의존적이라고 평가했다. 이러한 평가의 기조는 『독일통일백서 2006』에서도 이어진다.

2006년 현재 신연방주는[1] 긍정적인 성과와 미해결과제, 발전에 대한 희망과 극복하지 못한 도전이 공존하고 있는 동전의 양면과 같은 상황이다. 현 상황을 이성적으로 보는 사람이라면 '컵의 물이 반밖에 차지 않았는지, 반이나 찼는지'와 같은 감정적인 논쟁은 더 이상 하지 않을 것이다. 교통, 도시기반시설과 대학의 현대화, 기업의 경쟁력 확립 등 부인할 수 없는 발전을 이루긴 했으나 구동독 지역의 자체적인 경기회복은 달성되지 못했다. 노동시장을 보아도 경제 전반의 발전이 충분치 못하다는 사실을 알 수 있다. 구동독 지역의 실업률은 지난 10년간

1 구동독이 새로운 독일연방의 새로운 주로 편입되었기에 신연방주(Neue Bundesländer)로 표기되기도 한다. 독일 문헌에서는 주로 구서독 지역을 구연방주, 구동독 지역을 신연방주로 표기하기 때문에 신연방주라는 표현을 쓰기도 한다.

> 구서독 지역의 약 2배에 이르는 실정이다. 구동독 주민이야말로 그간의 성과와 부족한 점에 대해 현실적인 평가를 원하고 있다. 노동시장을 관찰해 보고 경제상의 통계와 국민들의 평가를 살펴보면, 그간의 노력이 성공적이긴 했으나 앞으로도 오랜 기간 더 많은 노력이 필요하다는 데 대부분 동감한다. (…) 정부는 구동독 지역에 체계적으로 대규모 지원을 할 것이다. 이 바탕 위에서 지속적으로 인프라를 개선하고 신탁청의 잔재를 제거할 것이다(BMVBS, 2006).

이후 2008년의 경제지표를 보더라도 급격한 변화가 나타나지는 않는다. "구조적 수렴"에 대해 언급하는 문헌들이 종종 눈에 띄지만—이들도 공통적으로 지적하듯—급격하게 수렴되는 그러한 변화를 기대하기는 어려워 보인다. 구서독 지역 평균 대비 주민1인당 GDP는 2000년 67%에서 2008년 71%, 같은 기간 생산성은 75%에서 79%, 종사자 1인당 자본스톡은 78%에서 84%로 향상되었다(BMVBS, 2009: 5). 2000년 이후부터 많은 긍정적 신호에도 불구하고 여전히 시간을 필요로 하는 '따라잡기'의 과정이다.

아래에서는 우선 통독 이후 경제의 통합과정을 간략히 총괄한다. 이를 위해 경제적 통합과정을 크게 세 시기로 나누어 살펴본다. 1990년 7월 1일~1994년 말까지의 전환기 이후 2000년 이전까지 정상화기를 거친 후, 2000년 이후의 혁신기로 크게 나눌 수 있다.[2] 통독 후 경제체제의 전환기 동안 구동독 지역의 산업은 대량파괴 혹은 산업공동화(空洞化)로 특징지어질 정도로 급격히 위축된다. 1990~1995년까지 지속되던 8~9%라는 고도성장은 주로 인프라 구축을 위해 투자된 건설부문의 급팽창에 기인하는 것으로, 건설부문은 1992~1994년 사이 평균 25% 상승하였다. 급격히 팽창한 건설부문은 이내 정상화되어야 했으며 그에 따라 총가치생산도 급감, 1997년 1.7%, 98년 2%로 떨어져 오히려 서독의 성장률에 미치지 못하는 수준에 머물다가, 1997/98

---

2 Blume는 구동독 지역 경제발전을 전환기, 정상화단계로 구분하고, 연방건교부(BMVBS)는 장벽붕괴 20년 기간을 세 시기로 구분하고 있다(Blume, 2001: 31; BMVBS, 2009: 3-4).

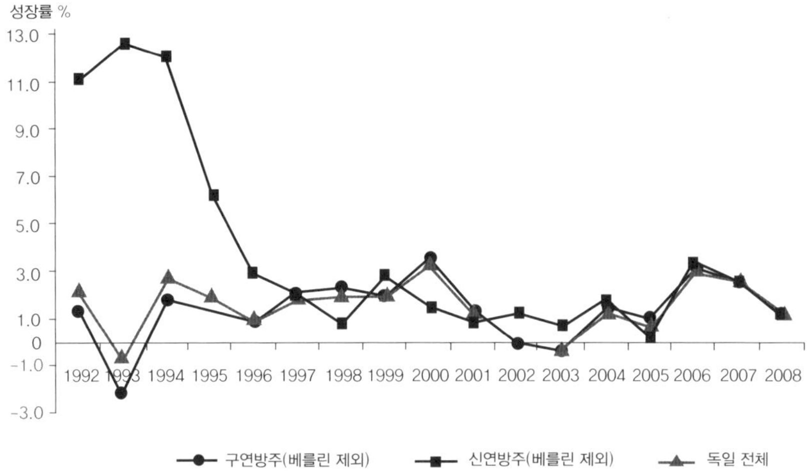

그림 2-1 구동서독 지역 GDP 성장률

년 구동독 지역과 구서독 지역 사이의 경제적 격차는 오히려 다시 벌어졌다. 2000년 이후 제조업 부문으로부터 구동독 지역 경제가 서서히 회복되기 시작한다.

1. 통일독일 및 구동독 지역 경제의 발전과 현황 개괄[3]

전체적으로 독일의 경제는 통일 직후 짧은 기간(1990~1992)의 성장 이후 성장 추세가 주춤해진다. 통일 직후의 짧은 성장은 통독 후 약 4~5년 동안 구동독 지역의 두 자리 수치에 이르는 성장을 배경으로 하고 있다. 선진국에서는 이례적일 정도로 급속한 성장이 이루어져, 1992년 11.38%, 1993년 12.60%, 1994년 12.10%의 성장을 이루었다. 이후 성장세는 둔화하여 2005

3 본장에서 특별히 출처를 표기하지 않은 각종 〈그림〉과 〈표〉의 통계자료는 독일연방통계청 각 지청이 공동으로 조사한 자료에 근거함: Statistische Ämter der 16 Bundesländer (2009).

표 2-1 주별 전년대비 GDP 성장률(단위: %)

	구서독 지역										
	BW	BY	HB	HH	HE	NI	NW	RP	SL	SH	평균
1992	1.2	2.6	0.1	0.9	2.0	1.7	1.0	0.2	0.0	1.5	1.42
1993	−4.1	−1.8	−2.8	0.5	−1.8	−1.0	−2.4	−2.8	−4.2	−0.9	2.00
1994	2.1	2.2	1.4	1.1	1.0	2.1	1.1	1.9	2.9	1.2	1.65
1995	1.7	1.1	0.1	1.1	1.3	−0.4	1.8	1.5	3.0	2.2	0.95
1996	1.9	1.8	−0.0	1.3	2.4	0.3	−0.4	−0.6	−2.9	1.2	1.28
1997	2.4	2.3	3.0	1.7	1.5	1.7	1.8	2.0	2.3	1.7	2.10
1998	2.5	3.8	1.0	0.8	1.4	2.5	2.1	1.1	2.8	0.6	2.00
1999	2.7	3.0	0.3	0.8	3.3	1.4	0.8	2.6	2.0	1.5	1.92
2000	3.7	5.5	4.2	3.9	3.4	2.8	2.4	2.8	4.5	2.8	3.92
2001	2.7	2.2	1.1	4.1	1.7	−0.7	0.7	−1.2	1.4	1.0	2.08
2002	−1.3	1.4	1.3	0.2	−1.0	−0.7	0.1	1.2	−1.2	−1.9	0.98
2003	−0.3	0.3	0.7	−3.0	0.5	0.2	−0.8	−0.4	−0.7	0.2	0.83
2004	0.7	2.0	0.1	0.5	0.4	1.2	1.4	2.3	3.6	1.1	0.82
2005	0.4	1.7	1.7	1.1	0.9	2.1	0.1	−0.2	3.4	0.1	1.32
2006	5.1	2.9	3.7	1.7	2.4	2.7	1.9	3.2	2.5	2.8	3.08
2007	3.2	3.0	1.6	1.8	2.1	2.1	2.2	2.3	2.7	1.0	2.30
2008	0.6	1.5	1.7	2.1	1.3	1.7	1.4	1.2	1.6	1.1	1.48

	구동독 지역						베를린	전체
	BB	MV	SN	ST	TH	평균	BE	D
1992	9.4	9.5	9.9	10.1	18.0	9.45	3.4	2.2
1993	12.5	11.4	12.3	13.3	13.5	11.95	2.7	−0.8
1994	11.8	12.5	13.0	10.6	12.6	12.15	1.1	2.7
1995	7.6	7.9	7.8	4.4	3.2	7.75	1.9	1.9
1996	3.0	2.8	3.0	2.6	2.8	2.90	−1.7	1.0
1997	2.2	1.8	0.2	3.0	3.7	2.00	−1.9	1.8
1998	1.0	−0.2	0.6	0.5	1.7	0.60	−0.2	2.0
1999	4.1	3.4	2.3	1.8	3.4	3.75	−0.7	2.0
2000	3.5	0.4	0.5	1.3	2.1	1.95	1.1	3.2
2001	0.5	0.3	1.7	0.0	1.4	0.40	−1.2	1.2
2002	−0.2	0.1	2.3	2.1	0.3	0.15	−1.7	−
2003	−0.3	−0.2	1.5	−0.1	1.8	0.25	−2.2	−0.2
2004	1.5	1.6	2.0	1.2	2.1	1.55	−2.0	1.2
2005	0.7	0.4	−0.0	−0.6	0.3	0.55	0.9	0.8
2006	2.8	2.1	4.0	3.2	3.5	2.45	2.4	3.0
2007	2.2	3.3	2.4	2.6	2.1	2.75	2.1	2.5
2008	1.0	1.2	0.9	1.8	1.0	1.10	1.6	1.3

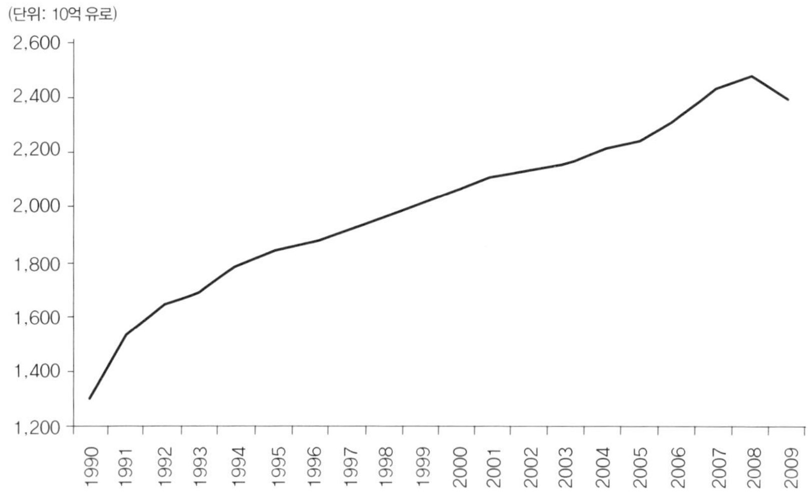

그림 2-2 독일의 GDP 추이(1990~2009년)

년 6.18%, 2006년 2.84%로 급격히 떨어지지만, 지속적인 성장추세를 유지한다.

독일의 국내총생산(GDP)은 〈그림 2-2〉에서 보듯이 세계경제의 위기가 촉발된 2009년을 제외하고 통일 이후 지속적으로 증가해 왔다.[4] 통일 직후 구동독지역이 독일에 포함됨에 따라 전체 경제규모가 크게 확대된 것을 알 수 있다. 이후 1991~1992년의 짧은 기간 동안 구동독주민들이 그간 억제되어 있던 수요가 분출됨에 따라 기업들은 '통일 붐(boom)'을 맞아 급성장을 기록한다.

통일 후 독일의 국내총생산을 장기간 발전추세의 측면에서 통일은 독일 전체경제의 규모를 확대시키는 계기로 작용하였음을 알 수 있다. 〈그림 2-3〉에서 보는 대로, 1950년부터 2009년까지 독일의 국내총생산(GDP) 발전추이의 측면에서 1990년 통일은 가파른 확대의 계기였다. 통일 후 독일경제는 꾸준히 성장하여, 국내총생산은 통일된 1990년 약 1조 3,000억 유로 규모에서

4 독일 통계청의 "Volkswirtschaftliche Gesamtrechnungen, 2009"를 토대로 만든 것이다.

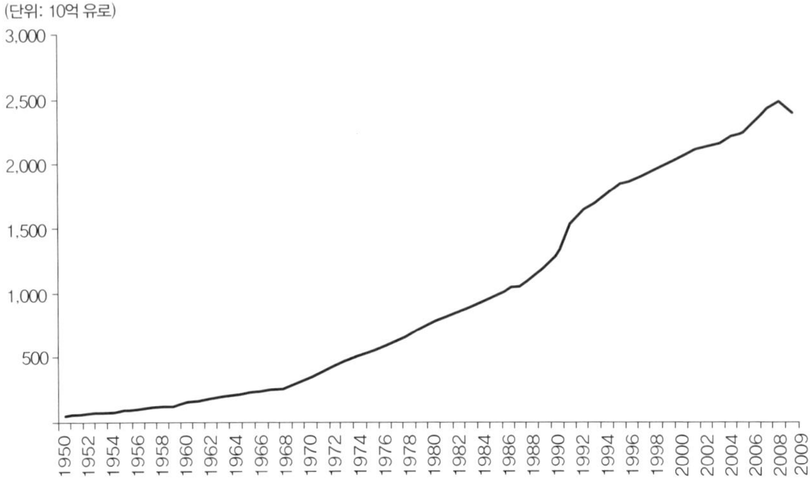

그림 2-3 독일의 GDP 추이(1950~2009년)

2008년 2배에 조금 미치지 못한 2조 4,000억 유로로 확대되었다.

통일 후 꾸준한 성장의 결과, 2008년 현재 독일의 GDP와 국민총소득(GNI)은 세계 4위이고,[5] 유럽국가 중에서는 1위다. 독일은 현재 세계은행과 국제통화기금(IMF) 및 세계무역기구(WTO) 등의 주요 기구에서도 커다란 영향력을 행사하고 있으며, 유럽연합(EU)을 기반으로 하여 세계경제의 흐름을 주도하고 있다(Staak, 2007: 85). 통일에 따라 연간 약 1,000억 유로가 서독지역에서 동독지역으로 이전(transfer)되었음에도 불구하고 무역수지의 측면에서도 독일경제는 꾸준한 성장을 기록, 〈그림 2-4〉가 보여 주듯이 1990년과 비교할 때 2008년에 무역흑자가 3배로 증가했다.[6]

체제전환의 과정에서 외부조건의 변화에 따라 겪을 수밖에 없게 된 구동독지역의 경제구조재편(economic restructuring), 즉 "변화하는 시장조건에 따라 계획적이고 의도적으로 경제구조를 재구성하는 과정"(Clark, 1993: 5)은 계획경

5 세계은행(World Bank), World Development Indicator 2010 (http://siteresources.worldbank.org/DATASTATISTICS/Resources/GDP.pdf)

6 독일 통계청의 자료 "Au enhandel, 2009"을 토대로 만든 것이다.

(단위: 10억 유로)

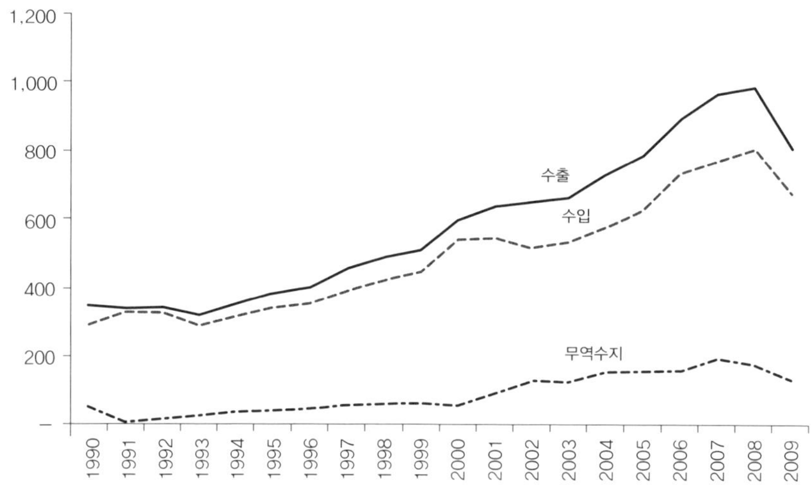

그림 2-4 독일의 무역 추이(1990~2009년)

제에서 시장경제체제로의 전환전략과 발전전략의 선택에서부터 많은 논란을 불러일으켰다.

그렇지만 장벽 붕괴 20년이 지난 2009년 구동독 지역은 1991년 이후 '고도성장과 경제재건'을 이루었고 인프라의 현대화가 광범하게 이루어졌다. 또한 구동독 지역 주민은 "이제껏 알지 못했던 구매력과 소비의 가능성을 경험"했다.[7] 〈그림 2-5〉에서 보는 바와 같이 구동독 지역의 소비 수준은 1991년 약 6,500유로로 구서독 지역(1만 1,000유로)의 약 60% 수준에 불과했으나, 2007년 현재 독일 연평균 1만 6,700유로의 80~85% 수준에 이르고 있다.[8]

---

7 이에 따라 구동독 지역 주민의 평균 순가계소득 및 구동독 주민의 일반적인 생활만족도도 상승하고 있다. 구동독 지역의 평균 순가계소득은 구서독 지역의 80%에 이르고 구동독 지역의 낮은 집세와 약간 낮은 물가수준을 감안하면 거의 90%에 접근한다. 구동독 주민의 일반적인 생활에 대한 만족도는 1990년 33%에서 99년 59%로 상승하는 반면, 불만족자의 비율은 1990년 16%에서 99년 7%로 감소했다(Winkler, 1999: 662).

8 2007년 현재 전 독일 평균 1만 6,699유로에 비해, 베를린 1만 4,265유로, 브란덴부르크 1만 4,075유로, 메클렌부르크-포어포메른 1만 3,452유로, 작센 1만 4,008유로, 작센-안할트 1만 3,421유로, 튀링엔 1만 3,616유로다.

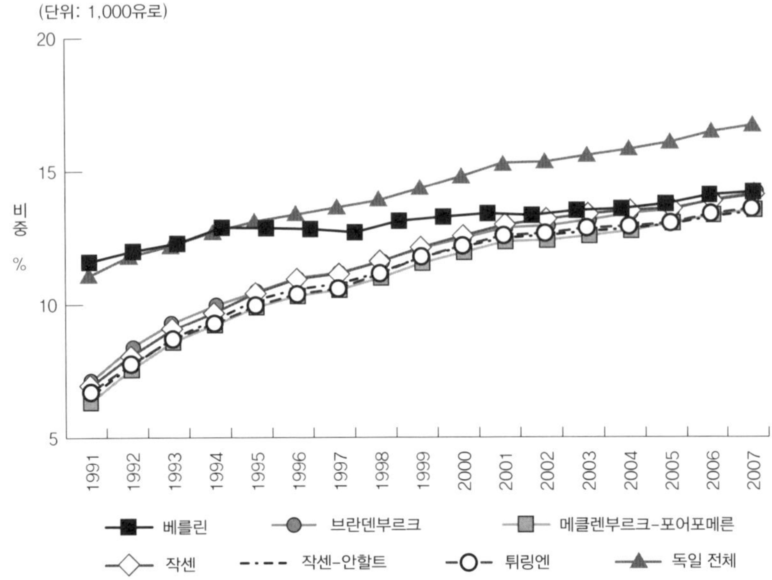

그림 2-5 구동독 지역 1인당 소비수준의 변화

구동독 지역경제의 발전과정은 1990~1994년 기간의 전환기와 짧은 정상화기(Normalisierung; 1995~2000)를 거친 이후, 2001년부터 혁신기로 구분하여 살펴볼 수 있다. 체제전환기 동안 구동독 지역의 경제는 콜(CDU/CSU) 정부의 신자유주의적 경제정책과 경직된 시장주의적 사유화정책에 따른 경제구조재편의 결과, 산업생산의 대량파괴, 전후방 연관산업의 네트워크 파괴, 연구 인프라와 산학네트워크가 붕괴되어 발전 동력의 기반을 상실하게 되었다. 1999년 들어선 사민당(SPD) 정부에 의해 광범하게 추진된 지역혁신정책은 특히 연구 · 개발(R&D)과 산학연계의 근거를 확보하는 데 주력했고, 학교 · 연구기관과 기업, 그리고 지역사회(공공부문 포함)의 네트워킹을 가능하게 하여 서서히 혁신동력의 거점을 구축해 가고 있다. 근래 눈에 띄는 점은 2002년 이후 구동독 지역 기업의 수익률이 구서독 지역보다 높게 나타나고 있다는 사실이다. 그러한 진전에도 불구하고 체제전환 20년을 바라보는 현 시점에서도 구동독 지역의 경제사정은 여전히 극복해야 할 많은 과제를 안고 있다.

1) 전환기(1990~1994년)와 정상화기(1995~2000년)

1994년 말까지의 전환기 동안 구동독 지역의 산업구조는 대량파괴 혹은 산업공동화(空洞化)로 특징지어질 정도였다. 경제활동인구의 급격한 감소(1989년 대비 30% 감소), 구서독 지역 수준의 2배에 달하는 19.5%의 만성적 고실업과 은폐실업을 포함한 41.8%의 실질실업에서 확인된다. 구동독에서 실행됐던 경제구조의 급격한 재편은 역사적으로 선례를 찾기 어려운 정도로 진행되어, 고실업과 불완전고용의 문제는 쉽게 극복될 것으로 보이지 않았다. 1990~1995년까지 지속되던 8~9%라는 고도성장은 주로 인프라 구축을 위해 투자된 건설부문의 급팽창에 기인하는 것으로, 건설부문은 1992~1994년 사이 평균 25% 상승하고 있다. 급격히 팽창한 건설부문은 이내 정상화되어야 했으며 그에 따라 총가치생산도 급감한다. 1997년 1.7%, 98년 2%로 떨어져 오히려 서독의 성장률에 미치지 못하는 수준에 머물다가, 1997~1998년 동독 지역과 서독 지역 사이의 경제적 격차는 오히려 다시 벌어졌다.

1993~1994년 사이 구동독 지역 제조업 분야에서 두 자리 수의 놀라운 성장이 따르지만, 이미 1991년 말 현재 구동독 지역 제조업은 크게 위축된 상태였다. 특히 이 시기 핵심적 과정은 1990년 7월 1일 시행된 〈화폐 · 경제 · 사회통합(Währungs-, Wirtschafts- und Sozialunion; 이하 WWSU)〉에 따른 1:1 화폐통합의 결과 대(對)코메콘(COMECON)무역의 붕괴다. 동독에서 국민총생산 대비 수출 비중이 약 40%에 이르는데, 그중 절반 이상이 코메콘국가들로 수출되고 있던 상태에서[9] 서독 마르크(마르크)의 1:1 교환비에 따른 도입은 구동독 지역 경제에 결정적인 영향을 미쳤다. 구동독 제품에 대한 코메콘국가들로부터의 수입은 이전의 30% 미만 수준으로 줄어들었다.[10] 급격한 화폐통합으로

---

9 구 소연방(USSR)에로의 수출이 대 코메콘 수출의 약 50%를 차지했었는데, 대USSR 무역에만 약 90만 노동자(전체 노동인구의 10%)가 직 · 간접적으로 종사하고 있었다(진 · 진, 1994: 46 이하).

'완충기제'를 잃은 구동독 지역 기업은 대서유럽국과의 무역에서도 경쟁력을 잃었다. 그에 따라 구동독 지역의 경기 침체 및 지역 자체 내수시장의 붕괴를 초래했고 대량 해고를 동반하는 지역 산업의 전반적 붕괴와 산업공동화로 이어졌다.

"화폐통합 조약에 따라 서독 마르크화(D-Mark)가 조속히 도입되었고, 소규모 예금 잔고와 임금을 1:1 고정환율로 하여 서독 마르크로 교환해 주었다. 이는 서독 마르크화의 신속한 도입과 공평한 교환비율의 적용은 동독 주민들의 바람에 부합하는 정책이었다. 그러나 이는 거의 하룻밤 사이에 구동독 제품의 가격이 치솟는 결과를 가져왔다. 동독이 과거 상품을 수출하던 동유럽의 주요 시장은 급속하게 무너졌다. 동독제품은 독일 국내에서도 더 이상 팔리지 않게 되었다. 낮은 품질의 제품이 갖는 저가의 이점(merit)이 사라졌기 때문이었다. 결국 1990년 동독 경제는 엄청난 경쟁압박에 직면하게 된다. 얼마 지나지 않아 산업생산의 70%가 축소되었고, 많은 기업이 영업을 중단하거나 엄청난 규모의 구조조정을 단행하지 않을 수 없었다."(BMVBW, 2005: 2)

1998년 현재 전체 제조업 분야 창출가치 중 구동독기업이 차지하는 비중은 약 7%에 불과하고—이는 구동독 지역의 인구가 구서독 지역의 약 20%에 이르는 것과 대비를 이룸—독일의 전체 수출에서 구동독 지역 기업이 차지하는 비중은 겨우 3.8%에 지나지 않았다(통일부, 2000: 25-26). 구동독 지역은 자립적 회생 능력을 갖추지 못하고 재정 및 자본 양면에서 구서독에 '의존적인 경제구조'로 되었다.

구동독 지역의 경제는 한편으로 지역에 뿌리 내린 대기업과—서독의 경

---

10 대체루블(Transferrubel: 코메콘 역내무역의 결제통화) 무역에 대한 국가의 지원이 중단된 1990년 말을 기점으로 대 코메콘 수출도 기존의 40% 미만 수준으로 급격하게 하락했다. 화폐통합은 코메콘국가들과의 교역 관계를 단절시켰다. 화폐통합으로 구동독 지역 산업은 결정적 타격을 입었으며, 그 결과 코메콘은 붕괴되었다. 이와 관련 정부는 "1990/91년 전환기에 (…) 코메콘의 붕괴로 인해 마치 외부로부터의 경기침체 경향이 동독경제에 유입 · 전파되었고, 그 후 경기침체경향이 동독에서 경제순환을 저해시킨 듯한 인상을 독일 내에 심어 주었다. 그러나 사실은 정반대였다. 내독(內獨)교역의 장애들이 급격히 그리고 완전하게 제거됨으로써 동독은 코메콘의 아킬레스건이 되었다"(진 · 진, 1994: 46).

제구조에서는 당연한 것으로 여겨지는—잠재력 있는 하청기업 혹은 중소기업 사이에 경제적 연계가 부족하고, 다른 한편 지역경제를 자립적으로 추동할 지역별 핵심산업의 붕괴, 지역경제에 확고히 뿌리 내린 대기업의 현저한 부족으로 특징지어졌다. 뿐만 아니라 서독에서와 같이 대기업에 의해 뒷받침되는 연구 인프라 결핍을 상쇄해 줄 연구개발 시설 및 혁신적 기업 간 연결망도 턱없이 부족한 상태였다(통일부, 2000: 27). 이로 인해 구동독 지역의 경제는 '선순환(virtuous cycle)'보다는 누적적 '악순환(vicious cycle)'에 빠지게 되었고(Hübner, 1994; Myrdal, 1957), 이후 구동독 지역 경제 회생을 위해 극복돼야 할 결정적 장애로 남았다.

구동독 지역 경제가 악순환에 빠지게 된 주요한 원인은 첫째, 정치적 판단에 근거해 진행된 동서독 간 '화폐의 통합'이고, 둘째, 신탁청의 경직된 시장주의적 사유화 정책이라 하겠다.[11] 사유화가 계획에 훨씬 미치지 못하고 답보위기에 처한 1991년 초부터 신탁청은 거대기업집단인 '콤비나트(Kombinat)'를 무작위로 해체하는 방식으로 '신속한 사유화'를 추진했다. 그 결과, 기업은 해체되고 파편화되어 매입자 호가(呼價) 중심으로 매각되었다. 이러한 매각 과정에서 발생한 지역경제의 핵심기업과 주변적 네트워크 등 내적 연관성 붕괴 문제 외에, 중심적인 매입자본으로서[12] 서독기업이 경쟁력 있는 '알짜' 기업단위나 기업의 일부만 매입하거나, 아니면 동독 및 동구의 확대된 시장 진출에 필요한 부분만을 인수함에 따른 것이다. 그 결과 구동독에는 서독기업과 경쟁할 수 있는 기업들이 거의 다 사라지고, 대개의 경우 서독 모기업의 '연장된 생산라인'이나 부품 제조업체 혹은 판매영업부서로 전락했다.

동독경제 재편 정책의 결과 구동독 지역 경제는 '자생력이 없는 경제' 단위로 변화했다. 2000년 독일연방정부가 발간한 『통일백서』에서는 신연방지역

11 이에 대해 보다 상세한 것은 송태수(2000) 참조.

12 연방의회 '신탁청 청문회' 결과에 따르면 전체 사유화된 기업 자산의 약 6%만이 구동독인에게 매각되고, 약 85%는 구서독자본에, 그리고 9%는 외국자본에 인수된 것으로 나타난다.

에 '해결되지 않은' 채로 남겨져 있는 주요 문제들을 다음과 같이 지적하고 있다: "수많은 과오를 지닌 경제재건 정책은 산업생산의 대량파괴를 초래했고, 그 결과 연구부문의 대량 위축을 가져왔다. 지금까지도 구동독 지역의 경제는—서독에 의존적이지 않은—자립적인 대기업의 현격한 부족으로 특징지을 수 있다. 산업구조, 지역경제의 핵심기반 및 전후방 연관산업의 연결망은 이제야 갓 형성되기 시작했다"(통일부, 2000: 23).

2) 혁신기(2001년 이후)

경기침체 경향은 2000년 들어 서서히 변화하기 시작, 2003년 구동독 지역의 제조업은 4.4%(구서독 지역 −0.8%), 마이크로전자산업과 사무기계제작 분야 7.2%, 화학산업 6.7%, 자동차산업 5.9% 등 각 분야에서 미약하나마 긍정적 신호가 나타나기 시작했다. 총가치창출 중 제조업 비중이 서서히 회복되고, 해외수출 비중 역시 꾸준한 증가세를 보이고 있어 지역시장의 제약을 뛰어넘는 증후가 서서히 보인다. 제조업분야에서 생산력은 2003년 현재 서독 지역의 71%로 향상되었고(1991년: 34.9%), 임금단위비용도 1991년 서독수준의 141.1%에서 108.5%로 낮아졌다(BMVBS, 2003: 11).

이러한 추세는 지속되어 거시경제의 지속적인 발전이 유지되고 있는데, 이는 제조부문의 성장에 의해 뒷받침되고 있음을 확인할 수 있다. 통일 후 초기 건설업에 의존해 상승하던 전체 GDP 중 건설부문의 비중은 1994~1995년을 정점으로 급격히 내려간다. 다른 한편 제조업 비중은 꾸준히 증가하고 있다. 1998년 제조업은 전체 경제(총 부가가치 기준)의 13.4%를 차지, 13.3%를 기록한 건설업을 통일 이후 처음으로 앞서게 됐다. 이후 격차는 더욱 크게 벌어졌다. 2008년 현재 구동독 지역의 GDP 중 제조업의 비중은 19.6%로 1992~1993년 11%에 머물던 것에 비해 2배로 커졌으며, 전 독일 23.5%와 비교해 많이 좁혀진 상태다(〈그림 2-6〉 참조).

구동독 지역 경제의 대외 경쟁력 제고 또한 확인된다. 2004년 동독 지

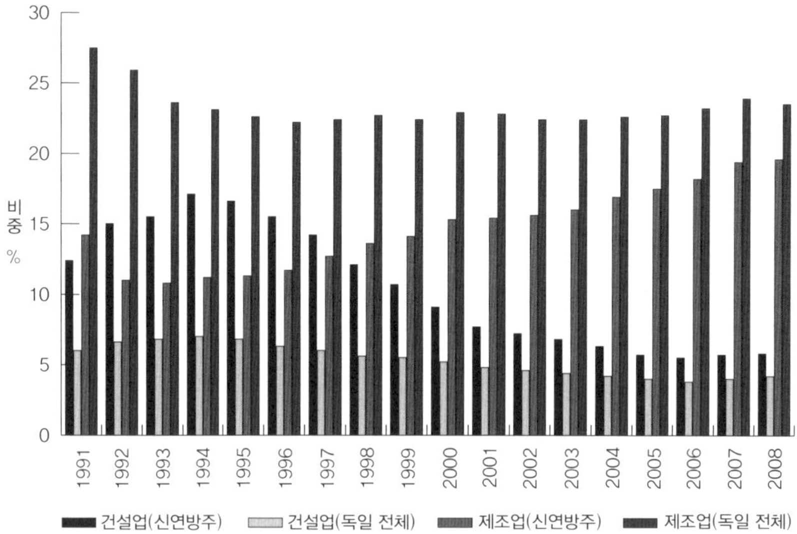

그림 2-6 GDP 중 제조업과 건설업의 비중(구동서독 지역 비교)

역 산업부문의 생산액 중 수출이 차지하는 비율은 25.5% 정도로 증가했다. 2000년 기준 전체 주별 GDP 대비 10%에서 2008년 현재 22%(구서독 지역의 경우 42%)에 이르고 있다. 이는 1990년대 중반 시작된 구동독 지역의 재산업화(Re-Industrialization)가 활기차게 추진되고 있으며, 해외시장에서의 경쟁력이 계속 상승하고 있음을 의미한다.

Halle경제연구소(IWH)에 따르면, GDP 대비 수출비중이 구서독 지역에 비해 절반 수준에 머물거나 주민 1인당 수출 규모가 훨씬 떨어지는 이유는 무엇보다도 기업규모가 구서독 지역에 비해 작다는 점이고, 둘째로, 구동독 지역의 경우 수출지향적인 제조업 전통이 강하지 않은 데에 기인한다. 이 외에도 많은 구동독 지역 생산업체는 구서독 지역 기업으로 부품을 수출하고 있어, 수출 동기가 낮은 것으로 확인된다(Ziddies, 2009).

구동독 지역 기업들의 경쟁력이 크게 강해진 것은 다양한 측면에서 확인된다. 앞서도 언급했듯이 노동자 20명 이상 제조기업의 수익률이 과거 수년 동안 뚜렷이 개선되었다. 매출 대비 수익률은 2002년 처음으로 1.5%를 기록,

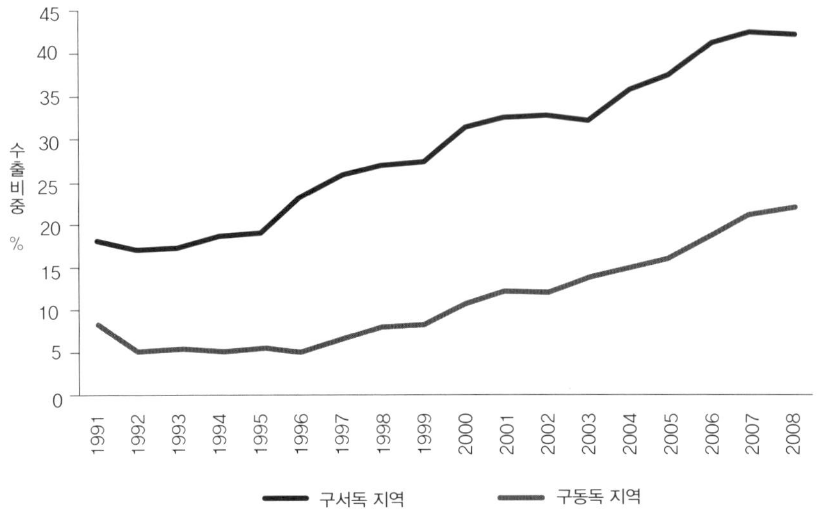

출처: IWH(2009: 418).

그림 2-7 연도별 GDP 대비 수출비중

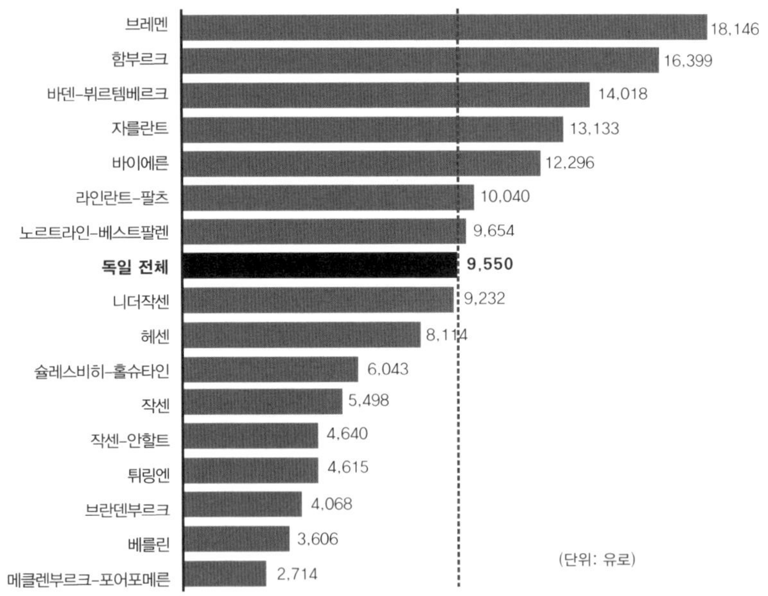

출처: Datenreport(2008: 93).

그림 2-8 주별 1인당 수출 규모(2007년)

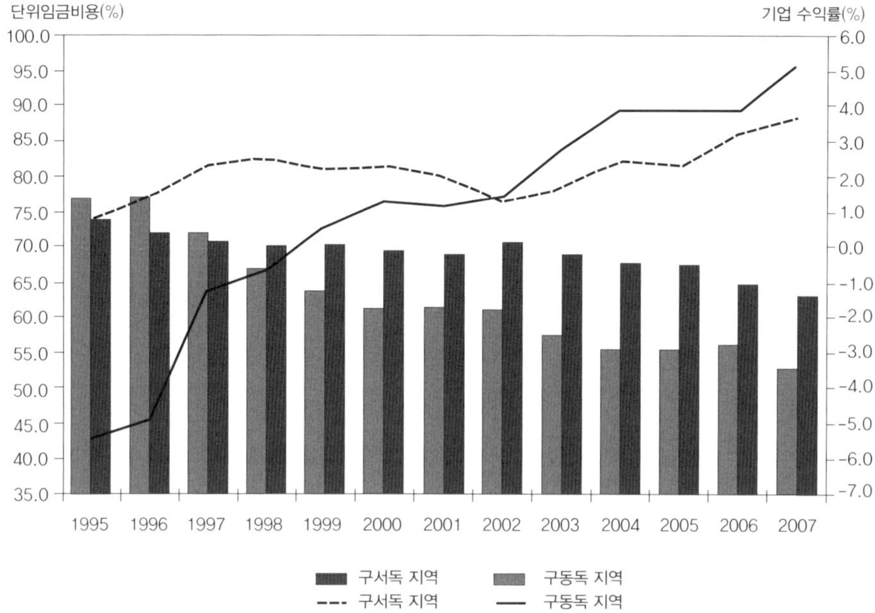

1) 기업 수익률: 총생산가치 대비 세전수익.

2) 총생산가치 중 임금이 차지하는 비중.

3) 20인 이상 제조업체 대상; 동베를린은 구동독 지역에, 서베를린은 구서독 지역에 포함.

출처: Statistisches Bundesamt: Fachserie 4, Reihe 4.3.1/4.3.2/4.3.3/4.3; Sonderauswertung der Kostenstrukturerhebung für das IWH; Berechnungen und Darstellung des IWH[IWH(2009: 396)].

그림 2-9 기업 수익률과 총생산가치 중 임금비중의 변동 추이

1.3%를 기록한 구서독 지역보다도 높아졌고, 이후에도 이 추세는 지속되고 있다. 〈그림 2-9〉에서 확인하는 바와 같이, 구서독 지역 기업의 수익률보다 1~1.5% 높은 것으로 나타난다. 2007년 현재 구동독 지역 기업들의 수익률은 5.1%로 구서독 지역 기업의 수익률 3.7%보다 1.4% 높다.

구동독 지역 기업들이 구서독 지역 기업에 비해 수익률이 높아진 원인으로는 통일의 격변기 동안 발생된 문제점이 극복되었다는 점이 꼽힌다. 첫째, 붕괴되었던 제조업의 회생이다. 화폐통합에 따라 급격하게 경쟁력을 잃고 무너졌던 제조업이 서서히 성장하고 있다는 점이다. 신탁청에 의한 사유화 종료 이후 1995년부터 2002년까지 동독 제조업은 56%가 성장하여 11.6%의 성장

표 2-2 주간노동시간 비교

	남성			여성			남녀 전체		
	주간 노동시간								
	구서독 지역	구동독 지역	독일 전체	구서독 지역	구동독 지역	독일 전체	구서독 지역	구동독 지역	독일 전체
1991	39.7	41.0		38.1	40.1		39.4	40.9	
1994	38.6	40.5		37.1	38.9		38.3	40.3	
1997	37.8	39.8	38.1	36.7	39.3	37.1	37.7	39.7	38.0
2000	38.0	39.9	38.3	37.0	39.7	37.4	37.9	39.9	38.2
2004	37.7	39.8	37.2	36.8	39.5	37.2	37.6	39.7	37.9
2008	38.5	39.6	38.6	37.7	39.3	37.9	38.3	39.6	38.5

세를 나타낸 구서독 지역을 훨씬 앞질렀다. 그럼에도 불구하고 구동독 지역의 자본집적도, 투자율 등은 구서독 지역에 비해 뒤져 있다.

둘째, 제조업 붕괴와 점진적인 회복에 따른 문제점을 구서독 지역보다 저렴한 평균 단위임금 비용 및 장시간 노동 등을 통해 생산성을 높이고 있다. 화폐통합에 따라 구동독 지역 기업의 단위임금비용은 급격하게 높아져, 1991년 현재 구서독 지역의 141%에 달했다. 1997년 이후 구동독 지역의 단위임금비용은 구서독 지역에 비해서 지속적으로 떨어져 2007년 현재 구서독 지역의 62.6%이다. 한편으로 지난 몇 년간의 임금인상률 정체가 가격경쟁력에 크게 기여했다. 구동독의 총임금은 구서독과 비교하여 더 이상 오르지 않아 구서독(베를린 포함) 평균 임금의 81%를 기록했다. 다른 한편으로 구동독 지역의 노동시간은 구서독 지역에서보다 많아, 2007년까지는 평균 주당 노동시간에서 남성 2시간, 여성 2.5시간 차이를 보이다가 2008년부터 1~1.5시간 격차를 보이고 있다. 2007년 현재 구동독 지역의 피고용인 1인당 노동생산성은 74.8%이지만, 그에 따라 단위노동비용 역시 낮아, 구서독 지역의 83.7%에 이르고 있다(IWH, 2009: 396).

이러한 기업 경쟁력 향상을 발판으로 지난 수년간 구동독 지역은 유럽 내 유수의 투자지역들을 제치고 BMW, DHL 및 Lufthansa/Rolls Royce 등 기업의 대규모 투자를 유치하고 있다(BMVBW, 2005: 18).

표 2-3 실업률 변화 추이(단위: %)

	경제인구 중 실업률			임금근로자 중 실업률		
	구서독 지역	구동독 지역	독일 전체	구서독 지역	구동독 지역	독일 전체
1991	-	-	-	6.2	10.2	7.3
1992	-	-	7.7	6.4	14.4	8.5
1993	-	-	8.9	8.0	15.4	9.8
1994	8.1	14.8	9.6	9.0	15.7	10.6
1995	8.1	13.9	9.4	9.1	14.8	10.4
1996	8.9	15.5	10.4	9.9	16.6	11.5
1997	9.6	17.7	11.4	10.8	19.1	12.7
1998	9.2	17.8	11.1	10.3	19.2	12.3
1999	8.6	17.3	10.5	9.6	18.7	11.7
2000	7.6	17.1	9.6	8.4	18.5	10.7
2001	7.2	17.3	9.4	8.0	18.8	10.3
2002	7.6	17.7	9.8	8.5	19.2	10.8
2003	8.4	18.5	10.5	9.3	20.1	11.6
2004	8.5	18.4	10.5	9.4	20.1	11.7
2005	9.9	18.7	11.7	11.0	20.6	13.0
2006	9.1	17.3	10.8	10.2	19.2	12.0
2007	7.5	15.1	9.0	8.4	16.8	10.1
2008	6.4	13.1	7.8	7.2	14.7	8.7

출처: IWH(2009: 404) 재인용.

표 2-4 산업부문별 성장률 추이(단위: %)

	1992	1993	1994	1995	1996	1997	1998	1999	2000	2001	2002	2003	2004
총생산가치	7.8	12.1	11.3	4.9	3.6	2.1	0.8	2.8	1.9	0.1	0.9	0.4	1.8
1차산업(농림어업)	−19.9	35.7	−12.4	13.1	3.4	6.5	9.2	6.7	−5.3	4.2	−4.0	−3.6	9.2
2차산업 (건설업 제외)	−5.8	14.7	12.3	6.3	9.2	4.0	3.8	3.6	9.0	0.3	4.4	5.	7.4
2차산업 중 제조업	1.2	19.5	20.8	8.5	7.6	9.4	6.0	3.4	12.3	1.1	4.3	5.9	8.8
건설업	31.5	17.1	22.2	2.7	−1.5	−3.8	−11.0	−8.1	−11.3	−14.2	−11.5	−6.5	−3.7
상업, 요식숙박, 교통,	16.6	13.1	10.8	2.4	2.0	0.8	3.5	10.2	4.3	5.7	5.8	1.6	1.5
금융, 임대, 서비스업,	9.6	16.9	13.6	10.8	8.0	6.7	6.3	3.7	3.5	3.1	0.6	0.2	1.4
공공 및 민간 서비스업	3.5	3.9	6.0	2.4	1.4	1.5	−1.1	2.1	1.0	−1.2	−0.2	−1.4	−1.1

주: 1995년 유럽 거시경제지표(ESVG) 산출기준. 베를린을 제외한 구동독 지역 지역. 2005년 2월 / 2004년 8월 현황.

출처: Arbeitskreis, "Volkswirtschaftliche Gesamtrechnung der Länder," MBVBS(2005: 17) 재인용.

표 2-5 구동독 지역 2차산업(건설 제외)이 독일 전체에서 차지하는 비중 변화

연도	베를린	브란덴부르크	메클렌부르크-포어포메른	작센	작센-안할트	튀링엔	구서독 지역	구동독 지역	독일 전체
1991	2.8	1.0	0.6	1.9	1.0	0.7	92.1	5.1	100
1992	2.7	0.9	0.5	1.7	0.9	0.7	92.5	4.8	100
1993	2.7	1.2	0.5	2.1	1.1	1.0	91.4	5.9	100
1994	2.6	1.2	0.6	2.2	1.2	1.2	91.0	6.4	100
1995	2.6	1.2	0.6	2.4	1.3	1.2	90.7	6.7	100
1996	2.6	1.4	0.7	2.6	1.4	1.4	90.0	7.5	100
1997	2.5	1.4	0.7	2.7	1.4	1.4	89.8	7.7	100
1998	2.4	1.5	0.7	2.8	1.4	1.5	89.8	7.8	100
1999	2.4	1.5	0.7	2.9	1.5	1.6	89.5	8.2	100
2000	2.3	1.6	0.7	2.8	1.6	1.7	89.3	8.4	100
2001	2.1	1.5	0.7	3.0	1.6	1.7	89.3	8.5	100
2002	2.1	1.5	0.7	3.1	1.7	1.8	89.0	8.8	100
2003	2.2	1.6	0.7	3.3	1.8	1.9	88.7	9.2	100
2004	2.1	1.6	0.7	3.4	1.8	2.0	88.5	9.4	100
2005	2.1	1.7	0.8	3.4	1.9	2.0	88.2	9.7	100
2006	2.1	1.7	0.7	3.5	1.9	2.0	88.1	9.9	100
2007	2.1	1.7	0.8	3.6	2.0	2.0	87.8	10.1	100
2008	2.1	1.7	0.9	3.6	2.1	2.1	87.5	10.4	100

제조업의 회복과 지역경제의 산업입지 측면에서 일정 정도의 경쟁력 회복에도 불구하고 전체적으로 노동시장의 부담을 덜기에는 아직 경제동력이 약한 상태다. 경제활동인구 전체를 대상으로 조사한 실업률은 1997년 이래 17%가 넘는 추세를 유지하다가 최근 감소세로 돌아서 2007년 15%, 2008년 13%를 보이고 있다. 그러나 구동독 지역의 실업률은 여전히 구서독 지역의 2배에 이른다.

고용시장의 문제가 구서독 지역에 비해 열악한 상황임에도 불구하고 산업구조에서 많은 변화가 진행되었고, 그에 따른 긍정적인 신호도 나타나고 있다. 제조업 및 생산 관련 비즈니스서비스업이 부분적으로 높은 성장률을 기록했다.

산업의 성장에서 눈에 띄는 점은 구동독 지역 내에서도 주별로 차이를 드

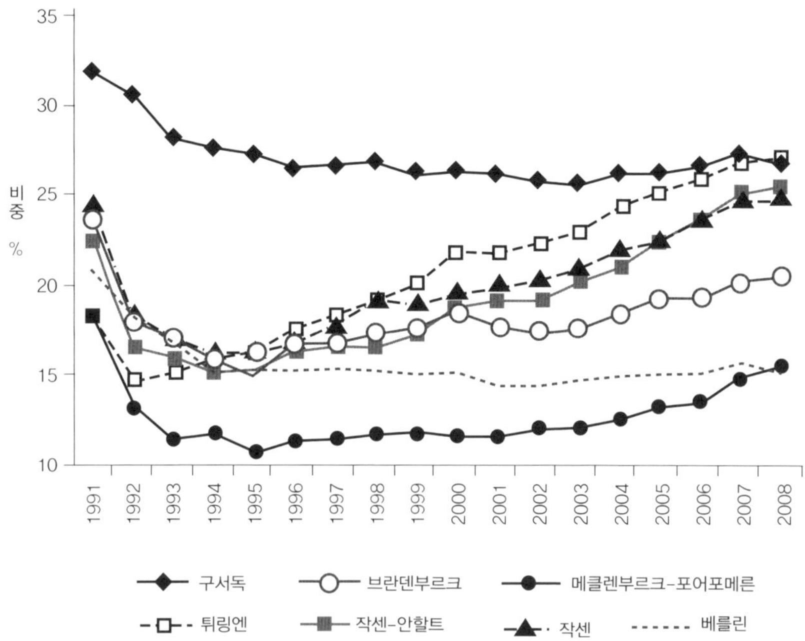

그림 2-10 구동독 지역 주별 제조업 비중

러내고 있다는 점이다. 〈표 2-5〉에서 확인하듯이 튀링엔 주와 작센 주는 꾸준히 성장하여 산업의 입지가 공고해진 반면, 메클렌부르크-포어포메른 주는 매우 더딘 성장세를 보이고 있다. 베를린(특히 서베를린)은 자급자족 도시로서의 성격이 강했던 상태에서 제조업 등이 다른 지역으로 이주하는 등으로 인해 산업도시보다는 행정수도로 변화하고 있다. 구동독 지역 내 주별 격차가 커지고 있는 것을 〈그림 2-10〉에서 더욱 분명하게 확인할 수 있다.

2. 거시경제 동향

구동독 지역의 면적, 인구, GDP, 취업규모(율), 실업규모(율) 등 제반 주요 경제지표를 살펴보면 〈표 2-6〉과 같다.

표 2-6 구동독 지역 주별 일반 통계(2008년 현재)

	베를린	브란덴부르크	메클렌부르크-포어포메른	작센-안할트	작센	튀링엔	구동독 지역(베를린 제외)
면적(km^2)	891	29,480	23,185	20,447	18,418	16,172	107,703
인구(1,000명)[1)]	3,425	2,530	1,673	2,398	4,205	2,278	13,084
각 연방주 면적 대비(%)		19.3	12.8	18.3	32.1	17.4	100.0
인구밀도(인구/km^2)[1)]	3,844	86	72	117	228	141	121
2008년 국내총생산(GDP)							
성장률[2)]	1.6	1.0	1.2	1.8	0.9	1.0	1.1
경상가격(10억 유로)	87.5	54.9	35.9	53.8	95.1	49.8	289.6
인구 1인당(유로)	25,554	21,721	21,439	22,427	22,620	21,875	22,130
취업인구 1인당(유로)	53,418	52,473	48,982	52,790	48,518	48,491	50,040
제조업 부가가치상승률(2008년)[2)]	1.8	4.4	5.7	4.8	2.7	3.4	3.8
부가가치(2008년)							
총부가가치(물가인상분포함)	78.5	49.3	32.2	48.2	85.3	44.7	259.7
1차산업(농업, 임업, 어업)	0.1	0.9	0.8	0.9	0.9	0.6	4.1
2차산업(건설업 제외)	12.0	10.1	4.9	12.3	21.0	12.1	60.4
- 제조업	9.9	7.8	4.2	10.4	17.9	10.6	50.9
- 건설업	2.5	2.6	1.7	2.9	5.2	2.7	15.1
교역, 음식숙박업, 교통분야	12.3	9.3	6.4	9.4	13.2	6.7	45.1
금융, 임대업, 서비스업	27.0	13.4	8.3	10.1	23.0	10.8	65.6
공공 및 민간 서비스업	24.5	12.9	10.1	12.7	22.0	11.8	69.4
취업률(2007년)[3)]	74.3	79.8	79.2	78.0	78.8	78.8	77.9
사업장 취업자 수 (2008; 1,000명)[2)]	1,637	1,046	733,000	1,019	1,963	1,029	5,789
실업인구[4),5)]	245,250	178,137	128,243	180,914	302,924	149,779	1,185,247
실업률[4),5)](당월 기준)	14.5	13.2	14.6	14.5	14.0	12.5	13.9
(1년 전 동기 기준)	14.5	13.9	15.0	14.9	13.6	12.0	13.9
단기 비정규 노동자[4),5)]							47,900
제공 일자리 수[4),5)]	32,338	15,641	14,028	16,069	25,129	14,282	117,487
사회보험가입 정규 노동자[4),5)]	1,096,000	720,500	501,000	731,600	1,368,000	715,700	5,133,000
직업교육 희망자 수[4),5)]	8,257	7,183	5,391	6,715	12,402	7,389	47,337
제공 직업교육 수[4),5)]	5,016	5,680	5,150	5,881	9,085	6,145	36,957
등록사업자 수[6)]	637,116	541,196	346,317	486,591	941,673	504,880	3,457,773
2008년 등록	41,143	23,464	14,588	16,622	39,526	18,007	153,350
2008년 신규등록	36,508	19,060	12,219	14,315	33,398	14,871	130,371
폐업사업자 수[6)]	472,621	369,024	243,059	351,282	645,574	362,286	2,443,846
2008년 폐업	31,974	21,773	14,091	16,944	36,696	17,635	139,113

지원금 책정예산(100만 유로)							
(ERP-/EKH-Kredite)[7]	2,019	8,858	7,973	8,895	14,359	9,941	52,045
지역별 지원프로그램[8]	1,602	6,892	3,759	7,672	9,988	5,845	35,759

1) Statistisches Landesamt Baden-Württemberg; Arbeitskreis "VGR der Länder"(기준: 2008.6.30., Berlin: 동서베를린 전체).
2) Statistisches Landesamt Baden-Württemberg; Arbeitskreis "VGR der Länder"(기준: 2009.2.. Berlin: 동서베를린 전체).
3) Stat. Bundesamt, Mikrozensuserhebung 2007, 15~65세 거주민 중 취업인구; 구동독 지역(베를린 포함).
4) Bundesagentur für Arbeit, 기준= April 2009(사회보험가입 정규직 노동자 수: 2009.2.; 단시간노동: Dec. 2008; 직업교육시장: 2009.4.).
5) 구동독 지역(베를린 포함). 실업자 수는 모든 노동가능 인구를 대상으로 함.
6) Statistisches Bundesamt, 기준: 2008.12., 1991-1995 중에는 동베를린만 포함, 1996부터 베를린 전체.
7) 창업, 투자보조 및 자산프로그램 신용대출(ERP-/EKH-Kredite); BMWi(경제부), 기준: 2008.12.31., 1990년부터 ERP와 EKH 지원 승인분(지원포기, 감축, 취소분을 제외한 순지원액), 2004년부터 베를린 전체.
8) 지역별 지원프로그램; 경제 · 수출감독청(Bundesamt für Wirtschaft und Ausfuhrkontrolle), 1991~2008.12. EFRE 합동지원(베를린 전체).

출처: BMVBW(2009)의 부록 표-1.1.

구서독 지역의 국내총생산(GDP)은 1990~2008년 동안 약 1.5배로 늘어난 반면, 구동독 지역 GDP는 107,253Mio.€에서 289,554Mio.€로 약 3배로 늘었다. 그에 따라 통독 당시 구동독 지역 GDP가 전 독일 GDP의 차지하는 비중은 1990년 약 7%에서 2008년 현재 11.5%에 이르고 있다(베를린 포함 시 1991년 11.1%에서 2008년 15.1%를 차지하게 됨). 전체적으로 1인당 GDP(경상가격 기준)는 1991년 구서독 지역 평균의 42.9%에서 2008년 70.9%에 달한다. 여전히 시설 · 설비투자의 측면에서 구서독 지역에 비해 떨어지는 것이 장애요인으로, 1991년 69%에서 2008년 76%에 이른다. 노동자 1인당 자본금은 크게 늘어 1991년 구서독의 46%에서 2008년 85%로 늘었다.[13]

구동독 지역 GDP의 급격한 증가는 상대시수화(2000년 기준)한 〈표 2-9〉에서 분명히 드러난다.

이러한 성장은 통독 직후 약 4~5년 동안 구동독 지역의 두 자리 수치의 성장을 배경으로 하고 있다. 선진국에서는 이례적일 정도로 급속한 성장이 이루

13 이에 비해 주민 1인당 자본금은 같은 기간 45%에서 76%로 늘고 있다. 이 배경으로는 개별기업 차원에서 추진된 슬림(slim)화(감원조치)에 따른 노동자 수의 감소를 꼽을 수 있다.

표 2-7 구동서독 지역 거시경제지표의 비교(1991년과 2008년)

	단위	구서독 지역[2]		구동독 지역[2]		구서독 지역 비중[2](%)		구동독 지역 비중[2](%)	
		1991	2008	1991	2008	1991	2008	1991	2008
GDP1)	10억 Euro	1,364.0	2,114.9	170.6	377.1			11.1	15.1
거주인구[3]	1,000명	61,914	65,618	18,071	16,509			22.6	20.1
취업인구(국내)[1]	1,000명	30,153	{32,905	8,468	7,425			21.9	18.4
피고용자(국내)[1]	1,000명	27,098	29,305	8,003	6,560			22.8	18.3
실업인구[4]	1,000명	1,594	2,145	1,023	1,123			39.1	34.4
1인당 GDP(경상가격)	Euro	22,030	32,231	9,442	22,84	42.9	70.9		
취업인구 1인당 GDP	Euro	45,235	64,273	20,150	50,785	44.5	79.0		
취업인구노동시간당 GDP[8]	EURO	37.11	45.26	25.26	34.21	68.1	75.6		
노동자 1시간당 BIP[8]	EURO	33.44	40.60	22.81	30.68	68.2	75.6		
주민 1인당 BIP	2000=100	92.3	109.1	66.5	114.1				
취업인구 1인당 BIP	2000=100	92.4	106.1	61.4	109.8				
노동시간당 BIP[8]	2000=100	96.7	108.4	94.4	115.9				
총인건비[1]	10억 Euro	723.5	1,036.6	121.5	141.8			14.4	12.0
노동자 1인당 인건비[1]	Euro	26,698	35,372	15,185	28,808	56.9	81.4		
노동시간당 인건비[1,8]	Euro	22.84	26.39	16.65	20.48	72.9	77.6		
노동시간당 인건비[1,8]	2000년=100	95.4	110.7	94.1	116.0				
총임금 및 급여[1]	10억 Euro	589.7	841.9	101.4	153.5			14.7	15.4
노동자 1인당 총임금및급여[1]	Euro	21,763	28,727	12,676	23,408	58.2	81.5		
인구 1인당 시설/설비투자[5]	Euro	4,800	5,400	3,300	4,100	69	76		
노동자 1인당 자본금[2,6]	Euro	241,000	299,000	110,000	253,000	46	85		
주민 1인당 자본금[2,6]	Euro	114,000	145,000	51,000	110,000	45	76		
임금단위비용[1, 7, 8]	%	68.30	65.00	72.99	66.75	구서독 지역 초과분 (%)			
						6.9	2.7		

1) 1995년 유럽거시경제지표(ESVG)에 의거함. 기준: February 2009.

2) 구동독 지역(베를린 포함), 구서독 지역(베를린 제외).

3) 1991: 연평균; 2008: 연 중반 기준.

4) 연평균; 구동독 지역(베를린 포함), 구서독 지역(베를린 제외).

5) 1991년과 2006년 기준: Arbeitskreis VGRdL(기준: August 2008). 독자계산에 근거함; 신축 건물 및 기타(각 연도 물가 기준); 구동독 지역(베를린 포함), 구서독 지역(베를린 제외).

6) 1991년과 2006년.

7) 노동시간당 임금의 상대크기(전체 노동자의 총가치생산 노동)(각 연도 물가 기준).

8) 1998년과 2008년.

출처: Arbeitskreise, "Volkswirtschaftliche Gesamtrechnung der Länder" und "Erwerbst tigenrechnung des Bundes und der Länder"; Bundesagentur für Arbeit; Statistisches Bundesamt. 비교 및 대비치는 연방정부 자체 계산[BMVBS(2009) 부록 재인용].

표 2-8 주별 국내총생산(GDP; 경상가격으로 표시, 단위: 100만 유로, 구동서독 지역 각각의 소계는 베를린 제외)

	구서독 지역										
	BW	BY	HB	HH	HE	NI	NW	RP	SL	SH	소계
1991	231,942	261,924	18,317	56,205	141,526	140,289	369,100	73,125	20,667	50,882	1,363,977
1992	244,525	279,601	19,009	58,726	150,281	148,988	388,189	76,279	21,508	53,745	1,440,851
1993	241,937	283,785	19,087	60,924	152,690	152,180	390,494	76,470	21,216	54,978	1,453,761
1994	251,785	296,024	19,846	63,105	157,791	159,070	403,470	79,800	22,277	56,951	1,510,119
1995	261,064	305,099	20,264	64,836	162,706	161,561	418,382	82,992	23,328	59,231	1,559,463
1996	266,373	311,294	20,350	66,221	166,866	162,797	419,922	83,375	22,764	60,270	1,580,232
1997	271,943	319,157	21,013	68,312	169,581	165,902	429,836	85,323	23,260	61,488	1,615,815
1998	280,462	332,675	21,270	69,955	172,397	171,852	441,097	86,734	23,710	62,344	1,662,496
1999	289,426	344,192	21,359	70,640	179,607	174,885	446,047	89,060	24,008	63,335	1,702,559
2000	297,393	359,376	22,110	72,554	183,100	180,117	454,250	91,036	24,737	64,853	1,749,526
2001	309,522	369,518	22,728	76,417	189,495	181,852	461,887	91,053	25,151	66,472	1,794,095
2002	312,022	379,035	23,288	77,574	191,108	181,670	468,618	93,355	25,240	65,562	1,817,472
2003	315,237	381,810	23,786	77,935	195,783	183,390	471,275	93,975	25,448	66,367	1,835,006
2004	319,945	392,165	24,260	79,205	199,060	187,171	483,009	96,729	26,671	67,519	1,875,734
2005	322,683	399,758	24,803	81,277	202,577	192,598	488,841	96,862	27,945	67,828	1,905,172
2006	340,150	412,759	25,865	83,170	208,175	199,267	502,784	100,254	28,876	69,899	1,971,199
2007	357,575	433,041	26,765	86,062	215,190	207,274	524,720	104,579	30,297	71,766	2,057,269
2008	364,304	444,806	27,741	89,567	220,814	214,360	541,066	107,524	31,186	73,560	2,114,928

	구동독 지역						베를린	전체
	BB	MV	SN	ST	TH	소계	BE	D
1991	19,625	14,250	35,870	20,339	17,169	107,253	63,369	1,534,600
1992	24,518	17,789	44,857	25,692	23,182	136,038	69,731	1,646,620
1993	29,936	21,393	54,483	31,562	28,459	165,833	74,775	1,694,370
1994	34,782	25,013	63,773	36,392	33,344	193,304	77,355	1,780,780
1995	38,175	27,359	69,946	38,609	34,982	209,071	79,917	1,848,450
1996	39,883	28,372	72,600	40,098	36,280	217,233	78,716	1,876,180
1997	41,059	28,909	72,973	41,423	37,682	222,046	77,719	1,915,580
1998	41,971	28,993	73,770	42,071	38,502	225,307	77,576	1,965,380
1999	43,633	29,792	75,495	42,712	39,861	231,493	77,946	2,012,000
2000	44,985	30,061	75,666	43,279	40,602	234,593	78,382	2,062,500
2001	45,946	30,658	78,098	44,008	41,669	240,379	78,686	2,113,160
2002	46,594	30,878	81,343	45,777	42,430	247,022	78,688	2,143,180
2003	46,919	31,118	83,166	46,057	43,411	250,671	78,124	2,163,800
2004	48,291	31,837	85,608	47,158	44,647	257,541	77,624	2,210,900
2005	49,024	32,116	85,509	47,271	44,876	258,796	79,234	2,243,200
2006	50,888	32,957	88,962	49,184	46,634	268,625	81,675	2,321,500
2007	53,173	34,782	92,747	51,617	48,555	280,874	84,757	2,422,900
2008	54,947	35,867	95,119	53,788	49,833	289,554	87,519	2,492,000

표 2-9 주별 GDP 상대지수(2000년 기준)

	구서독 지역										
	BW	BY	HB	HH	HE	NI	NW	RP	SL	SH	평균
1991	78.0	72.9	82.8	77.5	77.3	77.9	81.3	80.3	83.5	78.5	79.00
1992	82.2	77.8	86.0	80.9	82.1	82.7	85.5	83.8	86.9	82.9	83.08
1993	81.4	79.0	86.3	84.0	83.4	84.5	86.0	84.0	85.8	84.8	83.92
1994	84.7	82.4	89.8	87.0	86.2	88.3	88.8	87.7	90.1	87.8	87.28
1995	87.8	84.9	91.7	89.4	88.9	89.7	92.1	91.2	94.3	91.3	90.13
1996	89.6	86.6	92.0	91.3	91.1	90.4	92.4	91.6	92.0	92.9	90.99
1997	91.4	88.8	95.0	94.2	92.6	92.1	94.6	93.7	94.0	94.8	93.12
1998	94.3	92.6	96.2	96.4	94.2	95.4	97.1	95.3	95.8	96.1	95.34
1999	97.3	95.8	96.6	97.4	98.1	97.1	98.2	97.8	97.1	97.7	97.31
2000	100.0	100.0	100.0	100.0	100.0	100.0	100.0	100.0	100.0	100.0	100.00
2001	104.1	102.8	102.8	105.3	103.5	101.0	101.7	100.0	101.7	102.5	102.54
2002	104.9	105.5	105.3	106.9	104.4	100.9	103.2	102.5	102.0	101.1	103.67
2003	106.0	106.2	107.6	107.4	106.9	101.8	103.7	103.2	102.9	102.3	104.80
2004	107.6	109.1	109.7	109.2	108.7	103.9	106.3	106.3	107.8	104.1	107.27
2005	108.5	111.2	112.2	112.0	110.6	106.9	107.6	106.4	113.0	104.6	109.30
2006	114.4	114.9	117.0	114.6	113.7	110.6	110.7	110.1	116.7	107.8	113.05
2007	120.2	120.5	121.1	118.6	117.5	115.1	115.5	114.9	122.5	110.7	117.66
2008	122.5	123.8	125.5	123.4	120.6	119.0	119.1	118.1	126.1	113.4	121.15

	구동독 지역						베를린	전체
	BB	MV	SN	ST	TH	평균	BE	D
1991	43.6	47.4	47.4	47.0	42.3	45.50	80.8	74.4
1992	54.5	59.2	59.3	59.4	57.1	56.85	89.0	79.8
1993	66.5	71.2	72.0	72.9	70.1	68.85	95.4	82.2
1994	77.3	83.2	84.3	84.1	82.1	80.25	98.7	86.3
1995	84.9	91.0	92.4	89.2	86.2	87.95	102.0	89.6
1996	88.7	94.4	95.9	92.7	89.4	91.55	100.4	91.0
1997	91.3	96.2	96.4	95.7	92.8	93.75	99.2	92.9
1998	93.3	96.4	97.5	97.2	94.8	94.85	99.0	95.3
1999	97.0	99.1	99.8	98.7	98.2	98.05	99.4	97.6
2000	100.0	100.0	100.0	100.0	100.0	100.00	100.0	100.0
2001	102.1	102.0	103.2	101.7	102.6	102.05	100.4	102.5
2002	103.6	102.7	107.5	105.8	104.5	103.15	100.4	103.9
2003	104.3	103.5	109.9	106.4	106.9	103.90	99.7	104.9
2004	107.3	105.9	113.1	109.0	110.0	106.60	99.0	107.2
2005	109.0	106.8	113.0	109.2	110.5	107.90	101.1	108.8
2006	113.1	109.6	117.6	113.6	114.9	111.35	104.2	112.6
2007	118.2	115.7	122.6	119.3	119.6	116.95	108.1	117.5
2008	122.1	119.3	125.7	124.3	122.7	120.70	111.7	120.8

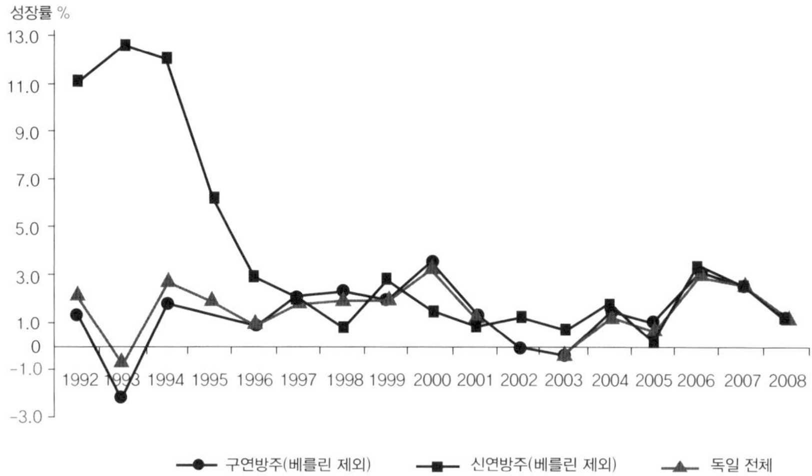

그림 2-11 구동서독 지역 GDP 성장률

어져, 1992년 11.38%, 1993년 12.60%, 1994년 12.10%의 성장을 이루었다. 이후 성장세는 둔화하여 2005년 6.18%, 2006년 2.84%로 급격히 떨어진다(〈그림 2-11〉 참고).

구동독 지역 GDP의 가파른 성장세와 성장세의 급격한 둔화는 주로 통일 직후 집중적으로 이루어진 구동독 지역 인프라 확충 및 현대화를 위한 건설부문의 급성장과 둔화에서 원인을 찾을 수 있다. 구동독 지역 건설부문의 초기 성장률은 1992년 52.5%, 1993년 25.4%, 1994년 28.4%를 보인 후 1995년 5.3%로 한 자리 성장을 보이다가 1996년부터는 마이너스 성장(−3.1%, −6.5%, −13.7% 등)을 보인다. 건설부문의 급성장과 이후 급속한 하락은 선반석으로 구동독 지역 경기에 부정적인 영향을 미치는바, 주택개조 및 도시정비 등의 다양한 건설부양책을 통해서 지역 건설업체 위축을 막으려 했다(도시재건 및 현대화 부문 참조). 이에 반해서 제조부문에서의 성장은 코메콘체제의 붕괴에 따른 급격한 하락(1992년 −5.7%) 이후, 더디지만 꾸준히 성장하는 추세를 유지하고 있어(1993년 15.8%, 1994년 12.4%, 1995년 7.3% 이후 4% 이상의 꾸준한 성장), 구서독 지역의 마이너스 성장에도 불구하고 지속적인 성장을 보이고 있다.

표 2-10 주별 전년대비 GDP 성장률(단위: %)

	구서독 지역										
	BW	BY	HB	HH	HE	NI	NW	RP	SL	SH	평균
1992	1.2	2.6	0.1	0.9	2.0	1.7	1.0	0.2	0.0	1.5	1.12
1993	−4.1	−1.8	−2.8	0.5	−1.8	−1.0	−2.4	−2.8	−4.2	−0.9	2.23
1994	2.1	2.2	1.4	1.1	1.0	2.1	1.1	1.9	2.9	1.2	1.70
1995	1.7	1.1	0.1	1.1	1.3	−0.4	1.8	1.5	3.0	2.2	1.42
1996	1.9	1.8	−0.0	1.3	2.4	0.3	−0.4	−0.6	−2.9	1.2	1.28
1997	2.4	2.3	3.0	1.7	1.5	1.7	1.8	2.0	2.3	1.7	2.04
1998	2.5	3.8	1.0	0.8	1.4	2.5	2.1	1.1	2.8	0.6	1.86
1999	2.7	3.0	0.3	0.8	3.3	1.4	0.8	2.6	2.0	1.5	1.84
2000	3.7	5.5	4.2	3.9	3.4	2.8	2.4	2.8	4.5	2.8	3.60
2001	2.7	2.2	1.1	4.1	1.7	−0.7	0.7	−1.2	1.4	1.0	1.68
2002	−1.3	1.4	1.3	0.2	−1.0	−0.7	0.1	1.2	−1.2	−1.9	1.03
2003	−0.3	0.3	0.7	−3.0	0.5	0.2	−0.8	−0.4	−0.7	0.2	0.71
2004	0.7	2.0	0.1	0.5	0.4	1.2	1.4	2.3	3.6	1.1	1.33
2005	0.4	1.7	1.7	1.1	0.9	2.1	0.1	−0.2	3.4	0.1	1.17
2006	5.1	2.9	3.7	1.7	2.4	2.7	1.9	3.2	2.5	2.8	2.89
2007	3.2	3.0	1.6	1.8	2.1	2.1	2.2	2.3	2.7	1.0	2.20
2008	0.6	1.5	1.7	2.1	1.3	1.7	1.4	1.2	1.6	1.1	1.42

	구동독 지역						베를린	전체
	BB	MV	SN	ST	TH	평균	BE	D
1992	9.4	9.5	9.9	10.1	18.0	9.45	3.4	2.2
1993	12.5	11.4	12.3	13.3	13.5	11.95	2.7	−0.8
1994	11.8	12.5	13.0	10.6	12.6	12.15	1.1	2.7
1995	7.6	7.9	7.8	4.4	3.2	7.75	1.9	1.9
1996	3.0	2.8	3.0	2.6	2.8	2.90	−1.7	1.0
1997	2.2	1.8	0.2	3.0	3.7	2.00	−1.9	1.8
1998	1.0	−0.2	0.6	0.5	1.7	0.60	−0.2	2.0
1999	4.1	3.4	2.3	1.8	3.4	3.75	−0.7	2.0
2000	3.5	0.4	0.5	1.3	2.1	1.95	1.1	3.2
2001	0.5	0.3	1.7	0.0	1.4	0.40	−1.2	1.2
2002	−0.2	0.1	2.3	2.1	0.3	0.15	−1.7	−
2003	−0.3	−0.2	1.5	−0.1	1.8	0.25	−2.2	−0.2
2004	1.5	1.6	2.0	1.2	2.1	1.55	−2.0	1.2
2005	0.7	0.4	−0.0	−0.6	0.3	0.55	0.9	0.8
2006	2.8	2.1	4.0	3.2	3.5	2.45	2.4	3.0
2007	2.2	3.3	2.4	2.6	2.1	2.75	2.1	2.5
2008	1.0	1.2	0.9	1.8	1.0	1.10	1.6	1.3

표 2-11 주별 2차산업(건설 제외) 부가가치 생산(경상가격; 단위: 100만 유로)

	구서독 지역										
	BW	BY	HB	HH	HE	NI	NW	RP	SL	SH	소계
1991	81,737	73,782	4,623	9,342	35,886	37,529	110,960	21,847	6,442	10,700	392,848
1992	82,519	76,147	4,639	9,210	37,190	37,899	111,649	21,871	6,384	11,056	398,564
1993	74,515	70,585	4,166	9,042	34,422	36,511	104,732	20,266	5,736	10,695	370,670
1994	76,348	72,849	4,405	9,056	34,325	36,959	105,813	20,687	6,095	10,961	377,496
1995	78,176	74,678	4,509	9,250	34,308	36,194	108,399	21,750	6,346	11,203	384,811
1996	79,290	76,622	4,416	9,296	33,931	36,388	103,349	20,997	5,543	11,059	380,890
1997	82,493	78,507	4,733	9,796	34,133	37,469	104,756	21,955	5,752	10,963	390,556
1998	85,556	82,206	4,689	9,682	34,204	41,921	107,061	22,298	5,957	11,235	404,807
1999	85,735	82,579	4,554	9,206	34,911	42,036	103,296	22,396	5,644	10,982	401,339
2000	90,028	86,786	4,828	10,245	36,541	43,268	104,223	22,901	5,981	10,864	415,666
2001	93,273	87,537	5,070	11,632	36,923	44,033	104,342	22,891	6,413	11,030	423,143
2002	93,546	87,621	5,166	11,276	36,731	42,565	105,984	23,100	6,060	10,574	422,622
2003	95,451	87,782	5,298	10,453	37,454	42,300	104,340	22,855	6,105	10,997	423,035
2004	97,889	93,572	5,390	10,785	38,308	42,513	112,522	24,289	7,011	11,482	443,761
2005	97,825	95,374	5,189	11,088	38,579	45,192	113,829	24,364	7,561	11,381	450,383
2006	106,075	100,889	5,552	11,337	39,834	46,756	118,699	25,242	8,069	12,082	474,534
2007	114,263	108,528	5,720	11,492	40,908	48,204	125,668	26,861	8,752	12,056	502,452
2008	113,147	108,444	5,880	11,397	41,376	50,020	128,765	27,464	8,984	12,022	507,499
	구동독 지역						베를린	전체			
	BB	MV	SN	ST	TH	소계	BE	D			
1991	4,269	2,393	8,035	4,185	2,887	21,769	11,913	426,530			
1992	3,997	2,134	7,459	3,814	3,099	20,504	11,602	430,670			
1993	4,694	2,216	8,370	4,545	3,922	23,748	11,142	405,560			
1994	5,039	2,643	9,243	4,993	4,783	26,701	10,624	414,820			
1995	5,226	2,650	10,326	5,340	5,105	28,649	11,000	424,460			
1996	6,056	2,890	10,963	5,888	5,794	31,591	10,829	423,310			
1997	6,217	2,974	11,712	6,184	6,252	33,339	10,865	434,760			
1998	6,563	3,031	12,720	6,301	6,615	35,229	10,684	450,720			
1999	6,913	3,172	12,828	6,608	7,222	36,742	10,548	448,630			
2000	7,515	3,172	13,194	7,265	7,941	39,087	10,587	465,340			
2001	7,339	3,215	14,039	7,584	8,222	40,398	10,139	473,680			
2002	7,312	3,329	14,824	7,924	8,554	41,943	10,145	474,710			
2003	7,449	3,384	15,562	8,378	8,974	43,748	10,306	477,090			
2004	8,049	3,606	16,992	8,876	9,816	47,338	10,451	501,550			
2005	8,449	3,833	17,269	9,597	10,178	49,325	10,801	510,510			
2006	8,903	4,016	18,943	10,452	10,911	53,225	11,081	538,840			
2007	9,604	4,617	20,486	11,555	11,658	57,921	11,747	572,120			
2008	10,058	4,940	21,014	12,319	12,106	60,438	12,023	579,960			

표 2-12 2차산업(건설 제외) 전년대비 성장률(단위: %)

	구서독 지역										
	BW	BY	HB	HH	HE	NI	NW	RP	SL	SH	평균
1992	1.0	3.2	0.3	-1.4	3.6	1.0	0.6	0.1	-0.9	3.3	1.5
1993	-9.7	-7.3	-10.2	-1.8	-7.4	-3.7	-6.2	-7.3	-10.2	-3.3	-7.0
1994	2.5	3.2	5.7	0.1	-0.3	1.2	1.0	2.1	6.3	2.5	1.8
1995	2.4	2.5	2.4	2.1	0.0	-2.1	2.4	5.1	4.1	2.2	1.9
1996	1.4	2.6	-2.1	0.5	-1.1	0.5	-4.7	-3.5	-12.7	-1.3	-1.0
1997	4.0	2.5	7.2	5.4	0.6	3.0	1.4	4.6	3.8	-0.9	2.5
1998	3.7	4.7	-0.9	-1.2	0.2	11.9	2.2	1.6	3.6	2.5	3.6
1999	0.2	0.5	-2.9	-4.9	2.1	0.3	-3.5	0.4	-5.2	-2.2	-0.9
2000	5.0	5.1	6.0	11.3	4.7	2.9	0.9	2.3	6.0	-1.1	3.6
2001	3.6	0.9	5.0	13.5	1.0	1.8	0.1	0.0	7.2	1.5	1.8
2002	0.3	0.1	1.9	-3.1	-0.5	-3.3	1.6	0.9	-5.5	-4.1	-0.1
2003	2.0	0.2	2.5	-7.3	2.0	-0.6	-1.6	-1.1	0.7	4.0	0.1
2004	2.6	6.6	1.7	3.2	2.3	0.5	7.8	6.3	14.8	4.4	4.9
2005	-0.1	1.9	-3.7	2.8	0.7	6.3	1.2	0.3	7.9	-0.9	1.5
2006	8.4	5.8	7.0	2.2	3.3	3.5	4.3	3.6	6.7	6.2	5.4
2007	7.7	7.6	3.0	1.4	2.7	3.1	5.9	6.4	8.5	-0.2	5.9
2008	-1.0	-0.1	2.8	-0.8	1.1	3.8	2.5	2.2	2.7	-0.3	1.0

	구동독 지역						베를린	전체
	BB	MV	SN	ST	TH	평균	BE	D
1992	-6.4	-10.8	-7.2	-8.9	7.4	-5.8	-2.6	1.0
1993	17.4	3.8	12.2	19.2	26.6	15.8	-4.0	-5.8
1994	7.3	19.3	10.4	9.8	21.9	12.4	-4.7	2.3
1995	3.7	0.3	11.7	7.0	6.7	7.3	3.5	2.3
1996	15.9	9.0	6.2	10.3	13.5	10.3	-1.6	-0.3
1997	2.7	2.9	6.8	5.0	7.9	5.5	0.3	2.7
1998	5.6	1.9	8.6	1.9	5.8	5.7	-1.7	3.7
1999	5.3	4.7	0.9	4.9	9.2	4.3	-1.3	-0.5
2000	8.7	0.0	2.9	9.9	10.0	6.4	0.4	3.7
2001	-2.4	1.4	6.4	4.4	3.5	3.4	-4.2	1.8
2002	-0.4	3.5	5.6	4.5	4.0	3.8	0.1	0.2
2003	1.9	1.7	5.0	5.7	4.9	4.3	1.6	0.5
2004	8.0	6.5	9.2	5.9	9.4	8.2	1.4	5.1
2005	5.0	6.3	1.6	8.1	3.7	4.2	3.4	1.8
2006	5.4	4.8	9.7	8.9	7.2	7.9	2.6	5.5
2007	7.9	15.0	8.1	10.6	6.8	8.8	6.0	6.2
2008	4.7	7.0	2.6	6.6	3.8	4.3	2.4	1.4

표 2-13 주별 건설부문 부가가치 생산(경상가격 기준; 단위: 100만 유로)

	구서독 지역										
	BW	BY	HB	HH	HE	NI	NW	RP	SL	SH	소계
1991	12,078	14,538	835	1,979	6,563	7,158	16,643	4,259	984	2,654	67,691
1992	13,402	16,724	842	2,171	7,464	8,189	18,462	4,605	1,079	3,009	75,947
1993	13,150	17,150	872	2,252	7,182	8,340	17,965	4,333	1,115	3,045	75,402
1994	13,142	17,494	841	2,265	7,390	8,819	18,390	4,503	1,112	3,198	77,152
1995	13,361	16,360	816	2,303	7,216	8,779	18,471	4,346	1,083	3,277	76,012
1996	12,754	15,070	725	2,116	6,859	8,317	17,875	3,967	1,024	2,972	71,679
1997	12,544	14,526	759	2,061	6,471	8,061	17,751	3,911	1,010	2,881	69,974
1998	12,416	15,014	781	2,008	6,649	8,198	17,567	3,996	1,008	2,812	70,450
1999	13,053	15,786	811	2,068	6,752	8,610	17,951	4,149	1,024	2,894	73,098
2000	13,625	16,109	762	1,918	7,028	8,441	17,585	4,209	1,025	2,832	73,532
2001	13,420	16,103	750	1,944	6,807	8,085	17,141	3,955	987	2,601	71,792
2002	13,254	15,579	717	1,911	6,518	8,043	16,349	3,998	1,009	2,572	69,950
2003	12,682	15,252	690	1,748	6,426	7,779	15,724	3,774	1,020	2,460	67,554
2004	12,354	14,968	727	1,655	6,321	7,587	15,649	3,678	992	2,282	66,211
2005	12,603	14,571	697	1,701	5,949	7,282	14,893	3,467	993	2,328	64,483
2006	12,980	14,729	639	1,609	5,928	7,363	14,391	3,722	955	2,418	64,734
2007	14,333	16,167	625	1,608	6,288	7,906	15,898	3,995	968	2,542	70,329
2008	15,369	17,398	704	1,784	6,798	8,808	17,339	4,304	1,069	2,640	76,212

	구동독 지역						베를린	전체
	BB	MV	SN	ST	TH	소계	BE	D
1991	2,126	1,455	3,829	2,586	2,157	12,152	3,667	83,510
1992	3,107	2,094	5,712	3,905	3,711	18,528	4,715	99,190
1993	3,838	2,521	7,465	4,857	4,561	23,242	4,895	103,540
1994	5,076	3,385	10,074	5,869	5,449	29,853	5,315	112,320
1995	6,118	3,851	10,367	5,935	5,156	31,426	5,531	112,970
1996	5,760	3,658	10,473	5,876	4,691	30,458	5,044	107,180
1997	5,361	3,615	9,315	5,651	4,540	28,483	4,793	103,250
1998	4,648	3,048	8,077	4,797	4,008	24,578	4,182	99,210
1999	4,122	2,749	7,524	4,220	3,590	22,205	3,927	99,230
2000	3,711	2,391	6,461	3,521	3,094	19,178	3,500	96,210
2001	3,166	2,173	5,505	3,027	2,863	16,735	2,973	91,500
2002	2,872	2,046	5,362	2,970	2,702	15,952	2,888	88,790
2003	2,776	1,866	5,326	2,747	2,619	15,335	2,641	85,530
2004	2,601	1,685	5,159	2,694	2,454	14,592	2,457	83,260
2005	2,353	1,603	4,596	2,487	2,367	13,405	2,272	80,160
2006	2,320	1,607	4,676	2,396	2,380	13,380	2,236	80,350
2007	2,524	1,739	4,987	2,581	2,573	14,403	2,418	87,150
2008	2,636	1,661	5,225	2,896	2,682	15,101	2,508	93,820

표 2-14 주별 건설부문 부가가치 생산 증가율(단위: %)

	구서독 지역										
	BW	BY	HB	HH	HE	NI	NW	RP	SL	SH	평균
1992	11.0	15.0	0.8	9.7	13.7	14.4	10.9	8.1	9.6	13.4	12.2
1993	-1.9	2.5	3.6	3.7	-3.8	1.8	-2.7	-5.9	3.4	1.2	-0.7
1994	-0.1	2.0	-3.6	0.6	2.9	5.7	2.4	3.9	-0.3	5.0	2.3
1995	1.7	-6.5	-3.0	1.7	-2.3	-0.4	0.4	-3.5	-2.6	2.5	-1.5
1996	-4.5	-7.9	-11.1	-8.1	-4.9	-5.3	-3.2	-8.7	-5.4	-9.3	-5.7
1997	-1.6	-3.6	4.7	-2.6	-5.7	-3.1	-0.7	-1.4	-1.3	-3.1	-2.4
1998	-1.0	3.4	2.9	-2.5	2.8	1.7	-1.0	2.2	-0.2	-2.4	0.7
1999	5.1	5.1	3.9	3.0	1.5	5.0	2.2	3.8	1.6	2.9	3.8
2000	4.4	2.0	-6.1	-7.3	4.1	-2.0	-2.0	1.4	0.0	-2.1	0.6
2001	-1.5	0.0	-1.6	1.4	-3.1	-4.2	-2.5	-6.0	-3.7	-8.1	-2.4
2002	-1.2	-3.2	-4.3	-1.7	-4.2	-0.5	-4.6	1.1	2.3	-1.1	-2.6
2003	-4.3	-2.1	-3.8	-8.5	-1.4	-3.3	-3.8	-5.6	1.1	-4.3	-3.4
2004	-2.6	-1.9	5.3	-5.3	-1.6	-2.5	-0.5	-2.5	-2.7	-7.2	-2.0
2005	2.0	-2.6	-4.1	2.8	-5.9	-4.0	-4.8	-5.7	0.1	2.0	-2.6
2006	3.0	1.1	-8.3	-5.4	-0.4	1.1	-3.4	7.3	-3.9	3.9	0.4
2007	10.4	9.8	-2.2	-0.1	6.1	7.4	10.5	7.3	1.4	5.1	8.6
2008	7.2	7.6	12.6	10.9	8.1	11.4	9.1	7.7	10.4	3.9	8.4

	구동독 지역						베를린	전체
	BB	MV	SN	ST	TH	평균	BE	D
1992	46.1	43.9	49.2	51.0	72.1	52.5	28.6	18.8
1993	23.5	20.4	30.7	24.4	22.9	25.4	3.8	4.4
1994	32.3	34.2	34.9	20.8	19.5	28.4	8.6	8.5
1995	20.5	13.8	2.9	1.1	-5.4	5.3	4.1	0.6
1996	-5.8	-5.0	1.0	-1.0	-9.0	-3.1	-8.8	-5.1
1997	-6.9	-1.2	-11.1	-3.8	-3.2	-6.5	-5.0	-3.7
1998	-13.3	-15.7	-13.3	-15.1	-11.7	-13.7	-12.7	-3.9
1999	-11.3	-9.8	-6.9	-12.0	-10.4	-9.7	-6.1	0.0
2000	-10.0	-13.0	-14.1	-16.6	-13.8	-13.6	-10.9	-3.0
2001	-14.7	-9.1	-14.8	-14.0	-7.5	-12.7	-15.1	-4.9
2002	-9.3	-5.9	-2.6	-1.9	-5.6	-4.7	-2.8	-3.0
2003	-3.4	-8.8	-0.7	-7.5	-3.0	-3.9	-8.6	-3.7
2004	-6.3	-9.7	-3.1	-1.9	-6.3	-4.8	-7.0	-2.7
2005	-9.5	-4.9	-10.9	-7.7	-3.6	-8.1	-7.5	-3.7
2006	-1.4	0.3	1.7	-3.6	0.6	-0.2	-1.6	0.2
2007	8.8	8.2	6.6	7.7	8.1	7.6	8.1	8.5
2008	4.4	-4.5	4.8	12.2	4.2	4.8	3.7	7.7

표 2-15 서비스부문 부가가치 생산량(단위: 100만 유로)

	구서독 지역										
	BW	BY	HB	HH	HE	NI	NW	RP	SL	SH	소계
1991	113,868	145,145	11,099	39,505	84,766	79,976	204,650	38,793	11,234	31,464	760,498
1992	122,909	156,588	11,712	41,730	90,551	86,455	219,336	41,428	11,964	33,484	816,156
1993	128,818	165,485	12,193	43,694	95,634	90,286	228,251	43,481	12,262	34,789	854,893
1994	134,635	172,293	12,591	45,384	99,422	94,798	236,726	45,363	12,777	35,983	889,972
1995	141,931	180,808	12,958	46,951	104,554	98,180	248,755	47,565	13,583	37,832	933,117
1996	146,151	185,678	13,227	48,370	109,112	99,561	255,829	48,991	13,945	39,171	960,035
1997	148,394	191,796	13,477	49,856	111,900	101,570	263,793	49,884	14,217	40,470	985,357
1998	152,887	199,618	13,716	51,458	114,031	102,349	271,586	50,745	14,396	41,107	1,011,895
1999	158,832	207,309	13,803	52,135	118,816	103,444	277,062	52,229	14,847	41,841	1,040,318
2000	160,836	216,198	14,260	52,993	120,145	106,758	283,924	53,463	15,176	43,264	1,067,014
2001	169,414	224,441	14,607	55,147	125,836	107,525	291,230	53,807	15,181	44,769	1,101,957
2002	172,096	234,275	15,066	56,640	128,029	109,974	297,346	55,739	15,618	44,761	1,129,546
2003	173,648	237,318	15,379	57,886	131,550	112,284	301,819	56,772	15,732	45,252	1,147,640
2004	176,549	241,659	15,748	59,019	134,249	115,659	305,369	58,137	16,033	46,132	1,168,554
2005	178,790	247,646	16,442	60,435	137,521	118,630	309,952	58,403	16,617	46,676	1,191,113
2006	185,541	253,028	17,074	61,903	141,067	122,795	317,567	60,154	16,955	47,597	1,223,680
2007	189,628	259,445	17,584	63,889	144,550	126,518	325,756	61,535	17,366	48,715	1,254,987
2008	196,022	269,161	18,242	67,024	148,816	130,485	336,454	63,414	17,851	50,350	1,297,819

	구동독 지역						베를린	전체
	BB	MV	SN	ST	TH	소계	BE	D
1991	8,480	20,408	11,200	10,187	10,859	61,134	41,848	863,480
1992	11,230	26,828	15,003	13,599	14,509	81,170	46,744	944,070
1993	13,659	32,659	18,364	16,627	17,707	99,016	51,451	1,005,360
1994	15,634	37,348	21,069	19,128	20,393	113,572	53,565	1,057,110
1995	17,190	41,595	22,690	20,622	22,229	124,325	55,568	1,113,010
1996	18,153	43,228	23,578	21,574	23,299	129,832	55,193	1,145,060
1997	18,430	43,990	24,707	22,538	24,606	134,271	54,552	1,174,180
1998	19,010	44,903	25,974	23,424	25,725	139,036	55,159	1,206,090
1999	19,768	46,618	26,536	24,237	27,194	144,352	55,510	1,240,180
2000	20,301	47,471	27,129	24,686	28,273	147,860	56,315	1,271,190
2001	20,921	49,696	27,905	25,542	29,676	153,740	57,672	1,313,370
2002	21,369	52,224	29,480	26,260	30,827	160,159	57,825	1,347,530
2003	21,818	53,245	29,573	26,859	31,247	162,742	57,328	1,367,710
2004	22,410	54,203	30,064	27,299	31,963	165,939	57,157	1,391,650
2005	22,854	54,587	29,943	27,433	32,652	167,468	58,350	1,416,930
2006	23,404	55,895	30,885	28,235	33,926	172,345	60,225	1,456,250
2007	24,013	56,715	31,273	28,593	34,637	175,230	61,703	1,491,920
2008	24,726	58,218	32,164	29,285	35,674	180,067	63,884	1,541,770

표 2-16 서비스부문 부가가치 생산 증가율(단위: %)

	구서독 지역										
	BW	BY	HB	HH	HE	NI	NW	RP	SL	SH	평균
1992	7.9	7.9	5.5	5.6	6.8	8.1	7.2	6.8	6.5	6.4	7.3
1993	4.8	5.7	4.1	4.7	5.6	4.4	4.1	5.0	2.5	3.9	4.7
1994	4.5	4.1	3.3	3.9	4.0	5.0	3.7	4.3	4.2	3.4	4.1
1995	5.4	4.9	2.9	3.5	5.2	3.6	5.1	4.9	6.3	5.1	4.8
1996	3.0	2.7	2.1	3.0	4.4	1.4	2.8	3.0	2.7	3.5	2.9
1997	1.5	3.3	1.9	3.1	2.6	2.0	3.1	1.8	1.9	3.3	2.6
1998	3.0	4.1	1.8	3.2	1.9	0.8	3.0	1.7	1.3	1.6	2.7
1999	3.9	3.9	0.6	1.3	4.2	1.1	2.0	2.9	3.1	1.8	2.8
2000	1.3	4.3	3.3	1.6	1.1	3.2	2.5	2.4	2.2	3.4	2.6
2001	5.3	3.8	2.4	4.1	4.7	0.7	2.6	0.6	0.0	3.5	3.3
2002	1.6	4.4	3.1	2.7	1.7	2.3	2.1	3.6	2.9	0.0	2.5
2003	0.9	1.3	2.1	2.2	2.7	2.1	1.5	1.9	0.7	1.1	1.6
2004	1.7	1.8	2.4	2.0	2.1	3.0	1.2	2.4	1.9	1.9	1.8
2005	1.3	2.5	4.4	2.4	2.4	2.6	1.5	0.5	3.6	1.2	1.9
2006	3.8	2.2	3.8	2.4	2.6	3.5	2.5	3.0	2.0	2.0	2.7
2007	2.2	2.5	3.0	3.2	2.5	3.0	2.6	2.3	2.4	2.4	2.6
2008	3.4	3.7	3.7	4.9	3.0	3.1	3.3	3.1	2.8	3.4	3.4

	구동독 지역						베를린	전체
	BB	MV	SN	ST	TH	평균	BE	D
1992	32.4	31.5	34.0	33.5	33.6	32.8	11.7	9.3
1993	21.6	21.7	22.4	22.3	22.0	22.0	10.1	6.5
1994	14.5	14.4	14.7	15.0	15.2	14.7	4.1	5.1
1995	9.9	11.4	7.7	7.8	9.0	9.5	3.7	5.3
1996	5.6	3.9	3.9	4.6	4.8	4.4	−0.7	2.9
1997	1.5	1.8	4.8	4.5	5.6	3.4	−1.2	2.5
1998	3.1	2.1	5.1	3.9	4.5	3.5	1.1	2.7
1999	4.0	3.8	2.2	3.5	5.7	3.8	0.6	2.8
2000	2.7	1.8	2.2	1.9	4.0	2.4	1.5	2.5
2001	3.1	4.7	2.9	3.5	5.0	4.0	2.4	3.3
2002	2.1	5.1	5.6	2.8	3.9	4.2	0.3	2.6
2003	2.1	2.0	0.3	2.3	1.4	1.6	−0.9	1.5
2004	2.7	1.8	1.7	1.6	2.3	2.0	−0.3	1.8
2005	2.0	0.7	−0.4	0.5	2.2	0.9	2.1	1.8
2006	2.4	2.4	3.1	2.9	3.9	2.9	3.2	2.8
2007	2.6	1.5	1.3	1.3	2.1	1.7	2.5	2.4
2008	3.0	2.7	2.9	2.4	3.0	2.8	3.5	3.3

3차산업은 건설부문에 뒤이어 통일과 더불어 폭등하였다고 할 수 있는 커다란 규모의 변화를 거친다. 이전의 '현실사회주의' 경제체제에서 형성되지 못했던 3차산업은 초기 전환기 동안 연간 성장률 33%(1992년), 22%(1993년) 및 15%(1994년)라는 빠른 증가율을 보인다(〈표 2-16〉 참조).

3. 노동과 노동시장

1) 노동시장

노동시장의 변화야말로 통독 후 구동독 지역 대부분 주민이 공통적으로 당면한 가장 핵심적인 문제의 하나였다고 할 수 있다. '의사적(擬似的) 노동력 결핍'이 나타날 정도로 기술혁신보다는 단순 투입량의 극대화를 통한 산출량의 극대화를 추구하던 경제체제의 문제는 노동시장의 조건을 규정하는 결정적 요인이었다. 즉 '실업'이 존재하지 않는 '사회주의경제체제'의 동독 기업에서는 생산의 효율성 문제보다는 과잉노동력이 유지되고 있었다. 그 결과 통독 직후 노동시장으로부터의 대량 이탈이 발생하여, 취업률이 급격히 떨어지는 것을 확인할 수 있다.

'현실사회주의' 체제의 구조적 문제 외에 통독과정에서 구동독 지역 경제의 발전과 노동시장은 크게 두 가지 요인에 의해 규정되었다. 하나는 1990년 7월 1일부터 도입된 서독 마르크의 동독 지역에서의 유통, 두 번째 문제는 이와 동시에 시작된 신탁청에 의한 구동독 인민소유기업의 민영화다.

1990년 7월 1일 시행된 〈화폐 · 경제 · 사회통합(Währungs-, Wirtschafts- und Sozialunion; 이하 WWSU)〉에 따른 1:1 화폐통합의 결과 대(對)코메콘(COMECON) 무역이 붕괴되었다. 동독에서 국민총생산 대비 수출 비중이 약 40%에 이르는데, 그중 절반 이상이 코메콘국가들로 수출되고 있던 상태에서 서독 마르크(마르크)의 1:1 교환비에 따른 도입은 구동독 지역 경제에 결정적인 영향을 미쳤다. 1:1 화폐통합으로 인해 동독경제는 환율이라는 대외경제관계에서의 완충 기제를 일거에 잃고 세계시장의 경쟁에 내팽개쳐진 것이다. 동독의 외화가득지표(Devisenkennziffer)가 23~27%에 이른다는 점을 고려할 때,[14] 1:1 화폐통합은 수출재로 측정한 실질임금의 4배 상승을 의미했다. 동독 지역 기업의 입장에서 볼 때 화폐통합에서 임금의 1:1 교환은 파국을 의미하는 것이었다. 구동독 제품에 대한 코메콘국가들로부터의 수입은 이전의 30% 미만 수준으로 줄어들었다. 급격한 화폐통합으로 '완충기제'를 잃은 구동독 지역 기업은 대서유럽국과의 무역에서도 경쟁력을 잃었다. 그에 따라 구동독 지역의 경기 침체 및 지역 자체 내수시장의 붕괴를 초래했고 대량 해고를 동반하는 지역 산업의 전반적 붕괴와 산업공동화로 이어졌다.

다른 한편으로 신탁청에 의한 통일 후 구동독기업에 대한 신속한 사유화 정책의 문제 또한 구동독 지역 노동시장에 결정적 영향을 미치는 요인이었다. 버클리대 실사단의 경영평가에 따르면 신탁청 산하기업의 8.9%만이 자력으로 경쟁에서 살아남아 존립할 수 있으며, 65%는 새로운 투자에 의해 구제 · 정상화되어야 하는 상태였다(Akerlof et al., 1991: 1-105). 그러나 신탁청은 경영정상화는 투자자인 매입자에 의해서 이루어져야 한다는 입장이었고, 신속한 사유화를 위해서 거대기업집단인 '콤비나트(Kombinat)'를 무작위로 해체하는 방식으로 이를 추진했다. 그 결과, 기업은 해체되고 파편화되어 매입자 호가(呼價) 중심으로 매각되었다. 이러한 매각 과정에서 발생한 지역경제의 핵심기업과 주변적 네트워크 등 내적 연관성 붕괴 문제 외에, 중심적인 매입자본으로서[15] 서독기업이 경쟁력 있는 '알짜' 기업단위나 기업의 일부만 매입하거나, 아니면 동독 및 동

---

14 대DM외화가득지표(Devisenkennziffer)는 동독기업이 1 동독 마르크(Mark)를 지출해서 획득할 수 있는 서독 마르크(DM)의 비율이다. 이는 연구자에 따라 약간의 차이를 보여, 1989년 기준 23%(Hoffmann, 1993: 28; 진 · 진, 1994: 68-69) 혹은 27%(Akerlof et al., 1991: 17-18)로 추정된다. 이후 이 책에서 동독이라는 수식어가 붙지 않는 마르크는 모두 DM을 의미한다.

15 연방의회 '신탁청 청문회' 결과에 따르면 전체 사유화된 기업 자산의 약 6%만이 구동독인에게 매각되고, 약 85%는 구서독자본에, 그리고 9%는 외국자본에 인수된 것으로 나타난다.

표 2-17 구동독 지역 취업률 변화

	브란덴부르크	메클렌부르크-포어포메른	작센	작센-안할트	튀링엔	구동독 지역 평균	독일
1992	-11.3	-10.6	-13.0	-11.7	-15.0	-12.32	-1.5
1993	-3.0	-2.1	-3.1	-2.5	-2.0	-2.54	-1.3
1994	2.6	2.8	2.9	2.0	2.6	2.58	-0.1
1995	2.2	2.6	2.8	1.3	1.0	1.98	0.2
1996	-0.1	-1.3	-0.1	-1.8	-1.4	-0.94	-0.3
1997	-0.2	-1.7	-1.4	-1.9	-1.2	-1.28	-0.1
1998	-0.5	-0.3	-0.1	-0.2	2.3	0.24	1.2
1999	0.1	0.3	0.3	-1.3	1.7	0.22	1.4
2000	-0.3	-0.7	-0.5	-2.2	-0.8	-0.90	1.9
2001	-1.7	-1.8	-1.6	-1.8	-1.4	-1.66	0.4
2002	-2.0	-1.4	-1.2	-1.7	-1.9	-1.64	-0.6
2003	-1.3	-1.7	-0.5	-1.4	-1.9	-1.36	-0.9
2004	0.5	-0.4	0.3	-0.3	0.3	0.08	0.4
2005	-0.6	-0.4	-0.9	-1.4	-0.6	-0.78	-0.1
2006	0.4	1.0	0.9	0.6	0.2	0.62	0.6
2007	2.0	1.8	1.6	1.6	1.6	1.72	1.7
2008	1.2	0.6	0.9	0.7	0.4	0.76	1.4

유럽의 확대된 시장 진출에 필요한 부분만을 인수함에 따른 것이다. 그 결과 구동독에는 서독기업과 경쟁할 수 있는 기업들이 거의 다 사라지고, 대개의 경우 서독 모기업의 '연장된 생산라인'이나 부품 제조업체 혹은 판매영업부서로 전락했다.

통일 당시 약 900만 경제활동인구의 45%에 달하는 410만이 신탁청 산하기업에 종사하고 있었다. 1990년 '경제 · 통화 · 사회통합' 이후 1992년 말까지 신탁청 산하기업의 사유화에 따라 대량해고가 단행되면서, 1992년 10월 1일까지 약 65%에 해당하는 263만여 일자리가 없어지게 되었다.

'구동독 지역 전체 노동시장 통계'를 비교해 보면, 1990년 통일의 시점부터 1992년 말까지 불과 1년 반 사이에 신탁청 산하기업의 민영화 과정에서 발생한 실업이 구동독 지역 전체실업 및 노동시장에서 퇴출된 경제인구의 75% 이상을 차지하고 있는 것으로 나타났다. 특히 이 기간 제조업 분야에서 대량 실업은 통일과정에서 가장 두드러진 현상 중의 하나다. 신탁청은 '일자리 없애는 기관'이 된 것이다. 사유화 과정에서 피고용자는 평균 50% 이상 감원되

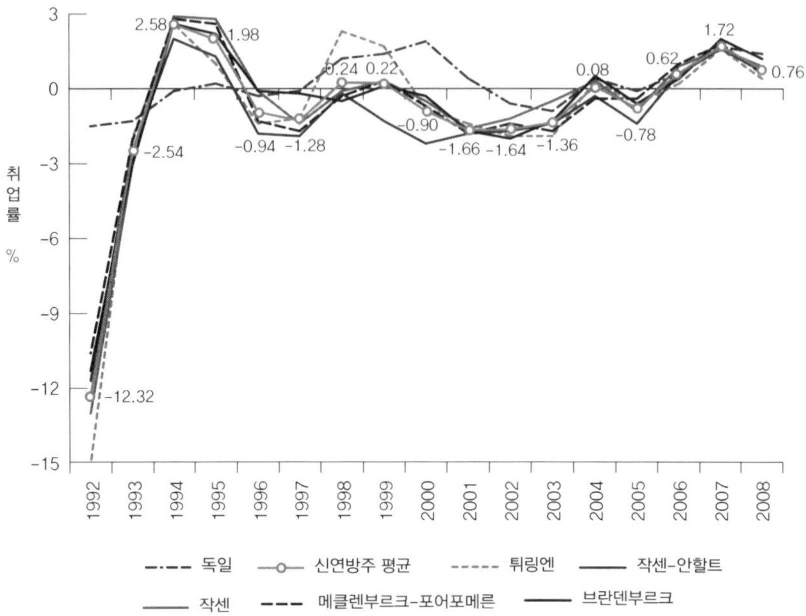

그림 2-12 구동독 지역 취업률 변화

표 2-18 신탁청 산하기업 및 사유화된 기업 고용상태의 변화(단위: 1,000명)

	1990.7.1.	1992.10.1.	1992.12.31.	1993.12.31.	1994.12.31.
신탁청 산하기업	4,080	560	272	186	66
사유화된 기업		885	1,079	962	930
합계	4,080	1,445	1,351	1,148	996

출처: Brücker(1995: 388).

었고, 경우에 따라서는 75%까지 감원된 기업도 있었다.

1990년 중반 '신탁청' 관할 기업에 고용된 노동자는 약 410만 명으로 전체 취업자 수의 45%를 차지하고 있었는데, 약 95% 이상의 기업이 불하된 상태에서 1994년 12월 31일 업무를 종료할 당시 신탁청 관할 기업 전체 노동자 중 1/3 정도인 150만 명의 고용을 보장받고 있는 정도였다.[16] 구동독 지역의

16 신탁청 민영화정책의 결과 대략의 실업률 추세를 부문별로 보면 농업에서 약 70%, 제조업 및 건축 부문에서 50~60%, 유통 · 운수 및 서비스업에서 약 25%다.

표 2-19 실업률 일반 통계(구동서독 지역 비교)

	실업자 수			실업률(총노동인구 대비)			실업률(총피고용인 대비)		
	구서독 지역	구동독 지역	독일 전체	구서독 지역	구동독 지역	독일 전체	구서독 지역	구동독 지역	독일 전체
1991	1,596,457	1,005,745	2,602,202	-	-	-	6.2	10.2	7.3
1992	1,699,273	1,279,297	2,978,570	-	-	7.7	6.4	14.4	8.5
1993	2,149,465	1,269,676	3,419,141	-	-	8.9	8.0	15.4	9.8
1994	2,426,276	1,271,781	3,698,057	8.1	14.8	9.6	9.0	15.7	10.6
1995	2,427,083	1,184,838	3,611,921	8.1	13.9	9.4	9.1	14.8	10.4
1996	2,646,442	1,318,622	3,965,064	8.9	15.5	10.4	9.9	16.6	11.5
1997	2,870,021	1,514,435	4,384,456	9.6	17.7	11.4	10.8	19.1	12.7
1998	2,751,535	1,529,095	4,280,630	9.2	17.8	11.1	10.3	19.2	12.3
1999	2,604,720	1,495,779	4,100,499	8.6	17.3	10.5	9.6	18.7	11.7
2000	2,380,987	1,508,707	3,889,694	7.6	17.1	9.6	8.4	18.5	10.7
2001	2,320,500	1,532,064	3,852,564	7.2	17.3	9.4	8.0	18.8	10.3
2002	2,498,392	1,562,953	4,061,345	7.6	17.7	9.8	8.5	19.2	10.8
2003	2,753,181	1,623,614	4,376,795	8.4	18.5	10.5	9.3	20.1	11.6
2004	2,782,759	1,598,522	4,381,281	8.5	18.4	10.5	9.4	20.1	11.7
2005	3,246,727	1,614,153	4,860,880	9.9	18.7	11.7	11.0	20.6	13.0
2006	3,007,086	1,480,140	4,487,226	9.1	17.3	10.8	10.2	19.2	12.0
2007	2,485,871	1,290,637	3,776,508	7.5	15.1	9.0	8.4	16.8	10.1
2008	2,144,651	1,123,256	3,267,907	6.4	13.1	7.8	7.2	14.7	8.7

	신청지역			단축노동자 수			단축노동 시행 회사 수		
	구서독 지역	구동독 지역	독일 전체	구서독 지역	구동독 지역	독일 전체	구서독 지역	구동독 지역	독일 전체
1991	324,762	38,072	362,834	141,547	1,619,685	1,761,232	2,808	32,632	35,440
1992	314,706	41,531	356,237	276,437	376,579	653,016	5,570	9,914	15,484
1993	235,975	43,477	279,452	756,827	191,536	948,363	12,912	6,374	19,286
1994	226,828	57,925	284,753	271,964	100,324	372,288	7,888	4,042	11,930
1995	260,272	61,034	321,306	125,192	73,388	198,580	5,092	3,097	8,189
1996	265,692	61,586	327,278	202,611	74,683	277,294	7,712	3,598	11,310
1997	277,701	59,409	337,110	130,687	52,166	182,853	6,978	2,979	9,957
1998	336,384	85,222	421,606	78,788	36,416	115,204	5,218	2,594	7,812
1999	381,504	74,875	456,379	89,669	28,978	118,647	4,409	2,120	6,529
2000	448,660	66,814	515,474	59,318	26,734	86,052	3,428	2,088	5,516
2001	436,363	70,878	507,241	93,933	29,009	122,942	4,874	2,175	7,049
2002	377,817	74,155	451,972	162,123	44,645	206,768	8,472	3,923	12,395
2003	291,889	62,873	354,762	160,496	34,876	195,372	10,363	3,041	13,404
2004	239,041	46,566	285,607	121,610	28,984	150,594	8,990	2,736	11,726
2005	324,817	88,261	413,078	100,809	24,696	125,505	8,449	2,549	10,998
2006	435,702	128,508	564,210	54,090	12,890	66,980	5,106	1,471	6,577
2007	488,677	132,714	621,391	51,903	16,414	68,317	6,194	2,139	8,333
2008	441,011	113,067	554,078	80,168	21,373	101,541	7,541	2,511	10,052

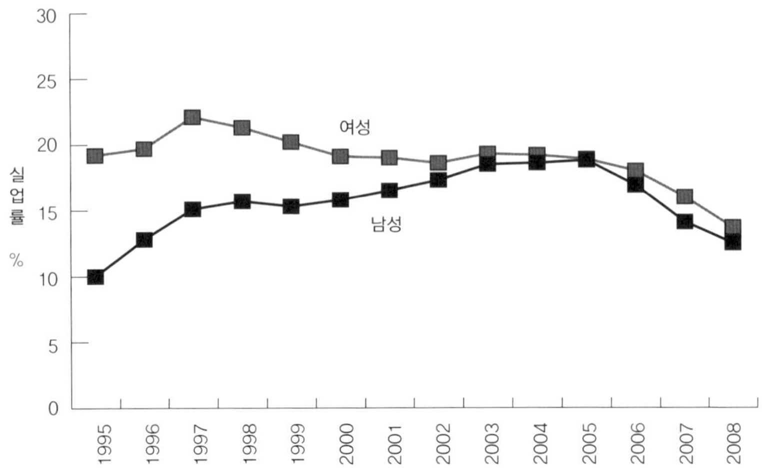

그림 2-13 구동독 지역 남성과 여성의 실업률 비교

실업률은 1991년 10.2%에서 계속 상승하여 2000년대 초반에 약 20%를 기록한 후 조금씩 내려가는 상황이다. 뿐만 아니라 1991~1992년 사이 단축근로를 수행하는 노동자도 크게 늘고 있는 것을 확인할 수 있다.

통독 후 20년 동안의 장기간의 실업률 구동서독 지역 비교의 결과 확인되는 점은 두 가지다. 하나는 최근 들어 구동독 지역 내에서도 주에 따라서 상당한 격차가 벌어지고 있다는 점이다. 구동독 지역 중에서 노동시장 조건이 가장 좋은 튀링엔 주의 최근 실업률(2008년 현재 11.3%)은 구서독 지역 중에서 가장 열악한 함부르크(2008년 현재 11.4%) 시보다도 낮은 실업률을 기록하고 있다는 사실이다(〈표 2-20〉 참조). 그렇지만 전체적으로 구동독 지역의 실업률은 통일 후 최근까지 지속적으로 약 2배의 높은 실업률을 기록하고 있다. 다른 하나는 구동독 지역 실업률의 변화를 관찰해 보면 통독 직후 노동시장 조건이 열악했던 때의 남성과 여성 간 실업률 격차가 매우 크게 벌어졌다는 사실이다(〈표 2-21〉, 〈표 2-22〉 참조). 〈그림 2-13〉에서 확인하듯이 통독 직후 노동시장의 조건이 매우 어려워진 상태에서 여성이 노동시장의 완충역할을 해 주는 경향이 두드러진다는 점이다.

표 2-20 전체 노동인구 대비 각 주별 실업률(단위: %)

	구서독 지역										
	BW	BY	HB	HH	HE	NI	NW	RP	SL	SH	평균
1994	6.7	6.1	12.7	8.7	7.3	9.6	9.8	7.5	11.2	8.1	8.8
1995	6.6	6.0	12.9	9.5	7.6	9.8	9.7	7.6	10.7	8.1	8.9
1996	7.2	6.8	14.2	10.4	8.3	10.9	10.4	8.5	11.4	8.9	9.7
1997	7.8	7.5	15.4	11.6	9.3	11.6	11.1	9.2	12.4	9.9	10.6
1998	7.1	7.0	15.2	11.3	9.0	11.1	10.7	8.8	11.5	10.0	10.2
1999	6.5	6.4	14.3	10.4	8.3	10.3	10.2	8.2	10.8	9.4	9.5
2000	5.4	5.5	13.0	8.9	7.3	9.3	9.2	7.3	9.8	8.5	8.4
2001	4.9	5.3	12.4	8.3	6.6	9.1	8.8	6.8	9.0	8.4	8.0
2002	5.4	6.0	12.5	9.0	7.0	9.2	9.2	7.2	9.1	8.7	8.3
2003	6.2	6.9	13.2	9.9	7.9	9.6	10.0	7.7	9.5	9.7	9.1
2004	6.2	6.9	13.2	9.7	8.2	9.6	10.2	7.7	9.2	9.8	9.1
2005	7.0	7.8	16.8	11.3	9.7	11.6	12.0	8.8	10.7	11.6	10.7
2006	6.3	6.8	14.9	11.0	9.2	10.5	11.4	8.0	9.9	10.0	9.8
2007	4.9	5.3	12.7	9.2	7.6	8.9	9.5	6.5	8.4	8.4	8.1
2008	4.1	4.2	11.4	8.1	6.6	7.7	8.5	5.6	7.3	7.6	7.1

	구동독 지역						베를린	전체
	BB	MV	SN	ST	TH	평균	BE	D
1994	14.5	16.2	14.8	16.7	15.6	15.6	12.1	11.2
1995	13.4	15.3	13.6	15.7	14.1	14.4	12.4	10.9
1996	15.2	16.8	14.9	17.7	15.6	16.0	13.8	12.0
1997	17.6	18.9	17.1	20.3	17.8	18.3	15.6	13.4
1998	17.6	19.2	17.5	20.4	17.1	18.4	16.1	13.2
1999	17.4	18.2	17.2	20.3	15.4	17.7	15.9	12.6
2000	17.0	17.8	17.0	20.2	15.4	17.5	15.8	11.9
2001	17.4	18.3	17.5	19.7	15.3	17.6	16.1	11.6
2002	17.5	18.6	17.8	19.6	15.9	17.9	16.9	12.0
2003	18.8	20.1	17.9	20.5	16.7	18.8	18.1	12.8
2004	18.7	20.4	17.8	20.3	16.7	18.8	17.7	12.8
2005	18.2	20.3	18.3	20.2	17.1	18.8	19.0	13.9
2006	17.0	19.0	17.0	18.3	15.6	17.4	17.5	12.8
2007	14.9	16.5	14.7	16.0	13.2	15.1	15.5	10.9
2008	13.0	14.1	12.8	14.0	11.3	13.0	13.9	9.5

표 2-21 전체 노동인구 대비 남성 실업률(단위: %)

	구서독 지역										
	BW	BY	HB	HH	HE	NI	NW	RP	SL	SH	평균
1995	6.5	5.8	13.5	10.6	7.5	9.4	9.6	7.3	11.1	8.2	9.0
1996	7.1	6.8	15.1	11.4	8.4	10.7	10.4	8.3	11.8	9.2	9.9
1997	7.6	7.4	16.2	12.8	9.4	11.4	11.2	9.1	12.8	10.3	10.8
1998	6.8	6.8	16.2	12.5	9.0	10.7	10.5	8.4	11.8	10.4	10.3
1999	6.1	6.1	15.5	11.5	8.3	9.9	10.0	7.8	10.9	9.7	9.6
2000	5.0	5.2	14.0	9.8	7.2	9.0	9.1	6.9	9.9	8.9	8.5
2001	5.1	4.6	13.4	9.3	6.6	9.0	9.0	6.6	9.2	9.1	8.2
2002	5.4	6.1	13.9	10.1	7.3	9.6	9.8	7.3	9.6	9.6	8.9
2003	6.2	7.1	15.1	11.2	8.4	10.3	10.9	8.0	10.3	10.8	9.8
2004	6.3	7.1	15.4	11.0	8.6	10.4	11.2	8.1	9.9	10.9	9.9
2005	6.7	7.6	17.5	12.0	9.6	11.6	12.1	8.7	10.5	11.9	10.8
2006	5.9	6.4	15.5	11.6	8.9	10.1	11.2	7.6	9.4	9.9	9.7
2007	4.4	4.8	12.9	9.5	7.2	8.3	9.0	6.0	7.8	8.2	7.8
2008	3.7	3.9	11.5	8.5	6.3	7.2	8.1	5.3	6.8	7.5	6.9

	구동독 지역						베를린	전체
	BB	MV	SN	ST	TH	평균	BE	D
1995	9.2	11.2	8.6	11.6	9.6	10.0	12.6	9.5
1996	12.1	13.8	11.2	14.5	12.4	12.8	14.2	11.1
1997	14.3	15.9	13.7	16.9	14.5	15.1	16.1	12.5
1998	15.1	16.8	14.7	17.5	14.5	15.7	16.9	12.5
1999	15.1	16.3	14.6	17.6	12.9	15.3	17.0	11.9
2000	15.4	16.5	15.3	18.2	13.4	15.8	16.9	11.4
2001	16.4	17.7	16.3	18.4	13.8	16.5	17.3	11.5
2002	17.2	18.6	17.1	18.8	14.9	17.3	18.7	12.2
2003	18.9	20.5	17.2	19.9	15.9	18.5	20.1	13.3
2004	18.9	21.1	17.2	19.7	16.0	18.6	19.5	13.3
2005	18.6	21.0	18.0	20.0	16.5	18.8	20.5	14.0
2006	17.0	19.1	16.3	17.7	14.5	16.9	18.9	12.6
2007	14.3	16.2	13.6	14.9	11.7	14.1	16.7	10.4
2008	12.8	14.1	12.2	13.2	10.2	12.5	15.0	9.2

표 2-22 전체 노동인구 대비 여성 실업률(단위: %)

	구서독 지역										
	BW	BY	HB	HH	HE	NI	NW	RP	SL	SH	평균
1995	6.9	6.4	12.1	8.2	7.6	10.4	9.9	8.0	10.2	8.0	8.8
1996	7.4	7.0	13.2	9.1	8.1	11.1	10.4	8.6	10.7	8.6	9.4
1997	8.0	7.7	14.2	10.1	9.1	11.8	11.0	9.4	11.9	9.4	10.3
1998	7.5	7.3	13.9	9.7	8.9	11.5	10.8	9.1	11.1	9.4	9.9
1999	6.9	6.8	12.8	8.8	8.3	10.8	10.3	8.7	10.4	8.9	9.3
2000	5.7	5.7	11.4	7.5	7.2	9.4	9.0	7.5	9.4	7.9	8.1
2001	5.2	5.4	11.1	7.0	6.5	9.0	8.4	7.0	8.6	7.6	7.6
2002	5.4	5.9	10.9	7.6	6.5	8.7	8.5	6.9	8.3	7.6	7.6
2003	6.0	6.7	11.0	8.4	7.3	8.8	8.9	7.2	8.6	8.4	8.1
2004	6.2	6.8	10.8	8.2	7.6	8.7	9.1	7.2	8.3	8.6	8.2
2005	7.4	8.1	16.0	10.5	9.7	11.7	11.8	8.9	11.0	11.2	10.6
2006	6.8	7.3	13.9	10.2	9.4	10.9	11.5	8.3	10.3	9.9	9.9
2007	5.6	6.0	12.5	8.7	8.1	9.5	10.1	7.1	9.2	8.7	8.6
2008	4.6	4.6	11.3	7.7	7.0	8.2	8.9	6.0	7.8	7.7	7.4

	구동독 지역						베를린	전체
	BB	MV	SN	ST	TH	평균	BE	D
1995	18.0	19.8	19.0	20.1	19.1	19.2	12.2	12.4
1996	18.8	20.2	19.0	21.3	19.3	19.7	13.5	13.1
1997	21.4	22.4	21.0	24.1	21.5	22.1	15.1	14.5
1998	20.2	21.9	20.6	23.5	20.1	21.3	15.2	14.0
1999	19.5	20.2	19.9	23.3	18.0	20.2	14.7	13.2
2000	18.6	19.1	18.6	22.1	17.3	19.1	14.5	12.1
2001	18.3	19.1	18.9	21.4	17.1	19.0	14.4	11.8
2002	17.8	18.7	18.7	20.7	17.0	18.6	15.0	11.7
2003	18.8	19.9	18.9	21.3	17.8	19.3	15.9	12.3
2004	19.8	18.5	18.7	21.1	17.7	19.2	15.6	12.2
2005	17.7	19.7	18.6	20.7	17.9	18.9	17.4	13.8
2006	17.0	19.0	17.9	19.1	16.9	18.0	15.9	12.9
2007	15.2	16.8	15.9	17.2	14.7	16.0	14.1	11.3
2008	13.2	14.2	13.6	14.9	12.4	13.7	12.6	9.8

표 2-23 구동독 지역 노동시장 및 고용상황의 변화(1991~1996년)(단위: 1,000명)

	1989	1990	1991	1992	1993	1994	1995	1996
인구	-	-	15,910	15,730	15,648	15,567	15,500	15,450
경제활동인구	9,747	-	8,961	8,829	8,693	8,530	8,386	8,258
Pendler[1)]	-	-	-269	-338	-325	-326	-323	-323
취업인구	9,747	8,820	7,321	6,387	6,208	6,303	6,406	6,380
은폐실업	-	-	1,881	1,984	1,672	1,336	1,104	917
고용촉진	-	-	257	543	365	379	419	415
단축노동	-	-	900	198	97	52	51	70
재교육	-	-	170	432	356	243	261	267
조기정년	-	-	554	811	854	650	374	165
공식실업[2)]	0	-	913	1,170	1,149	1,142	1,047	1,175
실질실업[3)]	0	-	2,794	3,154	2,821	2,614	2,151	2,092

1) Pendler는 구동독 지역에 살면서 구서독 지역에 직장으로 출퇴근하는 노동자를 지칭함.

2) 공식실업자는 당해관청에 실업자로 등록된 수.

3) 실질실업(effective unemployment)=공식실업+은폐실업(disguised unemployment).

출처: Statistisches Bundesamt(2005).

독일정부는 고용창출조처(ABM), 단축노동, 재교육 및 조기정년제 등의 제도를 통해 공식실업률을 50~70% 정도 크게 완화하는 정책을 폈다(〈표 2-23〉 참조). 그러나 이는 실질적인 실업상황이라고 보아야 한다. 특히 구동독에서는 통일이라는 특수상황에 직면해 조기정년 연령을 55세로 낮춤으로써[17] 노동시장에서 일찍 퇴출시키고 있으며, 그것이 경제활동인구의 감소에도 적지 않은 영향을 미쳤다.

2) 노동생산성과 노동시간 및 산업부문별 추세

구동독 지역의 노동시장이 빠른 속도는 아니지만 서서히 개선되는 상황을

17 구동독의 경우 일반적인 정년연령은 남자 65세 여자 60세였으나, 통일 후 57세부터 조기정년할 수 있도록 하였다. 실업문제가 심각해지자 1991년 말에 55세로 다시 낮춰졌다.

표 2-24 구동독 지역 1차산업 임금수준(1인 연간 평균임금; 단위: 유로)

	구동독 지역					베를린	구서독 지역	구동독 지역	전체
	BB	MV	SN	ST	TH	BE	평균	평균	D
1991	11,344	11,091	11,196	11,219	11,288	9,245	17,596	11,226	13,611
1992	12,451	12,184	12,296	12,413	12,556	10,175	18,145	12,375	15,219
1993	14,382	13,517	13,752	14,085	14,150	11,462	19,536	13,975	16,994
1994	15,468	14,623	14,832	15,303	15,163	12,086	20,200	15,071	17,904
1995	16,734	15,684	15,580	16,496	16,436	12,449	20,641	16,151	18,609
1996	16,928	16,285	15,926	16,747	16,970	12,767	20,785	16,534	18,879
1997	17,061	16,516	16,132	16,833	17,210	13,600	20,558	16,708	18,861
1998	17,103	16,643	16,270	16,935	17,171	13,556	20,296	16,796	18,771
1999	17,484	17,039	16,805	17,114	17,557	14,015	20,623	17,179	19,151
2000	17,813	17,454	17,384	17,615	17,851	14,510	21,073	17,609	19,640
2001	17,825	17,445	17,433	17,762	17,936	14,624	20,909	17,665	19,609
2002	17,166	16,996	16,883	17,379	17,477	14,377	19,875	17,158	18,811
2003	17,116	17,111	17,018	17,626	17,617	14,384	19,832	17,268	18,842
2004	16,882	16,717	16,698	17,280	17,244	14,251	19,317	16,941	18,425
2005	16,970	17,004	16,803	17,551	17,447	14,257	19,249	17,119	18,481
2006	17,083	17,266	17,070	17,666	17 647	14,616	19,504	17,310	18,739
2007	17,386	17,476	17,389	17,893	17,956	14,855	19,892	17,587	19,101
2008	17,834	18,209	17,944	18,413	18,471	15,276	20,458	18,137	19,670

이해하기 위해서는 2000년 이후, 특히 근래에 보이고 있는 구동독 지역 기업의 경쟁력 강화의 구체적 내용과 배경을 구체적으로 살펴봐야 한다. 무엇보다도 구동독 지역 내 기업의 경쟁력 강화 요인이다. 앞서 언급했듯이 구동독 지역 기업 경쟁력 강화는, 한편으로 임금 상승 속도가 통독 직후에 비해 현격히 떨어졌고, 다른 한편으로 주간 기본 노동시간이 구서독 지역에서보다 길다는 점이다.

산업부문별로 구동서독 지역 간 임금 격차에서 차이가 크다. 2008년 현재 구동독 지역 임금수준은 1차산업의 경우 구서독 지역의 88.7%, 3차산업의 경우 84.1%인 반면, 2차산업(건설 제외)의 경우 구서독 지역의 69%(건설부문 80.6%)에 이르고 있다(〈표 2-24〉~〈표 2-27〉 참조).

표 2-25 구동독 지역 3차산업 임금수준(1인 연간 평균임금; 단위: 유로)

	구동독 지역					베를린	구서독 지역	구동독 지역	전체
	BB	MV	SN	ST	TH	BE	평균	평균	D
1991	13,827	13,527	14,048	13,468	13,569	22,774	24,704	13,746	22,816
1992	17,971	17,459	17,444	17,252	17,297	24,963	26,236	17,480	24,811
1993	20,981	20,106	20,273	20,113	20,014	26,811	27,032	20,301	25,995
1994	21,937	21,333	21,096	20,985	20,849	27,571	27,483	21,215	26,517
1995	23,663	22,886	22,867	22,565	22,362	28,740	28,271	22,868	27,446
1996	24,232	23,392	23,227	23,072	22,717	29,073	28,514	23,313	27,723
1997	24,458	23,546	23,367	23,473	22,954	29,330	28,617	23,539	27,859
1998	24,827	23,860	23,658	23,695	23,170	29,812	28,774	23,819	28,049
1999	25,408	24,302	24,173	24,124	23,778	30,173	29,034	24,335	28,358
2000	25,790	24,572	24,540	24,244	24,181	30,545	29,289	24,653	28,646
2001	26,115	24,793	24,847	24,535	24,530	30,705	29,719	24,957	29,052
2002	26,327	25,087	25,145	24,951	24,885	30,972	30,195	25,270	29,498
2003	26,586	25,578	25,610	25,318	25,481	31,293	30,640	25,706	29,939
2004	26,567	25,570	25,664	25,456	25,599	31,261	30,613	25,766	29,928
2005	26,602	25,816	25,627	25,546	25,509	31,063	30,536	25,795	29,867
2006	26,665	25,832	25,779	25,811	25,610	30,684	30,543	25,924	29,877
2007	26,791	25,941	25,958	25,744	25,734	31,050	30,858	26,031	30,167
2008	27,247	26,384	26,448	26,171	26,293	31,609	31,521	26,510	30,806

표 2-26 구동독 지역 2차산업(건설 제외) 임금수준(1인 연간 평균임금; 단위: 유로)

	구동독 지역					베를린	구서독 지역	구동독 지역	전체
	BB	MV	SN	ST	TH	BE	평균	평균	D
1991	13,246	12,192	11,919	11,991	11,487	26,070	30,967	12,074	27,491
1992	20,068	18,074	17,669	18,009	16,950	31,132	33,260	18,039	31,311
1993	22,437	20,722	19,773	20,234	18,794	33,427	34,121	20,203	32,527
1994	25,758	23,655	22,768	23,514	21,617	36,061	35,688	23,260	34,310
1995	28,035	26,037	25,143	26,034	23,600	38,288	37,368	25,576	36,076
1996	28,931	26,374	25,935	27,314	24,733	40,424	38,170	26,484	36,931
1997	29,240	26,729	26,553	27,316	25,381	41,144	38,888	26,919	37,625
1998	30,012	27,155	27,319	27,838	25,949	43,018	39,634	27,552	38,381
1999	30,357	27,354	27,766	28,761	26,481	43,346	40,332	28,041	39,058
2000	31,815	28,310	28,979	29,649	27,411	44,620	42,021	29,140	40,676
2001	32,483	28,723	29,621	30,084	27,995	45,352	42,824	29,701	41,446
2002	32,766	29,182	29,833	30,463	28,714	47,047	43,451	30,081	42,043
2003	33,138	29,526	30,524	30,824	29,137	48,305	44,457	30,575	42,970
2004	33,984	29,792	31,315	31,791	29,660	49,227	45,339	31,289	43,817
2005	34,815	29,995	31,680	32,275	29,751	49,297	45,583	31,668	44,062
2006	35,667	30,813	32,982	32,888	30,866	51,369	47,344	32,706	45,716
2007	36,426	31,021	33,637	33,918	31,337	51,806	48,115	33,369	46,425
2008	36,630	31,175	34,115	34,478	31,799	52,927	48,959	33,792	47,200

표 2-27 구동독 지역 건설부문 임금수준(1인 연간 평균임금; 단위: 유로)

	구동독 지역					베를린	구서독 지역	구동독 지역	전체
	BB	MV	SN	ST	TH	BE	평균	평균	D
1991	15,384	14,951	14,920	15,096	14,899	23,386	25,503	15,039	22,684
1992	19,489	19,004	18,945	19,148	18,616	26,491	27,204	19,028	24,869
1993	21,386	20,831	20,793	21,014	20,403	27,948	27,932	20,879	25,769
1994	22,896	22,231	22,186	22,427	21,684	29,491	28,914	22,284	26,755
1995	23,107	22,414	22,384	22,648	21,862	29,695	29,098	22,487	26,858
1996	23,015	22,305	22,506	22,462	21,789	29,792	29,543	22,450	27,150
1997	23,040	22,294	22,662	22,828	21,989	29,249	29,470	22,609	27,197
1998	22,770	22,430	22,093	22,833	21,696	28,963	29,243	22,337	27,080
1999	22,610	22,508	22,122	22,878	21,805	28,524	29,491	22,350	27,346
2000	22,627	22,575	22,371	23,027	22,218	28,137	29,753	22,541	27,728
2001	22,683	23,063	22,671	23,243	22,716	28,272	30,012	22,835	28,166
2002	22,950	23,166	22,979	23,766	23,042	28,023	30,428	23,152	28,674
2003	23,329	23,759	23,697	24,451	23,409	28,075	30,915	23,721	29,219
2004	23,089	24,294	23,865	24,471	23,789	27,790	30,905	23,864	29,271
2005	23,337	24,455	23,711	24,673	23,708	27,490	30,552	23,898	29,068
2006	23,888	24,314	24,280	25,078	24,513	27,695	30,751	24,393	29,350
2007	24,850	25,658	24,842	25,600	25,156	28,023	31,269	25,130	29,909
2008	24,982	25,739	25,499	26,334	25,846	28,053	31,824	25,637	30,454

구동독 지역의 임금인상 폭은 산업부문별로 크게 차이를 보이고 있다. 구동독 지역 2차산업(건설 제외)의 통독 직후 임금상승 폭은 인상적일 만큼 큰 폭의 상승을 보인 후, 1993년부터 인상폭이 급격히 떨어지는 것을 알 수 있다. 반면에 1차산업의 경우 통독 직후 구동독 지역 임금수준은 구서독 지역과의 격차가 가장 적은 상태에서 소폭 인상된 후 지속적으로 구서독 지역과 폭을 좁혀 가고 있다. 3차산업의 경우 통독 직후 27% 인상 후 1993년 16%, 그리고 1994년 약 5%, 1995년 8%의 인상을 보인 후 1~2% 인상으로 안정되고 있다(〈표 2-28〉~〈표 2-30〉 참조).

구동독 지역 지역의 근로조건은 비단 임금수준에서만 아니라 단체협약상(주간)근로시간에서도 차이를 보이고 있어, 최근(2007년)까지도 구동독 지역 근로시간이 구서독 지역에 비해 2~2.5시간 긴 것으로 나타났다(〈표 2-32〉 참조).

단기간에 걸친 구동독 지역의 높은 임금상승은 1995년부터 크게 줄어들

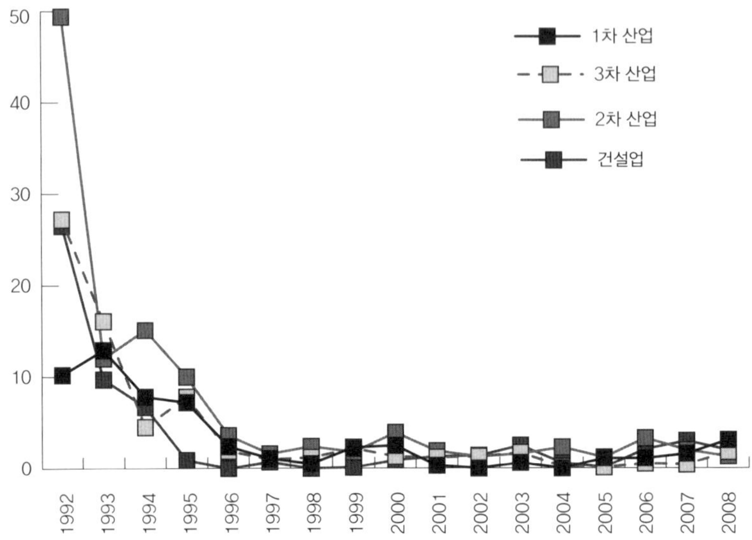

그림 2-14 구동독 지역 산업별 임금인상률(단위: %)

표 2-28 구동독 지역 1차산업 임금인상률(단위: %)

	구동독 지역					베를린	구서독 지역	구동독 지역	전체
	BB	MV	SN	ST	TH	BE	평균	평균	D
1992	9.8	9.9	9.8	10.6	11.2	10.1	3.1	10.2	11.8
1993	15.5	10.9	11.8	13.5	12.7	12.6	7.7	12.9	11.7
1994	7.6	8.2	7.9	8.6	7.2	5.4	3.4	7.8	5.4
1995	8.2	7.3	5.0	7.8	8.4	3.0	2.2	7.2	3.9
1996	1.2	3.8	2.2	1.5	3.2	2.6	0.7	2.4	1.5
1997	0.8	1.4	1.3	0.5	1.4	6.5	−1.1	1.1	−0.1
1998	0.2	0.8	0.9	0.6	−0.2	−0.3	−1.3	0.5	−0.5
1999	2.2	2.4	3.3	1.1	2.2	3.4	1.6	2.3	2.0
2000	1.9	2.4	3.4	2.9	1.7	3.5	2.2	2.5	2.6
2001	0.1	−0.1	0.3	0.8	0.5	0.8	−0.8	0.3	−0.2
2002	−3.7	−2.6	−3.2	−2.2	−2.6	−1.7	−4.9	−2.9	−4.1
2003	−0.3	0.7	0.8	1.4	0.8	0.0	−0.2	0.6	0.2
2004	−1.4	−2.3	−1.9	−2.0	−2.1	−0.9	−2.6	−1.9	−2.2
2005	0.5	1.7	0.6	1.6	1.2	0.0	−0.4	1.1	0.3
2006	0.7	1.5	1.6	0.7	1.1	2.5	1.3	1.1	1.4
2007	1.8	1.2	1.9	1.3	1.8	1.6	2.0	1.6	1.9
2008	2.6	4.2	3.2	2.9	2.9	2.8	2.8	3.1	3.0

표 2-29 구동독 지역 3차산업 임금인상률(단위: %)

	구동독 지역					베를린	구서독 지역	구동독 지역	전체
	BB	MV	SN	ST	TH	BE	평균	평균	D
1992	30.0	29.1	24.2	28.1	27.5	9.6	6.2	27.2	8.7
1993	16.7	15.2	16.2	16.6	15.7	7.4	3.0	16.1	4.8
1994	4.6	6.1	4.1	4.3	4.2	2.8	1.7	4.5	2.0
1995	7.9	7.3	8.4	7.5	7.3	4.2	2.9	7.8	3.5
1996	2.4	2.2	1.6	2.2	1.6	1.2	0.9	1.9	1.0
1997	0.9	0.7	0.6	1.7	1.0	0.9	0.4	1.0	0.5
1998	1.5	1.3	1.2	0.9	0.9	1.6	0.5	1.2	0.7
1999	2.3	1.9	2.2	1.8	2.6	1.2	0.9	2.2	1.1
2000	1.5	1.1	1.5	0.5	1.7	1.2	0.9	1.3	1.0
2001	1.3	0.9	1.3	1.2	1.4	0.5	1.5	1.2	1.4
2002	0.8	1.2	1.2	1.7	1.4	0.9	1.6	1.3	1.5
2003	1.0	2.0	1.8	1.5	2.4	1.0	1.5	1.7	1.5
2004	−0.1	−0.0	0.2	0.5	0.5	−0.1	−0.1	0.2	−0.0
2005	0.1	1.0	−0.1	0.4	−0.4	−0.6	−0.3	0.1	−0.2
2006	0.2	0.1	0.6	1.0	0.4	−1.2	0.0	0.5	0.0
2007	0.5	0.4	0.7	−0.3	0.5	1.2	1.0	0.4	1.0
2008	1.7	1.7	1.9	1.7	2.2	1.8	2.1	1.8	2.1

표 2-30 구동독 지역 2차산업(건설 제외) 임금인상률(단위: %)

	구동독 지역					베를린	구서독 지역	구동독 지역	전체
	BB	MV	SN	ST	TH	BE	평균	평균	D
1992	51.5	48.2	48.2	50.2	47.6	19.4	7.4	49.4	13.9
1993	11.8	14.7	11.9	12.4	10.9	7.4	2.6	12.0	3.9
1994	14.8	14.2	15.1	16.2	15.0	7.9	4.6	15.1	5.5
1995	8.8	10.1	10.4	10.7	9.2	6.2	4.7	10.0	5.1
1996	3.2	1.3	3.1	4.9	4.8	5.6	2.1	3.6	2.4
1997	1.1	1.3	2.4	0.1	2.6	1.8	1.9	1.6	1.9
1998	2.6	1.6	2.8	1.9	2.2	4.6	1.9	2.4	2.0
1999	1.1	0.7	1.6	3.3	2.1	0.8	1.8	1.8	1.8
2000	4.8	3.5	4.4	3.1	3.5	2.9	4.2	3.9	4.1
2001	2.1	1.5	2.2	1.5	2.1	1.6	1.9	1.9	1.9
2002	0.9	1.6	0.7	1.3	2.6	3.7	1.5	1.3	1.4
2003	1.1	1.2	2.3	1.2	1.5	2.7	2.3	1.6	2.2
2004	2.6	0.9	2.6	3.1	1.8	1.9	2.0	2.3	2.0
2005	2.4	0.7	1.2	1.5	0.3	0.1	0.5	1.2	0.6
2006	2.4	2.7	4.1	1.9	3.7	4.2	3.9	3.3	3.8
2007	2.1	0.7	2.0	3.1	1.5	0.9	1.6	2.0	1.6
2008	0.6	0.5	1.4	1.7	1.5	2.2	1.8	1.3	1.7

표 2-31 구동독 지역 건설부문 임금인상률(단위: %)

	구동독 지역					베를린	구서독 지역	구동독 지역	전체
	BB	MV	SN	ST	TH	BE	평균	평균	D
1992	26.7	27.1	27.0	26.8	24.9	13.3	6.7	26.5	9.6
1993	9.7	9.6	9.8	9.7	9.6	5.5	2.7	9.7	3.6
1994	7.1	6.7	6.7	6.7	6.3	5.5	3.5	6.7	3.8
1995	0.9	0.8	0.9	1.0	0.8	0.7	0.6	0.9	0.4
1996	-0.4	-0.5	0.5	0.8	-0.3	0.3	1.5	-0.2	1.1
1997	0.1	-0.0	0.7	1.6	0.9	-1.8	-0.2	0.7	0.2
1998	-1.2	0.6	2.5	0.0	-1.3	-1.0	-0.8	-1.2	-0.4
1999	-0.7	0.3	0.1	0.2	0.5	-1.5	0.8	0.1	1.0
2000	0.1	0.3	1.1	0.7	1.9	-1.4	0.9	0.9	1.4
2001	0.2	2.2	1.3	0.9	2.2	0.5	0.9	1.3	1.6
2002	1.2	0.4	1.4	2.3	1.4	-0.9	1.4	1.4	1.8
2003	1.7	2.6	3.1	2.9	1.6	0.2	1.6	2.5	1.9
2004	-1.0	2.3	0.7	0.1	1.6	-1.0	-0.0	0.6	0.2
2005	1.1	0.7	-0.6	0.8	-0.3	-1.1	-1.1	0.1	-0.7
2006	2.4	-0.6	2.4	1.6	3.4	0.7	0.7	2.1	1.0
2007	4.0	5.5	2.3	2.1	2.6	1.2	1.7	3.0	1.9
2008	0.5	0.3	2.6	2.9	2.7	0.1	1.8	2.0	1.8

기 시작하여, 구동독 지역 기업의 구서독 지역 대비 단위임금비용은 1991년 141%에서 2007년 62.6%로 낮아졌다. 뿐만 아니라 평균 주간노동시간도 통일 후 2007년까지 구서독 지역보다 2~2.5시간 더 길게 나타난다. 단체협약의 체결에서 기본노동시간이 길게 정해진 것이다. 2007년 현재 구동독 지역의 피고용인 1인당 노동생산성은 74.8%이지만, 장시간노동으로 인해 구서독 지역의 83.7%에 이르고 있다. 이렇듯 산업부문별로 임금수준, 생산성 및 단위임금비용은 다르게 발전하여 왔다.

표 2-32 구동서독 지역 평균 노동시간(임금 · 단체협상)

	구서독 지역		구동독 지역	
	육체노동자	사무노동자	육체노동자	사무노동자
1991	38.1	38.2	40.2	40.2
1992	38.0	38.1	40.1	40.1
1993	37.7	37.9	40.0	40.0
1994	37.6	37.8	39.6	39.9
1995	37.4	37.6	39.4	39.7
1996	37.4	37.6	39.3	39.6
1997	37.4	37.5	39.3	39.5
1998	37.4	37.4	39.3	39.5
1999	37.4	37.4	39.2	39.3
2000	37.4	37.4	39.1	39.1
2001	37.4	37.4	39.1	39.1
2002	37.4	37.4	39.1	39.1
2003	37.4	37.4	39.1	39.1
2004	37.4	37.4	39.0	39.0
2005		37.4		39.0
2006		37.4		39.0
2007		37.4		39.0
2008		37.4		39.0

표 2-33 성별 노동시간 구동서독 지역 비교

	남성			여성			남여			남여(2000 = 100)		
	구서독 지역	구동독 지역	독일 전체	구서독 지역	구동독 지역	독일 전체	구서독 지역	구동독 지역	독일 전체	구서독 지역	구동독 지역	독일 전체
1991	39.7	41.0		38.1	40.1		39.4	40.9		104.0		
1992	39.3	41.3		37.7	40.1		39.0	41.2		102.8		
1993	38.2	41.6		36.7	40.2		38.0	41.4		100.3		
1994	38.6	40.5		37.1	38.9		38.3	40.3		101.2		
1995	38.8	39.9		37.2	39.1		38.5	39.8		101.7		
1996	37.9	39.8	38.2	36.7	39.2	37.1	37.7	39.7	38.1	99.5	100.0	99.5
1997	37.8	39.8	38.1	36.7	39.3	37.1	37.7	39.7	38.0	99.4	100.0	99.4
1998	37.9	39.9	38.2	36.8	39.7	37.2	37.8	39.9	38.1	99.8	100.4	99.8
1999	37.9	39.9	38.1	36.7	39.5	37.2	37.7	39.9	38.1	99.6	100.4	99.7
2000	38.0	39.9	38.3	37.0	39.7	37.4	37.9	39.9	38.2	100.0	100.0	100.0
2001	37.9	39.9	38.2	36.9	39.4	37.3	37.8	39.8	38.1	99.8	99.9	99.8
2002	37.8	39.6	38.0	36.8	39.3	37.2	37.6	39.6	37.9	99.4	99.3	99.4
2003	37.8	39.6	38.0	36.9	39.3	37.3	37.7	39.6	37.9	99.4	99.4	99.4
2004	37.7	39.8	37.2	36.8	39.5	37.2	37.6	39.7	37.9	99.3	99.7	99.3
2005	37.7	39.9	37.9	36.9	39.6	37.3	37.6	39.8	37.9	99.3	100.1	99.4
2006	38.0	40.2	38.3	37.2	39.8	37.6	37.9	40.1	38.2	100.0	100.8	100.1
2007	38.5	39.6	38.6	37.7	39.2	37.9	38.3	39.5	38.5	–	–	–
2008	38.5	39.6	38.6	37.7	39.3	37.9	38.3	39.6	38.5	–	–	–

표 2-34 주간 노동시간 동향 비교

	44H 이상	42-44	40-42	39-40	38-39	37-38	36-37	35-36
구서독 지역								
1991		0.1	9.0	17.3	31.0	41.6	1.0	
1992		0.1	6.6	18.2	30.6	43.5	1.0	
1993			4.6	16.1	28.8	26.5	24.0	
1994			3.5	16.2	28.4	26.6	23.6	1.7
1995			3.5	16.2	28.4	25.4	3.9	22.6
1996			3.5	14.5	28.6	23.8	7.0	22.6
1997			3.4	14.5	28.8	23.4	7.1	22.8
1998			3.4	14.5	28.0	23.4	7.7	23.0
1999			2.8	14.0	29.8	22.8	7.6	23.0
2000			2.7	14.1	29.8	22.9	7.6	22.9
2001			2.7	14.0	30.4	22.6	7.6	22.7
2002			2.7	14.0	30.6	22.5	7.7	22.5
2003			2.2	13.5	30.6	22.7	7.8	23.2
2004			3.0	12.7	30.3	22.0	7.8	24.2
구동독 지역								
1991		10.7	89.3					
1992		1.1	98.7	0.1	0.1			
1993		0.4	97.1	0.4	2.1			
1994		0.4	67.5	29.5	0.9	1.7		
1995		0.5	59.7	36.9	0.9	2.0		
1996		0.2	52.6	29.6	15.3	2.3		
1997		0.2	51.6	30.5	15.4	2.3		
1998		0.2	46.9	30.1	20.5	2.3		
1999		0.1	46.9	24.0	27.5	1.5		
2000		0.1	46.8	22.0	29.5	1.6		
2001		0.1	45.6	23.7	29.0	1.6		
2002		0.1	42.6	25.9	28.5	2.5	0.4	
2003		0.1	43.9	23.0	29.3	2.5	1.2	
2004		0.1	45.1	18.7	29.2	3.0	3.9	

제조부문의 시간당 총비용 중 임금비중을 여타 유럽국들과 비교하면 〈표 2-35〉와 같다.

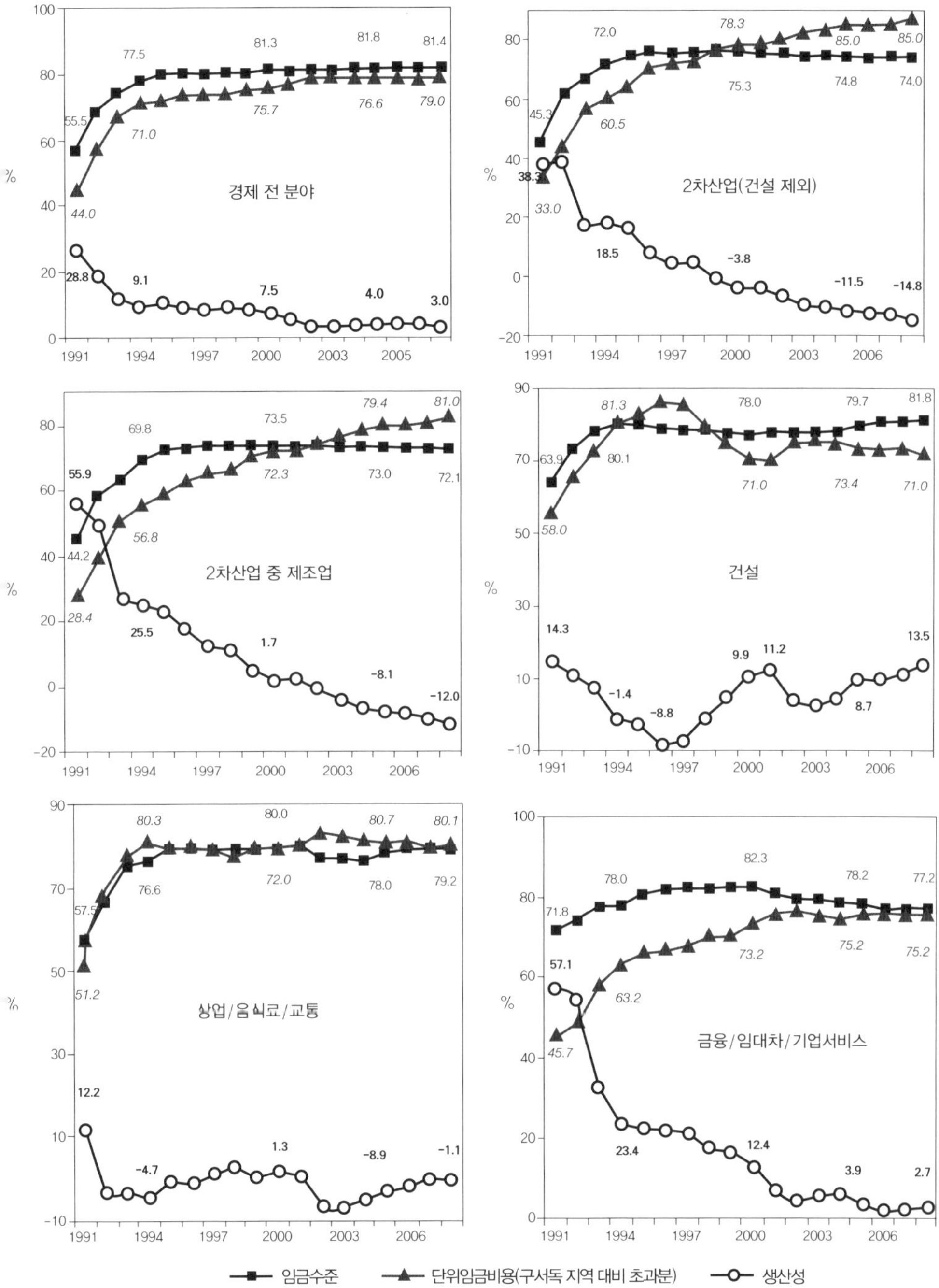

출처: Arbeitskreis VGR(기준일: August 2008/Februar 2009), BMVBS(2009) 재인용.

그림 2-15 산업부문별 임금수준, 생산성 및 단위임금비용 구동서독 지역 비교(구서독 지역=100)

표 2-35 제조부문 시간당 총비용 중 임금비중

	독일[2]		벨기에	덴마크	프랑스	그리스	영국	아일랜드	이태리	룩셈부르크	네덜란드	포르투갈	스페인
	구동독 지역 (동베를린 포함)	구서독 지역											
1992	11.97	23.14	21.27	19.28	19.12	6.97	13.11	12.80	18.74	17.16	19.27	5.55	15.11
1993	14.43	25.16	22.81	20.30	20.27	7.33	12.80	12.98	16.63	18.21	20.89	5.47	14.39
1994	16.44	26.14	24.26	21.07	20.59	7.64	13.75	13.23	16.88	19.20	21.33	5.52	14.13
1995	18.42	27.76		22.51	21.59	8.68	13.43	13.17	15.41	19.88	22.45	5.86	14.42
1996		24.10	25.80	22.98	22.25	9.22	14.72	13.89	17.20	19.93	22.59	6.06	14.85
1997		24.50	25.63	22.58	22.69	9.75	17.75		18.23	19.80	20.60	6.28	14.49
1998		24.80	26.17	23.71	23.07	9.75	19.35			20.06	21.54	6.50	14.38
1999		25.30	26.95	24.70	23.68	10.57	20.90			20.68	22.68	6.88	14.46
2000		26.60	28.22	25.61	24.79	10.91	23.54	17.73		20.60	23.63	7.13	14.50
2001		27.50	29.66	27.13	25.90	11.48	24.18		18.68	21.03	24.87	7.40	13.38
2002		28.20	31.10	28.26	26.90	12.20	25.09		19.33	21.80	26.14	7.80	13.98
2003		28.90	31.55	29.40	27.62	12.94	23.45			22.73	27.28	8.20	14.72
2004		29.10	32.01	29.84	28.58		24.89			25.24	28.35	8.60	15.34
2005		29.40	32.50	30.97	29.44		26.13			26.11	28.69	8.90	15.81
2006		30.50	33.47	32.26	30.33					26.71		9.18	16.37
2007					25.47					27.39			17.06
					총비용 중 임금비중(2004년)[3]								
임금총액		77.26	66.54	87.44		77.61	78.70		68.41	83.75	75.90	80.02	72.77
직접임금 및 상여		65.62	65.83	71.01		71.43	67.00		61.71	72.60	65.70	71.22	25.66
사용자부담 사회보장비		22.15	33.43	10.64		22.29	19.34		30.22	15.66	22.30	19.28	1.57
기타[4]		0.60	0.01	1.92		0.11	1.95		1.37	0.60	1.80	0.70	

1) Entspricht den Abschnitten C bis F der NACE Rev. 1.

2) 1996년부터 전 독일.

3) 그리스 2000; 이태리 2002년.

4) 교육훈련생 임금 + 직업교육비 + 세금 + 채용 경비 + 작업복비용 – 추가수당.

* Euro(1999.1.1.부터)/ Ecu(1998.12.31.까지).

4. 투자와 대외 경제구조의 개선

1) 투자와 혁신경쟁력

독일 정부는 구동독 지역만이 가지고 있는 취약점을 개선하기 위해 많은 노력을 기울여 왔다. 콜 정부는 구동독 지역 문제와 관련하여 자본의 유입을 촉진하기 위한 조건의 창출을 위해 세제혜택 등과 같은 제도적 개입에 치중하였다면, 1998년 말 집권한 슈뢰더 정부는 정부의 산업입지 강화를 위한 지역혁신 정책 등에 직접 개입하는 방식을 택하였다. 슈뢰더 정부는 구동독 지역 내 자생적 산업기반과 핵심역량이 취약하며 기업의 자기자본 비율이 떨어지고, 기업의 연구 · 개발력이 낮아 경쟁력이 처진다는 점을 인식하여, 직접 개입하기 시작했다. 이러한 구동독 지역의 낙후성을 극복하기 위해 연방정부는 투자육성, 혁신지원 및 인프라 구축에 역점을 둔 특별 진흥책을 개발했다. 이 밖에도 주민의 근로기회와 교육기회를 확대하고 구조조정의 부정적 여파를 줄이기 위한 적극적 노동시장 정책을 펴 왔다.[18]

슈뢰더 정부는 지역경제 활성화를 위한 목적으로 지역별 중점산업 및 클러스터 육성책을 추진하였다. 이는 진흥책을 목표에 맞게 좀 더 구체적으로 시행함으로써 성장과 고용을 증진하기 위해서였는데, 중요한 것은 진흥책들을 분별없이 '물뿌리개식'으로 적용하는 것을 지양하는 것이다. 잠재 경제력을 강화하기 위한 목적의 클러스터 진흥책은 해당 지역의 산업입지적 여건을 개선하기 위한 다양한 대책(경제촉진 교육 연구 노동시장 정책 등 각종 정책)을 통합, 포괄하는 것이다. 이를 위해 연방정부는 기업 간 네트워크 구축과 핵심성장 분야 및 중점 개발 부문을 지원하고 있다. 또한 각 주정부와 산업 간의 긴밀한 대화통로도 유지하고 있다.

이 과정에서 특히 두드러지는 것은 연구혁신 분야에서의 진전이다. 물론

---

18 이와 같은 특별 진흥책을 위해 연대협약-Ⅱ를 통해 재정적 문제를 뒷받침하고 있다.

출처: BMVBS(2006: 33).

그림 2-16 구동독 지역 지원 전략의 발전

아직까지 동독과 서독 지역 간의 기업단위 연구개발의 격차는 크다.[19] 그럼에도 불구하고 구동독 지역의 기업은 현재 평균적으로 구서독 지역 소재 기업에 비해 더 혁신적(innovative)인 것으로 나타나는데, 이에는 기업의 자구적 노력 외에 연방정부와 주정부의 다양한 수준에서의 기업혁신 지원 프로그램이 기여한 것으로 평가된다.

동독의 중소기업은 현재 평균적으로 서독의 중소기업에 비해 더 혁신적(innovative)이며, 연방과 주정부의 장려프로그램은 이러한 혁신에 일조했다. 신제품과 생산공정 혁신은 더 많은 판매기회를 보장하는 동시에 성장과 고용을 촉진한다. 앞서 본 것처럼, 경제의 혁신력은 글로벌 경쟁에서 점점 더 결정적인 발전동력으로 작용한다. 연구집약적인 대기업이 상대적으로 부족하여 생긴[20] 혁신력 결함은 구동독 지역 중소기업 간 협력 틀을 통하여 보충되어야 하는 상태에 놓여 있다. 이러한 조건에서 정부에 의해 촉진된 민간기업과

---

19 이러한 기업단위 연구개발(R&D) 격차의 주요 원인은 구동독 지역의 연구집약적인 대기업이 구서독 지역에 비해 절대적으로 부족하다는 데에서 찾을 수 있다.

20 2003년 현재 매출 2억 5,000만 유로를 넘는 기업이 구서독 지역에는 1,598개인 데 비해, 구동독 지역에는 50개에 불과하다(Statistisches Bundesamt, 2005: 92).

공공연구기관 및 대학 간 협력은 매우 중요한 의미를 가졌다. 그 결과 구동독 지역 내의 신흥 첨단기술지역(예로 드레스덴과 주변)이 주목을 받기도 한다.

구서독 혹은 서유럽의 발전된 국민경제와 비교할 때 구동독 지역은 특수한 문제점을 안고 있었다. 즉 여전히 취약한 산업기반, 산업연구 분야에서의 상대적 열세, 계속된 확충 노력에도 불구하고 여전히 부족한 인프라, 불리한 '연성(soft)'입지요소 등의 조건 속에서 연방정부는 각종 장려정책을 통하여 동독재건의 효과적인 추진력을 불러일으키려 하고 있다. 투자장려, 혁신장려, 인프라구축, 그리고 직업교육을 통한 "1차 노동시장으로의 진입가교"를 위한 노동시장정책이라는 네 가지 장려수단에 중점이 주어졌다(BMVBS, 2003: 16.).

글로벌 경쟁에서 사회경제적 혁신력은 그 어느 때보다도 복지와 일자리 창출에 중요한 영향을 미친다. 혁신장려는 연방정부의 동독 지역 재건구상의 핵심 축으로 발전되어 왔다. 혁신장려 정책은 특히 통일과정에서 신탁청의 시장주의적 사유화 정책에 따라 산업잠재력의 가장 커다란 부분이 유실되면서 연구능력의 대부분이 사라진 상황을 반영한다. 대규모 기업의 부재로 인하여 중소기업 등 중간층이 동독 지역 산업연구의 주(主)동력으로 발전되어야 했다. 이 분야의 장려정책은 무엇보다도 산업 연구개발의 강화, 경제와 연구부문의 결합, 새로운 혁신기업과 창업 장려, 그리고 교육과 국가연구시설의 연계 강화를 겨냥했다.

구동독 지역의 혁신정책은 통일 후 처음부터 일관되게 지속되어 왔다. 즉 신상품 출시나 새로운 생산기술 도입을 통하여 기업이 생산성 낙후를 극복할 수 있도록 하는 것이었다. 연구 · 개발(R&D)이나 혁신잠재력 향상을 위해서, 혹은 신상품 개발을 위해서 기업은 광범한 지원을 받을 수 있었다. 구동독 지역 제조분야 기업의 약 1/3과 기업에 가까운 서비스부문업체의 약 1/8은 공적 연구장려금을 받고 있었다. 이는 구서독 지역 기업의 경우 각각 약 1/10과 약 1/12 정도만 연구장려금을 받고 있던 것과 대비된다. 지속적으로 연구에 투자하는 기업체들의 경우 거의 대부분이 공적 연구장려금을 받고 있어, 이미 2000년 통계에 따르더라도, 이 그룹에 속하는 제조업체 전체의 약 90%

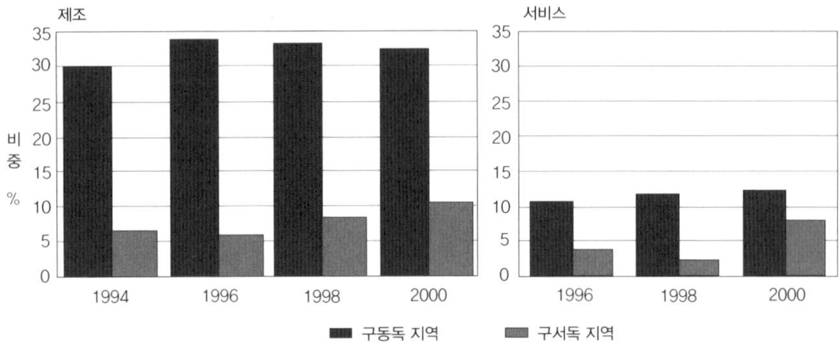

출처: Rammer und Czarnitzki(2003: 12).

그림 2-17 공적 연구장려금 수혜 제조 및 서비스부문 기업

가 국가로부터 연구 · 개발 재정지원금을 받고 있는 것으로 나타난다(Rammer und Czarnitzki, 2003: 4).

이러한 집중적인 장려정책의 결과가 최근 가시화되어 구동독 지역 중간층의 동력이 강화되고 있다. 혁신적 기업의 창업을 위한 초기 지원과 재정지원은 매우 활발하게 이루어지고 있다. "산업클러스터 육성 및 성장동력 구축은 기업의 지속적 성장에 유리한 여건을 제공한다. 여기에는 국내외적으로 이미 여러 성공사례가 있다. 쾰른의 독일경제연구소(DIW)의 연구결과에 의하면 금속 및 전자산업 클러스터에서 특히 좋은 성과가 나타났음을 알 수 있다. 즉, 1998년부터 2004년까지 사회보험에 가입된 취업자수의 변화를 살펴보면, 조사 대상 클러스터에서는 1.9~2.3% 증가한 반면, 클러스터 외 기업에서는 오히려 4.4~7% 정도 감소했다"(BMVBW, 2005: 24). 분야별 네트워크와 지역결합 시스템은 서서히 생성되고 있으며, 구동독 지역 내 연구집약적 대기업 부재의 문제를 극복하는 데 기여하고 있다. 구동독 지역의 혁신력은 신장되어, ― 혁신을 통한 이윤창출 능력은 아직 서독에 미치지 못하지만 ― 혁신적 기업 비율은 거의 서독수준에 도달하고 있다.[21] 중소기업의 경쟁력은 협업

21 2001년 혁신효율성은 서독수준의 약 82% 달하고 있다(Rammer und Czarnitzki, 2003).

과 협력을 통해서만 보장될 수 있다는 사실이 점차 분명해지고 있다.[22] 따라서 네트워크 구축 정도는 동독재건에 있어 결정적인 척도라 할 수 있다.

연방정부는 이러한 조건에서 혁신네트워크 구축, 특히 연구와 기업 · 경제 사이의 네트워크 형성을 일관되게 장려하고 있다. 연방정부는 지역혁신(Inno-Regio)과 혁신적 지역성장거점 프로그램으로 시작된 장려정책을 지역의 혁신잠재력 개발을 위하여 지속적으로 확대시키고 있고, 2002년 시작된 동독네트워크관리(NEMO)와 같은 조치들을 통하여 이를 지원하고 있다. 구동독 지역 연구 · 개발 특별장려정책의 후속프로그램은 혁신적 성장 추동체를 겨냥하고 있다. "우수성 창출과 재능 보장"이란 모토 하에 혁신력 집중장려 프로그램을 통하여 동독의 대학과 연구기관의 연구방향을 산업친화적으로 발전시키려 하고 있다. 이러한 정책을 통하여 재능 있는 연구자 후속세대에게 개발의 기회를 제공하며, 역량을 갖춘 전문인력의 서독 지역으로의 유출을 막으려는 것이다.

2) 대외 경제구조의 변화

구동서독체제별 대외경제 구조의 차별성과 변화

1989년 동독의 수출규모는 780억 8,710만 마르크인 반면, 수입규모는 770억 3,050만 마르크였다. 주요 수출입 대상국은 국가적 차원에서의 교역 상대국이었고, 이들 국가로의 수출은 전체의 70%와 수입은 전체의 75%를 차지했다. 반면에 서독의 경우 이들 국가들로의 수출입은 전체무역의 5%에 불과했다.

1989년 동독의 GDP 대비 수출 비중은 52%였는데, 이는 코메콘(COME-CON) 경제블럭 내의 노동분업적 수요구조에 근거해 이루어진 것이고, 따라서 동독 경제의 높은 경쟁력을 의미하는 것으로 받아들일 수는 없다. 같은 기

22 "일반적으로 소기업이 갖는 문제는 그 규모가 작다는 데 있는 것이 아니라 고립되어 있기 때문에 발생하는 것이다"(이재원, 1998: 575).

표 2-36 연구개발 인력구조 비교

지역구분		연구개발 인력	
		총 수	구동독 지역(%)
1991	구서독	250,704	
	구동독	32,612	11.5
1993	구서독	250,545	
	구동독	35,725	12.5
1995	구서독	271,148	
	구동독	35,545	11.6
1997	구서독	270,354	
	구동독	36,903	12
2001	구서독	267,610	
	구동독	30,463	10.2
2003	구서독	267,610	
	구동독	30,463	10.2
2005	구서독	274,984	
	구동독	29,518	10.7

표 2-37 국가 및 지역별 수출입(1989년 현재; 단위: 100만 DM)

	수입		수출	
	동독	서독	동독	서독
선발자본주의국	9.256	418.711	6.914	548.961
EU회원국	4.195	258.660	3.508	352.668
기타 유럽국	4.416	79.357	2.929	117.872
미국/캐나다	352	42.621	259	51.740
기타	292	38.073	217	26.681
개발도상국	2.300	62.285	2.688	61.761
아프리카	385	12.229	498	10.910
아메리카대륙	1.285	15.492	1.101	11.617
아시아	620	33.708	1.089	39.116
대서양국	316	857	0	117
국가 교역국[1]	26.944	25.143	29.834	29.306
유럽	26.142	19.243	28.975	24.515
아시아	802	5.901	859	4.791

1) 알바니아, 불가리아, 폴란드, 구소련, 체코슬로바키아, 헝가리, 중국(타이완 제외), 북한, 몽고, 베트남.

출처: Statistisches Bundesamt(1991).

간 서독의 수출비중은 29%였다. 2007년 기준 전체 독일의 GDP 수출비중은 47%에 이른다.

제조부문의 수출 비중 자료만 살펴보면 다른 경향을 보이는바, 총판매가치 중 수출이 차지하는 비중은 1990년 기준 구동독이 24.4%에서 2007년 기준 33.2%로 늘었다(1990년에는 정부의 구소연방 국가와의 교역이 재건은행(BfW)에 의

표 2-38 전체경제 중 수출 비중

	1989년(10억)		2007년(10억 유로)
	동독(Mark)	서독(DM)	독일
수출	171	641	1.133
국내총생산	328	2.219	2.424
수출 비중	52%	29%	47%

출처: Statistisches Bundesamt(2000), Statistisches Bundesamt(1991), Statistisches Bundesamt(2008b).

표 2-39 제조업 중 수출 비중

	동독[1]		서독[2]	
	1990	2008	1990	2008
수출 비중	24.4%	33.2%	29.5%	45.9%

1) 1990 구동독 지역(동베를린 포함), 2007 구동독 지역(베를린 포함).
2) 1990 구서독 지역(서베를린 포함), 2007 구동독 지역(베를린 제외).
출처: Statistisches Bundesamt(1991), Statistisches Bundesamt(2009).

표 2-40 수출의존도

구분	단위	1995년	2005년
수출	10억 유로	413.22	864.25
수출유인 수입	10억 유로	125.20	342.13
	수출 비중	30.3%	39.6%
수출유인 가치부가	10억 유로	288.02	522.12
	GDP 비중	15.6%	23.2%
수출부문 취업인구	100만 명	5.9	8.3
	총취업인구 대비	15.6%	21.4%
GDP	10억 유로	1,848.45	2,247.40
총취업인구	100만 명	37.6	38.8

출처: Statistisches Bundesamt, Pressemitteilung Nr.219(2006.5.30.).

표 2-41 독일의 기업 규모별 구조(2007년 현재)

총기업 수	약 1,872만 개	
250명 이상/매출 5,000만 유로 이하	9,092 (42.9%)	21,113(총 기업의 1.13%)
250명 이하/매출 5,000만 유로 이상	3,876 (18.7%)	
250명 이상/매출 5,000만 유로 이상	8,145 (38.4%)	

출처: Großunternehmen in Deutschland 2007—Bügel Wirtschaftsinformationen GmbH & Co. KG (Dienstag, 17. Juli 2007) http://www.buergel.de/presse/studien-analysen/97-buergel-studie-grossunternehmen-in-deutschland-2007.pdf(검색일: 2009.11.10.).

표 2-42 주별 기업 규모별 수(2007년 현재)

		합계	직원 250명 이상/ 매출 5,000만 유로 이하	직원 250명 이하/ 매출 5,000만 유로 이상	직원 250명 이상/ 매출 5,000만 유로 이상
구서독	바덴-뷔르템베르크	3,016	1,139	527	1,350
	바이에른	3,703	1,470	640	1,593
	브레멘	180	112	33	35
	함부르크	997	300	346	351
	헤센	1,751	696	383	672
	니더작센	1,781	787	308	686
	노르트라인-베스트팔렌	5,743	2,569	952	2,222
	라인란트-팔츠	777	348	151	278
	자를란트	196	148	18	30
	슐레스비히-홀슈타인	672	241	161	270
구동독	베를린	692	328	121	243
	브란덴부르크	311	152	78	81
	메클렌부르크-포어포메른	236	132	49	55
	작센	555	318	95	142
	작센-안할트	318	167	71	80
	튀링엔	288	185	43	60

해서 지원되고 있었음). 구서독 지역의 1990년 기준 총판매가치 중 수출비중은 29.5%에서 2007년 기준 45.9%로 크게 늘었는데, 이는 주로 수출에 주력하는 대기업의 역할에 기인하는 바 크다.

표 2-43 구동독 지역 대기업 현황

대기업 구분(종사자수)	동독(1988년)	구동독 지역(2004년)
5,000~1만 명	46개	4개
1만~3만 명	72개	1개
3만~5만 명	18개	0
5만 이상	9개	0
합계	145개	5개

출처: Handbuch der DDR-Betriebe, 〈Welt〉 Ranking Top 100; 국가정보원(2009: 175) 재인용.

5. 도시건설과 주택 개조

1) 도시의 현대화

50년 이상 방치됨으로 인해 나타난 도시건설상의 문제점들은 1990년 이래 실시된 지속적이고 광범위한 재정지원에도 불구하고 부분적으로만 제거될 수 있었다. 뿐만 아니라 도시재건 및 정비가 원활히 이루어지지 않는 상태에서 도처에서 구도시들의 피폐화가 진행되고 있다. 게다가 건물 신축 분야에서도 문제점들이 늘고 있는 상황에서, 쾌적한 주거지역을 통해 형성되는 매력적인 신축지역 구축과 활력 있는 도심 건설은 구동독 지역 도시 혁신의 목표가 되었다. 구동독 지역에서의 도시건설 지원은 경제재건의 중요한 요소로 작용하였다. 비록 통일 당시의 열악한 상황을 감안해 볼 때 많은 시간이 요구된다 하겠으나, 건축물의 정비와 도시기능의 개선과 함께 특히 건축 문화적 유산 보호와 귀중한 가치 있는 건축물 보존은 단기간 내 가시화되고 있다.

도시건설에 필요한 법적 기초는 통일과 동시에 발효되었으며, 구동독 지역에서의 도시건설이라는 과제의 특수성을 충분히 고려하였다. 시급하게 필요한 건설투자에 대한 허가를 법적으로 허용하는 것이 그 주요목적이었다. 동시에 연방정부는 구동독 지역에 지방자치단체의 구조전환을 위한 행정지원을 제공하였다. 1993년 5월 1일 발효된 「투자간소화법」과 「주택건축부지법」

에 따라 건축과 건축계획분야에서의 규제완화 조치가 확대 시행되었다. 여기에서는 또한 구동서독 지역 간의 법적 단일화 목적이 동시에 고려되었다. 특히 두드러지는 것은 구서독 지역 규정들의 효력이 구동독 지역으로 확대되었을 뿐만 아니라, 구동독 지역에만 효력이 있던 규정들도 전체 연방지역으로 확대되었다는 점이다. 건축계획과 개발계획 규정들과 도시건설 계약 관련 법규정들이 이에 해당된다. 「건축법」과 「도시개발법」 개정안(BT-Drs.12/6392)을 통해 연방정부는 1993년 2월 12일자 연방하원의 의결사항을 실행하였다.[23] 동 법안은 구동독 지역에 대한 특별규정을 폐지하고 단일한 도시건설법안을 마련함을 목적으로 하는 것이었다.

도시 현대화 관련 조치

연방정부는 도시건설의 혁신과 건축유산의 보존을 위해 통일 직후 많은 자원을 투여하여, 구동독 지역의 도시와 지방자치단체들에게 1990~1996년까지 약 54억 마르크(2마르크 1유로)를 제공하였다. 각 주와 지방자치단체들의 보조적인 재정지원까지 포함해서 총 125억 마르크가 도시정비 및 발전조치, 도시건설계획(1991년, 1992년) 및 도시개발조치(1993년, 1994년), 대규모 신축지역 개발, 그리고 기념건축물 보호에 투입되었다.

연방정부는 주정부 및 지방자치단체와 함께 다음과 같은 도시재건의 목표를 정하였다:

① 거주, 문화, 상공업, 서비스 등 다양한 기능의 부여를 통한 활력 있는 도심 창출 및 건축문화적 유산들의 보존
② 사회 · 생태적 측면의 고려 하에 건축물의 보전과 개선
③ 거주지역의 개선과 도시건설적 기능의 개선을 통해 대규모 신축지역을 바람직한 도시생활 지역으로 계속 개발

---

23 BT-Drs.12/4317, 구동독 지역에 대한 건축법 부속 관련조치법과 과도규정의 효력기간이 만료되면 단일 건축법이 다시 도입되어야 한다는 의결이다.

④ 도시의 점증하는 사회적인 문제의 해결을 목표로 하는 "사회적인 도시(Die soziale Stadt)" 건설 프로그램.[24]

2005년까지만 해도 구동독 지역에 제공되는 연방정부의 지원액이 독일 전역에 제공되는 규모의 2/3 이상을 차지하다가, 이후부터 그 비중이 점차 줄고 있다. 2009년에는 구동독 지역 도시건설을 위한 지원이 구서독 지역에 제공되는 규모와 비슷한 수준으로 바뀌어, 구동독 지역 도시건설 촉진을 위한 건설 재정보조금은 총 2억 8,000만 유로가 책정되었다(구동서독 지역 총지원액 5억 7,000만 유로).

그동안 도시정비 지원책은 구동독 지역에서 건축물의 보존과 개선, 주거만족, 시 · 군의 매력과 입지조건의 질을 계속 제고함에 있어서 중요한 수단이 되었다. 도시건설에 대한 지원책은 다른 지원프로그램과의 결합 및 민간부문의 투자 촉진을 통해 해당지역의 경제 및 노동정책에 있어 무시할 수 없는 기여를 하였다. 통일 이후 구동독 지역의 재건에 있어 도시정비를 위한 건설 분야의 활황은 중요한 기여를 하였다. 그러나 1997년 이후부터 제반 인프라구축 등 사업의 급격한 축소로 건설업은 갑작스레 크게 위축되는 문제를 초래하기도 하였다.

그럼에도 불구하고 초기 제반 도시정비 및 주택정비 등을 위한 대규모의 다양한 지원은 효과를 거두었던 것으로 평가된다. 도시건설 지원책이 시행된 이래 1996년에 처음으로 「구동독 지역에서의 도시 정비와 개발을 위한 연방-주 프로그램의 효과 분석」의 차원에서 구동독 지역에서의 프로그램 준비 및 실행의 효율성이 조사되었다. 5년의 도시정비 기간 동안 매(每) 도시건설 사업 건당 3,420만 마르크 규모로 도시재건사업이 이루어졌는데, 이는 구서독 지역의 경우 10년이 걸려야 도달할 수 있는 건축규모다. 효과분석 결과,

---

24 이는 1998년 집권한 사회민주당(SPD)의 도시계획 프로그램으로 이후 기민/기사연 정부에서도 지속된다.

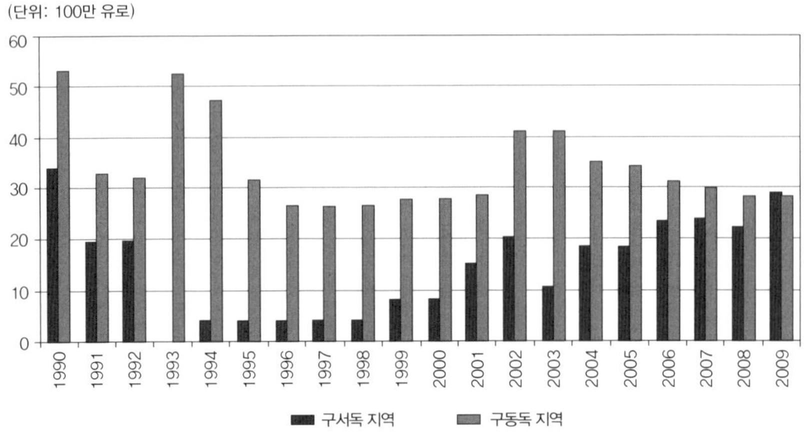

그림 2-18 도시혁신 촉진을 위한 연방정부의 재정지원

당해 지역 건설회사들이 총건설 사업물량의 60~100%를 수행하였으며, 도시정비를 위한 연방과 주 정부의 자금지원이 이 분야에 대한 공공자본과 민간자본 투입을 수 배 이상 증가시킨 것으로 나타났다.[25]

통일 초기 건설업은 동독경제 개전의 불씨가 되었다. 1995년 말 현재 건설업 생산량은 1990년 하반기보다 무려 130% 이상 증가했다. 이는 같은 기간에 서독이 불과 7.2% 증가한 것에 비하면 엄청난 성장이다. 그러나 1996년부터 동독의 건설업은 하강국면에 접어들고 있다. 이는 영업용 건축과 공공건축이 다소 위축되었기 때문이다(전체 건설경기의 변화에 대해서는 앞의 거시경제 부문 참조).

그동안 지은 사무실용 건물이 남는 상태이기 때문에 영업용 건축은 다소

25 이 외에도 연구는 "실험적인 주택 및 도시건설"이라는 시범프로젝트에 근거하여 대규모 신축지역의 개발에 대해서도 진행되었다. 라이프치히-그뤼나우 신축지역의 예에 대한 연구 결과 조립식 주택지구의 장기적인 발전을 위한 비전(vision) 마련에 착수하였다. 복합적 주택건설 방식을 탈피, 조립식 주택건설 방식에 입각한 미래도시에 관한 '이스탄불 의제'의 개념은 구동독 지역의 해당 거주지역 재건에 시험적으로 적용되고 있다. 이 개념은 또한 중부유럽과 동유럽, 그리고 다른 대륙에서도 적용되고 있다. 후세들을 위해 미래 지향적이고 매력적인 신축지역을 형성하는 것이 목적이다.

표 2-44 체제전환 초기 건설업 생산규모의 변화(단위: 10억 마르크)

	1991	1992	1993	1994	1995	1996
주택건축	17.5	25.0	35.0	46.1	54.1	55.4
(%)		(41.0)	(31.9)	(39.7)	(17.4)	(2.4)
영업용 건축	21.3	30.4	37.2	43.6	44.9	41.5
(%)		(42.7)	(22.4)	(17.2)	(3.0)	(-7.6)
공공건축	16.8	23.3	26.1	30.0	29.8	27.5
(%)		(38.7)	(12.0)	(14.9)	(0)	(-7.7)
총계	55.6	78.7	963	119.7	128.8	124.4
		(41.5)	(22.4)	(24.3)	(7.6)	(-3.4)

주: 1991년 가격기준, 괄호 안은 전년대비 증가율.

출처: DIW(1996: 744-7510; 김영탁(1997: 332) 재인용.

주춤하였으며, 인프라 구축의 초기 단계가 끝남에 따라 공공기관의 발주가 줄어들면서 1995년부터 공공건축도 크게 줄었다. 구동독 지역 주택정책의 주요과제는 소유권 관계 정리 및 사유화, 임대료개혁, 주택관련 구채무탕감, 주택보수 및 신규건축 등이다. 구동독 지역 건설업체들이 당면한 문제로는 건축경기 과열로 인한 공급 과잉, 공공발주 감소, 소유관계 불투명, 자기자본 부족, 전문경영인 부족, 임차료 체납 등을 꼽을 수 있다.

2) 주거환경의 개선 및 '사회적 도시'

구동독 지역에서의 주거상황의 개선과 에너지 절약적인 개 · 보수는 계속해서 중요한 사업 분야였고, 독일 통일 10년 후의 자료를 보면 주거상황이 근본적으로 변화한 것을 확인할 수 있다. 우선 구동독 시절 건물의 황폐화를 막고 주택공급에 있어서 후진 상황을 감소시키는 것이 중심적인 과제였다. 이 점에 있어서는 그동안 많은 성과가 있었다. 구동독의 주택상황은 매우 노후되었다.[26] 게다가 주택들의 설비는 매우 열악한 상태여서, 1995년 기준 8.1%

26 1948년 이전에 지어진 주택 비율이 구서독 지역에는 약 30%였던 데 비해, 구동독 지역에

표 2-45 주거상황 구동서독 지역 비교

	구동독 지역[1]		구서독 지역[2]	
	1989	2006	1989	2006
주택 수(1,000호)	7,003	8,909	26,092	30,882
1인당 주택 수	0.43	0.53	0.42	0.47
1인당 거주면적(m^2)	27.6	38.6	37.18	44.0
자가주택률	–	30.6%	–	44.6%
평균 임대세(m^2당)	–	5.60€	–	6.05€

1) 1989: neue Läder einschließlich Berlin-Ost, 2006 neue Läder einschließlich Berlin.

2) 1989: alte Bundesl der einschließlich Berlin-West, 2006 alte Läder ohne Berlin.

출처: Statistisches Bundesamt(2008a); STATISTISCHES Amt der DDR(1990); Statistisches Bundesamt(1991); Ifo(2009: 43) 재인용.

의 주택이 실내화장실이 없으며, 7.3%가 목욕과 샤워시설이 없고, 33%가 현대적인 난방시설이 없었다. 주택의 규모도 상대적으로 작은 편이어서, 구서독 지역의 경우 평균 4.4실에 86m^2인 데 반해, 구동독 지역의 경우 평균 4실에 69m^2였다. 1인당 사용하는 주거면적은 1989년 27.6m^2에서, 1998년 32.8m^2, 2006년 38.6m^2로 늘어났다.

2006년 현재 거주하는 모든 주택의 95% 이상이 욕실과 화장실을 가지고 있고, 집단난방(Sammelheizung)을 가진 주택이 82.7%로 늘었다. 자가주택 소유 또한 많은 진전이 있어, 사유주택의 비율은 1998년 31%, 2006년 30.6%로 늘어, 구서독 지역의 44.6%에 비하면 낮은 수준이지만 통일 10년 만에 상당한 정도의 자가주택 보유가 확보되었음을 알 수 있다.

사회적 도시

연방과 주정부는 '사회적 도시(Soziale Stadt)'라는 프로그램을 가지고 도시의 증가하는 사회문제들에 대처하였다. 새로운 도시건설이라는 이러한 새로운 지향은 적극적이고 통합적인 도시발전계획을 통해서 열악한 도시거주지역에

는 약 50%였다.

살고 있는 주민들의 생활조건의 지속적인 개선을 목표로 하였다. 여러 도시들의 점점 증가하는 사회적인 문제들의 해결은 연방과 주와 지역 프로그램인 '사회적 도시' 구상에 따라 공통의 문제로 제기된 지속적인 사회발전정책의 급박한 과제로 정하였다. '사회적 도시' 프로그램 시도의 목표는 불이익을 받는 도시구역의 해당 사람들의 삶의 상황을 지속적으로 개선하는 문제를 도시구역 차원에서 공적 혹은 사적 지원자금을 사전 조정이나 집약(Bündelung)하는 방식을 통해서 효과를 상승시키는 방식으로 지원하였다. 통합적인 액션프로그램은 이러한 조치들이 다른 정책분야에서 나온 프로그램들을 통하여 보충되도록 하였다.

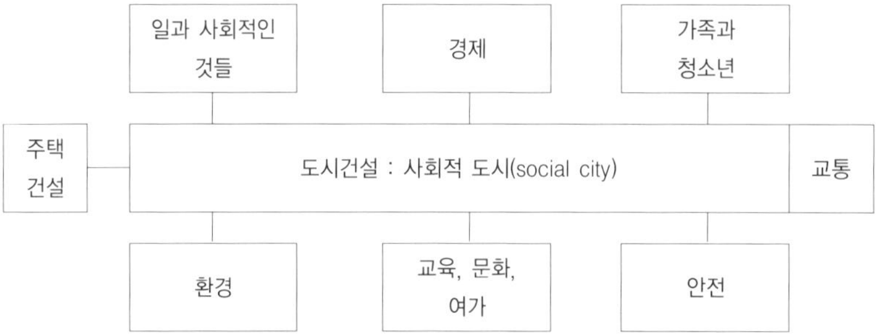

그림 2-19 사회적 도시 프로그램 개념도

서로 다른 전문분야의 시너지효과를 달성하는 것을 그간 새로운 도시발전정책적인 시도의 최고 지향점으로 하여, '사회적 도시' 프로그램으로 〈그림 2-20〉과 같은 목표가 제시되었다.

도시건축적인 조치에 대한 지원
– 혁신과 지속적인 도시구역의 발전 –

⬇

- 거주환경의 개선
- 새로운 경제적인 활동을 촉진하는 일, 지역 차원에서의 일자리 마련과 보장
- 사회적인 인프라구조의 개선
- 직업교육과 재교육의 가능성의 개선
- 안전한 도시를 위한 조치
- 환경보호
- 공적인 교통수단(Personennahverkehr)
- 주거환경 개선
- 문화
- 여가시간

⬇

통합된 개념/ 총체적인 가치인상전략
– 집중적인 사회적 환경적 인프라문화정책 –

그림 2-20 사회적 도시 프로그램 목표

3) 구동독 지역 주택 및 건설부문의 시장경제체제에의 통합

구동독 지역 주택분야에 사회적 시장경제체제를 도입하는 일은 예상했던 것보다는 마찰이 적은 가운데 진행되었다. 통일조약에 따라 구동독 지역 지방자치단체는 국유주택과 조합주택의 소유권자가 되었으며, 현재 각 지자체는 해당주택을 사유화시키든가 주택관리회사를 설립하여 시장경제질서에 따라 관리할 책임이 있다. 다만 몰수주택에 대해서는 재산법에 따라 반환하거나 보상해 주었다. 재산법 개정법안과 재산귀속 규정을 통해 주택에 관한 개인 재산권이 신설되었다. 또한 정부는 임대료의 개혁(현실화)을 통해 도시 주택의 피폐화를 막는 동시에 개보수를 촉진하려 했다.

주택보수 및 현대화, 신규주택 건립 등 주택경기를 활성화하기 위해서는 임대료를 인상할 수밖에 없었다. 주택임대료를 1994년까지 세 차례 인상한

결과, 난방비를 제외한 주택임대료는 1990년 평균 0.90마르크/m²에서 1994년 6.92마르크/m²로 되어 7~8배 올랐고, 2006년 현재 5.6유로/m²(1유로 2마르크)에 이른다. 이에 따라 가계소득 중에서 주택임차료가 차지하는 비율도 1990년 4%에서 1994년에는 17%까지 상승하였다. 동독주민들의 가중되는 임대료 부담을 덜어 주기 위해 연방정부는 주택보조금 특별법을 마련하였다. 이 제도를 통해 1993년 말 현재 120만 가구가 임대료 보조금을 받았으며, 20만 자가주택 소유자가 부담보조금을 받았다. 1990년 주택보조금 제도를 시행한 이후 집세의 변동폭을 감안하여 지속적으로 규모를 늘려 나가 2000년 현재에는 독일 전역에 걸쳐 14억 마르크 규모로 주택보조금 정책이 강화되었다. 개정안에 근거하여 구동독 지역에서의 주택보조금 지급수준은 2000년 말까지 특별규정의 기한이 지난 이후에도 수혜자의 평균으로 보면 지금까지의 높은 수준으로 지급이 유지된다. 이는 주택현대화를 통한 집세 인상으로 말미암은 임차인의 부담을 지속적으로 경감시키기 위해 지원되는 것이었다.

1998년 1월 1일자 임대료의 자유화(조정임대료) 조치 시까지 임대료는 물가와 연동되어 점진적으로 인상되었다. 1990년 10월 3일 이후에 자유로운 재원조달을 통해 신축 건물들에 대해서는 임대료가 즉시 자유화되었다. 설비개선에 따른 임대료의 인상은 1995년 8월부터 10~15% 범위 내에서 허용되었다. 1997년 1월 1일부터는 5%의 추가인상이 가능하였는데, 이는 물론 지역적으로 대도시에 국한해 허용되었다. 이러한 조치의 효과로 1996년까지 전체 주택의 절반 이상이 현대화와 개보수를 위한 투자가 이루어졌다. 그럼에도 불구하고 전체 주택의 약 20% 정도만 부분적으로 또는 완전히 현대화되었다.

제1차 기본임대료 인상규정(1991.10.1.)과 함께 「주택보조금 특별법(Wohngeldsondergesetz)」을 통해 새로운 규정들이 도입되었는데, 이에 입각하여 절차의 획기적인 단순화가 이루어짐으로써 구서독 지역에 비해 매우 개선된 주택보조금 체제가 유지되고 있다. 주택관리비의 상향 조정을 통해 많은 부담이 경감되었다. 이 외에 난방비와 온수비가 고려되었으며, 소득 조사에 있어 특정한 종류의 소득은 고려하지 않음으로써 물질적 개선이 이루어졌다. 1996년 12월 31일 「주택보조금 특별법」의 효력이 만료됨에 따라, 1997년 1월 1일부터는 「주택보조금 이양법(Wohngeld berleitungsgesetz)」을 통해 구동독 지역에 유리한 특별규정들이 한시적으로 적용되게 되었다. 특별한 임대료 상한표와 소득조사에 있어서의 특별 개산급의 인정이 그 주된 내용이다.

구(舊)채무청산규정

주택부문 투자의 가장 큰 장애물 가운데 하나가 구(舊)채무문제였다. 1993년 6월 23일자 「구(舊)채무지원법(Altschuldenhilfegesetz)」을 통해 주택기업, 주택조합, 지방자치단체, 개인 임대업자의 90%에 대해 광범위한 채무 경감조치가 취해졌다. 570억 마르크에 달하는 원부채가 절반 이하로 경감되었다(이자에 대한 보조 51억 마르크, 분할 경감분 285억 마르크). 이로써 신규 신용차입이 가능해져 주택의 관리와 현대화에 크게 기여하게 되었다. 동시에 유리한 조건하의 임차인에 대한 주택 매각이 가능해졌다. 연방정부는 1995년 7월 1일부터 주택기업이 구(舊)채무 탕감을 신청하면 150마르크/m^2씩 공제해 주기로 하였다. 이를 위해 구(舊)채무변제기금은 310억 마르크의 동독주택관련 부채를 떠맡게 되었다. 이 같은 구(舊)채무 탕감 외에도 연방정부는 각종 세제혜택과 융자, 건축허가 절차 간소화, 규제완화 등을 통해 주택정비와 신규건축을 촉진하였다. 그리하여 1995년까지 구동독 지역 총 주택의 약 50%에 달하는 320만 호가 개축 또는 현대화되었으며 20만 호가 새로 지어졌다.

1995년 5월 이래 허용되고 있는 유사 임차인 중심의 사유화 형태(중간구입자, 임차인 조합, 소유권 취득 목적 조합)는 사유화의 전제조건을 또다시 개선한 1997년 1월 1일자 「구부채지원법 개정법」과 함께 사유화 과정에 활력을 불어넣어 주었다. 여기에 제시된 매우 유리한 부채의 상각률은 주택기업들이 직접 임차인에게 건물을 매각하는 것을 여전히 매력적인 것으로 받아들이게 하고 있다. 또한 허용되는 지상권의 행사는 임차인의 주거주택 구입을 용이하게 하기 위한 것이었다.

계속 증가하고 있기는 하지만 여전히 낮은 자가주택 보유율에 직면해서 연방정부는 개인의 주택소유를 지원하는 것을 중요한 주택정책 목표로 하여, 1991~1995년 동안의 직접적 재정지원(주택구입보조금: Erwerbzuschuss) 만료 후에는「자가소유주택보조법(Eigenheimzulagengesetz)」상의 주택소유에 대한 조세지원책에 따라 자기 거주 목적으로 주택을 구입하는 구동독 지역 주민에 대해 지원하였다. 1996년 1월 1일에 시행된 이 새로운 정책은 8년간 정액으로 보조금을 지원하는 정책으로 당시까지의 지원책보다 저소득층이나 중간소득자에게 유리한 방식으로 추진되었다. 보조금은 신축건물의 경우에 연간 5,000마르크, 구건축물의 경우에 2,500마르크가 지원되며, 어린이 1인당 1,500마르크가 추가로 지원되었다.

새롭게 구성되는 자가소유 목적 주택조합의 지분권 구매에 대한「자가소유주택보조법」 차원의 1차적인 지원과 함께 주택구입에 관심이 있는 임차인에 대해 추가적으로 적용되는 경제 촉진책도 마련되었다. 자기자본 차원에서의 자금조달이 가능한 경우에는 담보를 통해 더 많은 지원이 가능하도록 했다.

자가주택 보유를 촉진하기 위한 정책 외에도 사회복지 차원의 주택 건설과 주택상태의 개선을 위해서도 연방재정이 지원되었다. 재건은행(KfW)의 주택현대화 계획에 따라 조성된 600억 마르크의 대출자금 중에서 500억 마르크 이상이 1991년 이래 구동독 지역에 지원되었다. 이로써 약 290만 가구의 주택 현대화 작업이 이루어졌다. 나머지 100억 마르크로 1997년 말까지 주택현대화 계획이 계속 추진되었다.

중소규모의 건설업을 계속 강화하고 상대적으로 빈약한 자기자본비율 때문에 경쟁력이 약화되고 있는 구동독 지역 건설업체들의 경쟁력을 강화하기 위하여, 연방건설부는 1994년 1월 28일 공공건물 건축에 대한 안전관리 규정의 완화 규정을 발령하였다. 건설수주할당규정(VOB)에 따라 담보의 안정성이 확보되었으며, 구동독 지역 기업들에게 유리한 완화조치들은 1996년 12월의 시행령에 따라 계속 유효하게 되었다.

구동독 지역에서는 1993년과 1998년 사이에 비어 있는 주택의 숫자가

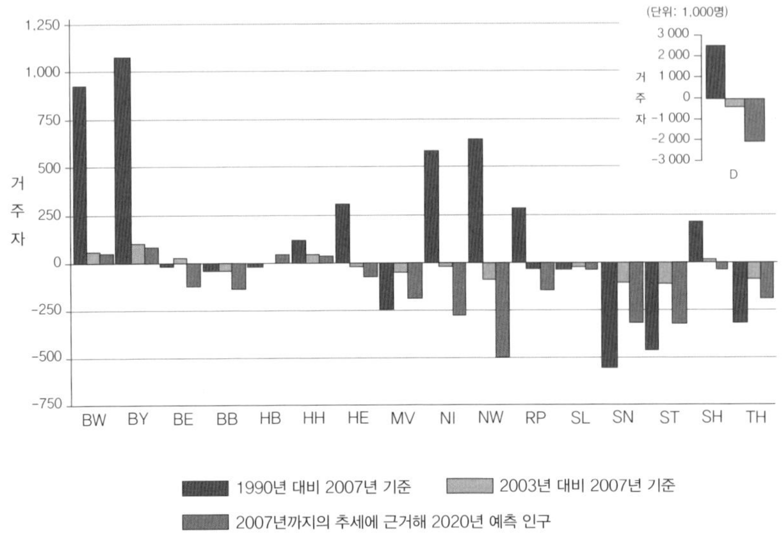

그림 2-21 인구증감 현황 및 예측인구 수

100만 채에 달해 통일 직후보다 13% 이상 증가하였다. 그래서 주택경제의 일부와 개인적인 임대인도 경제적인 어려움에 처하게 되었다. 이러한 빈 상태가 계속될 때에는 심각한 도시 건축적이고 사회적인 문제를 예상해야만 하는 상태에 이르렀다. 예를 들어 1998년 현재 8세대 혹은 그 이상의 세대로 이루어진 1949~1990년 사이 건축된 주택의 8.4%가 비어 있었다. 이러한 경향은 증가할 것으로 예측되었다.[27]

2000년 8월 28일에 통과된(BGBI(연방법률관보), S.1304) 부채청산 규정 개정안은 주택공동화로 피해를 입는 주택 건설업체를 지원하기 위한 구제 규정(AHG 6a)으로 유효하게 작용하고 있다. 2000년 12월 15일(BGBI. S.1734) 제정되어

27 이렇게 빈 집이 증가하는 배경은 다음과 같다. 우선 매력을 주지 못하는 겉모습(예를 들면 실내에 위치한 욕조와 창문이 없는 부엌), 불충분한 정화 수준과 현대화 수준, 주변환경이 나쁜 도시 변두리에 있는 아파트들이다. 빈 주택이 증가하는 이유는 여러 가지인데, 1993년 이후 약 76만 호의 주택이 신축 · 공급된 것, 계속되는 자가주택 건설 촉진정책의 결과 공급의 확대, 그리고 산업의 붕괴에 따라 일자리가 사라지면서 급격한 인구 이동을 야기한 결과 등이다.

이듬해 1월 1일부터 법적 효력이 발생된 구(舊)부채 청산규정은 주택경기와 주택시장의 안정화를 목표로 하고 있다. 주택공동화의 비율이 전체 주택의 15%를 넘어 생존을 위협받고 있는 주택 건설업체들은 2003년 12월 31일까지 재건은행(KfW)에 신청하면 철거 주거 공간 1m²당 최고 77유로의 지원금을 받을 수 있게 되었다. 주택철거는 경제적 개념에 입각해 추진하는 동시에 도시건축이라는 측면에도 부합해야 한다. 연방정부는 본 목적으로 2001년부터 2012년까지 총 11억 4,600만 유로를 지원할 예정이다. 2005년 현재 주택공동화의 비율이 15%를 넘은 상태에서 총 325개의 건설업체가 패키지 지원을 받게 되었다. 빈 집 철거비용은 동독 지역 도시재건 프로그램과 부채 청산규정에 의거해 지원되는데, 2001년부터 3억 4,100만 유로 규모의 구부채 청산지원금이 건설업체의 철거비용(8만 3,000채)으로 지원되었다(2005년 6월 30일 기준).

뿐만 아니라 2004년 1월 1일부터 2006년 12월 31일까지 구동독 지역의 주택 건설업체나 주택건설조합이 합병을 할 경우 토지 취득세를 면제해 주었다. 이 조치는 동독 지역의 도시 재건에 크게 기여할 뿐 아니라, 주택의 공동화 증가로 어려움을 겪고 있는 주택 건설업체들의 도산을 막는 데 목적이 있었다.

6. 농촌개발 및 농업부문의 통합

1) 1989년 이후 농업경제구조의 개편

통일 당시 동독의 농업은 협동농장과 국영농장이 주류를 이루었다. 전체 농민의 99%, 경지면적과 생산량의 90%가 협동농장과 국영농장에 속하였다. 동독의 총부가가치 생산에서 농업부문이 차지하는 비율은 8%였다. 협동농장의 인력, 생산설비, 경지확보 등에 많은 노력을 기울였음에도 불구하고 동독

표 2-46 1989년 당시 동독의 농업구조

	농장 수	농민 수 (1,000명)	경지면적 (1,000ha)	보유가축 (1,000두)	생산액 (10억 동독M)
협동농장	4,530	694.9	5,075	4,343	63.8
- 경종	1,164	306.9	4,987	69	23.7
- 축산	2,851	343.6	73	4,273	35.2
- 원예	199	27.6	15	1	1.5
국영농장	580	124.8	464	971	14.9
- 경종	152	46.2	408	36	2.1
- 축산	312	49.1	39	443	5.1
- 국영기업	116	29.5	17	492	7.7
소계	5,110	819.7	5,539	5,314	78.7
개인 · 교회 농장	3,558	5.5	335	165	4.8
기타*			297	351	2.9
총계	8,668	825.2	6,171	5,830	86.5

* 협동농장의 경지를 개인적으로 이용하는 것을 말하지만, 농장 수와 농민 수는 정확히 알 수 없음.
출처: Bundesministerium des Innern(1995: 442).

의 농업은 경제적인 효율성이 떨어졌다. 그 이유로는 무엇보다도 집단생산과 국가의 가격보조로 인한 경쟁력 부재, 상명하달식의 생산 목표 설정, 과도한 인력투입 등을 들 수 있다. 이로 인해 농업부문의 능률성은 떨어졌지만 생산물은 대체로 자급을 이루었다. 가축의 경우 100% 자급도를 이루었으며, 곡물의 경우에도 여러 해 평균을 내면 대부분 100% 자급도를 달성했다.

통일 후 동독의 농업은 자급자족을 목표로 한 계획경제적 생산체제에서 영리를 목표로 한 시장경제적 생산체제로 변경되어야만 했다. 이를 위해 연방정부는 구동독 지역 농업정책의 주요과제를 농업구조 변경 및 과도기 지원, 소유권문제 해결, 품질향상, 시장구조 개선 등으로 설정하였다. 연방의회는 농업구조개편을 촉진하기 위해 1991년 7월 동독시절의 「농업구조조정법(Landwirtschaftsanpassungsgesetz)」을 개정하였다. 이 법에 따라 1991년 말까지 다른 법적 형태로 전환되지 않은 협동농장들은 원칙적으로 해체되었다. 또한 이 법에 의하여 재산권의 정리도 수월해졌으며, 협동농장 농경지에 대한 소유주의 법적 지위도 강화되었다.

연방하원에 의해 근본적으로 개정되고, 그동안의 적용과정에서 나타났던 제반 문제점들에 대한 조정작업이 수차례에 걸쳐 이루어진 「농업구조조정법」은 제한 없는 토지처분권에 입각한 농림경제를 다시 부활시킴과 함께 동독 농업기업의 구조조정을 달성하려는 소기의 임무를 성공적으로 수행하였다.

연방정부는 무엇보다도 효율적이고 경쟁력이 있으면서 시장지향적이고 환경친화적인 농림정책을 통해 유럽시장에서 독일 농림업의 입지를 확보할 수 있다는 견해를 갖고 있다. 이러한 이유에서 구동독 지역에만 적용되는 특별 규정들이 마련되었으며, 이 규정들은 지금도 여전히 EU 농업개혁과 세제입법의 틀 속에서 유지되고 있다. 통일 후 농업정책의 근본적인 목표는 가능한 한 빠른 시간 내에 전 연방에 단일하게 적용되는 제반 조건과 여건들을 조성하는 것이었다. 1996년 말 농업구조조정법 제4차 개정법은 과거 협동농장원들과 협동농장 승계 기업, 청산된 협동농장 간의 재산권 분쟁이 종결되지 않은 상황을 반영하는 것이었다. 농업구조조정법 제3b조에 규정되어 있는 소멸시효가 5년간 연장되었으며, 청산절차의 간소화가 이루어졌다.

구동독 지역에는 유럽의 다른 지역들과 비교할 때 경쟁력 있는 농업구조가 탄생하였다. 모든 기업농들의 경제적인 합병은 계속 진행되고 있다. 많은 농업회사에서 이미 만족할 만한 성과들을 거두고 있다.

연방정부는 농업의 구조개편 작업을 지원하기 위해 대규모 재원을 투입하였다 1990~1995년에 연방예산에서 약 58억 마르크를 농업구조조정 지원금으로 배당하였다. 나아가 '농업구조 및 연안개발 공동과제(GAK)'의 일환으로 약 60억 마르크, 그리고 시장경제체제의 정착, 초과생산품의 제3국 수출, 국가차원의 구입 강화를 위해 26억 마르크를 투입하였다.

(1) 기업농의 구조

구동독 지역 농업기업들에 대한 구조전환 작업은 초기에 집중되었다. 구동독 4,650개의 대규모 협동농장과 국영농장 대신에 1995년까지 약 3만 200개의 개별농이 나타났다. 1996년까지 그 숫자는 기업분할과 기업신설 등을 통

표 2-47 구동독 지역 농업구조의 변화

		1991	2003	2007
법적 형태에 따른 기업 수	개별기업[1]	17,722	23,544	23,412
	협업농	–	3,236	3,235
	법인	3,941.0	3,302	3,433
법적 형태별 기업의 소유지 면적	개별기업[1](1,000ha)	456.6	1,380.4	1,467.3
	협업농(1,000ha)	–	1,249.3	1,245.4
	법인(1,000ha)	4,825.7	2,922.4	2,852.1
	기업 총 수	21,663	30,082	30,080
경지면적에 따른 구분	2~10ha	5,886	9,325	9,412
	10~20ha	2,068	3,705	3,725
	20~50ha	1,924	3,646	3,687
	50~100ha	1,066	2,419	2,350
	100ha 이상	4,015	8,841	9,033
	합계	5,282.3	5,552.2	5,564.8
기업 총 수 그 중	100~200ha	843	2,644	2,636
	200~500ha	628	3,086	6,624
	500~1,000ha	631	1,574	1,902
	1,000ha 이상	1,908	1,537	1,507
	합계	14,959	27,936	28,207
	기업면적〉2ha(경지면적 1,000ha)	5,170.7	5,550.9	5,563.8
	평균면적[2](ha/기업)	345.7	198.7	197.2
임차방식[3]	임차지를 가진 기업	11.0	20.9	20.4
	임차 비중(%)	77.5	85.1	78.9
노동력[2]	수(1,000명)	361.9	166.8	159.4
	기업별 노동수행(1,000에이커)[4]	312.4	104.9	94.9
	투입노동력(에이커/100ha)	5.9	1.9	1.7
	소[5]	4,947	2,432	2,360
	돼지[5]	8,783	3,629	3,840
	닭/오리[6]	32,824	36,967	39,516
	가축	78.0	44.9	59.4
	우유산출량/소1마리(kg/Jahr)	4,320	7,547	8,147

주: 기준 설정의 변경으로 인해 1991년 자료와의 비교는 제한적임.

1) 1991: 자연인 소유 기업.

2) 2인 이상 기업.

3) 표본조사 결과에 근거함.

4) 2003년부터 개정된 계산법에 따름.

5) 2007: 2008년 5월 기준.

6) 2007: 2007년 5월 기준.

출처: BMVBS(2009: 100).

해 약 2% 증가한 3만 800개로 늘어났다(경작면적 1ha 이상). 이 중 약 2만 5,000여 개별농과 약 2,800여 사단법인 형태의 기업들은 각각 구동독 지역 경작면적의 22%를 경작했다. 또한 약 3,000개의 법인형 기업들이 경작면적의 약 56%를 경작했다. 2000년 현재 구동독 지역의 농업기업에 약 16만 7,500명이 고용되어 있으며, 그중에서 단지 3만 9,000명(약 23%)이 가족노동력에 의지하고 있다(구서독 지역: 약 65%).

통일 후 전환기를 지난 1995년 상황을 구체적으로 확인해 보면, 평균경작면적에 있어 개별농은 48ha, 사단법인 형태의 기업들은 437ha, 법인형 기업들의 경우에는 1,000ha가 넘었다. 농업기업들의 평균 임차농지 비율은 약 90%로 상당히 높은 편이었다. 개별농 중 약 70%가 부업농이며, 나머지는 전업농이다.

(2) 노동시장 현황

과거 동독 농업부문에서의 노동력 초과 고용문제는 이미 1990년대 초에 정리되었다. 구동독시절 농업부문도 타 분야와 마찬가지로 초과고용이 극심하였다. 이 때문에 농업구조조정이 시작되면서 급격한 고용감축이 일어나 83만 명에 달하던 농민이 1991년 4월에 이미 36만 8,000명으로 대폭 줄었다. 농장을 떠난 농민들은 은퇴 및 조기퇴직, 타 직종 전출, 고용촉진조치 및 직업훈련조치 참여, 실업 등으로 흩어졌다.

1995년 4월 현재 16만 1,500명이 전업농민 또는 부업농민으로 일하고 있 있는데, 이 중 7만 7,000명은 자연인 운영업체에서, 8만 4,500명은 법인 운영업체에서 종사하였다. 100ha당 노동력 투입비율은 2.3명으로 구서독 지역 수준보다 낮다. 이러한 현상의 원인으로서 구동독 지역의 경우 구서독 지역과 비교해 볼 때 경작면적 구조가 상이하고 가축사육이 훨씬 적다는 점을 들 수 있다. 1996년 가을 현재 농업분야에서의 단축노동자 수는 약 500명인데, 이는 전 연도의 절반 수준에 해당되는 숫자다. 실업자의 수는 5만 7,400명으로서 전체실업자 수의 5%에 이르렀다.

표 2-48 구동독 지역 농업 구조(1995년)

	농장 수	농지면적(%)	평균농지면적(ha)
자연인	24,989	40.5	88
- 개별농	22,601	20.0	48
- 협업농*	2,388	20.6	468
민간법인	2,824	59.2	1,138
- 협동조합	1,335	35.8	1,457
- 유한회사	1,338	21.7	879
- 주식회사	64	1.5	1,275
- 기타법인	87	0.2	134
공공법인	79	0.3	193
	27,892		195

* 협업농(Personengesellschaft)이란 2인 이상 자연인들이 공동으로 경영하는 농가조직을 말함.

출처: Bundesministerium des Innern(1995: 445).

구동독 지역의 농업 종사자 수는 2005년 현재 16만 명이 넘었다. 2005년 평균 약 202ha의 경지를 보유하고 있는 농장은 2만 7,200여 개에 달했다. 2004~2005년 구동독 지역에서는 농업이 비약적으로 발전, 농가수입(1인당 인건비 포함 수익)은 2003~2004년에 비해 21.7% 상승해 2만 7,552유로에 달했다. 법인수입(인건비 포함한 세전 연간수입)은 2003~2004년 대비 17.9% 상승한 2만 7,334유로를 기록했다.

(3) 과거 인민소유적 농림지와 기업의 사유화

「보상 및 조정급부법」은 농림지의 특혜적 판매를 위해 필요한 사항들을 규정하고 있다(경지구입). 연방정부는 경지구입 관련 규정을 마련, 1995년 12월 30일에 발효시켰다. 경지구입 규정에는 구입자격의 내용과 범위, 유리한 구매가격, 구매절차, 구매계약에 관한 사항과 조언과 자문에 관한 세부사항들이 규정되어 있다.

이러한 바탕 위에 산림 부문에서 최초 판매가 실시됨으로써 과거 인민소유적 농림지에 대한 사유화 단계 중 제2단계가 시작되었다. 이 업무는 베를린에 본부를 두고 있고 구동독 지역 각 주에 지부를 둔 「토지매각관리회사

(BVVG)」가 맡았다. 농경지의 특혜구매 신청 기한은 원칙적으로 2000년 3월 31일까지였다. 경지구매와 병행하여 평가단위별로 분할된 구동독의 인민재산들도 판매와 임대를 통해 사유화되고 있다. 1945~1949년 동안 소련군의 점령에 의해 진행된 재산몰수 조치의 희생자들은 연방헌법재판소에 「보상법」과 「조정급부법」에 대한 헌법소원을 제출하기도 했다.

1992년 7월 1일부터 2009년 3월 31일 현재까지 58만 4,000ha가 매각되었고, 삼림지 52만 8,100ha가 매각되었다. 그중 상당 부분은 「토지배상 및 반환에 관한 법률(EALG)」에 따라 이뤄졌다. 그리고 44만 600ha가 임대되었는데, 그중 84%는 장기임대다. 2007년 현재 다양한 법률형태의 기업이 3만 80개에 이르며, 이들 기업이 556만 ha를 경작하고 있다.

2) 토지매입 및 구(舊)채무 조정을 위한 법제도

(1) 토지와 건물 소유권의 결합

사회주의적 법률질서와 경제질서에 기초하고 있어 토지소유권이 아무런 의미도 없었던 법률관계를 사회적 시장경제질서와 법률질서로 환원시키는 것은 커다란 의미를 갖는다. 효율적이고 경쟁력 있는 농업경영을 통해 농업구조를 다양하게 발전시키기 위해서는 물론, 농민들의 생활, 주거, 근로조건들을 근본적으로 개선시키기 위해서는 「농업구조조정법」 제8조와 「경지정리법(Flurbereinigungsgesetz)」에 따라 토지의 소유권 관계를 새롭게 규정하는 것이 중요한 선결요건이었다.

동독시대의 토지소유와 건물소유의 분리체제를 폐지하는 것이 투자장애요소를 제거하는 데 중요한 조치였다. 약 7만 호의 협동농장건물과 시설들 및 20만 호의 개인주택이 타인의 토지 위에 세워져 있었다. 이러한 소유권의 결합 작업은 주로 농경지에 대해 농업구조조정법의 절차에 따라 경지정리관청들과 민간수탁경제기관에 의해 수행되었다. 이러한 절차에 의한 처리는 각 주에서 상당히 진척되었다.

표 2-49 토지 사유화(재사유화 및 재공영화 제외; 단위: ha)

토지유형	농지	삼림
1992.7.1. 사유화된 토지	1,000,000	575,000
2009.3.31.까지 매각된 토지	580,400	528,100
그중 ALG에 의해 매각된 토지	353,800	428,200
2008.1.1.~2009.3.31. 매각된 토지	89,000	4,800
그중 EALG에 의해 매각된 토지	53,800	2,800
임대된 토지(2008.12.31.)	440,600	-
2008.12.31. 토지 현황	464,000	84,600

출처: BMVBS(2009: 110).

이러한 토지소유권 관계의 새로운 정립은 다음 목적들을 위해 반드시 필요한 조치였다.

- 소유권의 경제적인 이용
- 투자계획의 기초인 신용가치로서의 토지가치 창출
- 판매와 유산상속에 있어 소유권의 자유로운 처분

소유권 규정은 다음과 같은 이유로 법적인 요소 외에도 중요한 노동시장 정책적 의미를 갖고 있었다.

- 권리문제에 대한 해명으로 경제활동의 장애 제거
- 투자가 지역 수공업 및 농업에 대한 사업신청으로 이어져 일자리가 보장됨

「농업구조조정법」 제8절의 규정에 따라 이미 완결된 많은 절차들이 보여주듯이, 경지정리 관청들은 토지정리 수단과 함께 「토지정리법」의 적절한 적용과 「물권정리법」의 규정에 따라 문제해결을 위해 기본적으로 필요한 협상 수단을 가지고 있었다. 연방과 주 사이에 「토지질서 조정회의」 차원에서 대화가 지속되어 왔는데, 이를 통해 현안 문제에 대한 신속하고도 효율적인 해결

책이 모색될 수 있었다. 이 분야에 있어 구동독 지역 고등행정법원의 초기 판결들은 관청과 수탁기관들이 객관적이고 적절하게 일을 처리하고 있으며, 문제의 해결을 위해 법적인 원칙 하에서 이러한 수단들을 사용하고 있다는 점을 확인해 주었다.

(2) 구(舊)채무에 관한 규정

구동독 지역 농업기업들은 1990년 7월 1일 기준 약 76억 마르크의 구부채를 안고 있었는데, 이 구채무는 시장경제로의 적응을 위한 구조전환과정을 위협하는 요소였다. 이에 연방정부는 구부채의 부담을 안고 있기는 하지만 정비가 가능한 농업기업들을 지원하기 위해 다음과 같은 두 가지 구채무 관련 조치를 마련하였다.

- 통일조약 제25조제3항에 따라 신탁청(THA)과 연방신탁후속특별관리청(BvS)은 14억 마르크의 구부채를 인수하였다. 총 약 1,400개의 기업들이 국가가 강요한 특정한 부채(예를 들면 지방자치단체에 대한 급부재원을 조달하기 위해 지게 된 부채)에 대해 평균 100만 마르크의 부채가 면제되었다.
- 마르크(DM)대차대조표법 제16조3항에 따라 대차대조표의 차변(借邊)상 부담 경감의 대상이 되는 해약합의와 관련하여, 신탁청과 연방신탁후속특별관리청이 인수하지 않은 구채무에 대한 지불정지가 보장되었다. 또한 이렇게 해서 경감된 구부채에 대해서도 오로지 이익이 발생한 경우에 변제가 가능하며, 그것도 이익의 20% 이내에서만 가능하도록 하였다.

전체적으로 49억 마르크에 달하는 구채무가 면제 또는 대차대조표에 의한 경감의 대상이 되었다. 이것은 당초 구채무 총액 76억 마르크의 64%에 해당되는 규모다. 1995년 1월 1일부터 1996년 12월 31일까지 기업에 의해 이루어진 구부채에 대한 변제액은 약 2억 마르크다. 구부채 정리를 위한 위와 같은 두 가지 조치는 협동농장 후속기업체들의 구부채 부담을 덜어 주고 전환

과정에 있는 기업들의 재정을 안정시키기 위한 조치였다.

2004년 연방하원은 통독 이후 큰 골칫거리였던 농촌지역 부채문제를 해결하기 위해 「농업부문 구(舊)채무법(LwAItschG: Gesetz zur Änderung der Regelungen über Altschulden landwirtschaftlicher Unternehmen)」을 제정했다. 이 법의 목적은 협동농장을 인수하는 기업에 대해 협동농장이 지고 있던 빚을 기업의 형편에 따라 상환토록 하는 것이다. 이에 따라 구 채무의 이자규정이 만들어졌고, 통일적인 상환규정이 확정되었다.

구채무청산법은 기존의 과도한 부채상환제를 축소하고 약 1,500개에 달하는 구동독 지역 기업들이 자발적으로 부채상환을 계획할 수 있도록 하는 내용을 담고 있다. 부채상환액은 각 기업이 제출한 부채상환 계획안에 대한 면밀한 검토를 바탕으로 하되, 부채상환의 지원중립성이라는 원칙을 적용하여 결정된다. 이와 같은 부채청산 법률을 받아들이지 않은 기업은 현재까지 보다 강화된 상환조건에서 매년 기업이윤의 일부를 부채청산에 사용해야 한다. 상환절차에서는 구체적으로 구채무법(LwAItschG)의 대상을 정해야 한다. 2005년 8월 31일까지 부채상환 신청을 받은 결과 1,351개의 채무 기업 중 1,222개가 협동농장의 채무 상환을 신청, 그 액수가 24억 유로에 이른다. 연방정부는 '토지사용 및 관리 주식회사(BVVG)'에게 이 작업을 위임했다. BVVG는 채권은행과 함께, 각 기업의 수익실적과 전망을 바탕으로 신청서를 검토하여 처리하였다. 거의 대부분 신청이 받아들여졌고, 약 40여 건만 기각 및 반려 등 조치가 취해졌다.

(3) 농경지확보 프로그램(Flächenerwerbsprogramm)과 토지매입

구동독 시절의 국유지는 토지사용 및 관리 주식회사(BVVG)를 통해 민영화되었다. 이는 구동독 지역에 있어 매우 중요한 사업이었다. 2000년부터 민영화가 꾸준히 진행되고 있고, 상당 부분은 1994년에 제정된 「토지배상 및 반환에 관한 법률(EALG: Entschädigungs- und Ausgleichsleistungsgesetz)」에 따라 이뤄지고 있다. 2000년 7월에 통과된 「재산권보충법(Vermögnsrechtsergänzungsgesetz)」으로 구동독 지역의 인민소유의 농경지와 산림지를 위한 경지확보프로그램이 규정되었다. 유럽위원회는 1994년의 보상 및 변제법에 있는 당시까지의 경지확보 규정에 이의를 제기하고 연방정부에게 그 허용할 수 없는 규정을 다시 검토하도록 지시했다. 이에 따라 농경지의 매입가격은 일반적으로 유통가격에서 35%를 할인하여 산정되었다. "1990년 10월 3일까지 당해 지역에 거주했어야 한다"는 매입의 전제조건 규정도 삭제되었다. 위원회의 결정에 따라 이미 체결된 매매계약에 있어 후불이 요구되면 당사자들에게는 이로운 절차가 결정된 것인데, 이로써 해당 기업이 재정적인 어려움에 처하지 않도록 막아 주기 위한 것이었다.

집중적인 협상의 결과, 자연보호지역을 보호할 수 있는 규정 또한 마련되었다. 자연보호를 위해서 10만 ha가 제공되었고, 이 중에서 주들과 자연보호연합 혹은 자연보호 재단들이 5만 ha까지 무상으로 받을 수 있게 되었다. 나머지 5만 ha까지는 개인 소유의 토지와 교환하거나 혹은 유통가치를 위해 주가 취득할 수 있게 되었다. 이러한 법을 통해서 연방정부는 어떤 하나의 매매계약도 청산됨이 없이 유럽연합법에 합치되게 하였다. 2004년 BVVG는 약 2,200ha의 자연보호구역 토지를 구동독 지역에, 약 3,900ha의 토지를 환경보호단체와 재단에 무상 지급했다. 2004년 1월 발효된 토지사유화 완화 규정은 큰 효과를 낳았다. 2004년 중반부터 사유화 목적으로 공개경매에 입찰되었던 농지의 일부가 완화규정으로 인해 원예, 사료작물재배, 가공, 무공해경작과 같은 노동집약적인 기업에게만 제한하여 입찰이 허용되었다.

3) 농촌에 대한 재정 지원책

(1) 구조조정 지원

EU와 연방, 각 주의 농업구조 조정지원은 지금까지 구동독 지역의 농업기업과 가공 및 판매시설들의 효율적 육성과 환경친화적 생산의 지원, 그리고 농촌지역의 생활을 개선하는 데 크게 기여해 왔다. '농업구조 및 연안보호의 개선(GAK)'이라는 공동과제 계획의 맥락에서 이루어지고 있는 개별적 · 포괄적 지원책에 의해 달성되었다.

1990년부터 2004년까지 연방 및 주정부는 GAK에 245억 유로를 지원했고 이 중 91억 유로가 구동독 지역에 투입되었다. 지원금의 40%는 농업구조개선, 특히 농촌마을의 현대화, 토지와 건물의 소유권 정리, 경지정리를 통한 사유화에 사용되었고, 30%는 생산과 상품화 제반조건을 개선하는 데 들어갔다. 농촌 기업의 구조조정 외에도 작업장의 현대화 상용화에도 투자한 것이다. 또한 1991년부터 2004년까지 개별투자지원의 일환으로 2,369건의 배상보증에 6억 1,400만 유로를 지원했다. 그리고 지원금의 19%는 지속적인 농지경작을 위해 사용되었다.

1995년 이래 구동독 지역과 구서독 지역 사이의 지원조건들은 끊임없이 교호되었다. 1996년에 농업투자지원 프로그램에 대한 조사가 이루어졌으며, 구동독 지역과 구서독 지역의 구조적 조건들에 대한 고려 하에 단일한 원칙이 도입되었다. 구동독 지역 농업기업의 재설립과 법인형태 농업기업에 대한 지원을 구연방지역보다 상대적으로 유리하게 규정하였던 EU의 특별규정은 1996년 말에 효력이 만료되었다. '농업구조와 연안보호에 관한 특별위원회'는 즉시 독일에 단일하게 적용되는 투자지원 원칙을 의결, 지원조치를 취했다.

시장구조와 농산물 가공 및 시장조건의 개선을 위한 조치도 취해졌다. 이 분야에 있어서는 구서독 지역에 비해 5% 많은 보조금이 지급된다. 이러한 지원은 EU 지원기간 만료, 즉 1999년까지 계속 유지되었다. 경지정리, 농촌마을 재정비, 농로건설 등과 같은 개별업체 범위를 벗어나는 조치들은 개별기업의 발전을 위한 각종 계획들에 대해 보완적인 역할을 한다.

농업경제는 '제1목표지역'인 구동독 지역에 대한 특별지원에 포함되었다. 1999년까지의 지원기간 동안에 EU 구조조정기금에서 약 60억 마르크를 농업경제와 농산물의 가공 및 시장개척과 농촌의 발전을 위해 사용할 수 있었다. 또한 '유럽농업설립보장기금(EAGFL)'의 설립항목, '유럽지역기금(EFRE)',

'유럽사회기금(ESF)'으로부터 구동독 지역의 농업과 농촌지역을 위해 총 약 60억 마르크가 마련되었다. 높은 공동재정지원율을 통해 이러한 지원책의 범위는 더욱 넓어졌다. '농업구조 및 연안보호의 개선' 차원의 연방 및 주정부의 지원책과 민간부문의 지원을 합쳐 약 200억 마르크 규모의 투자가 이루어졌다.

(2) EU 농업개혁 관련 특별규정

EU 전체에 대한 농업정책이 마련되는 과정에서 구동독 지역 농업의 구조조정과정이 완결되지 않았다는 점이 고려되었다. 따라서 곡물, 식물성 기름 종자, 단백질 식물, 우유, 소고기와 양고기 부문에서 특별규정이 마련되었다.

연방정부는 독일 내 농업지원 조건들이 균형을 이룰 수 있도록 노력하였다. 그럼에도 불구하고, 구동독 지역의 구조적 특성을 감안할 때 일부 규정들은 한시적이나마 계속 적용되는 것이 필요하였다. 1996년 6월 브뤼셀의 유럽 농업장관회의에서는 구동독 지역에 한시적으로 지정되어 있는 15만 ha의 경작지에 대한 경작지 축소 개시연도를 2년간 연기(1999년 수확기부터)하기로 결정하였다. 이것은 인프라의 구축을 위한 경작지의 용도 폐기 작업이 예상보다 늦게 진행되었기 때문에 아주 필요한 조치였다. 또한 1996년 6월 양고기 분야에서 2000년에 가축 수의 제한을 도입함에 있어서도 사용되지 않은 (어미)양에 대한 장려금 분은 모두 유보될 수 있도록 하였다. 목우산업의 재건을 위해 1996년 10월에는 구동독 지역에 대한 장려금 규정이 1998년 말 까지 연장되었다. 또한 연방정부는 지속적인 적응과정을 지원하기 위해 시행되고 있는 우유생산 쿼터제의 만료시한을 1998년 3월 31일에서 2000년으로 연장하였다.

(3) 차세대 에너지 연료 — 경제 발전의 잠재지로서 농촌

구동독 지역에 있어 재생원료의 생산이나 재배는 의미 있는 비중을 차지한다. 재생가능한 농작물을 재배하는 100만 ha의 경지 중 절반 이상이 구동독 지역에 위치한데다, 원료 가공규모와 일자리 수도 증가하고 있으며, 최근엔 재생가능 농작물로부터 1차 생산물을 얻는 처리시설도 생겼다. 예를 들어 튀링엔 주의 블랑켄슈타인에선 연간 30만 톤 규모의 황산 셀룰로오스(Sulfat-Zellulose) 제조시설이 들어섰고, 작센-안할트 주의 슈텐달에선 연간 55만 톤을 생산할 수 있다. 현재 약 2,300명이 이 분야에 종사하고 있다. 1993년 메클렌부르크-포어포메른 주의 귈초브에 설립된 차세대 에너지 개발원(FNR)은 차세대 원료 분야의 연구 개발 시장진출을 지원하고 있다. 현재 구동독 지역에는 관련 연구기관이 많이 들어서, 예컨대 골름(브란덴부르크)에 위치한 프라우엔호퍼 고분자연구소는 접착제의 성분을 연구하여 그래피티를 막는 보호도장재를 개발 중이다. 아이제나흐에 있는 TECNARO사는 ARBOFORM이라는 고급재료로 생물분해성이 있는 합성수지를 개발하고 있다. 현재 차세대 원료 부문에서 가장 활발히 연구되고 있는 것은 이 에너지의 이용법이다. 튀링엔 농림부, 프라이베르크 공대, 드레스덴 공대는 유기물에 의해 생기는 고체연료 개발에 매진하고 있다. 총 2,000여 개에 이르는 바이오가스시설 중 160개(8%)가 구동독 지역에 소재하고 있으며, 전국 총생산량의 25%를 생산한다. 한편 보르님 농업기술 연구소는 바이오가스시설의 효율성을 제고하기 위한 연구를 진행 중에 있다.

일례로 2004년에 생산된 약 110만 톤의 바이오디젤 중 절반은 구동독 지역에서 생산됐다. 이 외에도 바이오에탄올을 생산하고 상용화하는 것부터 석유를 대안연료로 대체하는 기술까지 연구되고 있다. 현재 3곳의 시설에서 연간 50만 톤의 바이오에탄올을 생산하고 있는데 이들 모두 구동독 지역에 위치하고 있다. 현재 BTL연료 생산기술이 개발 중에 있다. 이 연료가 있으면 유기물(Biomasse)로부터 디젤이나 오토연료와 같은 액체연료를 생산할 수 있다. 프라이베르크에 위치한 Fa.코렌(CHOREN)사는 연간 1만 5,000톤의 합성연료를 생산할 수 있는 시범시설을 짓고 있다. 또한 작센 주의 많은 기업과 연구기관들도 BTL 생산방식 개발에 주력하고 있다.

7. 교통 인프라 확충

구동독의 교통망은 비교적 조밀한 편이었으나 질적으로는 수요에 따르지 못했다. 구동독 국내교통 중 가장 큰 비중을 차지한 철도의 경우 17%는 감속운행을 해야 했으며, 차로는 45%가 손상되었고, 수로는 2차대전 이전의 수준에 머물러 있었다. 현대적이고 우수한 교통은 구동독 지역 경제를 회복하고, 생활평준화를 달성하기 위한 전제조건이 된다. 이에 연방정부는 구동독 지역 교통건설을 위해 약대한 재원을 투입하고 있다.

교통인프라의 확충은 과거에도 그랬지만 여전히 동독 재건사업의 핵심 분야 중 하나다. 구동독 지역은 지난 수년간 이 부문을 크게 발전시켜 왔다. 현대식 연방철도, 연방도로, 연방수로를 건설하여 구동독 지역 주민의 유출 방지에 기여했다. 뿐만 아니라 구동독 지역에는 여전히 만회해야 할 투자수요가 크게 존재하기 때문에 연방정부는 앞으로도 교통인프라에 대한 투자를 확대할 예정이다.

동독 지역 교통인프라 변화 상황을 단적으로 드러내주는 통계치는 1989년 대비 등록승용차 대수다. 주민 1인당 승용차등록 건수는 1989년 0.23대에서 2007년 현재 0.57대로, 구서독 지역의 0.51대(1989년 0.48대)보다 높게 나타난다.[28] 반면에 철로 확보율은 1989년 대비 약 25% 줄어들어 평방킬로미터(km²)

---

28 개인 승용차의 증가에 따라 지역연결 (정기)버스노선이 급격히 줄었다. 반면에 구서독 지역의 경우 구동독 지역과 반대의 현상이 나타나 지역연결 정기버스노선과 지상전철 선로가 늘었다.

공공 개인수송교통

	구동독 지역[1]		구서독 지역[2]	
	1989	2004	1989	2004
공용버스노선 길이 / 면적(km/km²)	5.352	1.488	2.035	2.193
철도 길이 / 면적(km/km²)	0.021	0.018	0.012	0.013

1) 1989: 구동독, 2004 구동독 지역(베를린 포함).
2) 1989: 구서독, 2004 구서독 지역(베를린 제외).
출처: AMT FÜR STATISTIK DER DDR(1990); Statistisches Bundesamt(1990); Statistisches Bundesamt, 2009; IFO 연구소 자체 계산(Ifo, 2009: 21 재인용).

표 2-50 도로교통 인프라

	구동독 지역[1)]		구서독 지역[2)]	
	1989	2007	1989	2007
고속도로 길이/면적(km/km²)	0.02	0.03	0.04	0.04
국도와 지방도 길이/면적(km/km²)	0.10	0.11	0.13	0.12
주민 1인당 등록 승용차 수	0.23	0.57	0.48	0.51

1) 1989: 구동독, 2007 구동독 지역(베를린 포함).

2) 1989: 구서독, 2007 구서독 지역(베를린 제외).

출처: AMT FÜR STATISTIK DER DDR(1990); Statistisches Bundesamt(1991); Statistisches Bundesamt(2008b); IFO 연구소 자체 계산(Ifo, 2009: 20 재인용).

당 철도 길이는 1989년 0.13km에서 2005년 0.10km로 줄어들었다. 같은 기간 구서독 지역 철도 길이는 0.12km에서 0.11km로 약 9% 줄었다.

지난 수년간 교통인프라를 확충하는 데에 들어간 투자액은 연간 약 110억 유로로, 그 1/3이 구동독 지역에 할당되었다. 1991년에서 2004년까지 연방예산과 「기초단체 교통지원법(GVFG: Gemeindeverkehrsfinanzierungsgesetz)」에 의거 연방철로, 연방도로, 연방수로 확충에 총 1,540억 유로가 지원되었으며 이 중 600억 유로가 구동독 지역에 투입되었다. 이는 연평균 39%에 해당하는 금액이다. 특히 재건과정 초기에는 사회간접자본을 현대화해야 하고 교통시설을 확충해야 했기 때문에 구동독 지역에 더 많은 투자가 이뤄졌었다. 그럼에도 불구하고 오늘날까지도 구동독 지역은 만회해야 할 투자수요를 충족시키기 위해 연방예산에 책정된 액수보다 많은 금액을 지원받고 있다.[29]

독일 정부는 통합적인 교통정책을 미래지향적이며 고용을 증대하는 경제기반 확립에 반드시 전제되는 것으로 간주하고 지원하고 있다. 경제기반을 위해서는 효율적인 교통인프라 구축이 핵심적으로 중요하다는 입장이다.[30]

---

29 예를 들어 2005년 3월 17일 슈뢰더 총리의 성명서 발표로 착수된 '교통기반시설 개선을 위한 20억 유로 프로젝트'에 따라 구동독 지역에 할당된 투자액의 비율은 약 35%에 달한다.

30 철도투자는 철도의 생산성, 신속성, 정확성을 현저히 개선하기 위해, 일차적으로 철도교차점에 있는 서행구간, 취약구간을 개선시키고 신호체계와 안전체계를 현대화하는 데에 역점을 두고 있다. 연방도로망에서는 도시와 지자체의 교통안전, 환경보호, 교통난 해소

구서독 지역과 구동독 지역의 균형 잡힌 발전을 위해 중요한 인프라투자의 핵심은 1991년 4월에 연방내각이 결의하였던 독일통일교통프로젝트(VDE)이다. 약 350억 유로 규모의 이 투자프로그램은 9개의 철도프로젝트와 7개의 고속도로프로젝트, 하나의 수로프로젝트를 포괄한다. 1991~2008년 기간 동안 286억 유로가 투자되었고, 그중 철도프로젝트에 131억 유로, 도로확충에 141억 유로, 수로 확충에 14억 유로를 투자하였다.

첫째, 9개의 연방철도프로젝트는 2008년 말 기준 131억 유로 이상이 투자되어 1,820km 이상의 철로를 완성하였고, 80km 구간을 건설 중이어서, VDE-프로젝트의 계획 대비 95%를 달성한 상태다. 6개의 프로젝트는 완공돼 운행 중이다:

- VDE No. 2, 함부르크-베를린
- VDE No. 3, 윌첸-슈텐달
- VDE No. 4, 하노버-베를린
- VDE No. 5, 헬름슈테트-막데부르크-베를린
- VDE No. 6, 아이헨베르크-할레
- VDE No. 7, 베브라-에어푸르트

VDE 8번 프로젝트인 뉘른베르크-베를린 구간에서는 할레(라이프치히)-베를린(VDE 8,3) 구간이 완공하여 현재 시속 200km로 운행가능하다. 연방정부는 구동독 지역을 관통하는 북남고속철도로서 VDE 8번인 뉘른베르크-에어푸르트-할레(라이프치히)-베를린 구간이 거의 완공되었다. 기존의 노선을 연결하기 위해 앞서 언급한 계획 외에도 에어푸르트-할레(라이프치히) 구간과 뉘른베르크-라이프치히(프란켄발트-잘레반) 구간이 신기술철도투입에 적절하도록 개조되었으며 이로써 운행시간이 단축되었다(뉘른베르크와 라이프치히 간 약 25분, 에어푸르트와 라이프치히 간 15분). VDE 9번프로젝트인 라이프치히-드레스덴 구간에서는 두 도시 간의 운행시간이 이전의 1시간 30분 이상에서 약 1시간

가 프로젝트 승인의 특별한 기준이다.

표 2-51 철도 인프라의 특징

	구동독 지역[1)		구서독 지역[2)	
	1989	2005	1989	2005
철도 길이 / 면적(km/km^2)	0.13	0.10	0.12	0.11
철도 중 전기노선 비중	0.26	0.51	0.40	0.53

1) 1989: 구동독, 2005: 구동독 지역(베를린 포함).

2) 1989: 구서독, 2005: 구서독 지역(베를린 제외).

출처: AMT FÜR STATISTIK DER DDR(1990); Statistisches Bundesamt(1991), Statistisches Bundesamt(2008b); IFO 연구소 자체 계산(Ifo, 2009: 20 재인용).

으로 단축되었다. 한편으로 철도의 전기화를 추진하면서, 다른 한편으로 이용률이 낮은 비전기 노선의 폐지도 진행하였다. 2005년 구동독 지역 철도의 전기화 정도는 1989년 수준의 약 2배로 신장되었고, 2005년 현재 구서독 지역 전기화 수준에 거의 근접해 있다.

둘째, 통독 교통프로젝트의 도로확충에는 2008년 기준 141억 유로가 투자되었고, 부문을 살펴보면, 2004년 말까지 길이 1,500km의 연방간선도로가 6차선으로 확장, 신설되었으며, 2004년 말 현재 나머지 300km의 도로는 공사 중에 있었다. 이로써 통독 교통프로젝트는 75% 완료되었으며 15%는 건설 중에 있다. 2010년까지 VDE 15번 프로젝트의 일부인 고속도로 A 44를 제외한 VDE프로젝트 전 구간의 완공을 예상하고 있다. 주요 프로젝트를 살펴보면 다음과 같다.

- 하노버 오스트 교차로에서 베르더 삼각지까지 이어지는 6차선 고속도로 A 2 개설공사를 완료, 개통했다. 고속도로 A 10의 6차선 확장공사 역시 일부 구간을 제외하고는 완료되었으며, 막데부르크-할레를 잇는 4차선 도로 A 14도 공사가 완료되었다. 2000년에 완공된 이 도로는 통독 교통프로젝트 중 가장 먼저 공사가 완료된 곳이다. 2005년 말까지 뤼베크-슈테틴을 잇는 고속도로 A 20이 완공되었으며, 2005년 현재 뤼베크-랑스도르프 구간과 노이브란덴부르크-우케르만 교차로 구간만이 개통되었다.
- 베를린에서 뉘른베르크를 잇는 고속도로 A 9의 6차선 확장공사, 베를린

환상도로-헤름스도르프 교차로 구간과 튀링엔/바이에른 주 경계선-뉘른베르크 교차로 구간, 아이제나흐-괴르리츠 고속도로 A 4의 공사는 완료되었다.

- 고속도로 A 38(괴팅엔-할레)의 신설프로젝트와 A 143(할레 서부 우회도로)의 신설프로젝트 역시 거의 완료되었다.
- 에르푸르트-슈바인푸르트 고속도로 A 71과 쥴-리히텐펠스 고속도로 A 73의 신설 프로젝트는 교통의 효율성을 고려, 적절한 속도로 진행되고 있다. 고속도로 A 71은 2005년 말 완공되었으며, 고속도로 A 73은 이미 완성되었다.

셋째, 수로 확충에는 1991~2008년 동안 14억 유로가 투자되었다. VDE 17번 프로젝트인 하노버-막데부르크-베를린을 잇는 수로연결 공사는 총 23억 유로가 계획되었다. 확장공사는 선박운행에 최대한 효용성이 있도록 환경친화적으로 서쪽에서 동쪽으로 단계적으로 진행하고 있다. 프로젝트의 중점사항은 내륙운하인데 엘베-하벨 운하와 수로교차로인 막데부르크가 여기에 속한다. 엘베 운하교와 호헨바르테 갑문이 완공되었다.

연방정부는 많은 재정적 압박에도 불구하고 교통인프라 확충에서 구동독지역에 우선권을 두어 사업을 추진하였다. 재원들은 교통인프라를 필요에 합당하도록 유지하는 데 사용되었고, 투자계획은 3가지 전제조건 하에 운용되었다.

① 건설 중인 프로젝트의 중단방지
② 도로와 철도를 위한 투자자금의 단계적 조정
③ 독일통일 교통프로젝트(VDE)에 우선권 부여

어쩔 수 없는 긴축예산에도 불구하고 연방정부는 독일경제의 미래대비를 위해 중요한 부문에 주안점을 두고 있는데, 이런 맥락에서 교통인프라를 중점 시행분야로 보고 있다. 교통인프라의 건설기준이 독일의 산업경제입지를 근본적으로 규정할 것으로 보는 것이다.

이외에도 구동독 지역 교통인프라를 위한 EU지역개발기금(EFRE)-연방정부 프로그램을 통하여 재원확보를 위하여 노력하였다. 유럽연합에 의해 2001년 3월 승인된 2000~2006년 동안의 연방정부 교통인프라 운영프로그램은 유럽연합의 구조개선기금의 틀 안에서 (베를린을 제외한) 구동독 지역을 위한 유럽연합의 목표 1 지원그룹의 주요한 구성요소가 되었다. 투자자금은 약 31억 6,000만 유로에 달하는데, 그중 15억 9,000만 유로가 유럽지역개발기금의 지원을 받았다. 공동재정지원은 주로 연방에 의해 이루어지지만 주정부와 민간부문의 투자에 의해서도 보완되었다.

프로그램의 목표는 유럽횡단교통망(TEN)과 이를 통한 구동독 지역의 인프라 여건과 경제 발전기회를 한층 개선하는 데에 있다. 이것은 특히 유럽연합의 동유럽으로의 확장을 고려할 때 큰 의미가 있다고 보는 것이다.

8. 요약과 전망

독일은 베를린 장벽 붕괴 20년 동안 경제적인 측면에서 역동적인 과정을 지나왔다. 2009년 구동독 지역 일반 경제현황은 1991년 이후 '고도성장과 경제재건'을 이루었고 인프라의 광범한 현대화를 달성했다. 또한 구동독 지역 주민은 높은 구매력을 확보하게 되었다. 구동독 지역 주민의 연평균 소비수준은 1991년 약 6,500유로로 구서독 지역(1만 1,000유로)의 약 60% 수준에 불과했으나, 2007년 전독일 연평균 1만 6,700유로의 80~85%에 이르고 있다. 뿐만 아니라 교통, 도시기반시설과 대학의 현대화 및 기업의 경쟁력 증강 등 가시적 발전이 눈에 띈다.

이러한 가시적 · 긍정적 성과에도 불구하고 미해결과제와 극복하지 못한 도전이 공존하고 있다. 특히 지역 자주적인 경제동력 확보의 측면에서 구동독 지역경제는 여전히 쉽지 않은 과제를 가지고 있다. 구동독 지역의 실업률이 구서독 지역의 2배에 달하는 노동시장 현황으로부터 경제 전반의 발전이 충분치 못하다는 사실을 알 수 있다.

경제통합 과정은 크게 세 시기로 나눌 수 있다. 첫째, 1990년 7월 1일~1994년 말까지의 전환기, 둘째, 2000년 이전까지의 정상화기, 셋째, 2000년부터의 혁신기다. 통독 후 경제체제의 전환기 동안 구동독 지역의 산업은 대량파괴 혹은 산업공동화(空洞化)로 특징지어질 정도로 급격히 위축된다. 1990~1995년까지 지속되던 8~9%라는 고도성장은 주로 인프라 구축을 위해 투자된 건설부문의 급팽창에 기인하는 것으로, 건설부문은 1992~1994년 사이 평균 25% 상승하였다. 이후 경제성장 수준은 1997년 1.7%, 98년 2%로 떨어져 오히려 서독의 성장률에 미치지 못하는 수준에 머물다가, 1997/1998년 구동독과 구서독 지역 사이의 경제적 격차는 오히려 다시 벌어졌다. 2000년 이후 서서히 제조업 부문에서도 구동독 지역 경제가 회복되기 시작한다. 구서독 지역 평균 대비 주민 1인당 GDP는 2000년 67%에서 2008년 71%, 같은 기간 생산성은 75%에서 79%, 종사자 1인당 자본스톡은 78%에서 84%로 향상되었다. 경기침체 경향은 2000년 들어 서서히 변화하기 시작하여, 2003년 구동독 지역의 제조업은 4.4%(구서독 지역 -0.8%), 마이크로전자산업과 사무기계제작 분야 7.2%, 화학산업 6.7%, 자동차산업 5.9% 등 각 분야에서 긍정적 신호가 나타나기 시작했다. 총가치창출 중 제조업 비중이 서서히 회복되고, 해외수출 비중 역시 꾸준한 증가세를 보이고 있어 지역시장의 제약을 뛰어넘는 증후도 조금씩 나타난다. 2008년 현재 구동독 지역의 GDP 중 제조업의 비중은 19.6%로 1992~1993년 11%에 머물던 것에 비해 2배로 커졌으며, 독일 전체 23.5%와 비교해 격차가 많이 좁혀진 상태다.

구동독 지역 기업들이 구서독 지역 기업에 비해 수익률이 높아진 원인은 통일의 격변기 동안 발생된 문제점이 조금씩 극복되고 있는 데서 찾을 수 있다. 첫째, 화폐통합에 따라 급격하게 경쟁력을 잃고 무너졌던 제조업이 서서히 회복되고 있다는 점이다. 신탁청에 의한 사유화 종료 이후 1995년부터

2002년까지 동독 제조업은 56% 성장하여 11.6%의 성장세를 나타낸 구서독 지역을 훨씬 앞질렀다. 그럼에도 불구하고 구동독 지역의 자본집적도, 투자율 등은 구서독 지역에 비해 여전히 뒤져 있다.

둘째, 제조업 붕괴와 점진적인 회복에 따른 문제점을 구서독 지역보다 저렴한 평균 단위임금비용과 장시간노동 등을 통해 생산성을 높이고 있다. 화폐통합에 따라 구동독 지역 기업의 단위임금비용은 급격하게 높아져 1991년 현재 구서독 지역의 141%였으나, 이후 지속적으로 떨어져 2007년 현재 구서독 지역의 62.6%이다.

제3장 사회

1. 인구 변동

독일의 인구는 크게 변동이 없는 것으로 알려져 있다. 실제 〈표 3-1〉을 보면, 인구밀도상으로 보면 큰 변화가 없는 가운데 미세하게 증가하는 추세인 것으로 나타난다(평방킬로미터당 인구수는 1990년 223명에서 2007년 231명으로 증가). 우선, 독일 전체 인구는 2002년 이후 다소 감소 추세에 있지만 전체적으로 큰 변동이 없는 가운데 1990년과 2003년을 비교하면 전반적으로 증가 추세에 있다 하겠다.

그러나 〈그림 3-1〉과 같이 이를 구동서독 지역으로 나누어 살펴보면 다른 결과가 나타난다. 곧, 구서독 지역의 인구는 1990년대뿐만 아니라 2000년대에도 지속적인 증가추세에 있는 반면, 구동독 지역의 인구는 전체 기간에서 지속적인 감소 추세에 있는 것이다. 표와 그림에서 2001년 이후 구동독 지역의 인구가 급격하게 증가한 것은 베를린 전체 인구를 구동독 지역에 포함시켰기 때문이다. 그러나 그럼에도 불구하고 구동독 지역의 인구는 이후에도 하락하는 추세를 벗어나지 않고 있다. 이것은 구동독 지역의 인구가 구서독 지역이나 다른 지역으로 이주해 가기 때문인 것으로 분석된다.

이를 연방주별로 보아도 동일한 현상을 볼 수 있다. 〈표 3-2〉에서 나타나

표 3-1 독일 인구 변동(인구 수 단위: 1,000명; 인구밀도 단위: m²; 매년 12월 31일)

	구서독 지역		구동독 지역		독일 전체	
	인구 수	인구 밀도	인구 수	인구 밀도	인구 수	인구 밀도
1990[1)]	63,726	256	16,028	148	79,753	223
1991	64,485	259	15,790	146	80,275	225
1992	65,289	263	15,685	145	80,975	225
1993	65,740	264	15,598	144	81,338	228
1994	66,007	265	15,531	144	81,539	228
1995	66,342	266	15,476	143	81,817	229
1996	66,583	267	15,428	143	82,012	230
1997	66,688	268	15,369	142	82,057	230
1998	66,747	268	15,289	141	82,037	230
1999	66,946	269	15,217	141	82,163	230
2000	67,140	270	15,119	140	82,260	230
2001[2)]	65,323	263	17,118	158	82,440	231
2002[2)]	65,527	264	17,009	157	82,537	231
2003[2)]	65,619	264	16,913	156	82,532	231
2004[2)]	65,680	264	16,821	155	82,501	231
2005[2)]	65,698	264	16,740	154	82,438	231
2006[2)]	65,667	264	16,648	153	82,315	231
2007[2)]	65,664	264	16,554	152	82,218	230
2008[2)]	65,541	-	16,461	-	82,002	-

1) 구동독 지역 인구는 1990년 10월 3일 자료.

2) 베를린 전체 인구를 구동독 지역에만 가산.

출처: Statistisches Bundesamt(2008e: 34-35); Statistisches Bundesamt(2009c: 34-35).

듯이 1990년에서 2007년 사이에 브레멘(Bremen)과 자를란트(Saarland) 같은 자치도시와 아주 작은 주를 제외한 구서독 지역 주의 주민 수가 증가하였으며, 구동독 지역 주에서는 인구가 감소하였다.

2. 근로자 소득수준

통일 독일은 통일 후 구동독 지역에 대한 막대한 재정투자와 사회보장제도 적용으로 구동독 지역 주민들의 사회경제적 통합에 힘써 왔다. 그 결실은 물

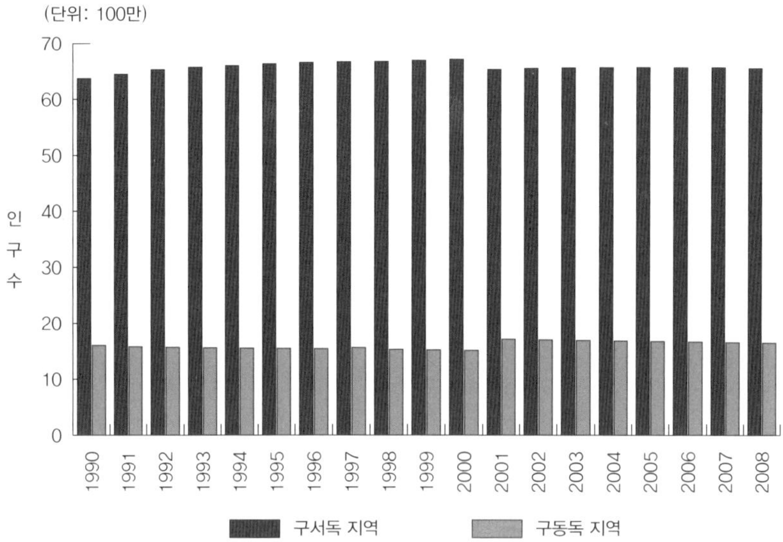

그림 3-1 동서독 지역 인구 변동

표 3-2 독일 연방주 인구 변동(인구 수 단위: 1,000명; 매년 12월 31일)

	1990	1995	2000	2003	2004	2005	2006	2007	2008
바덴-뷔르템베르크	9,822	10,319	10,524	10,693	10,717	10,736	10,739	10,750	10,750
바이에른	11,449	11,993	12,230	12,423	12,444	12,469	12,493	12,520	12,520
베를린	3,434	3,471	3,382	3,388	3,388	3,395	3,404	3,416	3,432
브레멘	682	680	660	663	663	663	664	663	662
함부르크	1,652	1,708	1,715	1,734	1,735	1,744	1,754	1,771	1,772
헤센	5,763	6,010	6,068	6,089	6,098	6,092	6,075	6,073	6,065
니더작센	7,387	7,780	7,926	7,993	8,001	7,994	7,983	7,972	7,947
노르트라인-베스트팔렌	17,350	17,893	18,010	18,080	18,075	18,058	18,029	17,997	17,933
라인란트-팔츠	3,764	3,978	4,035	4,059	4,061	4,059	4,053	4,046	4,028
자를란트	1,073	1,084	1,069	1,061	1,056	1,050	1,043	1,037	1,030
슐레스비히-홀슈타인	2,626	2,725	2,790	2,823	2,829	2,833	2,834	2,837	2,834
브란덴부르크	2,578	2,542	2,602	2,575	2,568	2,559	2,548	2,536	2,522
메클렌부르크-포어포메른	1,924	1,823	1,776	1,732	1,720	1,707	1,694	1,680	1,664
작센	4,764	4,567	4,426	4,321	4,296	4,274	4,250	4,220	4,193
작센-안할트	2,874	2,739	2,615	2,523	2,494	2,470	2,440	2,412	2,382
튀링엔	2,611	2,504	2,431	2,373	2,355	2,335	2,311	2,289	2,268

출처: Statistisches Bundesamt(2008e: 35); Statistisches Bundesamt(2009c: 35)

론 통일 후 20년 가까이 흐르면서 상당한 정도의 긍정적인 평가를 받아 왔다. 그에 따라 2008년도 구동독 지역 근로자들의 단체협약상의 임금수준은 이미 구서독 지역 수준의 96.8%에 이르렀다.

그러나 〈표 3-3〉에서 보듯이 광공업과 서비스업을 아우른 전체 근로자들의 실제 소득은 그와 같지 않은 것으로 나타난다. 광 · 공업과 서비스업에 종사하는 전체 근로자들의 2008년도 총소득은 구동독 지역이 3만 1,201유로로 구서독 지역의 4만 2,905유로의 72.7%에 지나지 않는다.

게다가 경제 부문별로 다시 나누어 볼 때 공공부문과 민간부문 간의 심각한 격차가 존재한다. 공공서비스 부문의 평균 평등화 수준(구서독 지역 소득 대비 구동독 지역 소득의 백분율)이 90.0%인 반면, 민간서비스 부문의 평준화 수준은 66.7%에 지나지 않는다. 역시 민간 부문인 광 · 공업의 평준화 수준은 65.8%에 불과하다.

3. 사회보장제도[1]

구동서독의 사회보험은 모두 독일제국의 사회보험제도에 그 연원을 갖고 있지만, 양 지역의 상이한 정치체제로 인하여 조직, 급부, 보험가입 대상 등에서 상당히 다르게 발전해 왔다.

서독의 사회보험제도는 연금보험, 의료보험, 실업보험, 산재보험 등으로 나누어져 각각 상이한 보험기관에 의해 운영되어 왔으며, 1995년부터 간병보험이 도입됨으로써 독일의 사회보험은 5대 보험으로 되어 있다. 보험료는 산재보험만 고용주가 100% 납부할 뿐, 나머지는 고용주와 가입자가 각각 절반씩 부담한다.

1 사회보장제도의 통합에 대해서는 김영탁(1997: 62-372)의 내용을 주로 참조하고, 필요한 부분의 보완 및 자료의 업데이트를 통해 완성하였다.

표 3-3 독일 구동서독 지역 근로자 소득 비교(2008년도 정규직 연소득, 단위: 유로)

경제부문		구서독 지역 (베를린 포함)	구동독 지역 (베를린 제외)	독일 전체	구서독 지역 대비 구동독 지역 연소득(%)
광·공업과 서비스업 전체		42,905	31,201	41,260	72.7
광·공업	광·공업 전체	44,770	29,453	42,648	65.8
	광산	45,570	39,138	44,385	85.9
	제조업	45,789	29,440	43,845	64.3
	에너지	58,065	47,107	56,456	81.1
	수질관리	37,958	29,166	35,742	76.8
	건설	35,703	26,332	33,565	73.8
서비스업	서비스업 전체	41,685	32,314	40,357	77.5
민간서비스업	민간서비스업 전체	42,901	28,631	41,139	66.7
	상업	40,047	27,386	38,684	68.4
	교통·창고	36,105	27,836	34,703	77.1
	요·식·숙박업	24,504	18,309	23,504	74.7
	정보·통신	57,143	39,672	55,711	69.4
	금융·보험	60,588	44,199	59,369	73.0
	부동산	47,243	36,661	44,979	77.6
	자영업·연구·기술	56,334	37,513	54,226	66.6
	기타 민간서비스	26,183	19,597	25,120	74.8
공공서비스업	공공서비스업 전체	39,973	35,978	39,309	90.0
	행정·국방·사회보장	37,821	35,330	37,371	93.4
	교육·보육	46,401	43,991	46,043	94.8
	보건·사회시설	39,144	35,194	38,522	89.9
	예술·오락·휴양	47,959	33,710	44,978	70.3
	기타 공공서비스	37,757	24,068	35,872	63.7

출처: 독일연방통계청, http://www.destatis.de/jetspeed/portal/cms/Sites/destatis/Internet/DE/Content/Statistiken/VerdiensteArbeitskosten/Bruttoverdienste/Tabellen/Content100/Bruttojahresverdienst,templateId=renderPrint.psml(검색일: 2009.9.20.).

서독의 연금보험은 노무직 연금보험, 사무직 연금보험, 광부연금보험, 농민연금보험, 공무원 연금보험 등 직업별로 나누어져 있다. 그리고 연금 생활자의 생활수준이 일정하게 유지될 수 있도록 연금지급액을 동종 근로자의 임금 및 봉급 수준에 연동시켜 매년 조정하고 있다. 보통 45년간 보험료 납부실적이 있는 연금생활자는 동종 평균임금의 70% 정도를 연금으로 받는다.

의료보험은 지역의료보험, 직장의료보험, 농민의료보험, 어민의료보험,

광부의료보험 등으로 나누어져 있다. 그리고 고소득자는 사(私)보험에 가입할 수 있다. 연금생활자와 실업자의 의료보험료는 연금보험기관과 실업보험공단에서 직접 납부한다.

산재보험은 노동재해나 직업병을 예방할 뿐만 아니라 사고 발생 시 피해자에게 노동능력 회복과 재취업을 보장하고, 그 가족들의 생계유지를 위해 보험금을 지급한다.

실업보험은 직업상담, 소개, 훈련, 고용창출 등 적극적인 고용촉진 기능과 더불어 실업수당, 실업보조금 지급을 통한 실업자 생활보장 기능을 가지고 있다. 실업보험의 재원은 근로자와 고용주가 각각 절반씩 부담하고 보험료 수입과 연방정부의 보조금으로 충당된다.

간병보험은 그동안 의료보험법이나 사회부조법에 따라 시행되었지만 1995년부터는 간병보험법에 따라 시행되고 있다. 사회보험 외에 중요한 사회보장제도로서 사회부조와 원호제도가 있으며, 기타 자녀수당, 질병수당, 주택수당 등이 있다. 또한 서독은 원호법에 따라 전쟁희생자와 그 유족들, 병역의무 수행으로 인한 상해자들을 부양해 왔지만, 동독에는 이 같은 법률이 없었다.

구동독의 사회보험제도는 의료보험, 연금보험, 상해보험 등이 하나로 통합되어 단일한 사회보험으로 되었으며 실업보험은 체제의 성격상 '실업이 없는 상태'이기 때문에 폐지되었다. 동독의 근로자들은 이처럼 단일한 사회보험에 의무적으로 가입하도록 되어 있었다. 동독자유노련(FDGB) 회원들은 노무직 보험이나 사무직 보험에 가입하였으며, 동독자유노련이 직접 이 보험을 운영하였다. 협동농장의 농민과 수공업자 및 기타 자영업자들은 국영 보험기관에 가입했다. 사회보험의 재원은 대략 가입자의 보험료와 세금으로 각각 50%씩 조달하였다.

국가조약 및 통일조약은 일정한 과도기를 거쳐 동독의 단일한 사회보험 체계가 서독의 세분화된 보험체계로 잘 이행할 수 있도록 규정해 두었다. 즉 동독의 의료, 연금, 산재보험의 단일한 보험 담당기관이 과도기적으로 존속하도록 하되, 부문별 보험의 수입과 지출을 엄격히 분리하도록 하였다. 1991년 말까지 존속한 사회보험 전환관청이 이 임무를 담당했다. 1991년 말에는 실업보험을 포함하여 세분화된 사회보험이 구동독 지역에도 광범위하게 구축되었으며 사회부조기관도 설립되었다.

1) 실업보험제도 도입

국가조약 및 통일조약에 따라 서독의 고용촉진법이 동독 지역에까지 확대 적용되었으며, 실업보험제도가 도입되었다. 또한 국가조약에 따라 38개의 노동관청과 161개 지소가 설치되었으며, 통일 후 이들은 모두 연방고용청의 지청이 되었다. 그 후 2개의 주 노동청이 신설되면서 동독 지역의 노동관련 행정조직은 모두 완비되었다.

2) 연금제도의 통합

구동독의 연금보험제도는 단순하게 운영되었다. 연금지급은 소득 수준에 따라 규칙적으로 조정되지 않았으며, 간혹 조정되더라도 구매력을 충분히 반영하지 못했다. 또한 보험료 납부금을 산정하는 월소득 상한선이 1949년 이래 계속 600 동독 마르크(Mark)로 고정되어 있었기 때문에 연금기금도 충실하지 못했다. 이 때문에 자율추가 연금보험이라는 제도를 마련하여 월 600 동독 마르크를 넘는 소득분에 대해서도 보험료를 낼 수 있도록 하고, 이런 사람들에게는 기본연금 외에 추가로 연금을 지급해 주었다. 대부분의 보험가입자들은 이 제도를 이용하여 일반 연금보험의 불충분한 노후보장을 보완하였다. 그 외에 특정직업, 특권계층을 대상으로 한 특별연금보험이 있었다.

국가조약의 체결과 더불어 구동독은 연금보험제도를 서독의 모델에 따라 재정비해야 하는 의무를 지게 되었다. 그 핵심은 임금 및 보험료를 연금과 연계시키는 것이었다. 그리고 자율추가 연금보험은 1990년 6월 30일자로 폐지하고 특별연금보험을 일반연금보험으로 전환하도록 하였다.

연금을 임금 및 보험료 납입금과 연계시키기 위한 첫 번째 조치로서 1990년 6월 30일까지 지급되는 연금, 즉 기존의 연금은 1990년 7월 1일 화폐교환과 동시에 서독의 순연금 수준으로 평준화하였다. 연금 평준화의 기준은 45년간의 근로기간 및 보험가입 기간 중 매년 동독 지역 평균임금 수준의 소득을 올린 자로서 자율추가연금에 가입한 자를 중심으로 하였다. 이 연금가입자의 연금이 동독 지역 평균 순임금의 70%가 되도록 하되, 연금가입자의 근로기간 또는 보험료 납부기간이 이보다 길거나 짧은 경우에는 연금지급액이 이에 상응하여 조정되도록 하였다. 이렇게 계산한 결과 최초 연금수령액이 최저연금 이하이면 사회부조금을 지급하여 그 차액을 보전해 주었다. 그 결과 연금수령자의 80% 이상이 인상된 연금을 받게 되었다.

연금보험의 재정은 기본적으로 보험료 수입을 통해 조달된다. 보험료는 고용주와 근로자가 각각 절반씩 부담하며 보험료율은 서독과 동일하게 월소득의 18.7%로 하였다. 보험료를 산정하는 소득의 상한선도 매월 2,700 동독 마르크로 상향 조정하였다. 연금재정으로는 보험료 수입 외에 국가보조금이 있다. 연방정부는 1990년 동독 지역 연금기금의 수입과 지출 간의 차액을 떠맡았으며, 1991년부터는 서독처럼 연금지급액의 19.8%를 보조하고 있다.

독일연금제도의 최종적인 통합은 통일조약에 따라 1992년 1월 1일자로 서독 지역에 발효된 연금법을 동독 지역에까지 확대 · 적용함으로써 이루어졌다. 물론 서독의 연금법을 과도기적인 조치도 없이 곧바로 동독 지역에 확대 · 적용하는 것은 불가능했기 때문에 연금과도기법을 제정하여 무리 없이 적용되도록 하였다. 연금과도기법의 가장 중요한 조치 중 하나는 1992년 1월 1일 현재 기존의 연금법에 따라 계산한 연금의 환산작업이다. 이 법은 임금과 보험료 납부금을 연금지급과 연계시킨다는 원칙을 담고 있는데, 이 원칙에 근거하여 연금을 환산함으로써 이제 동독 지역의 연금수령자들도 일생 동안의 근로실적, 즉 근로기간 및 보험가입기간, 그리고 이 기간에 받은 임금이 반영되어 계산된 연금을 받게 되었다. 연금과도기법은 또한 동독 지역

표 3-4 실제로 지급된 연금(단위: DM)

	서독 지역(A)	동독 지역(B)	B/A(%)
1990.7.1.	1,064	590	56%
1991.1.1.	1,064	607	66%
1991.7.1.	1,117	802	72%
1992.1.1.	1,117	881	79%
1992.7.1.	1,161	956	82%
1993.1.1.	1,161	997	86%
1993.7.1.	1,207	1,116	93%
1994.1.1.	1,207	1,151	95%
1994.7.1.	1,248	1,181	95%

출처 : Presse- und Informationsamt(1994: 22).

의 임금 및 봉급수준이 빠르게 상승하는 점을 고려하여 동독 지역의 연금조정 작업을 1996년까지 매년 1월 1일과 7월 1일 두 차례에 걸쳐 시행하도록 하였다.

이처럼 연금제도를 통합하고 동독 지역의 연금을 임금 및 보험료 납부금에 연계시킨 결과 동독 지역의 표준연금은 꾸준히 상승하여 1995년 7월 1일에는 서독의 79%에 도달하였으며, 실제 연금수령 액은 〈표 3-4〉에서 보듯이 1994년 1월 1일에 이미 서독의 95%에 도달하였다.

구동서독 양 지역에서 각각 45년간 보험에 가입하고 각 지역의 평균 보수를 기초로 보험료를 납부한 가상 인물을 설정하여 표준임금을 비교해 보면 〈표 3-5〉와 같다.

연금액수는 당시 구동서독 소득자를 감안해 서독의 연금과 같은 수준으로 인상되었다. 그 후 구동서독의 임금변화 추이가 차이를 보임에 따라 동독의 연금이 근본적으로 서독보다 높아진 셈이 되었다. 다시 말해 동독의 연금 지급수준이 서독을 따라잡게 되었다.[2] 동서독 지역 간 격차가 서서히 좁혀져,

2 이같이 연금액수가 동일해진 과정은 이른바 연금이익률(Eckrente)을 보면 쉽게 이해할 수 있다. 연금이익률이란 평균소득을 가진 사람이 45년 동안 불입한 후 받는 연금액을 기준으로 구동서독 지역에 모두 해당된다.

표 3-5 45년간 보험에 가입한 평균소득자의 표준연금 비교 I(단위: DM)

	서독 지역(A)	동독 지역(B)	B/A(%)
1990.6.30.	1,616	407~602(Mark)	29~37
1990.7.1.	1,667	672	40
1991.1.1.	1,667	773	46
1991.7.1.	1,751	889	51
1992.1.1.	1,751	993	57
1992.7.1.	1,798	1,120	62
1993.1.1.	1,798	1,188	66
1993.7.1.	1,868	1,357	73
1994.1.1.	1,868	1,407	75
1994.7.1.	1,931	1,451	75
1995.1.1.	1,921	1,484	77
1995.7.1.	1,933	1,522	79

출처: Bundesministerium des Innern(1995: 187).

표 3-6 45년간 보험에 가입한 평균소득자의 표준연금 비교 II(단위: DM)

	구동독 지역		구서독 지역	
	40년	45년	40년	45년
1990	638.18	717.95	1,583.10	1,781.00
1991	844.26	949.79	1,657.50	1,864.70
1992	1,062.80	1,195.65	1,705.20	1,918.35
1993	1,286.80	1,447.65	1,779.60	2,002.05
1994	1,379.60	1,552.05	1,840.00	2,070.00
1995	1,453.20	1,634.85	1,849.20	2,080.35
1996	1,535.20	1,727.10	1,866.80	2,100.15
1997	1,620.40	1,822.95	1,897.60	2,134.80
1998	1,634.80	1,839.15	1,906.00	2,144.25
1999	1,680.40	1,890.45	1,931.60	2,173.05
2000	1,690.40	1,901.70	1,943.20	2,186.10
2001	1,725.73	1,941.45	1,980.40	2,227.95
2002	908.00	1,021.50	1,034.40	1,163.70
2003	918.80	1,033.65	1,045.20	1,175.85
2004	918.80	1,033.65	1,045.20	1,175.85
2005	918.80	1,033.65	1,045.20	1,175.85
2006	918.80	1,033.65	1,045.20	1,175.85
2007	924.13	1,039.65	1,050.80	1,182.15
2008	933.60	1,050.30	1,062.40	1,195.20
2009	965.20	1,085.85	1,088.00	1,224.00

주: 2001년까지: 마르크(DM); 2002년 이후: 유로(€)

출처: Statistisches Taschenbuch(2009).

표 3-7 평균연금액과 연금수령자 수

	구동독 지역			구서독 지역		
	1989	1993	2007	1989	1993	2007
평균 연금액	448.95M	578.78€	804.68€	564.12€	617.86€	693.32€
연금수령자 수	2,440,900	2,904,626	3,901,777	10,128,467	12,476,999	14,968,393

1) 구동독 지역(동베를린 포함).

2) 구서독 지역(서베를린 포함).

출처: Forschungsportal der Deutschen Rentenversicherung 2009(Ifo, 2009: 31 재인용).

평균 40년 혹은 45년 불입한 경우의 연금액을 계산에 따른 수치로만 비교해 보면, 2009년 현재 구서독 지역 수준이 구동독 지역보다 약 10% 정도 높은 것으로 나타난다(〈표 3-6〉 참조). 이 수준은 1990/1991년 연금수준(구서독 대비 약 50%)에 비하면 격차가 크게 줄어든 것이다.

2004년 7월 1일 현재, 연금보험가입자에게 제공한 연금총액, 즉 실제 지급한 연금액은 구동독 지역의 경우 남자 1인당 평균 1,018유로, 여자 1인당 659유로였다. 이는 남녀 1인당 각각 973유로, 479유로가 지급된 구서독 지역보다 오히려 높은 액수다. 이렇듯 구동독 지역 지역에서 실제 지급한 연금액이 지급될 연금평균율을 상회하고 있는 것은 첫째, 통일에 따른 연금제도 통합과정에서 기지급액 보호(Besitzschutzbetrag)가 적용되었기 때문이고, 둘째, 구동독 지역 연금생활자의 재정원이 구서독 지역 지역에 비해 단순 통합적이기 때문이다. 이는 특히 구동서독 연금생활자의 수입원을 비교하면 뚜렷이 드러난다. 즉, 구동독 지역의 경우 법정 연금보험제도의 수입이 유일한 소득원인 경우가 대부분이며, 구서독 지역처럼 생명보험, 개인적 노후대책(예를 들어 부동산 수입원), 혹은 기업노후보장책 등 기타 수입원을 찾아볼 수 없기 때문이다.

2005년 1월 법정 연금보험제도의 안정적인 재정확보를 위한 법안(「연금제 지속법」)이 도입되었다. 법정 연금보험제도의 재정을 압박하고 있는 요인으로는 평균수명 연장과 이에 따른 연금 납입자와 연금 생활자의 수적 비율의 불균형을 들 수 있다. 이러한 문제를 해결하기 위해 새로 도입된 「연금제 지속법」은 연금 생활자로 하여금 부분적으로 책임을 분담토록 의무화하고 있다. 연금평준화 정책의 실행은 2004년 임금 및 연금지급액 상승을 토대로 연금수준과 연금월총액(연금총액)을 하락시킬 수도 있다. 그러나 「연금제 지속법」은 법안에 보호약관을 명시해 이러한 연금하락을 미연에 방지하고 있다. 이에 따라 2005년 7월 1일 연금수준과 연금총액에는 변동이 없다.

구동독 지역에는 각 주마다 근로자 연금보험을 담당하는 주(州) 연금보험공단이 설립되었다. 베를린 연금보험공단은 동베를린에까지 그 업무영역을 확대하는 방식으로 통합됐다. 연방연금보험기관들, 즉 연방사무직연금, 연방광공업연금, 연방해운연금, 연방철도연금 등은 그 관할영역을 구동독 지역에까지 확대했고, 구동독 지역에 안내 및 상담제공을 위한 기본시설을 구축했다.

신설된 주 연금보험공단이나 연방연금보험기관들은 1992년 1월 1일부터 사회보험 전환관청이 떠맡고 있던 과제들을 인수받았다. 1995년 현재 약 7,314명에 이르는 구동독 지역 보험공단 근무자들의 업무 숙달을 위해 많은 수의 서독 주 보험공단 근무자들이 파견되었다. 또한 구동독 지역 주보험공단들에 제출된 연금신청서의 처리기간이 서독의 일반적인 처리기간과 비슷해지도록 하기 위해 서독 지역 주의 보험공단들이 구동독 지역의 밀린 신청서 중 일부를 넘겨받아 처리하기도 하였다.

3) 의료보험제도의 통합

1991년 1월 1일자로 구동독 지역에는 서독의 부문별 의료보험제도가 구축되었다. 모든 보험기관이 이제는 동독 지역에도 진출해 있으며, 12개의 일반지역의료보험(AOK)이 새로 설립되었고, 베를린 AOK는 그 관할영역을 동베를린으로 확대했다. 연방직속으로 되어 있는 공제의료보험, 직장의료보험, 농민의료보험, 광부의료보험, 해운의료보험 등을 동독 지역에까지 확대되었다. 아울러 160개의 직장의료보험과 28개의 동업조합의료보험이 새로 설립되었다. 그동안 동독주민의 90% 이상이 법정의료보험에 가입하였다. 동독 지역 의료보험기관들의 보험서비스도 전반적으로 향상되었다. 안내 및 취급소 체계를 조밀하게 구축한 결과 약 2만 3,000명이 의료보험 담당기관에 새로 채용되었으며, 이 사람들의 80~90%는 동독 지역 출신이다.

1991년 1월 1일부터 법정의료보험의 법률적 기초인 의료보험법이 구동독 지역에도 효력을 갖게 되었다. 이 법에는 동독 지역의 특수한 상황을 고려한 수많은 과도기 규정들이 들어 있다. 이 법에 따라 구동독의 사회보장 담당기관에 보험을 가입한 모든 가입자가 구동독 지역 법정의료보험의 회원이 되었다. 통일 당시 동서독 간에는 소득차가 엄연히 존재하고 있었기 때문에 구동독 지역의 경우 보험가입의무 한도액은 서독보다 낮은 월소득 2,250마르크로 책정되었으나, 1995년에는 4,800마르크로 상향되었다.

구동독 지역의 보험가입자들은 원칙적으로 서독 지역에서와 같은 수준의 의료서비스를 요구할 수 있다. 보험가입자가 지불해야 할 자기부담금은 단계적으로 도입되었으며, 1993년 1월 1일부터 구동서독 지역 모두 동일하게 적용되고 있다. 다만 자기부담금을 완전히 면제받을 수 있는 월소득의 한계점은 서독보다 낮게 했다.

보험료율은 우선 1991년 12윈 31일까지 모든 의료보험기관들에 대해 소득의 12.8%라는 단일한 요율이 적용되었다. 1992년 1월 1일부터 구동독 지역의 의료보험기관들은 수입과 지출상황을 고려하여 각자의 요율을 확정할 수 있는데, 1995년 1월 1일 현재 평균 요율은 12.8%였다. 구동독 지역 의료보험기관들의 재정은 초기에는 서독 지역 의료보험기관들과 차이가 있었다. 동독 지역 의료보험기관들은 1991년에는 28억 마르크의 흑자를 올린 반면, 1992년에는 2억 5,000만 마르크의 적자를 기록했다. 1993년 1월 1일자로 보건구조법이 발효되면서 동독 지역 의료보험의 재원조달은 대체로 양호하게 이루어지고 있다. 1993년과 1994년에는 각각 13억 5,000만 마르크와 1억 6,600만 마르크의 흑자가 있었다.

1998년 말까지 구동독 지역 지역법정의료보험제의 운영부채는 8억 유로에 이르렀으나, 1999년부터 2001년까지 상당부분을 상환할 수 있었다. 그러나 2002년과 2003년 재차 적자를 기록, 의료보험개혁 조치를 통해 부채를 탕감받아야 했다. 2004년 말 구동독 지역에 확보된 의료보험 재정은 7억 유로다. 이러한 변화는 대부분 전(全)독일 위기구조개선 프로그램(RSA)의 일환에서 이뤄진 서독에서 동독으로의 공공재정 이전에 의한 것이다.

동독시절에는 질병발생 시 기업체가 더 이상 임금을 지불하지 않았다. 그 대신 사회보장의 범위 내에서 질병발생일로부터 최장 78주간 질병보조금을 지급했다. 그러다가 국가조약이 체결되면서 질병발생 시 생계를 보장해 주는 이 제도는 질병발생 첫 6주간은 고용주가 임금을 계속 지불하고, 제7주부터 제78주까지는 질병보조금을 지급하는 것으로 대체되었다.

4) 산재보험제도의 통합

국가조약 및 통일조약은 여러 단계에 걸쳐 서독의 산재보험법을 구동독 지역에 적용하도록 규정하였다. 1990년 12월 말까지는 구동독의 산재보험법이 존속되도록 하고, 1991년부터는 산재보험의 조직, 사고방지, 진료행위, 재활 등에 관한 규정을 동독 지역에 적용하도록 하였다. 이에 따라 1991년 초 산재보험기관들이 구동독 지역에 설립되었다. 산재보험은 서독 지역에 본부를 갖고 있는 직업별 보험기관들이 그 영역을 동독 지역에까지 확장하는 경우도 있었고, 동독 지역에 새로운 보험기관을 신설하는 경우도 있었다. 산재보험 담당기관들은 1991년 1월 1일자로 그간 전환관청이 수행해 온 모든 업무들을 넘겨받았다.

국가조약은 1990년 7월 1일부터 서독의 모델을 따라 고용주가 위험 정도에 따라 등급이 매겨진 보험료를 전액 납부하도록 하였다. 연금법과 마찬가지로 1992년 1월부터 독일 전역에 단일한 산재보험법이 발효되었는데, 여기에는 사고로 인한 보상뿐만 아니라 사고예방도 포함되어 있다.

5) 간병보험제도의 통합

구동독법에 따르면 가정에서 간병을 받는 환자와 그 가족들은 적은 액수이지만 소득과 관계없이 간병보조금을 받았다. 또한 연금수령자, 중환자, 맹인들은 연금보험을 통해 간병보조금을 받았다.

1992년 1월부터 연금법이 통일됨에 따라 구동독법에 의한 간병보조금 지불은 중단되었다. 그 대신 간병환자들은 1995년까지 의료보험법이나 사회부조법 등에 따라 간병보조금을 받았다. 그동안 구동독 지역의 사회복지단체와 주 정부는 간병활동을 위해 약 1,000개의 사회복지시설을 설립하였으며, 양로원의 간병시설을 대폭 확충하였다. 1995년 1월부터 간병보험법이 독일에 발효됨에 따라 방문간병은 물론 입원간병 시에도 급부가 제공된다.

연방정부는 구동독 지역의 간병시설을 서독 수준에 필적하도록 개선하기 위해 간병보험의 일환으로 연대 프로그램을 마련했다. 이 프로그램에는 1995년부터 2002년까지 간병시설 투자를 촉진하기 위한 재원으로 매년 8억 마르크, 총 64억 마르크가 마련되어 있다. 이 재원은 연방정부와 주 정부가 공동으로 부담하였다. 연방정부는 한 프로젝트당 공동재원의 최고 80%까지 부담했다. 각 주는 주 정부의 재원이나 지방자치단체 또는 지방자치단체연합회의 재원을 통해 공동재원의 20%를 마련하도록 했다. 이를 통해 구동독 지역의 간병시설 개선을 이루었다.

6) 원호제도의 통합

구동독에는 전쟁희생자와 그 유족들, 과거 양심범들, 폭력행위의 희생자들 및 병역의무수행으로 인한 상해자의 부양을 위한 서독의 연방원호법과 같은 유사법이 없었다. 통일조약에 따라 연방원호법은 1991년 1월 1일을 기해 구동독 지역에도 확대되었다. 이때부터 구동독 지역의 전쟁희생자들 및 유족들도 보상금 신청을 통해 건강 및 경제적 측면에서의 손실에 대한 보상을 받을 수 있다.

이 외에도 1992년 11월 4일 발효된 제1차 사회주의통일당(SED: 구동독집권당) 불법행위청산법은 동독시절 불법판결로 인해 구금되어 건강상의 장애가 계속되고 있는 경우 연방원호법에 따라 원호금을 지급할 것을 규정하고 있다. 1994년 7월 1일 발효된 제2차 SED 불법행위청산법에 따라 불법적인 행정행위의 결과 건강상의 손상이 생겼을 경우에도 이와 동일하다.

7) 사회부조제도의 통합

사회부조제도는 다른 사회보장제도가 해결하지 못한 영역들을 메워 주기 위해 마련된 제도다. 이 제도는 기본법에 뿌리를 두고 있는 이른바 '사회적 국가(social state)'를 실현한다는 의미에서 곤궁한 경우라도 인간의 존엄성에 부합하는 삶을 영위하는 것이 가능하도록 보장해 준다. 이에 따라 국가조약은 동독에도 서독과 같은 의미의 사회부조제도를 도입하도록 했다. 물론 구동독에도 법규정상으로는 서독의 사회부조제도에 해당하는 제도가 있었다. 그러나 동독의 사회부조제도는 극소수의 사람들만 사회부조금을 받았을 뿐 별로 큰 역할을 하지 못했다.

국가조약에 따라 동독의 사회부조법이 공표되면서 단계적인 조정 작업이 이루어졌다. 이 사회부조법은 그 목적과 과제 설정에서 서독의 사회부조법을 모방했으며, 이미 그 근본원칙들, 즉 비우선 원칙, 자조의 의무, 개별적 특수성의 원칙들이 포함되어 있었다. 1990년 12월 말까지는 이 같은 구동독의 사회부조법이 계속 적용되도록 하였다. 이는 통일 당시의 주정부들이 효율적인 사회부조기관들을 확충할 수 있도록 시간적인 여유를 주기 위한 것이었다.

1991년 1월 1일부터 동베를린을 포함한 구동독 지역에는 연방사회부조법이 확대 적용되었다. 이 법에는 몇몇 기준, 예를 들면 주 정부의 사회부조 담당기관 지정, 세대주에 대한 월 지급액 확정, 복지기관 내의 어린이 및 청소년에 대한 개별적 현금지급 등이 포함되었다. 이 법은 또한 생계보장을 위한 지원과 특별한 상황에 대한 지원을 구분하였으며, 나아가 복지기관 내외에서의 원조를 세분화하였다. 연방사회부조법은 구동독의 사회부조법, 사회원호규정 및 일련의 원호적인 성격을 띠는 지급금에 관한 규정들을 대체했다. 1991년에는 서독 지역의 자매결연 행정기관 및 광역 사회부조 담당기관의 강력한 지원과, 일부의 경우 상당한 행정인력지원을 통해 동독 지역 각 주의 사회복지청과 광역 사회부조 담당기관들이 구축되었다.

4. 보건 · 의료체계

1) 개괄

최근 구동독 지역의 의료서비스의 수준이 상당히 개선되어 구서독 지역과 비견할 정도가 되었다. 구동독 지역민의 의료서비스에 대한 만족도 상승과 평균수명 연장이 이러한 사실을 잘 뒷받침하고 있다. 1990~2004년 사이 구동독 지역의 평균수명은 구서독 지역보다 빠르게 높아지고 있다. 여성은 4.59년, 남성은 5.27년이 연장되었다. 2006년 현재 구동서독 지역의 여성 평균수명은 각각 81.3세와 81.6세로 거의 같다. 반면 남성의 평균수명은 여전히 구서독 지역이 높다.

구동독 지역에서 노동자 및 피고용인의 병가율이 1989/1991년에 비해서 크게 개선되었다. 그런데 이 현상은 구동독 지역만의 것은 아니고, 구서독 지역에서도 비슷한 추세를 보이고 있다. 그 원인은 다양한 측면에서 찾을 수 있으며, 단지 '국민들의 보건상태의 개선'의 결과로만 해석하는 것은 타당하지 않다. 구동독주민은 무엇보다 통일에 따라 새로운 체제에 적응하기 위해 쉽게 병가를 이용하기 어려웠던 측면도 있고, 구서독 지역 주민들의 경우에도 다양한 경쟁압력과 동시에 노동시장 조건이 긴장됨에 따른 적응으로 해석할 수 있다.

표 3-8 연령에 따른 예상 수명

현재 연령	구동독 지역 1988/1989		구서독 지역 1988/1990		구동독 지역 2005/2007		구서독 지역 2005/2007	
	남성	여성	남성	여성	남성	여성	남성	여성
0	70.0	76.2	72.6	79.0	75.8	82.0	77.2	82.3
5	65.8	71.9	68.3	74.6	71.1	77.3	72.6	77.7
10	60.9	67.0	63.4	69.7	66.2	72.3	67.6	72.7
15	56.0	62.0	58.4	64.7	61.2	67.4	62.6	67.7
20	51.2	57.1	53.6	59.8	56.3	62.4	57.8	62.8
25	46.5	52.2	48.9	54.9	51.5	57.5	52.9	57.9
30	41.7	47.4	44.1	50.0	46.7	52.6	48.1	52.9
35	37.1	42.5	39.4	45.1	41.9	47.7	43.2	48.0
40	32.5	37.7	34.7	40.4	37.2	42.8	38.5	43.2
45	28.0	33.0	30.1	35.6	32.6	38.1	33.8	38.4
50	23.8	28.5	25.7	31.0	28.3	33.4	29.3	33.7
55	19.8	24.0	21.6	26.5	24.1	28.8	25.0	29.1
60	16.2	19.8	17.7	22.2	20.2	24.3	20.9	24.7
65	12.8	15.8	14.2	18.0	16.4	19.9	17.0	20.4
70	9.8	12.1	11.1	14.1	12.9	15.8	13.5	16.2
75	7.4	9.0	8.3	10.6	9.8	12.0	10.3	12.4
80	5.3	6.4	6.1	7.7	7.2	8.6	7.6	9.0
85	3.9	4.4	4.4	5.4	5.1	5.9	5.4	6.2
90	2.9	3.0	3.0	3.7	3.5	3.9	3.8	4.2

1) 1988/1989: 구동독 지역(동베를린 포함). 2005/2007 구동독 지역(베를린 제외).

2) 1988/1989: 구서독 지역(서베를린 포함). 2005/2007 구서독 지역(베를린 제외).

출처: Statistisches Bundesamt(2008c).

보건 · 의료부문에서의 구동서독 지역 간 격차는 상당히 좁혀지고 개선되었다고 평가된다. 무엇보다 인구 10만 명당 의사, 치과의사 및 약사 수가 크게 개선되었다. 물론 구서독 지역에서도 의 · 약사 수가 늘어났지만, 구동독 지역에서 증가 폭이 훨씬 큰 것으로 나타난다.

이러한 병가율 및 예상평균수명, 그리고 의 · 약사 수의 균등화 등은 다양한 수준에서의 보건 · 의료제도적 통합을 전제로 한다. 2001년 1월 1일부터 구동서독의 의료보험 가입자, 의료서비스 제공자, 의료보험이 원칙적으로 동일한 조건을 적용받게 되면서, 법정 의료보험부문에서 사회통합이 완성되었

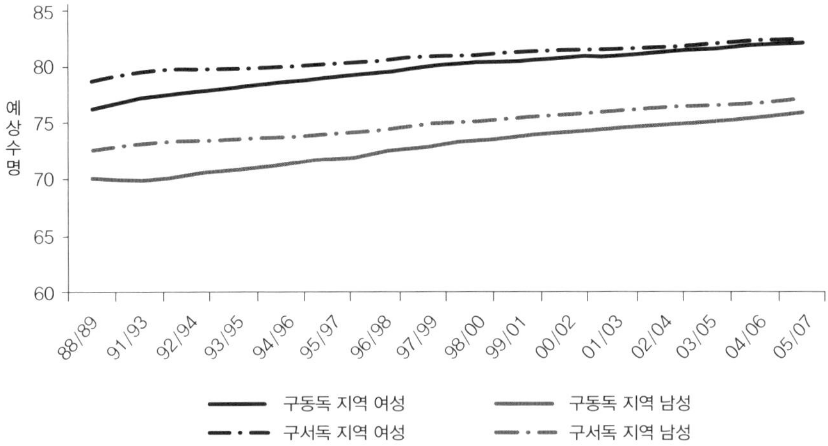

그림 3-2 구동서독 지역의 예상 수명 비교

표 3-9 노동자의 병가율

	구동독 지역			구서독 지역	
	1989	1991	2008	1991	2008
병가율	6.03%	4.68%	3.60%	5.27%	3.26%

1) 1989: 구동독 지역(동베를린 포함). 1991 & 2008 구동독 지역(베를린 포함).

2) 구서독 지역(베를린 제외).

출처: Statistisches Amt der DDR 1990; Institut für Arbeitsmarkt und Berufsforschung 2009(Ifo, 2009: 51 재인용).

표 3-10 인구 10만 명당 의사, 치과의사 및 약사

	구동독 지역[1]		구서독 지역[2]	
	1989	2007	1989	2007
의사	245.82	342.19	303.28	385.01
치과의사	73.96	84.87	65.75	77.60
약사	26.06	39.50	56.69	63.77

1) 1989: 구동독 지역(동베를린 포함); 2007 구동독 지역(베를린 제외).

2) 1989 구서독 지역(서베를린 포함), 2007 구서독 지역(베를린 제외).

출처: Statistisches Bundesamt(1992); Gesundheitsberichterstattung des Bundes 2009(Ifo, 2009: 49 재인용).

다. 그러나 구동독 지역이 구서독 지역의 의료시스템을 단순히 받아들이는 데 그친 것은 아니다. 예를 들어 의료지원센터처럼 구동독 지역이 가진 우수한 시스템은 전국적으로 활용되기도 한다.

2) 보건제도 통합의 과정

건강은 모든 개인에게 있어서, 공공의 의식 속에서도 그리고 사회보장 시스템을 위해서도 높은 가치를 지니는 것이다. 그러므로 통일 이후에 구동독 지역에서의 보건제도의 발전에 특별한 의미가 부여되었다. 10년이 지난 이후 광범위한 동일한 수준의 건강보호 시스템에서 출발할 수 있게 되었다. 급속한 템포로 동독 보건시스템은 구서독 지역의 시스템과 동일해졌다. 구동독의 보건시스템에서 단지 몇 개의 요소만이 보존되어 받아들여졌는데, 예를 들면 연방의 재정 지원을 받아 구동독 지역과 베를린에 의해 구동독 암(cancer) 진료서류를 계속 유지한 것이다. 의회는 구동독 지역에서 효율성이 입증된 의료지원센터를 구서독 지역으로 확대키로 결정했다. 2003년 11월 14일 제정되고, 2004년 1월 1일부터 시행된 「법정 의료보험제도 현대화에 관한 법(GMG)」을 통해 의료지원센터 설립이 허가되었다. 이 센터는 진료과목 전체를 아우르며 계약의사가 진료한다. 이 센터의 조직은 다양하게 구성되는데, 전문의료진이 정부로부터 허가나 위임을 받아 센터를 설립한다. 「의료지원센터에 관한 법」이 발효된 지 2년 반 만인 2006년 3월 31일 기준으로 전국적으로 420개의 센터가 설립을 허가받았다.

1999년 1월 1일 발효된 「법정의료보험에 있어서의 연대성을 강화하기 위한 법(GKV-SolG)」으로 의료보험 부문 서독-동독 간의 재정이전이 2001년 이후에도 계속될 것이 확실시되었다. 이로써 구동독 지역 주에서의 의료보험은 경제적인 어려움 때문에 더 나빠진 보험료 징수 상황 수지를 맞추기 위해 구서독 지역으로부터 계속적인 재정지원을 받을 수 있게 되었다.

구동독 지역에서 계속 법정의료보험(GKV)의 재정상황이 악화되는 상황은 통일로 인해 생긴 부담이 구동독 지역에서의 법정의료보험에 의해서만 해소될 수 없다는 사실을 보여 주었다. 이에 따라 의회는 통일된 지 10년 후 구동독 지역 법정의료보험 상황을 구서독 지역 주의 법정의료보험 상황에 대등하게 편입되도록 유도하기로 결정하였다. 그에 따라 1999년 말 법정의료보험에서의 법률적 차등폐지법을 통과시켰다. 이것은 다음과 같은 내용을 포함하고 있다:

- 2001년 1월 1일부터 법정의료보험에서 구동독 지역에 해당되는 특수조항을 없앤다.
- 동 시점부터 구서독 지역에 대해 규정된 제반 계산방식을 통일적으로 전 연방지역에 적용되도록 한다. 이렇게 함으로써 구서독 지역과 구동독 지역의 분리는 더 이상 존재하지 않는다.

법정의료보험제도의 차등철폐에 따라 구동독 지역과 구서독 지역 간 보험지출이 균등화되었다. 이 시점을 계기로 보험회원의 연령구조와 성별구조의 차이나 혹은 의료 보험회사 간의 차이도 균등화된다.

간병보장에 대한 투자지원

연방은 간병보장법 52조에 따라 1995년 이후 구동독 지역의 주민에 대한 외래간병, 부분 및 완전 입원간병의 신속하고 실질적인 개선을 위해서 그리고 구서독 지역의 간병 수준에 상응하도록 하기 위해서 2002년까지 한시적으로 매년 4억 900만 3,000유로씩, 총 30억 2,720만 유로를 지원한다. 이러한 재정적 지원은 지역주민의 수에 따라 주정부에 할당된다(베를린 연방주는 동베를린 주민의 수에 기초함).

또한 "간호 · 간병이 필요한 환자를 위한 시범 프로그램"의 범위 안에서 1991년 이후 79개의 프로젝트에 7,600만 유로의 자금이 구동독 지역에 외래시설, 종일간병과 단축간병 그리고 입원간병시설을 위해서 지출되었다.

1995년부터 2001년까지 589개의 새로운 시설이 가동되었다. 이를 위해 구동독 지역에 지금까지 230억 유로 이상이 투입되었다. 최소한 공적 투자자금의 20%가 주정부 혹은 지자체에 의해서 조달되었다. 주의 투자프로그램은 2002년 3월 1일 현재 약 405억 유로의 예산 아래에 총 1,031개의 개별 프로젝트를 포함하고 있다. 이 중에서 약 302억 유로는 연방의 재정원조로 계획된 것이다.

3) 구동독 지역 의사 급여 수준의 제고

지난 수년간 구동독 지역 의사들의 급여수준을 단계적으로 향상시키기 위한 토대가 되었던 일련의 법 · 규정이 제정되었다. 2001년에도 이러한 적응과정은 특히 두 개의 새로운 규정을 통해 지원되었다. 2000년 이후 몇 년 간 연방정부는 일련의 법규를 통해 구동독 지역 의사의 소득을 단계적으로 높여가고 있다. 2001년 12월 11일 「의사 거주지에 따른 진료비 결정법」이 도입됨으로써 의료보험별로 의료수가가 달라져 의사의 소득격차가 발생하는 일이 줄어들었다. 본 법안이 도입된 후 환자가 의료보험을 변경해 발생하는 '진료비 손실'이 크게 감소하고 있다.

구동독 지역에서 의료보험업계가 피보험 환자의 응급조치를 위해 의사조합에 지급하는 보험비 총액은 구동독 지역의 의료보험금 지급이 구서독 지역보다 훨씬 가파르게 상승하였다. 그 결과 몇 년 사이 구동독 지역 내 의사의 소득은 전체적으로 증가해 구서독 지역과 평준화되고 있다. 이러한 사실은 보험 가입자 1인당 의료보험기관이 지출하는 진료비와 의사 1인당 소득을 통해 알 수 있다. 의사의 소득증가를 유발하는 것은 바로 「법정 의료보험제도 현대화에 관한 법(GMG)」이다. 2004~2006년 사이 구동독 지역 내 의사의 총수입은 3.8% 증가한 반면, 베를린을 제외한 구서독 지역에서는 0.6% 감소했다. 또한 구동독 지역의 의사들이 구서독 지역으로 이탈하는 것을 막기 위해 지급되는 안정보조금을 통해 매년 1,500만 유로가 추가 지급된다.

2006년 의료보험 개혁에 따라 의료수가 산정시스템을 단순화하고 관료주의를 철폐하는 것을 목표로 변했다. 기본예산과 변동가점제로 구성된 진료비 시스템은 유로-진료수수료 규정으로 대체되었다. 이 새로운 의료수가 산정시스템으로 의료비 수가의 투명성이 높아지고 의사들은 진료비를 정확하게 계산해 받을 수 있게 되고, 그리고 수가계산을 통합함으로써 이전 시스템 하의 불필요한 진료행위를 막을 수 있게 되었다.

구동독 지역 의사들의 급여개선은 또한 의사와 치과의사의 수수료 그리고 2002년 1월 1일 발효되었던 조산원의 수수료규정에 따른 보상액 균등화를 위한 6차 규정에 의해 이루어졌다. 이를 통해 구동독 지역의 보상수준은 86%에서 구서독 지역의 90% 수준으로 인상되었고, 이것은 동독에서의 외래진료 강화를 위한 하나의 중요한 공헌이다.

4) 의료서비스 강화를 위한 지원 체계의 확대

(1) 의료 재활과 직업 재활 수준

구동독 지역에서는 지난 십수 년간 사회보장 담당자들에 의해서 연방의 지원을 받아 수많은 의료재활기관이 설립되었다(7개의 모델 의료 재활 시설과 2개의 의료적, 직업적 재활 시설의 건축과 설비).

그사이에 구동독 지역에는 2002년 기준 172개의 인가된 장애인들을 위한 작업소가 있다. 여기서는 장애로 인해 일반적인 노동시장에서는 고용될 수 없는 약 3만 2,000명의 사람들이 적절한 직업교육을 받고 자신의 능력에 맞는 임금을 받는 일거리를 찾을 수 있다. 연방은 주와 노동청과 공동으로 이러한 시설의 건축과 확대를 지원하고 있다. 연방은 이를 위해 그리고 숙식시설을 위해 지금까지 12억 마르크를 지원했다.

(2) 의료서비스센터(구동독 제도)의 구서독으로의 확대

법정 의료보험제도 현대화에 관한 법 제정으로 독일 전국에 걸쳐 과거 동독 국립의료원과 유사한 형태의 의료서비스센터를 설립할 수 있는 기반이 마련되었다. 이로써 구동독 의료보험제도의 주요 요소가 통독 의료보험정책에 수용 통합된 것이다. 의료서비스센터를 설립하기 위한 노력은 이미 활발히 이루어지고 있다. 2005년 현재 독일 전국적으로 7개의 의료서비스 센터가 설립허가를 받은 상태다.

의료서비스센터란 다양한 분야의 전문 의료진과 비전문 의료보조원이 함께 일하는 종합병원식의 의료기관이다. 의료서비스 센터는 환자의 필요에 따라 다양한 형태와 수준의 의료서비스를 간편한 원스톱 방식으로 제공한다. 환자 치료에 관여하는 모든 의료진들은 서로 의견을 교환하며 환자의 병세, 치료목표와 방식에 대해 의논한다. 이러한 의료서비스 센터는 보다 효율적인 진단과 치료를 보장할 뿐 아니라, 고가 의료장비를 보다 적극적으로 활용하고 의료경비 절감효과도 가져올 수 있다. 그 외에도 의료서비스센터는 젊은 의사들에게 직원의 신분으로 응급치료분야에서 일할 수 있는 기회를 제공한다. 이를 통해 개원 시 발생할 수 있는 경제적 위험부담 없이 의료경험을 쌓을 수 있게 된다. 특히, 출산 및 육아로 인해 직업전선을 떠나 있던 젊은 여의사들은 의료서비스센터에서의 근무를 통해 업무복귀에 대한 부담을 덜 수 있을 뿐 아니라, 파트타임 근무 등을 통해 직장과 가사를 돌보기가 보다 쉬워진다.

5. 노동과 노동조합

1) 독일 통일 과정의 노동조합[3]

(1) 구동독의 노동자조직

동독의 노동자조직은 국가정당의 전달띠(Transmissionsriemen; transmissions-

3 정병기(2003: 301-334)의 노동조합 부분을 재구성.

belt)[4] 역할을 하는 노동조합의 일원체계였다. 노동조합은 노동자들의 이해관계를 대변하는 유일한 대중조직으로서 '민주집중제'의 원칙에 따라 상급단체인 동독자유노련(FDGB: Freier Deutscher Gewerkschaftsbund)에서부터 사업장 수준에 이르기까지 구동독 공산당인 통일사회당(SED)의 지도 아래 중앙집중적으로 조직되어, 당과 국가의 전달띠로 기능한 것이다. 지역별 · 산업별로 조직된 단위노조의 재정을 비롯한 모든 결정권은 단일 통합노조인 자유노련에 집중되어 있었다(Gill, 1989; Pirker, Hertle, Kädtler, und Weinert, 1990 참조).

이른바 '노조의 기초단위'로 인정되는 사업장 조직으로는 기업마다 조직되는 기업노조기구(BGO: Betriebsgewerkschaftsorganisation)와 학교노조기구(SGB: Schulgewerkschafts-organisation) 및 지역노조기구(OGB: Ortsgewerkschaftsorganisation)가 있었다. 기업노조기구와 학교노조기구는 10명 이상이 노조에 가입한 기업체나 학교에 조직되었고, 지역노조기구는 노조원이 10명 이하인 기업이나 학교의 종업원과 교원을 비롯하여 연금생활자, 가사종사자, 농어촌노동자 및 자영업자 등으로 이루어졌다. 노조기구의 지도부는 각각 기업노조지도부(BGL), 학교노조지도부(SGL), 지역노조지도부(OGL)라고 불렸다. 각 사업장 노조의 하부조직으로서는 현장 노조원총회에서 노조원들에 의해 직접 선출되는 노조신임대의원(Vertrauensleute)들로 구성되는 노조그룹(Gewerkschaftsgruppe)이 기본단위를 이루며, 노조그룹과 기업노조지도부 사이에는 다시 각 생산분과마다 조직되는 분과지도부(AGL: Abteilungsgewerkschaftsleitung)가 존재했다.

일정한 범위에서 기업노조기구의 공동결정권이 법적으로 인정되었으나,[5]

---

4 Transmissionsriemen은 원래 '매개고리'로서 당과 대중을 연결하여 쌍방향의 의사소통을 매개하는 고리였다. 그러나 실제 현실사회주의 국가에서 노동조합은 정당에서 대중으로 상명하달의 역할을 함으로써 일방향적 기능을 했으며 그에 따라 '전달띠'로 번역되곤 한다.

5 공동결정권과 관련된 노조의 활동은 주로 기업계획회의(Plandiskussion)와 기업 단체협약(Betriebs-kollektivvertrag)을 통해 이루어졌다. 계획회의에서는 공동결정권이 사실상 거의 없고 대개 제안만 허용되었으며, 매년 맺는 단체협약은 수당 문제 등 상위 협약이 지정하지 않은 사안들을 상세하게 다룰 수 있었으며 특히 해고와 산업안전 문제에서 노조의

'문서상의 권한'에 불과해 종종 '상징적 의례(symbolisches Ritual)'로 행사되었으며, "노동자들의 일상적 이해대변은 전 사회 차원의 이해대변에 철저히 종속"되어 있었다(Gill, 1989: 379-381). 곧 전 사회 차원의 이해대변에 노사가 따로 있을 수 없고 경영자와 종업원이 공동의 계급기반에 입각해 있다는 현실 사회주의 사회의 이념에 근거를 두고 종업원과 경영진의 마찰을 무마해 왔다고 할 수 있다.

작업과정상의 문제를 둘러싸고 경영진과 기업노조지도부 간 갈등이 있을 때는 기업에 파견된 '기업당조직(Betriebsparteiorgane)'이 계급적 관점과 전체 사회의 이익에 입각하여 조정했고, 경영진과 기업노조지도부는 그 결정에 따라야 했으며, 기업당조직은 현장 감독기관으로서 실제 많은 사업장 영역에 개입했다. 따라서 구동독의 사업장 노조는 노조조직상 상급노조의 위계체계에 종속되었을 뿐만 아니라, 사업장 수준에서도 경영진 외에 당기관에 종속된 상태였다.

(2) 구동독 노동자조직의 통일 대응

동독의 변혁과 변동은 노동자들에 의해 이루어진 것도 아니며, 노동자들 내에서도 거의 이루어지지 않았다. 그 이유는 노조가 노동사회적 통합과 정치적 중앙집중구조에서 '전달띠' 역할에 얽매여 있었다는 것이다. 그러한 가운데에도 움직임이 있었다면, '독립노조이니셔티브(IUG: Initiative für unabhängige Gewerkschaften)'가 유일한 것이었다. 비록 그 파장은 크지 않았지만, IUG는 노동자들에 의한 유일한 사회주의 개혁그룹으로서 독립적인 노조를 조직하여 노동자 대변구조를 급진적으로 개혁하려고 시도한 그룹이었다.

한편 국가와 사회 체제의 변혁을 목적으로 하지는 않았으나, 노조 내의 개혁을 주장한 그룹으로 인민공사(VEB)의 '개혁(Reform)그룹'과 노조학교

동의가 필요했다. Gill(1989: 376ff) 참조.

(Gewerkschaftsschule) 학생그룹이 있었다.[6]

① 독립노조 이니셔티브(IUG: Initiative für unabhängige Gewerkschaften)

IUG는 당시 인텔리 및 중간계층 중심의 현실사회주의 개혁운동에 반대하고 공장 내 토대운동을 중시한 유일한 노동자 개혁운동이었다. IUG는 자본주의와 관료독재를 극복한 새로운 대안의 창출을 위해 노력하는 가운데 위로부터의 개혁에 반대하고 아래로부터의 개혁의 필요성을 강조하여, 공장 내에서 통일사회당을 축출하는 운동과 통일사회당의 전달띠인 FDGB를 대신하는 강력한 독립노조의 건설을 목표로 했다.

1989년 11월 15일 '연락사무소(Kontaktbüro)'를 연 것이 IUG 조직 활동의 시작이다. 이후 IUG는 1990년 11월 조합비 납부 거부운동을 실현시켰고, 12월 20일에는 새 노조의 건설을 공식 결정하였다. 그 결과 1990년 1월 초에 170개 기업에서 약 2만 명의 노동자들이 IUG에 가입하고, 베를린을 중심으로 7개의 공장에서 '독립 토대그룹(Unabhängige Basisgruppe)'이 결성되는 성과가 있었다.

그러나 IUG의 활동이 대중운동으로 승화되지는 못하여 1990년 2월 3일 대회는 애초의 계획과 달리 '독립노조' 결성대회로 이어지지 못했다. 이는 당시 대중시위를 주도하던 인텔리 중심의 저항운동단체들이 '단일통합노조(Einheitsgewerkschaft)'를 절대시하는 입장에서 '독립노조 이니셔티브(IUG)' 운동을 반대한 사실로부터 1차적으로 영향받은 결과였다. 그러나 다른 한편으로는 IUG에 대한 FDGB의 통합 시도가 가시화되고 시산이 성과함에 따라 IUG 내에서도 독립노조의 건설보다 직업적 이해대변을 우선시하는 그룹들이 성장함에도 불구하고 내부 의견 통일이 이루어지지 못한 데에도 원인이 있었다. 결국 통일로 가는 급행열차의 기적 속에 이들의 소리도 묻혀 버리고

---

6 동독 변동기의 대안적 노동운동에 관한 자세한 내용과 자료에 대해서는 Ansorg und Hürgen(1992); Pirker et al.(1990: 43-44) 참조.

만 것이다.

이후 IUG는 1990년 11월 4일 알렉산더 광장 시위 1주년 기념일을 기해, '비판적 노조활동그룹(KG: Kritische Gewerkschaftsarbeit)'으로 개명하여 현재 서독의 비판적 노조원그룹과 함께 활동하고 있다.

② 개혁(Reform) 그룹

'개혁 그룹'은 1989년 12월 10일 인민공사(VEB) 종업원들에 의해 조직된 독립기업노조를 말한다. 이 그룹은 기업노조의 독자성, 관료적 통제의 폐지, 기업 내 노조의 공동결정권, 여행제한의 폐지 및 경제적 결핍의 극복을 주장하였다.

'개혁 그룹'의 구체적 활동은 FDGB 기관지인 '트리뷔네(Tribüne)'에 비판적 글을 게재하거나 노련 지도부에 대한 비판을 공개적으로 행하는 것이었다. 그룹 활동가들은 노련 지도부와 기업노조지도부에 대한 신임문제를 제기하여 상당한 성공을 거두기도 하였다. 그러나 IUG와 달리 노련 내 개혁에 머물렀다는 한계가 있었다.

③ 노조학교(Gewerkschaftsschule) 학생그룹

노조학교 학생그룹도 '개혁 그룹'과 마찬가지로 노련의 개혁을 주장했다. 대표적인 활동으로는 1989년 12월 6일 노련중앙지도부에 반대해 수백 명의 학생들이 시위를 벌인 것이다. 당시 이 그룹의 주장은 노련 중앙지도부의 전원 사퇴, 임시지도부의 재구성, 토대조합원 입지의 강화, 노조 간부 부정부패의 색출, 단일 통합노조 유지, 노조의 '원탁회의' 참여였다.

1989년 11월 베를린 장벽이 무너지고 변혁의 기운이 무르익었던 당시에는 베를린의 기업노조지도부와 지역노조지도부 모임도 이 주장에 찬성하여 지지하기도 했다. 그러나 이들의 활동도 다른 시민사회단체들처럼 변혁과 통일의 기운이 더욱 거세어지자 통일운동에 흡수되어 가면서 일회적 흐름으로 막을 내렸다.

④ 동독자유노련(FDGB)의 대응[7]

상술한 바와 같이 1989년 3월부터 인민공사의 비판적 사업장들을 중심으로 조합원들의 비판과 이탈이 생겨나고 있었음에도 FDGB는 이를 경시했다. 그렇지만 비판적 활동이 동독노조에 미친 영향이 결코 적지만은 않아 1989년 9월 말에 FDGB 위원장 티쉬(Harry Tisch)는 중앙지도위에서 당에 대한 노조의 독자역할을 주장하고 경제계획을 비판하기 시작했다. 그 후 노조 내 개혁의 물꼬가 트이면서 1989년 10월 초 FDGB는 정치국 노선과의 단절을 선언하기도 했다.

그러나 동독노조의 이러한 대응도 같은 달 18일 호네커(Erich Honecker) 서기장이 퇴진하는 등 통일사회당의 몰락이 기정사실화된 후에 나타난 것에 불과했으며, 변혁과 통일의 정국에 대한 노동자 조직의 주체적 참여는 이루어지지 못했다. 티쉬 위원장 또한 10월 28일 인민공사노조 위원장의 신임문제 제기로 사퇴해야만 했으며, 당시 금속노조위원장과 함께 공금횡령죄로 구속되는 등 기존 정권의 특권과 밀착된 노조지도부의 문제도 심각하게 남아 있었다. 결국 킴멜(Annelis Kimmel) 신임 FDGB위원장은 노조재정 공개와 산별노조 강화를 강조하며 당직을 겸임한 노조지도자들의 당직 사임을 권고했으며, 실제로 사임하지 않은 많은 지도자들이 노조직을 사퇴해야만 했다. 그러나 킴멜 위원장 또한 1989년 12월 9일 노조학교 학생들의 시위로 사퇴했는데, 그는 사퇴의 변을 통해 FDGB 지도부가 지금까지 당의 정책을 무비판적으로 추종하고 특권과 직위를 남용하고 부정으로 얼룩졌음을 시인했다.

킴멜 위원장의 사퇴는 동독노조의 변화에 중대한 계기를 마련했다. 1990년 1월 31일 ~ 2월 1일에 임시 전국대회 때까지 지도부 전원이 사퇴하고 33인의 '임시대회 준비위원회' 체제로 전환된 것이다.

'임시대회 준비위원회'의 주요 목표와 활동 구상은 다음과 같다.

---

7 Ansorg und Hürtgen(1992); Pirker et al.(1990); Genosko(1991) 참조.

주요 목표

- 강력하고 독립적인 단위노조 건설
- 상급조직인 노련은 중앙, 구역, 지역 차원에서 기능하는 작은 기구로서 노련과 단위노조의 협력이 원할하게 이루어지도록 개혁
- 노동조합법상 노동투쟁권을 비롯한 노동조합의 권리 보호

활동 구상

- 준비위 강령작업에 주요 활동그룹과 비판그룹들을 통합
- 퇴직 간부의 사회적 보장을 보장하는 선에서 노련을 위와 같은 상급조직으로 구성
- 스캔들의 도덕적 극복과 개인적 처벌을 통해 노조 기구의 명예를 세우고 부담을 덜어줌
- 사업장과 사회에서 기존 노조활동을 법적으로 보장: 직장평의회가 도입되면 경쟁조직으로서 정치투쟁을 할 수 있도록 수용

그러나 이러한 목표와 활동구상이 현실화되기도 전에 독일 통일은 기정사실화되었고 동독노조도 서독노조로 흡수 통합되기로 결정되었다. 변혁기 정국에서 뒤늦게 출발한 노동자와 노조의 대응들이 급속한 통일의 바람에 휩쓸려 간 것이다.

(3) 구서독 노동조합의 통일 대응

서독노조도 통일 정책 자체에 대해서는 기본적으로 무관심했다. 경제 · 사회 통합 등 통일 정책에 서독노조는 참여하지 않았음에도 노동계와 관련된 모든 정책은 직접 적용되었고 독일노련(DGB)은 이를 수용했다. 산별노조들도 동독의 노조는 동독 통일사회당의 대중조직으로서 독립적인 노동자이해대변 조직이 아니라는 입장에 의견을 같이하여 동독노조가 서독노조의 체계로 통합되는 것을 기정사실로 인정한 반면(Armingeon, 1991: 285), 동독노조 내

비판 그룹에 대해서는 인정하지 않았다.

동서독노조 간 대화는 1989년 9월 11일 당시 FDGB위원장 티쉬가 독일노련의 초청으로 서독을 방문한 이후 비로소 시작되었다. 독일노련은 티쉬 위원장이 사퇴, 구속된 후 비개입 원칙으로 돌아서기도 했으나, 1990년 1월 31일 ~ 2월 1일 FDGB 임시전국대회 이후 다시 개입정책으로 전환하여 노조통합정책을 본격화하기 시작했다.

독일노련과 서독 산별노조의 동독노조에 대한 제1단계 정책은 '동독노조 간부들의 교육(능력향상)'이었으며, 대표적인 선두주자는 금속노조와 화학 · 제지 · 케라믹 노조였다. 1989년 12월 서독 금속노조와 동독 금속노조는 기업 간 파트너관계와 서독 금속노조의 시설 이용 및 전문가 교환을 통한 동독노조 간부의 교육을 내용으로 하는 '긴급프로그램(Sofortprogramm)'에 합의했으며, 같은 때 서독 화학 · 제지 · 케라믹 노조와 동독 화학 · 유리 · 케라믹 노조는 한 발 더 앞서 통합의 수순 밟기에 들어갔다. 이후 동서독 노조 간 통합은 단위노조별로 통합의 시기와 방법에 있어 다소 차이가 있기는 했으나, 기본적으로 흡수 방식의 국가통합처럼 동독노조가 해체된 후 동독 지역 노동자들이 서독노조로 개별 가입하는 흡수 방식으로 진행되었다.

2) 통일독일의 노동조합 활동

노조 통합 이후 독일노련(DGB)은 동독 지역 노동자들의 생활보장을 위해 임금정책에 중점을 두었다.[8] 노련 내에서는 '신속한 임금동일화안'과 '경제적 가능성과 효율성'의 관점에 선 '단계적 임금동일화안'의 논쟁이 일었다. 그에 따라 실제 1991년 상반기에 노조의 찬성으로 체결된 각종 단체협약은 '단계적 임금동일화안'에 합의하였지만, 그 시기는 대개 1994년 말까지로 한정하는 것으로 절충되었다(남구현 · 황기돈, 2000: 48-49).

8 통일 직후 독일노련의 정책에 대해서는 정병기(2003) 참조.

그러나 이후 체결된 단협을 통해 지속적으로 지연됨으로써, 임금 동일화 속도는 동독 지역 노동자들에게 결코 만족스럽지 못한 결과를 나타났다. 〈표 3-11〉에서 보는 바와 같이 단협상 임금인상은 지속적으로 이루어졌음에도 1994년 말에 동독 지역 단협임금은 서독 지역 단협임금의 84%에 불과했으며 가장 최근 통계인 2008년 말에도 96.8%로서 100% 동일화에 미치지 못하고 있다. 물론 산업 부문에 이러한 평등화 과정이 달리 나타나 건설 부문과 은행업에서는 1997년 4월 이후 상당한 수준의 평등화를 이루게 되었다고 한다. 이러한 임금인상 지연은 통일독일의 동독 지역 발전정책이 일정기간 노동비용을 낮은 수준으로 유지하는 가운데 자본투자를 촉진하는 형태로 전개되었다는 사실에 주로 기인한다.

실질 임금을 살펴보면 상황은 더욱 열악하다. 1999년 서독 대비 동독의 실질 임금수준 비율은 수공업 부문에서 최저치인 68.3%였고, 최고치를 보인 소상업 부문에서조차 81.0%에 불과했다(광공업 생산직 71.8%, 광공업 사무직 74.4%, 대상업 72.0%, 신용 보험 75.8%, 〈표 3-12〉 참조). 사민당이 재집권한 연도인 2002년에도 전체적으로 다소 줄어들기는 했지만, 수공업 부문은 여전히 열악하여 67.9%에 머물렀으며, 최고치인 소상업 부문은 79.4%에 머물러 오히려 1999년보다 격차가 벌어지는 현상마저 보였다(광공업 생산직 70.3%, 광공업 사무직 74.2%, 대상업 68.1%, 신용 보험 74.2%). 그 이유는 명확히 밝혀지지는 않았지만, 단협이 제대로 지켜지지 않았기 때문이기도 하나(동독 기업들이 사용자단체에서 탈퇴하는 경우가 계속 생겨남), 동독 출신 노동자들은 동종 산업에 종사하더라도 임금수준이 낮은 업무에 종사하기 때문이기도 하다. 그럼에도 노조는 이러한 구동서독인들 간 직업 및 업무구조상의 문제점을 해결하려는 노력을 게을리 해 왔다. 특히 사민당 집권 이후에는 일정한 양보 교섭의 행태도 한 몫했다고 추측할 수 있다.

통일 후 이와 같은 독일 노동조합의 상황은 통일 후 노동조합원 수와 조직률의 변화에 잘 반영되어 있다. 통일 직전 약 31.2%의 조직률로 거의 800만 명에 이르던 서독 노동조합은 60%가 넘는 조직률을 가지고 동독 노동조합

표 3-11 구동서독 지역 단협임금 인상률과 수준 변화(단위: %)

	서독 지역 단협임금인상률	동독 지역 단협임금인상률	서독 지역 대비 동독 지역 단협임금 비율
1991	6.0	–[1)]	60
1992	5.7	21.6	73
1993	3.8	12.5	80
1994	2.0	6.4	84
1995	3.6	7.5	86
1996	2.3	5.0	89
1997	1.4	2.7	90
1998	1.7	2.5	91
1999	2.9	3.4	91.5
2000	2.4	2.3	91.9
2001	2.1	2.3	92.3
2002	2.6	2.9	92.8
2003	2.4	-3.0	93.4
2004	1.9	-2.5	94.0
2005	1.6	-1.6	94.6
2006	1.5	-1.4	95.1
2007	2.2	-2.2	95.2
2008	2.7	-4.0	96.8

1) 1990년 보상체계 전환으로 통계 불가.

출처: WSI-Tarifarchiv, BMA, http://www.boeckler.de/549_20871.html(검색일: 2009.9.18.)

표 3-12 구동서독 지역 월평균 실질임금수준 비교(단위: DM)

업종		1997		1999		2002[1)]	
		서독 지역	동독 지역	서독 지역	동독 지역	서독 지역	동독 지역
광공업	생산직[2)]	26.74	19.32	27.99	20.09	15.17	10.66
	사무직	6,455	4,770	6,772	5,040	3,716	2,759
수공업[2)]		23.63	16.28	24.26	16.57	12.96	8.80
대상업		4,854	3,491	5,110	3,681	3,019	2,055
소상업		3,900	3,089	4,019	3,254	2,285	1,815
신용 보험		4,775	3,581	5,044	3,825	2,876	2,135

1) 유로.

2) 시간당 임금.

출처: Statistisches Bundesamt(http://www.destatis.de).

을 통합하여 약 1,200만 명(조직률 33.6%)에 가까운 거대 조직이 되었다. 그러나 통일 이후에는 기존에 감소하던(1981년 7,957,512명으로 사상 최고 정점에 이른 후 점차 감소) 추세에 동독 지역 조합원들의 급속한 탈퇴가 더해져 조직률 하락이 더욱 심해졌다(〈표 3-13〉 참조). 결국 1994년에 처음 30% 이하로 내려갔으며(28.9%), 약 10년 후인 2005년에는 다시 20% 이하로 떨어졌다(19.7%). 2008년 말 독일노련 조합원들은 약 637만 명으로 통일 직후 1,180만 명의 54.0%에 불과한 수치였다.

그에 따라 1980년대 이래 조직률 감소에 따른 조직개편 논의가 더욱 격렬하게 진행되었다. 논쟁은 소규모 노조로 분화해야 한다는 주장과 대규모 산별노조로 재편해야 한다는 주장이 대립되었으나, 이미 후자의 방향으로 결말이 났으며, 통일 이후에는 그에 따른 조직 개편이 본격화되었다.

1995년 건설노조(IG Bau)와 조경 · 농 · 임노조(GGLF: Gewerkschaft Gartenbau, Land- und Forstwirtschaft)가 통합하고, 1997년에는 섬유의류노조(GTB)가 자진 해산 후 금속노조에 통합되었으며, 화학 · 제지 · 케라믹노조(GCPK: Gewerkschaften Chemie-Papier-Keramik)와 광산 · 에너지노조(IGBE: IGBergbau und Energie) 및 피혁노조(GL: Gewerkschaft Leder)가 거대 부문별노조인 광산 · 화학 · 에너지노조(IG BCE: IG Bergbau, Chemie, Energie)로 통합하였다(*Junge Welt*, 1997.10.6.). 2000년 1월 1일부로 목재 · 합성수지노조(GHK: Gewerkschaft Holzund Kunststoff)도 금속노조에 통합되었다.[9] 그리고 역시 1995년 이래 통합논의를 지속해 온 공무 · 운수 · 교통노조(TV), 상업 · 은행 · 보험노조(HBV), 체신노조(DPG), 언론노조(IG Medien) 및 DGB 미가입 노조인 사무직노조(DAG)가 1999년 서비스업종 전체의 통합단일노조를 건설하기로 결정한 후, 2001년 3월에 창립대의원대회를 통해 통합단일노조인 통합서비스노조(Ver.di: Die Vereinte Dienstleistungsgewerkschaft)를 탄생시켰다.[10] 따라서 현

---

9 목재 합성수지노조의 통합도 이미 1996년 DGB 임시전국대의원대회에서 결정되었다. Berliner Morgenpost, 1996.11.16.

10 2000년 9월 18일 함부르크에서 열린 통합 회의에서 통합대상 5개 노조들은 2000년 11월

표 3-13 독일노련(DGB) 조합원 수와 조직률 추이

연도	서독 지역		동독 지역		독일 전체	
	조합원 수	조직률[1)]	조합원 수	조직률[1)]	조합원 수	조직률[2)]
1990	7,937,923	31.2	-	-	-	-
1991	-	29.3	-	60.2	11,800,412	33.6
1992	-	28.9	-	56.5	11,015,612	31.9
1993	-	28.5	-	50.1	10,290,152	30.3
1994	-	28.6	-	43.1	9,768,373	28.9
1995	-	-	-	-	9,354,670	27.7
1996	-	-	-	-	8,972,672	26.6
1997	-	-	-	-	8,623,471	25.7
1998	-	-	-	-	8,310,783	24.5
1999	-	-	-	-	8,036,687	23.3
2000	-	-	-	-	7,772,795	22.1
2001	-	-	-	-	7,899,009	22.4
2002	-	-	-	-	7,699,903	22.0
2003	-	-	-	-	7,363,147	21.3
2004	-	-	-	-	7,013,037	20.3
2005	-	-	-	-	6,778,429	19.7
2006	-	-	-	-	6,585,774	19.0
2007	-	-	-	-	6,441,045	18.3
2008	-	-	-	-	6,371,475	17.8

1) EIRO: European Industrial Relations Observatory.

2) 독일 전체 조직률은 독일연방통계청 자료의 독일 내 근로자 총수 대비 조합원 총수를 백분율로 계산: 이 근로자 총수에는 조직대상자가 아닌 근로자들도 포함되어 구동서독 지역별 노조조직률 자료보다 2~3% 정도 낮게 계산되었으나, 조직률 변화 추이를 유추하는 데에는 무리가 없음.

출처: 독일노련 홈페이지 연도별 자료(http://www.dgb.de/dgb/mitgliederzahlen/mitglieder.htm); Kittner(1995); Statistisches Bundesamt(2009c: 81).

재 독일노련(DGB) 내 산별노조는 총 8개로 줄어들었다.

30일 이후 통합 계획들을 작성 · 제출토록 하는 등 구체적 일정에 합의함으로써 더욱 박차를 가하게 되었다. 공무 운수 교통노조는 2001년 3월까지는 통합서비스노조가 성립될 수 있을 것으로 내다보았다. TV Extra, 2000.9.18.

표 3-14 독일노련(DGB) 조직과 조합원 현황(2008년 12월 31일)

산하 노조	조합원 수(명)	독일노련 내 조합원 비율(%)
건설 · 농업 · 환경노조(IG Bauen-Agrar-Umwelt)	336,322	5.3
광산 · 화학 · 에너지노조(IG Bergbau, Chemie, Energie)	701,053	11.0
교육 · 연구노조(Gew. Erziehung und Wissenschaft)	251,900	4.0
금속노조(IG Metall)	2,300,563	36.1
요 · 식 · 숙박업노조(Gew. Nahrung- Genuss- Gastst tten)	205,795	3.2
경찰노조(Gew. der Polizei)	167,923	2.6
철도노조(TRANSNET)	227,690	3.6
서비스업통합노조(ver.di)	2,180,229	34.2
독일노련 전체	6,371,475	100.0

출처: 독일노련 홈페이지, http://www.dgb.de/dgb/mitgliederzahlen/popit?dok=gesamt2008.htm&append=auswahlformular(검색일: 2009.9.21.).

6. 요약과 전망

독일의 인구는 통일 이후 큰 변동이 없는 가운데 소폭이나마 지속적인 증가 추세를 보였다. 그러나 구동서독 지역으로 나누어 살펴보면 다른 결과를 보인다. 구서독 지역의 인구는 지속적인 증가추세에 있는 반면 구동독 지역의 인구는 모두 지속적인 감소 추세에 있다. 이것은 구동독 지역의 인구가 구서독 지역이나 다른 지역으로 이주해 가기 때문인 것으로 분석된다.

노동시장의 변화는 통일 후 구동독 주민들이 당면한 핵심 문제 중의 하나였다. '실업'이 존재하지 않는 '사회주의경제체제'의 동독 기업은 생산의 효율성보다는 과잉노동력을 보유한 채 유지되었다. 그에 따라 통일 직후 노동시장으로부터 대량 이탈이 발생했으며 취업률이 급격히 떨어졌다. 통일 독일 정부는 고용창출조처(ABM), 단축노동, 재교육 및 조기정년제 등의 제도를 통해 실업률을 낮추고자 했다. 그러나 구서독 지역에 비해 구동독 지역의 실업률은 지속적으로 대단히 심각하게 나타나 거의 2배 가까운 수치를 보여 왔다. 더욱 큰 문제는 두 지역 간의 실업률 격차가 점점 벌어지고 있다는 것이다.

통일 정부는 물론 구동독 지역에 대한 막대한 재정투자와 사회보장제도 적용으로 구동독 주민들의 사회경제적 통합에 힘써 왔으며, 그 결과는 통일 후 20년 가까이 흐르면서 상당한 정도의 긍정적인 결실을 거두었다. 그에 따라 2008년도 구동독 근로자들의 단협상 임금수준은 이미 구서독 지역과 근사한 수준에 이르렀다. 그러나 광공업과 서비스업을 아우른 전체 근로자들의 실제 소득은 여전히 70%를 조금 넘는 수준으로 나타났다. 게다가 경제 부문별로 다시 나누어 볼 때 공공부문과 민간부문 간에 심각한 차이가 존재한다. 공공서비스 부문의 평균 평등화 수준(서독 지역 소득 대비 동독 지역 소득의 백분율)이 90%인 반면, 민간서비스 부문과 민간 광 · 공업 부문은 70%에도 훨씬 못 미친다.

독일 사회보장제도의 핵심인 사회보험제도에 있어서도 흡수통일에 따라 서독의 제도가 동독 지역에 확대 적용되었다. 우선 통일조약에 따라 일정한 과도기를 거쳐 동독의 단일 사회보험 체계가 서독의 세분화된 보험체계로 잘 이행할 수 있도록 규정되었다. 즉, 동독의 의료 · 연금 · 산재보험의 단일 보험 담당기관이 과도기적으로 존속하되, 부문별 보험의 수입과 지출을 엄격히 분리하였다. 고용촉진법도 통일조약에서부터 규정되어 서독의 법률이 동독 지역에 확대 적용되어 실업보험제도가 도입되었다. 그에 따라 노동관청과 지소도 연방고용청의 지청으로서 연방주 크기별로 설치되어 통일조약에 의거해 구동독 지역의 노동관련 행정조직이 완비되었다. 사회보장제도의 경우에는 서독 제도의 조속한 도입으로 임금 수준과 달리 통합이 신속히 이루어졌다고 할 수 있다.

통일 후 독일 노동조합은 다른 부분들과 마찬가지로 흡수통일에 따라 구동독 노동조합들이 해체되고 구동독 지역 노동자들은 모두 구서독 노동조합에 개인적으로 재가입하는 방식으로 재구성되었다. 이것은 독일 노동조합의 절대적 강화를 의미했으며, 무엇보다 조합원 수 증가에 있어 그 강화가 명약관화하게 나타났다. 그러나 통일 이듬해부터 조합원 수는 다시 급격하게 줄어들기 시작해 2008년에는 절대치에서도 통일 직전 서독의 수치보다 낮았고 조직률은 통일 직전의 절반을 조금 넘는 수준으로 떨어졌다. 독일 노동조합의 이러한 약화는 1980년대 초반에 시작된 신자유주의 정치 시기에 전반적으로 약화되는 추세의 영향을 받기도 했지만, 임금 수준 동일화에 제대로 대처하지 못하는 등 구동독 지역 노동자 대변에 소홀했던 점에 기인하기도 했다.

통일독일에서 사회통합의 문제는 정치통합에도 중요한 영향을 미치는 요소다. 정부 주도로 가능한 제도의 도입을 통해 보다 쉽게 이루어질 수 있는 사회보장정책은 신속하게 수립되었지만, 민간 부문의 적극적 참여가 필요한 임금과 고용 문제에 있어서는 통합이 지연되었으며 이 지연은 새로운 정치적 지역균열로 연결되었다. 따라서 20년이 지난 통일독일에서 사회통합 문제는 사회적으로 준비되지 못한 급격한 통일이 가져온 부정적 측면으로서 정치통합에 다시 부메랑으로 작용하고 있어 민간 부문의 적극적 통합 노력뿐만 아니라 정부 차원의 노력도 지속적으로 이어질 것을 요구하고 있다.

제4장
교육 및 연구개발

1. 구동독 지역의 대학 구조개혁

1) 대학 구조개혁의 원칙

1989년 10월 베를린 장벽이 붕괴된 이후 수립된 동독의 임시과도정부에서도 맑스-레닌주의 교양필수과목 폐지, 교련과목 폐지, 슈타지 부설대학 폐교 등 부분적으로 교육개혁 시도가 있었지만 본격적인 교육개혁은 통일정부가 수립된 후부터 1990년대 초중반에 이루어졌다. 대학에 국한해서 말하면, 1990년 8월 31일 동서독 정부 사이에 체결된 통일조약(Einigungsvertrag)은 구동독 지역에 있는 대학과 연구소의 존폐를 통일 후 새로 구성될 주정부에 일임한다고 명시하고 있다(제13조). 아울러 1990년 말까지 각 시설의 존폐여부를 결정하고 1994년까지 구조개혁을 완료한다는 일정까지 제시하고 있다. 또한 구동독 지역의 교육 및 연구체계에 대한 평가는 구서독 지역의 기준에 맞춘다는 포괄적인 기준도 제시하고 있다(제38조). 이에 따라 국가학술정책자문위원회가 입안한 구동독 지역 대학 구조개혁안은 다음의 7대 원칙에 바탕을 두고 있다(Wissenschaftsrat, 1992: 10f.).

표 4-1 구동독의 대학구조 재편

		1989	1996	2007	독일 전체	비고
존속	종합(공과)대학	9	16	15	104	3개 신설, 4개 격상
	예술전문대학	12	11	9	51	
	신학대학	2	11(2)	10(2)	45(14)	괄호 안은 종합신학대학
통합	공업 · 기술전문대학	14	-	-	-	
	사범대학	9	1	-	6	
	의과대학	3	-	-	-	
	체육전문대학	1	-	-	-	종합 · 전문대학에 통합
	상업전문대학	2	-	-	-	
	농림전문대학	2	-	-	-	
	광산전문대학	1	-	-	-	
폐지	당정치대학	4	-	-	-	
	국방대학	10	-	-	-	구동독 체제 재생산
	경찰대학	3	-	-	-	
신설	전문대학	-	22	21	190	
	행정전문대학	-	9	8	30	정부기구 부설
	사립대학	-	3	8	83	주로 전문대학

*사립대학: 종합대학 9, 전문대학 73, 예술전문대학 1.

출처: Handbuch zur Hochschulerneuerung(1996: 100ff.), Lewin und Pasternack(2007) 등의 자료 재구성.

(1) 대학 외 연구인력을 대학에 통합함으로써 기초연구역량을 강화한다. 〈표 4-1〉에서 보는 바와 같이 구동독의 대학 외 연구소 인력(27%)은 서독(13%)의 2배나 된다. 대학 외 연구소가 주로 응용분야 연구를 담당하므로 통일 후 경쟁력을 상실한 응용연구 분야의 연구인력은 축소될 수밖에 없었다. 마찬가지로 경쟁력을 상실한 대형복합공장(콤비나트)이 대부분 와해되면서 가장 많은 수를 차지하던 산업체 연구인력(60%) 역시 재배치가 불가피하게 되었다.

(2) 대학 외 연구소와 대학의 협력을 강화한다. 구동독의 대학 외 연구소 연구인력은 모두 과학원 산하 연구소에 배속되어 있었다. 통일과 더불어 구동독의 과학원 역시 해체되고 그 대신 구서독의 국공립 연구기관인 막스-플랑크 연구소, 헬름홀츠 연구소, 프라우엔호프 연구소 등의 산하 연구소들이 구동독의 과학원 산하 연구소의 기초연구 인력 중 일부를 받아들였다. 대학의 연구인력 수용능력에는 절대적인 한계가 있기 때문에 대학 소속 연구인력

과 이들 국공립 연구소의 협력체계를 구축하는 데 중점을 두었다.

(3) 구동독의 '특수전문대학(Spezialhochschule)'을 종합대학에 통합한다. 구동독에서 '당정치학교'처럼 체제유지에 봉사하거나 특수한 국책사업 수행의 기능을 담당하던 특수전문대학들은 통일과 더불어 존립근거를 상실했기 때문에 대부분 해체되었고, 이공학 분야의 특수전문대학은 종합대학에 통합되는 방향으로 구조개혁이 이루어졌다.

(4) 경쟁력 있는 '전문대학(Fachhochschule)'을 육성한다. 서독 사회에서 전문대학 출신은 기술전문직의 70%, 사업주(CEO)의 30%를 차지할 만큼 사회적 기여도가 높은데, 그것은 전문직능이 존중받는 사회적 풍토와 이를 뒷받침하는 전문대학 교육이 확고한 기반을 가지고 있기 때문이다. 구동독 지역에서도 그와 같은 전문대학을 중점적으로 육성하는 것이 중요한 정책목표의 하나였다. 기존의 종합대학에 편입할 수 없는 분야들을 통폐합하여 전문대학을 신설하는 것도 하나의 방안이었다.

(5) 지나치게 세분화된 교과과정을 통합한다. 과거 동독시절에 국책사업에 맞추어 기능적으로 세분화된 대학의 교과과정을 가능한 범위 안에서 통합하여 대학 본연의 보편적인 교육이 이루어질 수 있도록 구조개혁을 추진하며, 이것은 모든 학문분야에 해당된다.

(6) 대학을 신설하기 전에 혁신부터 해야 한다. 대학을 신설하려면 막대한 예산이 필요하고 교수인력 수급의 문제도 있기 때문에 기존 대학의 혁신에 우선순위를 둘 수밖에 없다.

(7) 추진 일정: 원래는 1994년까지 구동독 지역 대학의 구조개혁을 매듭짓겠다는 목표를 세웠으나, 실제로는 1995년까지 구조개혁이 계속되었고 세부적인 보완조치 등은 1990년대 말까지 계속되었다.

2) 대학의 통폐합과 신설

앞에서 언급한 대학 구조개혁의 원칙에 의거하여 구동독의 대학들은 〈표

4-1〉에서 보는 바와 같이 재편되었다.

구조개혁의 중요한 특징을 살펴보면 다음과 같다.

- 전체적으로 종합대학과 전문대학으로 이원화되었다. 구동독 당시 9개이던 종합대학이 1996년 기준으로 16개로 늘어났고, 예술전문대학은 거의 같은 수를 유지하였으며, 전문대학이 34개나 신설되었다.
- 군소 기술전문대학을 종합대학, 종합공과대학(TU), 신설 전문대학에 통합하였다. 14개의 공업기술전문대학, 9개의 사범대학, 3개의 의과대학, 그리고 체육전문대학과 상업전문대학 등의 특수 전문대학들이 종합대학과 신설 전문대학 등에 통합되었다.
- 특히 14개의 공업기술전문대학을 통합한 것은 구동독의 노후한 산업구조 재편과 연동되어 있다.
- 체제유지 기능을 맡던 당정치대학, 국방대학, 경찰대학 등의 국책전문대학을 폐지하고, 직능 중심의 행정전문대학을 신설하였다.
- 구동독 당시와 비교하면 신학대학이 2개에서 11개로 급증하였고, 사립대학이 신설되어 2007년 현재 8개에 이르고 있다.
- 구동독 당시에는 종합대학의 수가 극히 적었으나 통일 독일 정부는 구동독 지역에 종합대학 대 전문대학 수의 비율을 6:4 내지 5:5로 조정하고 학생 수 기준으로는 2:1로 종합대학 학생 수를 끌어올린다는 목표를 추진하였다.
- 또한 구동독 당시의 대학생 수는 전체 학령인구의 16%로 구서독 지역 35%의 절반에도 못 미쳤으나, 통일 후에는 2000년까지 3배로 끌어올린다는 목표를 설정하였다. 뒤에서 자세히 살펴보겠지만 구동독 지역의 높은 실업률과 낮은 출산율이 지속됨에 따라 이러한 목표는 현재 좌절된 상태다.

3) 대학 교원의 인적 쇄신

통일조약 제2조에 명시된 공직 인력 감축 원칙에 따르면(동독이라는 국가의 법적 지위가 사라지므로) 모든 공직자에 대한 개별적인 퇴출이 가능하며, 그 심사기준으로 '전문성', '수요 과부족', '소속 기관 존폐 여부'가 설정되었다. 이 원칙을 반영하여 입법된(1990년 12월) 대학기본법(Hochschulrahmengesetz) 개정안은 대학교원 개개인의 직위를 승계하려면 주정부의 법적 승인을 거쳐야 한다고 명시하고 있다(제75조). 다시 말해 주정부는 모든 대학 교원 개개인의 직위승계 여부에 대해 심사할 권한을 부여받게 된다. 애초에 1992년까지 대학의 인적 쇄신을 완료한다는 목표를 세웠으나, 1993년까지 기한이 연장되었고, 부분적으로는 1994년 이후에도 인적 쇄신이 계속되었다. 1994년까지 구동독의 대학 교원 3만 8,900여 명 중 7,900여 명(약 20%)이 퇴출되었다(〈표 4-2〉).[1]

표 4-2 전공분야별 대학교원 퇴출 현황

	재직 대학교원(1989)			퇴출 인력(1994)	
	총원(명)	비율(%)	여성비율(%)	숫자	비율
인문학	6,922	17.8	50	1,790	26
체육	1,181	3.0	28	404	34
사회과학, 법학	5,483	14.1	32	4,879	89
자연과학	5,831	15.0	18	-	-
의학	7,964	20.5	37	188	2
농학	1,248	2.2	24	108	9
공학	6,395	16.4	10	159	2
예술	1,021	2.6	48	30	3
중앙기관부설대학	2,864	7.4	34	423	15
합계	38,909	100.0	31	7,981	21

출처: Handbuch zur Hochschulerneuerung(1996).

---

1 퇴출인력에 대해서는 6개월 동안 '대기발령' 상태로 급여의 70%를 지급하고, 그 기간 안에 재계약이 이루어지지 않으면 자동으로 해임된다. 모든 공직자에 해당.

(1) 주요 특징

이른바 '이데올로기 성향'이 강한 분야의 교원이 대거 퇴출되었다. 특히 정치경제학 5,300명, 법학 500명 등 과거 동독체제의 이념적 재생산에 핵심역할을 했던 학문분야에서는 90% 가까이가 퇴출되었다. 인문학 분야에서도 주로 구동독 체제의 정통성을 교육하는 데 치우쳤던 교육학, 역사학, 철학, 독문학 등에서 많은 교원이 퇴출되었고, 러시아어 교원은 러시아어가 필수과목에서 해지됨에 따라 많은 수가 퇴출되었다. 체육 과목은 필수과목에서 해지됨에 따라 담당 교원의 34%가 퇴출되었다. 이공학 분야의 교원은 약 97%가 승계되었다. 〈표 4-2〉에서 중앙기관부설대학의 교원은 1994년 현재 15%가 퇴출된 것으로 집계되어 있으나, 실제로는 1990년대 말까지 70%가 퇴출된 것으로 추산된다(Pasternak, 2005: 225). 최근 자료에 의하면 인적 쇄신은 2000년대까지도 계속되어 실제로는 구동독 시절에 재직하던 교원의 60%가 퇴출된 것으로 추산된다(위의 책, 227).

(2) 대학 유형별, 인력 구성별 특징

종합대학 교원의 퇴출비율이 압도적으로 높다. 구동독 당시 종합대학 교원은 교수 3,468명, 강사 4,047명으로 총 7,515명이었는데 그중 47.8%에 해당되는 3,592명이 퇴출되었다. 또한 종합대학 교원 수를 대폭 줄이고 전문대학 교원 수를 대폭 늘렸다. 〈표 4-3〉에서 보는 바와 같이 구동독 당시에는 종합대학 교원이 전체의 75%를 차지하였으나 통일 후에는 종합대학 교원이 55%로 줄어들고 그 대신 전문대학 교원이 18%에서 38%로 2배 이상 급증하였다.

교수나 강사보다는 이른바 '보조인력(Wissenschaftliche Mitarbeiter)'이 압도적

표 4-3 대학유형별 교원 수 비율의 변화(1989~1994년)

	종합대학	전문대학	예술대학
1989	75%	18%	7%
1994	55%	38%	7%

출처: Handbuch zur Hochschulerneuerung(1996).

으로 많이 퇴출되었다. 구동독 대학의 교원 중 3만 1,393명이던 중간인력은 1994년 기준으로 1만 7,024명으로 줄어들어 전체의 46%가 퇴출되었다. 그 반면 7,455명이던 교강사는 7,464명으로 거의 같은 수준을 유지하였다. 대학 교직원 역시 구동독 당시 6만 2,000여 명에서 4만 3,000여 명으로 대폭 감축되었다.

(3) 교수 충원

구동독 지역의 주정부들은 1994년까지 종합대학 퇴출인력 3,592명을 충원하고 신설 전문대학의 교원 2,566명을 신규로 임용하여 1994년 말까지 구동독 당시의 대학 교원 수를 회복하였다. 이를 위해 1994년까지 이른바 '학과 창립교수(Gründungsprofessuren)'를 종합대학에서 216명, 전문대학에서 169명 등 모두 385명을 임용하여 구조개혁의 핵심 동력으로 삼았다. 〈표 4-4〉에서 보는 바와 같이 대학 구조개혁 완료 목표 시점인 1994년까지 적정교원 수의 68%를 충원하였고, 1996년까지 85%를 충원하였다.

그러나 1990년대 말부터는 독일대학의 전반적인 구조조정의 여파로, 그리고 구동독 지역 대학생 수가 감소함에 따라 대학교원 수 역시 감소하여 2008년 현재 구동독 지역의 대학 교원 수는 7,046명으로 줄어든 상태다(Statistisches Bundesamt, 2008d: 52f). 구동독, 구서독 출신 비율을 보면 구동독 지역 대학의 인적 쇄신과 관련하여 신규 교원을 임용할 때 거의 대부분을 구서독 지역 출신으로 충원한다는 비판이 거세고, 이에 따라 대학 역시 '식민화' 했다는 비판도 있다. 〈표 4-5〉에서 보는 바와 같이 1995년도 통계수치를 보면 종합대학과 전문대학에서 구서독 출신 교원의 비율이 40% 이상을 차지하고 예술대학에서도 22%를 차지하고 있다. 종합대학의 경우 교원의 41%가

표 4-4 연차별 대학교원 충원율

1993	1994	1995	1996
40%	68%	75%	85%

출처: Handbuch zur Hochschulerneuerung(1996).

표 4-5 구동독 지역 대학교원의 출신 지역 분포(1995년)

	종합대학	전문대학	예술대학
구동독 출신	52%	58%	71%
구서독 출신	45%	41%	22%
외국인	3%	1%	7%

출처: Handbuch zur Hochschulerneuerung(1996).

퇴출되었다는 사실을 고려하면 새로 충원된 교원의 90% 이상이 구서독 출신이라고 추정할 수 있다.

4) 대학생 수의 증감

산업 인프라가 취약한 구동독 지역에서 대학생 수는 중장기적으로 지속적인 성장동력을 확보하기 위한 고급인력 수급의 관건이 되는 중요한 문제다. 이에 따라 통일 독일 정부는 2000년까지 구동독 지역의 대학생 수를 통일 이전의 3배로 늘린다는 목표를 설정하였다. 1989년 통일 직전 시점에 구동독에서 18~19세 학령인구 22만 4,000여 명 가운데 15.5%에 해당되는 3만 4,800여 명이 대학입학 자격을 취득함으로써 구동독 지역의 대학 진학률은 구서독 지역의 35%에 절반도 못 미치는 수준이었다. 그러다가 통일 후 4년 만인 1994년에는 학령인구의 35%에 해당되는 6만 4,700명이 대입 자격을 취득하여 구서독 지역(34.4%)을 앞지르기 시작했다. 그러나 1990년대 중반부터 대학생 수가 정체되고, 2000년대 중반부터는 오히려 감소하는 추세를 보이고 있다. 2004년 기준으로 구동독 지역의 대학생 수는 15만 5,400명으로 인구 1,000명당 11.6명에 해당되며 구서독 지역의 14명보다 적다. 이처럼 구동독 지역의 대학생 수가 줄어드는 추세를 보이는 것은 통일 후 구동독 지역의 경제상황이 열악해지자 출산율이 저하되어[2] 학령인구의 절대수가 줄어들기 때

2 1990년 1.47에서 1993년 0.77로 줄어듦.

표 4-6 구서독 지역 대비 구동독 지역의 실업률

1991	1997	2005	2008
1.65배	1.77배	1.87배	2.04배

출처: 2009년 통계연감.

표 4-7 17~20세 학령인구 감소(2006~2020년 예측)

연도	2006	2007	2008	2009	2010	2011	2012	2020
숫자	53,033	49,889	42,364	34,334	27,114	24,646	24,069	29,327

출처: Killisch u.a.(2009).

문이다. 또한 〈표 4-6〉에서 보는 바와 같이 2000년대에 들어와서도 구동독 지역의 높은 실업률이 해소되지 않기 때문에 출산율 저하와 악순환 구조로 맞물려 있다. 게다가 구동독 지역 출신 학생들이 능력과 형편이 닿으면 구서독 지역의 대학과 수도 베를린에서 학업을 계속하기를 선호하여 대부분의 주들에서 대학 입학생의 20~30%가 구서독 지역 및 베를린의 대학으로 진학을 하는 것도 구동독 지역에서 대학생 수가 감소하는 중요한 요인 중의 하나다.

작센 주의 경우[3]

작센 주는 구동독 지역의 주들 중에 경제상황이 가장 좋은 편에 속하며 교육 및 연구의 인프라도 가장 잘 확보되어 있다. 그럼에도 2005~2008년 동안 작센 주의 대학생 수는 전체의 9%에 해당되는 2,000여 명이 감소하였다.

작센 주의 경우에도 출산율 저하에 따른 학령인구의 감소가 심각한 문제로 대두하고 있다. 〈표 4-7〉에서 보는 바와 같이 인구 수가 최저점을 통과하는 2012년에는 2006년에 비해 학령 인구 수가 절반 이하로 줄어들 것으로 예측되며, 다소 회복세를 보이는 2020년에도 2006년도의 55% 수준밖에 되지 않을 것으로 예측된다. 아래 그림에서 보는 바와 같이 작센 주의 경우에도 통일 후 경제상황이 최악이었던 1990년대 초반에 출산율이 최저치를 기록했고,

3 Killisch u.a.(2009)를 참조할 것.

(단위: 1,000명)

* 2005~2020년은 예상 수치임.

출처: Killisch u.a.(2009).

그림 4-1 작센 주의 출산인구 증감 추이

이 무렵 태어난 아이들이 대학 진학 연령이 되는 2000년대 후반부터 대학 진학률이 급격히 떨어지는 것도 그 때문이다. 그리고 2005~2020년 예상 수치에서 보듯이 앞으로도 출산율은 계속 저하할 것이라고 예측된다.

작센 주 출신 학생들이 작센 주의 대학으로 진학하는 토착민 진학률 역시 1990~1996년 평균 80%, 2000년 76%, 2005년 68%로 계속 줄어들고 있어서 대학생 수 감소의 중요한 요인이 된다. 작센 주가 토착민 진학률이 가장 높다는 사실을 감안하면 다른 주들의 상황은 더 열악하다고 할 수 있다. 이러한 여러 가지 요인으로 작센 주는 2015년까지도 2003년도 산정 적정 대학생 수의 50~60%에 머물 것이라는 비관적 예측을 내놓고 있다. 다른 한편 작센 주에는 다른 주로부터 유입된 대학생 수가 많아서 그나마 적은 감소폭을 보이는 편인데, 2005년 기준으로 서독 출신이 1981명, 동독의 다른 주 출신이 3,728명으로 작센 주의 전체 대학생 가운데 38.6%를 차지한다. 이것은 구동독 지역의 주들에 대하여 아직까지 등록금을 면제해 주는 혜택이 남아 있고, 특히 작센 주의 경우에는 주도(州都)인 드레스덴을 중심으로 첨단복합기술단지가 들어서는 등 유리한 입지를 확보하고 있기 때문이다. 하지만 관점을 달리해서 보면 유독 작센 주에 타 지역 출신의 대학생이 많다는 것은 구동독 지역 내에서도 그만큼 지역적 편차가 크다는 사실을 반증하는 것이기도 하다.

5) 특별 재정 지원

통일 독일 정부는 구동독 지역의 대학을 구조개혁하기 위하여 통일 직후부터 현재까지 구동독 지역의 대학에 대하여 지속적으로 특별 재정을 지원해오고 있는데, 여기서는 1990년대 초중반의 특별지원사업인 '대학혁신 프로그램'과 2000년대 중반에 시작하여 2020년까지 장기지속 사업으로 추진하고 있는 '대학교육협약 2020'을 중심으로 살펴보기로 하겠다.

(1) 대학혁신 프로그램

통일 직후 독일 정부는 구동독 지역의 대학 구조개혁을 위한 특별지원 사업으로 '대학혁신 프로그램(HEP: Hochschulerneuerungsprogramm)'을 추진하였다. 이 프로그램은 구동독 지역 대학 교원의 인적 쇄신을 통한 학문의 질적 수준 유지, 학문후속세대의 양성, 여성균등 교육기회 보장 등의 중점사업 영역을 설정하였다. 이러한 사업 목적을 실현하기 위해 1991년부터 5년 동안 2억 4,270만 마르크의 특별 재정을 지원하였으며, 연방정부와 주정부가 총사업비의 75%와 25%를 분담하였다. 구체적인 지원내역은 〈표 4-8〉에서 보는 바와 같다.

(2) 대학교육지원협약 2020

2007년 독일 연방정부와 주정부들은 2020년까지의 대학생 수 변동을 예측하며 대학교육을 강화하기 위한 특별지원 정책을 추진하기로 하고 대학교

표 4-8 대학혁신 프로그램 지원 내역(단위: 100만 마르크)

	지원 프로그램	지원 금액
교원 인력 쇄신(인건비)	교수 충원, 파견, 휴직 및 퇴직 지원금	3.27
	주거비 지원	0.10
	학문후속세대 양성*	1.79
	질적 수준 제고	0.72
	방송통신대학	0.32
	전문대학 구조개혁	1.67
교육 및 연구 역량 유지 (연구비)	개인 및 공동 연구 지원	6.00
	대학 외 연구 지원	1.20
	대학 외 연구시설 신설	2.67

*교수자격논문 저술지원 0.526, 박사과정 및 박사 후 과정 국내외 연수 0.750, 석박사과정 우수장학생 0.572.

출처: Bund-Länder-Kommission für Bidlungsplanung und Forschungsförderung, Abschlussbericht zum Gemeinsamen Hochschulsonderprogramm III des Bundes und der Länder (2001)

육지원협약(Hochschulpakt 2020)을 체결하였다(연방교육과학기술부 공보 2007년 Nr. 171). 이것은 OECD 국가들 중에 대학생 수가 현저히 낮은 독일이 지속적인 성장동력을 확보해야 한다는 국가적 차원의 정책목표에 따른 것으로, 독일 전체로는 2020년까지 대학생 수를 27만 명 증원한다는 목표를 설정하고 있다. 이를 위해 2010년까지는 대학생 1인당 연간 1만 1,000유로의 예산을 배정하고, 2011~2015년까지는 2배로 늘여서 2만 2,000유로를, 2016~2020년까지는 2만 6,000유로를 지원할 계획이다. 구서독 지역의 대부분 대학들에서 최근 몇 년 사이에 학기당 500유로 정도의 등록금이 도입되긴 했지만, 대학운영 재정의 95%를 등록금이 아닌 공공재정에서 충당하는 독일의 대학교육 체계에서 공공재정의 지원을 향후 10년 동안 2배 이상 늘리기로 한 것이다. 이를 위해 소요되는 총재정 1조 유로는 연방정부와 주정부가 5,000억 유로씩 분담하기로 되어 있다.

이 정책 자체는 구동독 지역에 대한 특별배려가 아니라 국가적 차원에서 대학교육 강화를 통해 국가경쟁력을 높인다는 목표를 설정하고 있지만, 구동독 지역에 대한 특별배려도 포함하고 있다. 2011~2015년 사이에 구동독 지역의 대학생 수는 6만 3,000여 명 감소할 것으로 예상되고 있다. 이에 대비

표 4-9 주별 대학생 수 증감 추이(2005~2010년)

주	2005년 신입생	2007~2010년 신입생 증원
바덴-뷔르템베르크	49,578	15,544
바이에른	50,518	18,259
베를린	20,704	-
브란덴부르크	7,552	-
브레멘	5,256	-
함부르크	11,864	-
헤센	30,059	8,791
메클렌부르크-포어포메른	6,284	-
니더작센	25,930	11,193
노르트라인-베스트팔렌	80,903	26,307
라인란트-팔츠	17,535	5,796
자를란트	3,740	1,510
작센	19,940	-
작센-안할트	8,765	-
슐레스비히-홀슈타인	8,123	3,970
튀링엔	9,325	-
총계	356,076	91,370

* 2007~2010년은 추정 수치.

출처: 연방교육연구부 공보 Nr. 171(2007년 12월).

하여 '대학교육 지원협약'은 구서독 지역의 대학에 지원되는 특별 재정의 5%를 구동독 지역의 대학들에 이전하도록 하고 있다. 구서독 지역에서 최근 도입된 학생 등록금이 국가 지원 재정의 5% 수준이라는 점을 고려하면 이러한 조치를 통해 구동독 지역의 대학들은 적어도 학생 등록금만큼의 재정은 국가와 주정부로부터 보전받을 수 있게 된 셈이다. 이 밖에도 '대학교육 지원협약'은 구동독 주에 있는 대학의 적정 학생 수를 하향 조정하여 적정기준을 초과하는 학생들에 대해서는 연방정부가 지원하기로 하였고, 의학 분야에서는 일정수의 정원을 반드시 유지하도록 하고 있다.

2. 연구기반 확충

1) 통일독일의 연구개발 정책

1990년 초부터 이미 서독의 연방정부와 주정부 그리고 동독의 과학기술부는 통일 과정에서 동서 간의 연구기반을 균등하게 일치시키기로 합의하였다. 곧이어 1990년 8월 체결된 통일조약 제38조는 학문 및 연구에 관한 합의내용을 담고 있는데, 그 핵심요지는 다음과 같다.

- 통일독일에서 학문과 연구는 국가와 사회의 중요한 기반이 된다.
- 구동독 지역에서 경쟁력 있는 연구소들은 유지하면서 학문과 연구를 혁신해야 한다.
- 공공 연구소들은 학술정책자문위원회(Wissenschaftsrat)의 진단평가를 받도록 한다.
- 구동독 지역이 연구시설은 구서독의 기준에 맞추도록 한다.
- 구동독의 과학원 및 산하 연구소들은 해체되거나 재편되지 않는 경우에는 1991년 12월 31일까지 각 주정부 산하로 이관한다.
- 과학원 및 산하 연구소들은 1991년 12월 31일까지 과도기의 재정지원을 받는다.
- 연방정부와 주정부들 사이에 합의된 기본법 91조 b항에 따라 구동독 지역의 연구소들도 연방 및 주정부의 지원을 받도록 한다.
- 구서독 지역에서 존속하던 연구지원체계는 독일 전역으로 확대 적용된다.
- 지금까지 이미 구동독 지역의 연구 및 개발을 위해 체결된 지원사업들은 승계된다.[4]

4 통일조약 제38조 1~7항 내용의 요약.

구동독 지역에서 '경쟁력 있는 연구소들은 유지하면서 학문과 연구를 혁신'하기 위해서는 무엇보다 구동독 지역의 연구소들에 대한 평가가 선행되어야 한다. 이미 1990년 가을에 평가를 시작하여 1991년 여름까지 1년 동안 학술정책자문회의는 구동독 지역의 연구소들에 대한 진단평가를 시행했다. 연방 전체의 균형발전, 연구의 자율성, 국책 연구소에 대한 지원, 국제적으로 경쟁력 있는 연구수준의 확보라는 평가기준을 설정하여 국내외의 학자 200여 명으로 구성된 평가단은 10개 분과로 나뉘어 구동독 과학원 산하 130여 개의 연구소에 대해 서면심사 및 현장실사 등의 방식으로 평가를 시행하였다. 이러한 평가를 바탕으로 학술정책자문위원회는 구동독 지역의 학문 및 연구 진흥을 위한 정책기조를 다음과 같이 설정하였다.[5]

- 대학 외 연구소보다는 대학 연구소에 우선순위를 두고, 기초연구는 대학으로 이관한다. 대학과 학외 연구소들이 서로 경쟁하도록 유도하고, 연구 주체 및 재원을 다원화한다.
- 대학과 학외 연구소들의 협력을 강화한다. 특히 양쪽에서 최고의 연구역량이 협력하여 교육과 연구의 수월성을 추구한다.
- 기존의 연구시설을 활용하여 중점연구단지를 조성한다. 예컨대 동베를린의 아들러호프, 포츠담의 전기통신연구센터, 라이프치히의 페르모저 연구단지 등에는 대학 및 학외 연구소들을 유치하고 대형 연구장비를 설치하며, 기술개발 업체들의 연구소 및 창업센터 등을 유치한다.
- 연방정부와 주정부들은 연구소 신설을 위한 설립위원회 및 자문위원회를 구성한다.
- 연구인력을 쇄신한다. 선도적인 학자들은 재계약을 하고, 중간 연구자들은 한시적인 고용계약을 맺으며, 학문후속세대들을 위한 장학금을 확

5 1993년 3월 24일 제12차 독일연방의회 보고서 11면(Deutscher Bundstag: Bericht der Bundesregierung zur Stärkung der Wissenschafts- und Forschungslandschaft in den neuen Ländern und im geeinten Deutschland, S.11).

보한다.

- 연구개발 인력을 위한 특별지원대책을 수립한다.
- 경쟁력 있는 연구기반시설을 개선하고 확충한다.

위에서 제시한 정책기조 중에서 연구개발 인력의 쇄신과 대학의 기초연구 강화, 그리고 대학 외 연구소 육성에 관해서는 별도로 살펴보기로 하겠다. 위에서 보듯이 '대학 연구소와 학외 연구소의 경쟁 및 협력'을 강조하기 때문에 실제로는 대학 외 연구소들 역시 대부분은 대학에 병설 연구소를 두고 있다.

2) 연구개발 인력의 쇄신

과거 동독의 연구인력 구성은 서독과 비교해서 몇 가지 중요한 차이가 있었다. 〈표 4-10〉에서 보는 바와 같이 우선 대학 바깥의 연구기관에 종사하는 연구인력의 비중이 27%로 서독의 2배나 되었다. 이것은 대학에서 이루어지는 기초연구보다는 국책사업에 요구되는 응용연구의 비중이 그만큼 높았다는 뜻으로 이해될 수 있다. 대학 외 연구인력이 예외 없이 모두 과학원(Akademie der Wissenschaften) 산하 연구소에 배속되어 있었던 것도 같은 이유로 설명될 수 있다. 또 한 가지 중요한 특징은 산업체 부설 연구소가 거의 모두 대형공장(콤비나트)에 속해 있었다는 것이다. 통일 후 구동독 지역의 기간산업 시설들이 대부분 경쟁력을 상실하여 와해될 수밖에 없었다는 상황을 고려하면, 이처럼 콤비나트 부설 연구소에 소속된 연구인력이 압도적으로 많았다는 것은 이들 연구인력이 과연 통일 후에도 경쟁력 있는 연구역량으로 연구직에 종사할 수 있는가 하는 심각한 문제요인이 된다.

그러한 우려는 현실로 나타나서 1993년까지 연구인력 구성의 변화를 보면 산업체 연구소에 있던 연구인력은 8만 5,700명에서 2만 2,032명으로 급감했고, 대학 외 연구소 소속 연구인력 역시 3만 8,000명에서 1만 2,429명으로 급감했다. 이로써 구동독 당시 연구인력은 14만 명에서 5만 명으로 감소하였

표 4-10 구동독과 구서독의 연구개발 인력 구성(1989년 기준)

	구동독		구서독	
	인원 수	비율(%)	인원 수	비율(%)
대학 외 연구소	38,100	27	57,900	13
대학 연구소	16,700	12	69,700	16
산업체 부설 연구소	85,700	61	296,500	70
계	140,500	100	424,100	100

출처: Handbuch zur Hochschulerneuerung(1996: 570).

표 4-11 구동독 지역의 연구인력 구성 변화

	1989		1993		2003	
	인원 수	비율(%)	인원 수	비율	인원 수	비율
대학 외 연구소	38,100	27	12,429	24	21,943	27
대학 연구소	16,700	12	16,680	33	23,864	30
산업체 부설 연구소	85,700	61	22,032	43	33,820	43
계	140,500	100	51,141	100	79,627	100

출처: Handbuch zur Hochschulerneuerung(1996: 597); 2005년 독일통일백서, 67-68쪽.

다. 구동독 산업시설의 와해로 대부분 대학 바깥의 연구소에 속해 있던 연구인력의 3분의 2가 통일과 더불어 일자리를 잃게 된 것이다. 1990년대 중반 이후로는 구동독 지역에 신설된 연구소들이 연구인력을 대폭 충원함으로써 각 부문의 연구인력 수가 모두 고르게 증가하여 총 연구인력 수가 7만 9,627명으로 늘어났다.

이러한 문제점을 해소하기 위한 방편으로 연방정부와 주정부는 1992년부터 '연구인력 재활 프로그램(Wissenschaftler-Integrations-Programm)'을 도입하여 과학원 등 대학 바깥에 있는 연구인력을 대학 내로 통합하기 위해 한시적으로 개개인의 연구를 지원하는 대책을 마련하였다. 이를 통해 1996년까지 5년 동안 2,000명에게 연구비를 지원하였고, 이 기간 동안 1,174명이 대학 혹은 연구소에 편입되었다. 하지만 연구비 수혜자 2,000명은 전체 퇴출인력의 5%에 불과하고, 대학 혹은 연구소에 편입된 1,174명은 3.6%에 불과하다. 그리고 그중 정규직으로 채용된 인원은 1996년까지 66명에 불과하여 실질적으로 구동독의 연구인력 중 통일 후 퇴출된 사람들은 극소수를 제하고는 거의 대부분 연구직에서 일할 기회를 잃었던 셈이다. 이처럼 구동독의 대학 외 연구인력이 통일 후 거의 모두 일자리를 잃었다는 사실은 구동독과 구서독의 응용분야 연구수준과 기술격차가 그만큼 컸다는 것을 입증하는 착잡한 사태라 하겠다. 특히 통일 후 몇 년 동안은 대학 자체도 구조조정으로 급격한 변화를 겪고 있었기 때문에 대학 바깥에 종사하던 인력을 대학 안으로 수용할 여력이 없었다는 것도 연구인력의 재활을 어렵게 만든 요인 중 하나다.

3) 대학 외 연구소 육성

학술정책자문위원회의 제안에 따라 1991년 말부터 1992년 말까지 1년 사이에 서독의 기존 연구소들이 구동독 지역으로 확대되어 총 108개의 연구소가 새로 설립되었다. 이를 유형별로 살펴보면 〈표 4-12〉에서 보는 바와 같다.

그 밖에도 '연구인력 재활 프로그램(WIP)'으로 1,920명이 2년 동안 연구비 지원을 받을 수 있게 되었으며, 60개의 중장기 연구과제에 223명이 참여하여 연구지원을 받게 되었다. 이로써 1992년 말까지 모두 1만 2,500여 명의 연구인력이 구동독 지역에 새로 충원되었고, 이러한 연구기반을 구축하는 약 13억 마르크의 연방정부 특별지원금이 투입되었다.

표 4-12 구동독 지역에 신설된 대학 외 연구소(1992년 기준)

연구소 유형(상급 연구소)	개별 연구소 신설 숫자	연구인력 수
대형 국립연구단지	라이프치히-할레 환경연구센터 등 11곳	1,726명
막스-플랑크 연구소	동베를린 아들러호프 물리학 연구소 등 10개 연구소 예나 대학 방사선광학 연구단 등 28개 연구단	795명
라이프니츠 연구소	드레스덴 중합체 연구소 등 38개	5,500명
프라우엔호프 연구소	마그데부르크 공장자동화시스템 연구소 등 21개	1,050명
헬름홀츠 연구소	포츠담 지질 연구소 등 10개 연구소	1,400명
주정부 산하 연구소	로슈톡 대학 유기촉매연구소 등 20개	1,170명

출처: 1993년 3월 24일 제12차 독일연방의회 보고서, 14-25쪽.

표 4-13 구동독 지역 연구소에 대한 연방정부의 지원금 추이

1993	1998	2004	2008
17억 5,000만 마르크	6억 5,600만 유로	76억 6,000만 유로	9억 7,030만 유로

출처: 1993년 독일연방의회 보고서; 2000년 통일백서, 2005년 통일백서; 2009년 통일백서.

표 4-14 연구기관별 연방정부의 지원금(2004년 기준)

연구기관	연간 예산 (단위: 100만 유로)	연구인력 수	비고
막스-플랑크 연구소	11,800	4,000	20개 연구소, 38개 연구단
프라우엔호프 연구소	17,700	1,850	19개 연구소
헬름홀츠 연구소	50,000	2,800	18개 연구소
라이프니츠 연구소	39,300	?	36개 연구소

출처: 2005년 통일백서.

구동독 지역의 연구소에 대한 연방정부의 특별지원은 〈표 4-13〉에서 보는 바와 같이 꾸준히 증가하고 있으며, 2008년 지원액은 9억 7,030만 유로로 구동독 연구소에 대한 연방정부의 지원금은 총예산 39억 유로 중 4분의 1을 차지한다.

이와 같은 지원에 힘입어 2000년대 중반부터는 앞에서 언급한 주요 연구기관들이 구동서독 지역에 비슷한 비율로 분포하게 되었다. 2004년 기준으로 구동독 지역에 설립된 주요 연구기관의 현황을 살펴보면 〈표 4-14〉와 같다(2005년 독일통일백서, 62-68쪽). 대부분의 연구소들이 10년 전에 비해 연구인력이 거의 2배 이상 증가하였고, 연간예산 및 연구소 수는 구서독 지역의 4분의 1을 차지하고 있다.

구동독 지역의 연구시설에 대한 이러한 지원에 힘입어 2000년대 중반 이래 구동독 지역에는 국제적인 경쟁력을 갖춘 첨단연구소들이 각 지역에 고르게 자리 잡아 가고 있다. 그 대표적인 사례만 소개하면 아래와 같다(2005년 독일통일백서, 63쪽 이하).

• 프라우엔호프 나노전자공학센터(드레스덴): 2005년 프라우엔호프 연구소

와 2개 민간기업 합작으로 설립하여 연방정부와 작센 주정부가 초기자본으로 8,000만 유로를 지원하고 참여기업이 향후 5년간 1억 7,000만 유로를 지원하기로 하였다. 이로써 드레스덴은 유럽 최첨단의 나노기술 연구기지가 될 것으로 기대된다.

• 프라우엔호프 세포치료 및 면역학 연구소(라이프치히): 2005년 유럽연합 발전기금(60%), 주정부(20%)와 연방정부(20%)의 공동출자로 총 3,200만 유로의 설립비를 투입하여 라이프치히 의과대학 병원에 설립한 연구소로, 생명공학 의료센터 교수직 7개를 신설하였고, 완공되면 약 110개의 연구직이 마련될 것으로 기대된다.
• 라이프니츠 신경생물학 연구소(마그데부르크): 유럽 최초로 7-테슬라-자기공명단층촬영 기기를 갖춘 기초의학 연구소로, 극히 미세한 뇌파까지 감지하여 뇌활동에 대한 정밀진단기술을 개발하고 있다.
• 헬름홀츠 지구과학연구센터(포츠담): 포츠담에 설립된 지구환경연구센터(GFZ)에는 현재 지구과학의 모든 분야를 담당할 수 있는 연구시스템이 갖추어져 약 600명의 연구원이 근무하는 세계적인 연구소로 자리 잡았으며, 특히 재해경보시스템을 개발하여 큰 호응을 얻고 있다.

4) 대학 연구역량 강화

(1) 중점연구분야 지원 사업

1992년부터 독일연구재단은 대학의 연구역량을 향상시키기 위한 특별지원사업으로 '중점연구분야 지원 사업(Sonderforschungsbereich)'을 도입하였다. 독일 전역의 대학을 대상으로 하는 이 사업으로 구동독 지역에서 1992년부터 1996년 사이에 16개 분야 및 대학이 지원을 받았다. 경제학 1개, 생물 및 의학 5개, 자연과학 3개, 공학 7개로 이루어진 지원내역을 보면 〈표 4-15〉와 같다.

표 4-15 구동독 지역 소재 대학들에 대한 중점연구분야 지원 현황

동베를린:	- 경제과정의 계량화 및 시뮬레이션
훔볼트 대학	- 신경계 질환에서 비신경계 세포의 의미
	- 초열역학
메클렌부르크-포어포메른:	- 부분 이온화된 플라스마 동역학
그라이프스발트 대학	
작센:	- 원자화 시스템 설계
드레스덴 공과대학	- 비균질 체계 내의 중합체 반응
라이프치히 대학	- 점막과 분자의 상호반응
프라이베르크 광업전문대학	- 기계적 운반과정에서 입자들 사이의 상호작용
켐니츠-츠비카우 공과대학	- 생산성과 환경친화성의 측면에서 본 암괴 변형 과정
	- 대형 병렬 전산기의 수치 조작
	- 방향감지기의 미세역학
작센-안할트:	- 식물계의 분자세포생물학
할레-뷔텐베르크 대학	- 건축자재 재생 공학
마그데부르크 대학	- 셀룰로이드 프로틴 연구
튀링엔:	- 광학층의 물리학 및 화학
예나 대학	- 생체막 및 인공막에서 지방조직과 지방 · 단백질 상호작용

출처: Handbuch zur Hochschulerneuerung(1996: 583).

(2) 혁신연구 지원 사업

혁신연구 지원 사업(Innovationskolleg)은 교육과학기술부의 지원으로 구동독 지역 대학들의 혁신분야 연구역량을 강화하기 위한 특별지원사업으로 도입되었다. 이에 따라 1994년부터 2002년까지 8년 동안 1억 4,000만 마르크를 지원하였다. 1996년까지 21개 분야 및 대학이 지원을 받았다.

3. 기술혁신 지원 사업

1990년대 중반 이래 약 10년 동안 구동독 지역에 다양한 형태의 연구 인프라가 구축되었다. 그렇지만 구동독 지역에는 기술집약형 대기업이 구서독 지역에 비해 여전히 취약하다는 점이 문제로 지적되고 있다(2009년 독일통일백서,

표 4-16 구동독 지역 소재 대학들에 대한 혁신연구 지원 사업 현황

동베를린: 훔볼트 대학	- 이론 생물학 - 전달체계 손상 시 재생메커니즘과 뇌기능
브란덴부르크: 프랑크푸르트(오더) 유럽국제대학 포츠담 대학 코트부스 공과대학	- 중유럽 및 동유럽 국가의 경제체제 변환과 사회재편 - 복잡계 인지의 형식모형 - 생화학 분석에서 생물분자 인식체계 - 소화기관의 생리작용 메커니즘 - 라우지츠 갈탄광 개발의 생태학적 변화추이
메클렌부르크-포어포메른: 로슈톡 대학	- 복합 감지기 시스템
작센: 드레스덴 공과대학 라이프치히 대학 켐니츠-츠비카우 공과대학	- 의사소통체계 - 전도성 액체의 열자기 액체동역학 - 화학신호와 생물학적 반응 - 극최소화 현상 - 나노기술의 방법 및 재료체계 - 운송체계망 및 시뮬레이션 센터 구축
작센-안할트: 할레-뷔텐베르크 대학 마그데부르크 대학	- 이질계의 경계층 구조 및 속성에 변형을 가함으로써 형성되는 새로운 중합소재 연구 - 세포 특성화 연구: 동식물과 인간의 신호전달체계 - 생물계의 영상정보 분석 - 순응 역학 체계
튀링엔: 예나 대학, 일메나우 공과대학	- 신소재 세라믹 - 광학 전산 기술

출처: Handbuch zur Hochschulerneuerung(1996: 585).

61쪽). 이에 2000년대에 들어서부터는 대학 연구소와 학외 연구소의 연구역량을 기업의 하이테크와 접맥시켜 국제적인 경쟁력이 있는 첨단분야를 집중적으로 지원하여 경제적 부가가치를 최대화하는 데 주력하고 있다. 여기서는 이와 관련하여 몇 가지 중요한 정책을 살펴보고자 한다.

1) 지역 혁신역량 강화 사업

독일정부가 구동독 지역의 기술혁신과 성장동력 확보를 위해 1999년부터 시작한 지역 혁신역량 강화 사업은 지역 거점의 중소규모 벤처기업의 기술혁

신을 위해 지원하는 사업으로, 사업 단계별로 5개의 프로그램으로 분화 발전하여 현재까지 지속되고 있다. 이 사업은 1999년 당시 2억 5600만 유로의 자본금으로 시작하여 2000년대 중반부터 지원규모가 2배로 확대되었다. 5개 프로그램의 개요를 살펴보면 다음과 같다(2006년 독일통일백서, 2009년 독일통일백서).

- '거점지역혁신(Innovatonsinitiative Region, InnoRegio)': 대학과 연구소와 기업의 협력체계로 지역경제 발전에 기여하기 위해 혁신기술을 개발하는 프로그램으로 1999~2006년 사업기간 동안 23개 지역에서 1,100개의 혁신기업이 지원을 받았다. 총 2억 유로 이상이 투입된 이 프로그램으로 참여기업 중 30%의 기업이 신기술 특허를 취득하였고, 2000~2004년 불황기에도 이 사업에 참여한 기업들의 고용은 11% 증가하였다. 대표적인 성공사례로 중부 작센 섬유공업지대에 설립된 독일 최대의 섬유기술개발 프로젝트인 'InnTex' 프로젝트의 일환으로 11개의 혁신기술개발기업이 설립되어 140여 개의 협력업체를 통해 이미 섬유 관련 혁신제품을 시장에 공급하고 있다.
- '혁신성장거점(Innovative Regionale Wachstumskern)': 2003년부터 새로 시작된 이 프로그램은 단기간 안에 상품화 가능한 혁신기술 개발을 지원하는 사업이다. 2003~2006년 사이에 16개의 지역거점 벤처기업이 1,500만 유로의 지원을 받았다. 이 기간 동안 해당 기업들은 40%의 매출신장과 28%의 고용 증가를 기록했다. 2007년부터 이 사업은 '성장핵심잠재력 개발'이라는 프로그램으로 바뀌어서 2008년 현재 4개 지역거점에서 15개의 프로젝트가 지원을 받았다.
- '혁신역량(InnoProfile)': 2005년부터 시작된 이 사업은 지역 중소기업의 기초기술을 연구하는 구동독 지역 대학과 외부 연구기관의 신진연구자 그룹을 지원하는 것으로, 하나의 프로젝트에 5년 동안 지원이 가능하다. 2008년까지 42개의 연구단이 지원을 받았으며, 2012년까지 1억 4,000

만 유로가 지원될 예정이다.

- '혁신역량개발센터(Zentren für Innovationskompetenz)': 2002년부터 시작된 이 사업은 구동독 지역의 대학 및 외부 연구기관에 국제적 경쟁력을 갖춘 첨단연구센터의 건립을 지원하는 것으로, 2008년 현재 8개의 연구센터가 지원을 받았으며, 2012년(혹은 2014년)까지 14개의 연구센터에 총 1억 5,000만 유로가 투입될 예정이다.
- '지역혁신포럼(Innovationsforen)': 2001년부터 시작된 이 사업은 지역의 혁신역량 네트워크를 구축하는 사업으로 2008년까지 총 98개의 혁신포럼이 800만 유로의 지원을 받았다.

2) 첨단분야 육성 지원

2008년부터 시작된 '첨단분야 육성 지원' 사업은 "독일의 첨단분야: 더 많은 혁신, 더 많은 성장, 더 많은 일자리"라는 기치하에 매년 구동독 지역에서 5개 분야를 선정하여 최대 5년 동안 매년 2억 유로씩 총 10억 유로를 지원하는 프로그램이다. 이 사업에 선정된 과제는 5년의 기술개발 기간을 거쳐 시장에서 상용화할 수 있는 신기술을 개발하는 것을 목표로 한다. 1차연도에 선정된 첨단분야 개요는 다음과 같다(2009년 독일통일백서).

- 베를린 의료생물학 연구소: 생체의 분자조절 메커니즘, 질병의 원인 및 치료에 대한 체계적인 연구.
- 포츠담/코트부스 지구에너지 연구소: 지열을 활용한 에너지 생산 개선, 친환경 신기술 에너지 개발 등.
- 라이프치히/드레스덴 국제 수자원 연구센터: 건조지대의 수자원 개발 및 관리를 위한 신기술 개발 연구.
- 그라이프스발트/로슈톡 플라즈마 의학 연구소: 피부, 외과, 치과 등 여러 의료분야에서 플라즈마 의학을 이용한 새로운 치료법 개발.

- 마그데부르크 첨단제어기술 연구소: 차량, 의료, 에너지 등 다양한 분야에서 안전성을 극대화하는 제어기술 소프트웨어 개발을 위한 시뮬레이션 연구.
- 예나/일메나우/에어푸르트 정밀광학 연구소: 생물학, 의학 등에 필요한 초정밀 광학기기 개발 연구.

위의 예에서 포츠담/코트부스 지구에너지 연구소는 포츠담 지구환경 연구소의 인프라를 바탕으로 추진되며, 다른 지역의 첨단연구 역시 이미 구축되어 있는 대학 연구소 및 대학 외 연구소의 연구성과를 바탕으로 출발하는 것이 특징이다. 또한 대부분의 프로젝트가 특정 도시에만 국한되지 않고 두세 개의 도시와 지역을 연계하는 클러스터를 형성하여 기술개발의 성과가 효과적으로 파급될 수 있도록 하고 있다.

3) 하이테크 창업 지원

2004년에 시작되어 독일 전역에서 신기술로 창업을 하는 중소기업을 지원하는 이 사업은 〈하이테크 창업기금〉 등의 재원으로 유망한 신기술 중소기업 창업에 50~100만 유로를 지원하는 사업이다. 〈하이테크 창업기금〉에서는 2007년도 기준으로 이 사업비로 총 2억 7,200만 유로가 집행되었고, 그중 2억 4,000만 유로를 연방정부가 부담하고 나머지는 개인 투자자들이 출자하였다. 2004~2007년도에 승인 인가를 받은 하이테크 중소기업 177개 가운데 49개가 구동독 지역에 소재하여 전체의 4분의 1 이상을 차지하며, 총 사업비 대비로는 전체의 약 3분의 1 가까이를 차지한다. 또한 유럽연합에서 관리하는 〈ERP 창업기금〉에서는 2004~2008년 사이에 독일의 하이테크 창업기업 238개가 2억 유로의 지원을 받았고, 그중 약 20%가 구동독 지역에 자리 잡고 있다(2009년 독일통일백서, 65-66쪽).

4) 기업 연구개발 역량 강화

(1) 기업 연구소 지원

구동독의 경제사정을 지속적으로 개선하기 위해서는 경쟁력 있는 기업을 육성하는 것이 관건이다. 이에 독일정부는 '낙후 지역의 성장동력 확보를 위한 연구개발 지원 사업(INNO-WATT)'의 일환으로 2004년부터 2008년까지 구동독 지역의 중소기업 연구개발기관과 민간 산업연구소 등에 2,100여 개의 연구개발 프로젝트를 발주하여 총 8억 800만 유로를 지원하였다.

2009년부터는 민간 산업연구소에 대한 지원은 '구동독 지역 혁신역량(Innovations-kompetenz Ost)' 프로그램으로 분화되어 독자적으로 운영된다. 그리고 중소기업 연구개발에 대한 지원 역시 2008년 중반부터 '중소기업 핵심혁신역량 강화 사업'으로 특화되었다(2009년 독일통일백서, 64-65쪽).

(2) 중소기업 핵심혁신역량 강화 사업

2008년 7월에 시작된 이 사업은 개별 중소기업(ZIM-SOLO) 또는 여러 중소기업 및 연구소가 참여하는 컨소시엄(ZIM-KOOP), 그리고 기업 네트워크(ZIM-NEMO)의 연구개발 프로젝트를 지원한다. 연방정부와 주정부 사이에 체결된 2단계 경기부양협약(Konjunkturpakt II)에 의거하여 2009~2010년 사이에 총 9억 유로가 7,000여 개의 프로젝트에 지원될 예정이며, 그중 2억 유로는 구동독 지역 중소기업의 연구개발비로 지원된다. 참여 기업 수 기준으로는 구동독 지역이 40% 이상을 차지한다(2009년 독일통일백서, 65쪽).

(3) 혁신기술 공모 지원

"경제가 과학을 만나다"라는 슬로건을 내걸고 2007년부터 시작된 이 사업은 과학 분야의 첨단기술을 높은 부가가치로 상용화할 수 있도록 기술이전을 하는 프로그램을 지원하는 것이다. 2011년까지 모두 3차례의 공모를 통하여 총 60억 유로를 지원할 예정이다. 3차 공모에서 216개의 지원과제 중 32개가 선정되었으며, 2차 공모에서 10개를 더 추가할 예정이다(2009년 독일통일백서, 67쪽).

(4) 친환경기술 마스터플랜

독일은 친환경기술 수출 강대국이다. 2006년 친환경기술 수출액은 560억 유로로, 세계시장의 16%를 점유하여 미국(14.9%)과 일본(9.2%)을 앞지르고 세계 선두의 자리를 지키고 있다. 특히 이산화탄소 배출량을 최소화한 친환경 선박 등 지구환경보호 기술 분야는 세계시장의 35%를 점유한다. 독일정부는 2020년까지 세계시장에서 친환경기술 교역량이 2배로 늘어난다고 보고 이에 대비하여 친환경기술의 연구개발에 주력하고 있다. 2008년부터 '친환경기술 마스터플랜'이라는 명칭으로 막대한 연구개발비를 투입하고 있는데, 2008년 이 분야의 연구개발비로 25억 유로가 투입되었다(Bundsministrium für Bildung und Forschung, 2007).

4. 주요 교육 지표

1) 교육 재정

(1) 교육 예산 개관

독일의 교육예산은 국내총생산(GDP) 대비 기준으로 3.5% 내외를 차지하며, OECD국가 평균 교육예산 3.6%와 비슷한 수준이다. 국내총생산에서 교육예산이 차지하는 비율은 통일 직후에 다소 증가했다가 90년대 중반 이후로는 완만하게 감소하는 추세를 보이고 있다. 그 반면 총예산에서 교육예산이 차지하는 비율은 완만하게 증가하는 추세를 보이고 있다.

독일의 교육예산에서 연방정부, 주정부, 지자체가 분담하는 몫은 대체로 각각 5% : 75% : 20% 비율이다. 〈표 4-18〉에서 보듯이 통일 직후 2년 사이

표 4-17 교육 예산 현황

	1990[1]	1992	2003[2]	2006
교육예산 총액(단위: 100만)	84,141	123,282	74,031	76,282
국민 1인당 교육예산	1,202.01	1,761.12	897.13	926.08
총예산 대비 교육예산 비율(%)	12.7	13.1	15.8	15.6
GDP 대비 교육예산 비율(%)	3.5	3.8	3.4	3.3

1) 1990, 1992년 화폐단위: 마르크(DM).

2) 2003, 2006년 화폐단위: 유로(EURO).

출처: 교육재정보고서 2000, 2008.

에는 교육예산 총액이 46%나 증가했는데, 이는 거의 전적으로 구동독 지역의 교육환경을 개선하기 위한 증액 요인이라 할 수 있다.

연방정부 분담금 증액률이 57%로 주정부 분담금 증액률 38%보다 훨씬 높은 것은 통일 직후의 상황에서 구동독 지역 주정부들의 재정상태가 그만큼 열악하다는 것을 말해 준다. 독일의 교육예산에서 연방정부 분담금은 대개 대학에 할당되는데, 연방정부 분담금이 이처럼 단기적으로 급증한 것은 구동독 지역의 대학교육 환경을 개선하기 위한 증액요인이라 할 수 있다. 주정부와 지자체의 분담금은 주로 초중등학교 및 취업교육 관련 인건비와 시설개선 비용으로 지출되는데, 연방주정부 분담금 규모의 6.5배에 달하는 주정부의 분담금 증액률이 38%에 달하는 것은 구동독 지역에서 구서독 지역에 비해 초중등교육 기반이 그만큼 취약하다는 것을 말해 준다. 1990년대 중후반 이후로는 교육예산액 증감폭이 극히 미미하다는 사실은 이 시기부터는 특별히 구동독 지역의 교육환경 개선을 위한 정부 차원의 특별지원이 그만큼 줄어들었다는 뜻으로 해석될 수 있다.

(2) 학생 1인당 교육 예산

2005년 기준으로 독일의 전체 학생 1인당 교육예산은 7,000유로로 OECD 평균치 6,800유로와 비슷한 수준이지만, 학령 구간별로는 다소간의 편차가 있다. 초등교육 1인당 평균예산은 4,500유로로 OECD 평균치 5,600유로에

표 4-18 교육예산 증감 추이(단위: %)

	1990	1992	1994	1996	1998	2000
연방정부	8.76	57.52	-5.95	-2.74	-2.39	-8.57
주정부	15.76	38.28	3.85	2.73	0.15	1.84
지자체 · 공익단체	20.80[1]	80.61[2]	0.85	-0.47	-0.77	0.09
총계	16.22	46.52	2.73	1.81	-0.14	1.04

1) 1985년 대비 수치.

2) 1990년 대비 수치.

출처: 교육재정보고서(2000).

비해 상당히 낮은 수준이지만, 중등교육 비용과 대학교육 비용은 OECD 평균치와 비슷한 수준이다.

이미 보았듯이 1990년대 중후반 이후로는 전체 교육예산의 증감폭이 미미하며, 따라서 구동독 지역에 대한 특별지원 요인이 최소화되었다고 볼 수 있다. 따라서 〈표 4-19〉에서 확인되는 바와 같이 2005년 기준으로 주별 교육비용에 다소간 편차가 있는 것은 동 · 서 간 요인보다는 지역별 교육시스템의 차이에 기인하는 바 크다. 가령 중등교육의 경우 인문계 중고등학교(김나지움)보다는 실업계 중고등학교(하우프트슐레)의 교육비용이 높고, 학급당 학생 수, 전일근무 교사의 비율 등의 요인도 작용한다. 고등교육의 경우에는 인문사회계보다는 이공계에 훨씬 많은 비용이 지출되며, 특히 의과대학은 가장 많은 교육비용이 지출된다. 따라서 지역별 대학 전공분야 분포와 중점 연구 분야, 대학별 학생 수 등에 따라 교육비용의 편차가 발생한다고 볼 수 있다.

(3) GDP 대비 교육부문 공공지출 총계

〈표 4-19〉에서 보듯이 연방과 주정부의 교육예산에서는 구동독 지역과 구서독 지역을 양분하는 지표상의 뚜렷한 차이는 발견되지 않는다. 그러나 독일의 교육제도에서 정부의 공식예산 외에 기업과 민간 분야에서 교육을 위해 출연되는 공공지출은 상당한 비중을 차지한다. 이러한 변수를 반영하여 각 주별로 교육에 투자된 공공지출 총비용을 GDP 대비 비율로 환산한 〈표

표 4-19 주별 학생/대학생 1인당 평균 지출(2005년 현재, 단위: 유로)

주	초등교육	중등교육			고등교육		합계
	ISCED 1	ISCED 2	ISCED 3	중등 교육 평균	ISCED 5A/6	ISCED 5A/6 (연구개발 제외)	ISCED 1~6
바덴-뷔르템베르크	4,300	5,400	9,200	6,800	13,700	7,700	7,100
바이에른	4,600	5,800	10,200	7,100	11,900	6,800	7,100
베를린	5,100	6,500	9,700	7,700	11,300	6,500	8,100
브란덴부르크	4,400	5,800	8,300	6,800	10,000	6,600	6,800
브레멘	4,800	5,500	9,800	7,300	12,100	7,300	8,100
함부르크	5,500	6,500	9,300	7,700	12,600	7,600	8,400
헤센	4,200	5,500	8,800	6,700	10,500	6,400	6,700
메클렌부르크-포어포메른	4,600	5,600	8,400	6,800	12,200	7,500	7,200
니더작센	4,400	5,300	9,000	6,600	13,300	8,100	6,800
노르트라인-베스트팔렌	4,200	5,200	8,900	6,400	11,500	6,800	6,700
라인란트-팔츠	4,500	5,100	9,800	6,600	9,200	5,800	6,500
자를란트	4,300	4,800	9,000	6,400	15,700	9,500	7,000
작센	5,200	6,100	8,400	7,100	12,900	7,700	7,600
작센-안할트	5,900	6,400	8,900	7,400	10,800	6,800	7,600
슐레스비히-홀슈타인	4,300	5,300	9,700	6,800	12,000	7,100	6,700
튀링엔	5,500	6,900	9,400	8,000	12,000	7,500	8,000
독일 전체	**4,500**	**5,500**	**9,200**	**6,800**	**11,900**	**7,100**	**7,000**
OECD 평균	5,600	6,600	7,500	7,000			6,700

출처: 2008년 교육지표.

4-20〉의 지표를 보면 구동독 지역의 교육부문 공공지출이 구서독 지역의 지출을 훨씬 상회하는 공통점이 발견된다.

2) 교육 수준

(1) 주별 학력 수준

초등학교만 졸업하고 여타의 직업교육을 받지 못한 주민의 비율은 구동독 지역이 평균 11%로, 구서독 지역의 여러 주들이 20%를 상회하는 것과 뚜렷이 대조된다. 반면에 중등교육 과정에서 전문직업교육을 받은 〈표 4-21〉에서 ISCED 3C에 해당되는 주민의 비율은 구동독 지역 평균이 60%로, 40%에

표 4-20 GDP 대비 교육부문 공공지출(2006년 현재, 단위: %)

주	초등교육 중등교육 중등후기 교육	고등교육	합계
바덴-뷔르템베르크	2.7	1.1	3.9
바이에른	2.4	0.8	3.3
베를린	3.5	2.2	5.6
브란덴부르크	4.1	1.0	5.2
브레멘	2.2	1.5	3.8
함부르크	1.8	1.1	2.9
헤센	2.2	0.9	3.0
메클렌부르크-포어포메른	4.3	1.6	5.9
니더작센	3.4	1.1	4.5
노르트라인-베스트팔렌	3.0	1.2	4.2
라인란트-팔츠	3.2	1.0	4.2
자를란트	2.6	1.1	3.8
작센	3.8	1.8	5.6
작센-안할트	4.3	1.4	5.7
슐레스비히-홀슈타인	3.3	0.9	4.2
튀링엔	4.4	1.5	5.9
독일 전체	**2.9**	**1.1**	**4.1**
OECD 평균	3.6	1.3	

출처: 2008년 교육지표.

서 54%에 이르는 구서독 지역과 큰 편차를 보인다. 이러한 차이는 과거 동독 시절에 25~64세 주민의 대다수가 안정적인 고용상태를 유지할 수 있었고, 따라서 해당 직종에서 요구되는 직업교육을 받을 수 있었던 사정에 연유한다. 대졸 학력자 비율은 24%로 OECD 평균 27%보다 낮은 편이다. 전문대학을 졸업하고 기능장(마이스터)이나 기술사 자격증까지 취득한 ISCED-5B 비율은 9%, 정규대학 졸업 비율은 14%, 대학원 졸업 비율은 1%이다.

(2) 연령별 대졸자 분포

구동독 지역에서는 노년층(55~64세)에 비해 청년층(25~34세)에서 대졸자 비율이 더 낮은 것으로 나타나는데, 특히 브란덴부르크와 메클렌부르크-포어

표 4-21 주별 학력 수준(2006년 현재, 단위: %)

주	초등학교	중졸	고졸			고졸 후 비대학 과정	대졸		
	ISCED 0~1	ISCED 2	ISCED 3C 단기	ISCED 3C 장기/3B	ISCED 3A	ISCE 4	ISCED 5B	ISCED 5A	ISCED 6
바덴-뷔르템베르크	3	16	a	47	3	6	10	15	1
바이에른	2	15	a	51	3	5	9	14	1
베를린	5	12	a	37	6	6	9	23	2
브란덴부르크	1	7	a	57	1	4	15	14	1
브레멘	5	19	a	38	5	10	6	16	c
함부르크	5	15	a	36	7	12	5	19	2
헤센	3	15	a	45	4	8	8	16	1
메클렌부르크-포어포메른	1	9	a	59	1	4	13	12	1
니더작센	3	14	a	53	2	7	7	12	1
노르트라인-베스트팔렌	5	15	a	46	4	11	6	13	1
라인란트-팔츠	3	16	a	50	3	7	8	12	1
자를란트	4	17	a	52	4	8	5	10	c
작센	1	4	a	58	1	3	16	15	1
작센-안할트	1	10	a	61	1	4	13	11	1
슐레스비히-홀슈타인	3	12	a	54	3	8	7	12	1
튀링엔	1	8	a	60	1	3	14	13	1

출처: 2008년 교육지표.

포메른의 경우에는 두 연령층의 대졸자 비율이 각각 9%와 12%로 현저한 격차를 보이고 있다. 이러한 현상은 구동독 지역 출신의 학생들 중 적지 않은 숫자가 서독 지역 대학을 택하기 때문으로 분석된다. 그 반면 구서독 지역 주들에서는 청년층 대졸자 비율이 노년층에 비해 6% 정도 더 많은 것으로 나타난다.

(3) 주별 대학 입학생 수(2000~2006년)

2006년 기준으로 OECD 국가 청소년의 56%가 대학에 진학하는 데 비해 독일은 35%로 상당한 격차를 보이며, 특히 오스트레일리아(84%), 아이슬란드와 폴란드(78%), 핀란드와 스웨덴(76%) 등의 국가와 비교하면 절반 수준

표 4-22 연령별 대졸자 분포(2006년 현재, 단위: %)

주	ISCED 5B				
	25~64세	25~34세	35~44세	45~54세	55~64세
바덴-뷔르템베르크	10	8	11	10	10
바이에른	9	8	10	9	8
베를린	9	6	10	10	9
브란덴부르크	15	9	15	16	19
브레멘	6	c	6	7	c
함부르크	5	5	6	6	4
헤센	8	7	9	8	8
메클렌부르크-포어포메른	13	6	12	15	19
니더작센	7	6	9	8	6
노르트라인-베스트팔렌	6	5	7	7	6
라인란트-팔츠	8	6	9	8	7
자를란트	5	c	6	6	6
작센	16	13	16	18	20
작센-안할트	13	7	13	15	15
슐레스비히-홀슈타인	7	5	8	7	7
튀링엔	14	9	14	14	18
독일 전체	**9**	**7**	**10**	**10**	**9**
OECD 평균	8	10	9	8	6

주	ISCED 5B				
	25~64세	25~34세	35~44세	45~54세	55~64세
바덴-뷔르템베르크	16	17	17	15	14
바이에른	15	17	17	14	12
베를린	25	24	28	26	22
브란덴부르크	14	11	12	16	17
브레멘	17	15	18	18	16
함부르크	21	21	24	20	18
헤센	18	18	20	18	15
메클렌부르크-포어포메른	13	12	11	13	16
니더작센	13	12	12	14	13
노르트라인-베스트팔렌	14	14	15	14	12
라인란트-팔츠	14	13	15	14	13
자를란트	11	12	10	9	13
작센	16	16	16	15	15
작센-안할트	11	11	9	13	12
슐레스비히-홀슈타인	13	12	14	15	12
튀링엔	13	11	13	15	14
독일 전체	**15**	**15**	**16**	**15**	**14**
OECD 평균	19	25	20	17	14

출처: 2008년 교육지표.

표 4-23 대학입학생 수 증감(2000~2006년, 단위: %)

주	2000			2006		
	남자	여자	전체	남자	여자	전체
바덴-뷔르템베르크	34.1	30.5	32.3	39.6	35.7	37.6
바이에른	29.5	28.5	29.0	35.1	34.9	34.9
베를린	45.8	49.4	47.5	44.2	43.4	43.7
브란덴부르크	17.8	21.0	19.3	20.9	23.9	22.3
브레멘	49.3	47.7	48.4	65.3	61.0	63.0
함부르크	54.7	42.3	48.4	58.6	47.5	52.8
헤센	31.4	32.0	31.7	43.0	44.2	43.5
메클렌부르크-포어포메른	19.6	25.4	22.4	22.5	27.7	25.0
니더작센	25.2	26.9	26.0	26.8	27.7	27.2
노르트라인-베스트팔렌	31.7	32.1	31.9	38.9	36.7	37.8
라인란트-팔츠	27.7	31.5	29.5	34.8	37.9	36.3
자를란트	26.9	27.6	27.2	29.7	32.7	31.1
작센	28.7	29.8	29.3	36.2	33.1	34.8
작센-안할트	20.4	26.2	23.2	24.5	27.8	26.1
슐레스비히-홀슈타인	20.8	20.6	20.7	26.3	26.0	26.1
튀링엔	21.7	24.1	22.9	26.8	31.4	29.0
독일 전체	**30.0**	**30.5**	**30.2**	**35.6**	**35.1**	**35.4**
OECD 평균	39.8	47.2	44.2	49.6	62.4	55.9

출처: 2008년 교육지표.

에 그치고 있다. 지역별로는 하나의 도시가 주를 이루는 브레멘(63%), 함부르크(53%), 베를린(44%)이 여타의 주들에 비해 월등하게 높은 수치를 보이고 있는데, 이것은 인접한 주들에서 유입되는 학생 수가 많고 외국 유학생들도 이들 도시대학들을 선호하기 때문이다. 그 반면 브란덴부르크(22%), 메클렌부르크-포어포메른(25%), 작센-안할트(26%) 등의 구동독 지역 주들에서는 대학입학생 비율이 다른 주들에 비해 현저히 떨어지고 있다.

(4) 교육수준별 취업률

전체적으로 보면 저학력자의 취업률은 주별로 최고 21%의 차이를 보이고, 중등학력자는 14%, 대졸자는 8%의 차이를 보인다. 저학력자 취업률이

표 4-24 25~64세 주민 교육수준별 취업률(2006년 현재, 단위: %)

주	중졸	고졸 및 고졸 후 비대학 과정 수료				대졸			전체 평균
	ISCED 0~2	ISCED3B/ ISCED 3C 장기	ISCED 3A	ISCED 4	고졸 평균	ISCED 5B	ISCED 5A 및 6	대졸 평균	
바덴-뷔르템베르크	60	78	59	82	77	87	87	87	77
바이에른	60	77	62	81	76	86	87	86	76
베를린	39	63	55	71	63	74	80	79	65
브란덴부르크	47	69	53	79	69	79	84	82	71
브레멘	52	67	54	76	68	82	79	80	67
함부르크	55	72	67	81	73	83	86	86	73
헤센	55	73	63	81	73	83	86	85	73
메클렌부르크-포어포메른	45	66	c	79	66	79	83	81	68
니더작센	51	72	55	79	72	85	85	85	71
노르트라인-베스트팔렌	51	71	61	81	72	84	85	85	70
라인란트-팔츠	54	76	58	82	75	87	88	87	74
자를란트	51	71	60	82	72	83	84	84	69
작센	41	66	39	72	66	78	83	81	69
작센-안할트	51	66	44	79	66	77	84	80	68
슐레스비히-홀슈타인	54	74	63	82	74	84	86	85	73
튀링엔	54	68	49	75	68	78	83	81	71
독일 전체	**54**	**72**	**59**	**80**	**73**	**83**	**85**	**84**	**72**
OECD 평균	58	75	75	79	76	83	85	84	73

출처: 2008년 교육지표.

가장 낮은 주는 베를린, 브란덴부르크, 메클렌부르크-포어포메른, 작센 등지로 베를린이 동베를린 지역까지 포함한다는 점을 감안하며 구동독 지역이 현저히 낮다는 것을 알 수 있다. 중등학력자의 경우 역시 구동독 지역의 주들이 대체로 70% 미만으로 취업률이 가장 낮은 지역에 속한다. 이러한 편차는 2009년 기준으로도 구동독 지역의 실업률이 13%이고 구서독 지역의 실업률이 7%로 동서 간 격차가 해소되지 못한 사태를 반영하는 것이라 하겠다. 그 반면에 전문대학을 졸업하고 기능장 및 기술사 자격을 가진 대졸 학력자(ISCED-5B)의 취업률은 구동독 지역이 4~6% 더 높은 것으로 나타나는데, 구동독 지역에서 고급기능직의 수요가 그만큼 많다는 것을 알 수 있다.

표 4-25 25~64세 주민 학력별 실업률(2006년 현재, 단위: %)

주	중졸	고졸 및 고졸 후 비대학 과정 수료				대졸			전체 평균
	ISCED 0~2	ISCED3B/ ISCED 3C 장기	ISCED 3A	ISCED 4	고졸 평균	ISCED 5B	ISCED 5A 및 6	대졸 평균	
바덴-뷔르템베르크	13.6	5.7	6.9	4.0	5.5	2.5	3.4	3.1	6.1
바이에른	12.8	6.1	8.1	4.7	6.0	2.8	3.8	3.4	6.3
베를린	42.2	19.4	14.6	12.6	18.0	10.3	8.7	9.1	18.2
브란덴부르크	33.5	19.7	c	9.8	18.8	8.4	6.3	7.3	16.3
브레멘	23.1	14.4	c	c	13.7	c	c	8.2	14.3
함부르크	17.4	10.7	c	7.0	9.5	c	4.4	4.5	9.3
헤센	16.2	7.5	9.8	5.7	7.3	4.7	3.7	4.0	7.7
메클렌부르크-포어포메른	37.4	22.6	c	c	21.6	7.5	7.9	7.7	19.2
니더작센	21.0	8.9	c	6.5	8.5	3.9	4.3	4.2	9.4
노르트라인-베스트팔렌	21.2	8.7	9.9	5.3	8.1	4.4	4.2	4.2	9.4
라인란트-팔츠	17.1	7.1	c	c	6.7	c	2.7	2.9	7.4
자를란트	19.8	8.1	c	c	7.6	c	c	c	9.1
작센	40.3	20.8	c	11.6	20.3	7.6	6.5	7.0	16.6
작센-안할트	31.0	20.5	c	c	19.6	9.5	7.0	8.3	17.8
슐레스비히-홀슈타인	20.1	8.4	c	5.1	8.0	c	4.4	4.1	8.7
튀링엔	25.7	18.6	c	c	17.9	8.6	7.1	7.9	15.6
독일 평균	**19.9**	**10.5**	**9.4**	**6.0**	**9.9**	**5.0**	**4.7**	**4.8**	**9.9**
OECD 평균	9.6	5.9	5.4	5.4	5.4	3.7	3.5	3.5	5.4

출처: 2008년 교육지표.

(5) 교육수준별 실업률

독일에서 저학력자 실업률은 19.9%로 OECD 국가 평균치(9.6%)의 2배에 이르며, 중등학력 소유자의 실업률(9.9%) 역시 OECD 평균치(5.4%)의 1.8배에 달한다. 대졸 학력자의 실업률(4.8%) 역시 OECD 평균치(3.5%)에 비하면 실업자 수 기준으로 30%나 높은 편이다.

주별로 비교해 보면 학력별 실업률 편차가 가장 큰 라인란트-팔츠와 작센의 경우 저학력자 실업률은 고학력자 실업률에 비해 6배에 달하며, 그 밖의 구동독 지역 역시 저학력 실업률이 고학력자에 비해 3배 이상 높은 것으로 나타나고 있다. 구서독 지역인 라인란트-팔츠의 경우에는 대졸자의 실업

표 4-26 학력수준별 청년층 실업률(2006년 현재, 단위: %)

	중졸 이하		고졸 및 고졸 후 비대학 교육 과정		대졸		전체 평균	
	20~24	25~29	20~24	25~29	20~24	25~29	20~24	25~29
바덴-뷔르템베르크	9.6	17.0	5.0	4.9	–	4.0	6.0	6.5
바이에른	9.0	12.5	5.5	4.7	c	3.6	6.4	5.6
베를린	25.9	32.5	8.1	11.1	c	15.2	14.3	15.7
브란덴부르크	21.6	c	15.9	17.0	c	c	17.1	18.5
브레멘	c	c	–	c	–	c	c	14.9
함부르크	18.0	c	c	6.2	–	–	9.8	6.5
헤센	13.1	19.5	6.1	5.7	c	c	8.1	8.2
메클렌부르크-포어포메른	16.5	c	21.1	20.1	–	c	19.2	21.5
니더작센	11.9	20.0	8.1	8.9	c	c	9.4	10.1
노르트라인-베스트팔렌	12.1	22.6	6.5	7.6	c	4.0	8.2	10.3
라인란트-팔츠	17.1	26.6	10.7	7.1	c	c	12.5	9.8
자를란트	c	c	c	c	–	–	9.2	8.9
작센	21.3	39.5	16.7	19.1	c	c	17.2	17.0
작센-안할트	19.9	29.2	18.4	18.9	–	c	17.9	19.1
슐레스비히-홀슈타인	15.9	19.8	7.2	6.5	–	c	9.9	8.3
튀링엔	c	c	13.6	13.5	c	–	12.6	12.6
독일 평균	**13.8**	**21.6**	**8.5**	**8.6**	**6.0**	**4.8**	**9.9**	**10.1**
OECD 평균	13.6	12.5	6.2	6.3	8.2	4.9	7.3	6.2

출처: 2008년 교육지표.

률이 낮기 때문에 이처럼 큰 편차를 보이는 반면, 구동독 지역들은 예외 없이 저학력자의 실업률이 워낙 높은 데 기인한다. 중등학력자의 실업률 역시 베를린과 구동독 지역이 예외 없이 가장 높게 나타나며, 대졸자의 실업률에서는 큰 차이를 보이지 않는다.

(6) 교육수준별 청년 실업률

독일의 청년층(20~29세) 실업률은 10%로 OECD 국가 평균 6~7%에 비해 비교적 높은 편이다. 특히 구동독 지역의 청년 실업률은 구서독 지역에 비해 2~3배나 높은 것으로 나타나고 있다. 이 경우에도 학력에 따른 편차가 매우 커서, 25~29세 연령층에서 중등 이하 학력자의 실업률을 보면 작센(39.5%)과

작센-안할트(29.2%) 등 구동독 지역이 바이에른(12.5%)이나 바덴-뷔르템베르크(17%)에 비해 현저히 높다는 것을 알 수 있다. 베를린의 청년 실업률(32.5%) 역시 가장 높은 수준에 속하는 것은 동베를린 지역을 포함하기 때문이기도 하지만, 특히 통일 후 독일의 수도로서 명실상부한 메트로폴리스로 팽창한 베를린에 청년층 유동인구가 그만큼 늘어났다는 뜻으로 이해될 수 있다.

3) 교육 환경

(1) 주별 평균 학급 크기

〈표 4-27〉에서 초중등학교의 학급 크기를 비교해 보면 초등학교의 경우

표 4-27 평균 학급 크기(2006년 현재, 단위: 명)

주	초등학교(ISCED 1)			중학교(ISCED 2)		
	공립	사립	전체	공립	사립	전체
바덴-뷔르템베르크	22.0	26.0	22.1	24.9	24.6	24.9
바이에른	23.1	23.3	23.1	25.3	25.9	25.4
베를린	23.7	23.8	23.7	24.2	24.5	24.2
브란덴부르크	21.5	18.4	21.4	23.6	18.1	23.3
브레멘	22.1	22.9	22.3	23.1	24.4	23.2
함부르크	24.4	27.3	24.7	24.6	24.9	24.6
헤센	21.4	20.4	21.4	25.0	25.1	25.0
메클렌부르크-포어포메른	18.5	19.8	18.5	21.4	16.9	21.2
니더작센	21.2	23.8	21.2	24.0	25.0	24.1
노르트라인-베스트팔렌	23.6	25.2	23.6	26.6	29.3	26.8
라인란트-팔츠	21.8	23.6	21.9	24.5	26.7	24.7
자를란트	20.7	23.9	20.8	25.5	27.3	25.7
작센	19.1	19.4	19.1	22.6	19.2	22.4
작센-안할트	17.6	17.8	17.6	20.7	22.4	20.8
슐레스비히-홀슈타인	21.8	19.8	21.7	23.4	21.0	23.3
튀링엔	19.2	18.5	19.2	19.9	18.5	19.8
독일 평균	**22.1**	**22.9**	**22.1**	**24.7**	**25.7**	**24.7**
구서독 지역 평균			22.3			24.8
구동독 지역 평균			19.2			21.5
OECD 평균	21.5	20.4	21.5	23.8	22.6	24.0

출처: 2008년 교육지표.

베를린을 제외한 구동독 지역이 평균 19.2명, 구서독 지역이 22.3명이다. 그리고 중학교의 경우 구동독 지역이 21.5명, 구서독 지역이 24.8명으로 나타나고 있다. 이처럼 구동독 지역의 학급당 학생 수가 구서독 지역에 비해 낮은 것으로 나타나고 있어서, 표면상으로 보면 구동독 지역의 교육환경이 더 낫다고 볼 수도 있다. 그러나 구동독 지역 초중등학교의 학급 크기가 상대적으로 작은 결정적인 이유는 통일 후 특히 1990년대 초중반에 구동독 지역의 실업률 급등과 더불어 출산율이 감소했기 때문이다. 시골 지역으로 갈수록 학급의 규모가 작아지는 것도 출산율 감소와 인구유출에 기인하는 바 크다. 따라서 구동독 지역의 학급 크기가 상대적으로 작은 것은 상대적으로 열악한 경제사정과 그에 따른 인구통계학적 변동을 보여 주는 부정적인 지표라 할 수 있다.

(2) 주별 교수 1인당 학생 수(1995~2006년)

교수 1인당 학생 수를 보여 주는 지표에서 몇 가지 유의할 사항이 있다. 첫째, 1995~2006년 사이에 독일 대학의 교수 수는 거의 변동이 없었다는 사실이다. 따라서 교수 1인당 학생 수의 증감추이는 거의 전적으로 대학생 수의 변동을 나타내는 지표라 할 수 있다. 둘째, 이 지표에서 '교수'는 대학의 전임교수뿐 아니라 시간강사, 부분적으로 강의를 하는 연구인력 등도 포함한다. 따라서 대학의 전임교수로 한정할 때는 교수 1인당 학생 수는 훨씬 더 높게 나타날 것이다. 셋째, 전공분야별로 교수 1인당 학생 수는 상당한 차이가 있다. 인문사회계에 비해 이공계가 더 낮고, 특히 의과대학의 교수 1인당 학생 수는 현저히 낮다. 따라서 〈표 4-28〉에서 보는 바와 같이 의학 분야를 제외하면 교수 1인당 학생 수에 상당한 차이가 나는 것을 알 수 있다. 넷째, 독일의 교수 1인당 학생 수(12.5명)는 OECD 국가 평균(16명)보다 낮은 최저 수준이다.

1995년부터 2006년 사이의 변화추이를 비교해 보면 구동독 지역에서 교수 1인당 학생 수가 거의 예외 없이 2배 가까이 증가한 것을 알 수 있다. 1990년대 중반의 시점에는 이미 구동독 대학의 교수들이 대부분 새로 충원

표 4-28 1995~2006년간 교수 1인당 대학생 수(ISCED 5A/6) 증감

주	1995				2006			
	전문대학	대학		전체 평균	전문대학	대학		전체 평균
		의학 제외	대학 평균			의학 제외	대학 평균	
바덴-뷔르템베르크	19.9	12.4	9.7	11.0	21.4	11.5	8.5	10.3
바이에른	25.8	15.1	11.2	12.8	24.9	12.7	9.1	11.1
베를린	17.8	12.9	10.3	10.9	25.2	14.2	10.3	11.7
브란덴부르크	8.9	7.1	7.1	7.4	20.0	14.9	14.9	16.2
브레멘	27.6	11.7	11.7	14.4	28.3	13.6	13.6	16.3
함부르크	21.3	14.3	12.1	13.4	20.5	14.4	11.3	12.8
헤센	26.0	15.3	12.2	14.2	24.8	15.0	11.6	13.7
메클렌부르크-포어포메른	12.2	7.3	5.0	5.7	20.5	14.2	9.0	10.6
니더작센	22.7	17.6	13.7	14.9	22.2	13.1	11.2	13.0
노르트라인-베스트팔렌	30.6	20.6	17.1	18.7	24.0	16.3	13.2	14.8
라인란트-팔츠	22.3	14.8	12.1	13.9	24.5	17.7	14.0	16.1
자를란트	21.9	15.5	10.0	10.9	20.9	11.5	7.3	8.4
작센	12.7	6.7	5.6	6.5	24.5	11.9	9.7	11.4
작센-안할트	13.3	5.9	4.5	5.4	24.2	11.5	8.2	10.8
슐레스비히-홀슈타인	31.5	14.1	8.4	11.9	30.8	16.1	8.4	11.2
튀링엔	16.8	6.7	5.3	6.3	23.0	11.4	9.2	11.0
독일 평균	**22.9**	**14.4**	**11.3**	**12.7**	**23.6**	**13.8**	**10.6**	**12.5**
OECD 평균	m	m	m	15.3	m	m	m	16.0

출처: 2008년 교육지표.

된 상태였다. 그리고 이미 언급한 대로 이 기간에 독일 대학의 교수 수는 거의 변동이 없었다는 사실을 고려하면, 이처럼 구동독 지역에서 교수 1인당 학생 수가 거의 2배로 늘어난 것은 대학생 수가 그만큼 증가했다는 뜻으로 해석될 수 있다. 산업 인프라가 취약한 구동독 지역에서 대학은 성장잠재력을 제고하는 데 중추적인 역할을 담당하고 있다는 점을 감안하면 구동독 지역에서 대학생 수가 2배로 늘어난 것은 일단 긍정적인 지표라 할 수 있다.

(3) 평생학습 지표: 25~64세 주민의 재교육 과정 참여 비율

정규적인 학업 연령을 초과한 성인들이 재교육 과정에 참여하는 비율은 평

표 4-29 25~64세 주민의 재교육 과정 참여 비율(2006년 현재, 단위: %)

주	남자	여자	전체인구
바덴-뷔르템베르크	9.1	7.7	8.4
바이에른	7.4	6.7	7.1
베를린	10.2	11.5	10.8
브란덴부르크	6.7	8.0	7.3
브레멘	8.6	8.9	8.8
함부르크	10.0	10.2	10.1
헤센	8.4	8.5	8.4
메클렌부르크-포어포메른	6.8	7.4	7.1
니더작센	7.0	6.2	6.6
노르트라인-베스트팔렌	7.2	6.3	6.7
라인란트-팔츠	7.1	6.2	6.7
자를란트	8.6	6.6	7.6
작센	6.9	7.2	7.1
작센-안할트	6.5	6.8	6.7
슐레스비히-홀슈타인	8.5	7.5	8.0
튀링엔	7.4	7.3	7.4
독일 평균	**7.7**	**7.2**	**7.5**
EU-27	8.7	10.5	9.6

* 위 수치는 설문조사자 중 최근 1개월 동안 재교육과정에 참여한 적이 있다고 응답한 비율임.

출처: 2008년 교육지표.

생학습을 통해 지식과 직능을 지속적으로 함양하여 직업활동에 참여할 기회를 높일 수 있는 중요한 지표다. 특히 인구의 고령화가 전반적으로 심화되는 추세 속에서 평생학습은 취업기회를 확대하는 데 결정적인 변수가 된다고 할 수 있다. 2003년 유럽연합의회는 2010년까지 EU 회원국들이 25~64세 국민 중 12.5%가 평생교육 과정에 참여해야 한다는 권고안을 내놓은 바 있다. 하지만 2006년 기준으로 EU 회원국 국민들의 9.6%만이 평생교육 과정에 참여한 것으로 나타나 아직 목표치에는 크게 못 미치는 수준이다. 독일의 경우 2006년 현재 평생교육 참여율은 7.5%로 EU 평균치보다 비교적 낮은 편이다. 〈표 4-29〉에서 보는 바와 같이 독립자치도시가 주(州)를 이루는 베를린, 함부르크, 브레멘 등이 고르게 높은 참여율을 보이는데, 이것은 25세 이상의 대학생도 평생교육 참여자로 분류되고, 이 도시 주들에서 대학생 비율이 높기 때문이다. 구동독 지역과 구서독 지역을 비교해 보면 전체적으로 뚜렷한 편차는 보이지 않는다. 다만, 구서독 지역에서는 대체로 남성의 재교육 참여율이 상대적으로 높은 반면에, 구동독 지역과 도시 주들에서는 여성 참여율이 남성과 대등하거나 더 높은 수치를 보이고 있다.

5. 주요 연구개발 지표

1) 연구개발 재정 개관

(1) 학술 및 연구개발비 현황

통일 독일의 학술 및 연구개발비[6]는 2005년 기준으로 약 72억 유로로 2001년 대비 7.9% 증가하였다. 그중 기업연구비 등 민간 부문이 55%를 차지하고 공공재정이 45%를 차지하는데, 국가예산 중 연방정부가 33.6%, 주정부 및 지자체가 66.4%를 부담한다. 주정부 예산 중 구동독 지역이 차지하는 비율은 25% 수준으로, 구동독 인구가 약 20%임을 감안하면 인구비율보다는 5% 정도 더 높게 책정되어 있는데, 이것은 통일 직후 체결된 협약에 따라 예산배정에서 재정상황이 열악한 구동독 지역에 5%의 가중치를 부여하기 때문이다. 공적 지출 총액 대비 학술 및 연구개발비 지출은 2000년대에 들어와서 5~5.2% 수준을 유지하고 있으며, 국내총수입(BNE) 대비로는 3.2~3.3%로 전체 교육예산과 비슷한 수준을 유지하고 있다.

(2) 학술 및 연구개발비 공공재정 구조

학술 및 연구개발비 지출액 중에서 공공재정만 살펴보면 2000년대에 들어

6 '학술 및 연구개발비'라는 것은 순수 연구개발비 외에 학술교육이나 학술활동과 관련된 정보처리비 등을 모두 포함한 비용을 말한다. 자세한 개념설명은 2008년 연구개발 보고서, 489쪽 참조.

표 4-30 학술 및 연구개발 지출 총액(단위: 100만 유로)

	1995	2000	2001	2002	2003	2004	2005
연방정부	10,375	10,613	11,219	11,214	11,206	10,870	11,132
주정부	16,673	17,695	18,360	19,000	19,098	18,637	19,034
구동독 지역	4,386	4,323	4,371	4,252	4,354	4,131	4,403
지자체	159	188	167	193	202	202	206
소계	27,206	28,496	29,746	30,406	30,506	29,709	30,372
비영리 재단	1,007	1,408	1,600	1,672	1,613	1,786	1,786
소계	28,212	29,904	31,346	32,079	32,120	31,495	32,158
공공재정 예산비율	4.6	5.0	5.2	5.2	5.2	5.1	-
기업연구비	24,733	34,333	35,095	35,904	38,060	38,394	39,569
개인 기부	317	330	350	350	350	350	360
소계	25,050	34,663	35,445	36,254	38,410	38,744	39,929
총계	53,262	64,567	66,791	68,333	70,530	70,239	72,087
BNE 비율	2.9	3.2	3.2	3.2	3.3	3.2	3.2

출처: 2008년 연구개발 보고서, 532쪽.

와서 대학 및 국공립 연구소에 대한 연구개발비 공공지출은 거의 일정한 수준을 유지하고 있다. 〈표 4-31〉에서 보듯이 연방정부의 예산 중 80% 정도는 막스-플랑크 연구소 등 대학 외 국공립 연구소에 지원되며, 주정부의 예산은 87% 정도가 주정부 관할의 대학 연구비로 지출된다. 구동독 지역에 대한 연방정부의 지원액은 23.5% 정도로 인구비율보다 3.5% 정도 높은 수준이다.

(3) 연구개발비 현황 및 재원

순수한 연구개발비만 집계하면 2005년 기준으로 약 560억 유로로 통일 직후인 1991년에 비해 68%가 증가하였고, 통일 후 매년 평균 4.5% 증가하였다. 연구개발 재정에서 기업이 차지하는 비중은 67.6%, 정부예산은 28%이다. 정부의 총예산에서 연구개발비가 차지하는 비율은 1990년대 중반 이후 2.7% 선을 유지하고 있는데, OECD 국가 평균치 2.25%를 다소 상회하는 수준이며, 한국(2.98%)보다는 조금 낮다.

표 4-31 학술 및 연구개발비 공공재정 구조(단위: 100만 유로)

		연방정부	주정부	지자체	비영리재단	총액
대학	2001	2,413.6	15,799.8	-	-	18,123.4
	2002	2,456.6	16,650.8	-	-	19,097.4
	2003	2,450.0	16,675.4	-	-	19,125.4
	2004	2,130.0	16,305.3	-	-	18,435.3
	2005	2,142.9	16,633.6	-	-	18,776.5
대학 외 연구소	2001	8,805.5	2,560.6	166.6	1,599.8	13,132.5
	2002	8,767.5	2,348.9	192.6	1,672.3	12,981.3
	2003	8,756.1	2,422.5	202.1	1,613.4	12,994.1
	2004	8,739.8	2,331.7	202.3	1,786.1	13,059.9
	2005	8,988.9	2,400.5	206.3	1,786.1	13,381.8
합계	2001	11,219.1	18,360.4	166.6	1,599.8	31,345.9
	2002	11,214.1	18,999.7	192.6	1,672.2	32,078.7
	2003	11,206.1	19,097.9	202.1	1,613.4	32,119.5
	2004	10,869.8	18,637.0	202.3	1,786.1	31,495.2
	2005	11,131.8	19,034.1	206.3	1,786.1	32,158.3
구동독 지역	2001	2,638.9	4,370.5	13.1	452.1	7,474.6
	2002	2,645.1	4,251.6	17.0	447.9	7,361.6
	2003	2,600.6	4,354.6	22.9	406.0	7,383.8
	2004	2,529.1	4,130.6	21.0	392.3	7,073.0
	2005	2,531.0	4,402.7	24.2	392.3	7,350.2

출처: 2008년 연구개발 보고서, 533쪽.

표 4-32 연구개발비 총액 및 재원(단위: 100만 유로)

	국가	예산비율(%)	기업	비영리법인	총액
1989	11,864	3.3	21,064	166	33,094
1991	14,821	3.2	23,935	196	38,952
1993	15,491	2.7	23,973	122	39,586
1995	15,735	2.6	24,733	104	40,572
1997	15,608	2.6	27,036	141	42,785
1999	15,956	2.6	32,411	205	48,572
2001	16,820	2.8	35,095	222	52,137
2003	17,130	2.8	38,060	176	55,366
2004	16,787	2.7	38,394	208	55,389
2005	16,745	-	39,569	164	56,478

출처: 2008년 연구개발 보고서, 495쪽.

표 4-33 부문별 연구개발비 배분 구조(단위: 100만 유로)

	대학 외 연구소	대학	기업	총액
1989	4,376	4,639	23,563	32,578
1991	5,457	6,145	26,246	37,848
1992	5,500	6,609	26,579	38,689
1993	5,875	6,817	25,933	38,624
1994	5,932	7,059	25,910	38,902
1995	6,266	7,378	26,817	40,460
1996	6,305	7,652	27,211	41,169
1997	6,272	7,677	28,910	42,859
1998	6,547	7,768	30,334	44,649
1999	6,632	7,937	33,623	48,191
2000	6,873	8,146	35,600	50,619
2001	7,146	8,524	36,332	52,002
2002	7,333	9,080	38,950	53,364
2003	7,307	9,202	38,029	54,539
2004	7,514	9,089	38,363	54,967
2005	7,867	9,221	38,651	55,739
2006	8,156	9,475	41,148	58,779
2007	8,540	9,908	43,034	61,482

출처: 2009년 통계연감.

(4) 부문별 연구개발비

연구개발비가 투입되는 부문별로 나누어 살펴보면 기업연구소에 70%가 배분되고, 대학 외 국공립연구소에 14%, 대학연구소에 16%가 할당된다. 가장 큰 액수를 차지하는 기업체의 연구개발비는 주로 응용기술 및 상품개발을 위해 투입되고, 대학 외 국공립연구소와 대학연구소에 지원되는 연구개발비는 주로 기초연구를 위한 것이다. 각 부문별 연구개발비 중 각 지역에 할당되는 비율에 관해서는 나중에 다시 자세히 살펴볼 것이다.

(5) 주정부에 대한 연방정부의 지원

〈표 4-34〉와 〈표 4-35〉에서 보는 바와 같이 주정부에 대한 연방정부의 연구개발비 지원은 1995년 74억 6,100만 유로에서 2006년 82억 7,900만 유

표 4-34 주정부에 대한 연방정부의 연구개발 지원(1995~2003년, 단위: 100만 유로)

연방주	1995		2000		2003	
	지원금액	비율	지원금액	비율	지원금액	비율
바덴-뷔르템베르크	1,090.1	14.6	1,170.8	15.6	1,197.8	15.3
바이에른	1,580.9	21.2	1,254.6	16.7	1,126.4	14.4
베를린	751.8	10.1	750.6	10.0	814.1	10.4
브란덴부르크	237.3	3.2	251.6	3.4	243.1	3.1
브레멘	166.9	2.2	200.2	2.7	214.2	2.7
함부르크	333.0	4.5	315.8	4.2	385.4	4.9
헤센	377.1	5.1	383.2	5.1	461.9	5.9
메클렌부르크-포어포메른	90.2	1.2	151.2	2.0	173.6	2.2
니더작센	547.3	7.3	601.3	8.0	614.1	7.8
노르트라인-베스트팔렌	1,239.1	16.6	1,301.4	17.4	1,468.3	18.7
라인란트-팔츠	101.0	1.4	125.8	1.7	135.8	1.7
자를란트	36.3	0.5	38.7	0.5	49.9	0.6
작센	402.9	5.4	428.2	5.7	397.4	5.1
작센-안할트	146.2	2.0	170.5	2.3	183.3	2.3
슐레스비히-홀슈타인	216.4	2.9	208.1	2.8	211.0	2.7
튀링엔	144.5	1.9	143.4	1.9	156.6	2.0
독일 전체	**7,461.0**	**100.0**	**7,495.4**	**100.0**	**7,832.9**	**100.0**
구동독 지역과 베를린	1,722.9	23.8	1,895.6	25.3	1,968.1	25.1

출처: 2008년 연구개발 보고서, 512-513쪽.

로로 10년 사이에 11% 증가하였다. 그중 구동독 지역의 주들에 대한 연방정부의 지원액은 17억 2,229만 유로에서 20억 660만 유로로 19.9% 증가하여 평균치보다 5%가 높다. 이것은 모든 부문에서 정부재원으로 지원하는 주정부의 지원액 중 재정상태가 취약한 구동독 지역에 5%를 추가할당하기 때문이다. 구동독 지역에 대한 연방정부 지원액 총액이 대체로 25% 수준을 유지하고 있는 것도 그 때문이며, 이는 구동독 지역의 인구비율(20%)보다 5%가 높은 수치다.

주별로 살펴보면 이미 통일 이전부터 연구기반이 잘 갖추어져 있고 대기업과 첨단산업이 집중적으로 몰려 있어서 높은 성장동력을 확보하고 있는 노르트라인-베스트팔렌, 바덴-뷔르템베르크, 바이에른 3개 주에 대한 지원액이

표 4-35 주정부에 대한 연방정부의 연구개발 지원(2004~2006년, 단위: 100만 유로)

연방주	2004		2005		2006	
	지원금액	비율	지원금액	비율	지원금액	비율
바덴-뷔르템베르크	1,202.7	15.7	1,259.0	16.1	1,383.0	16.7
바이에른	1,028.1	13.5	1,085.4	13.9	1,185.7	14.3
베를린	824.4	10.8	810.6	10.4	822.8	9.9
브란덴부르크	249.2	3.3	252.9	3.2	270.4	3.3
브레멘	201.8	2.6	178.4	2.3	221.9	2.7
함부르크	352.0	4.6	367.3	4.7	391.9	4.7
헤센	559.6	7.3	531.7	6.8	444.6	5.4
메클렌부르크-포어포메른	166.0	2.2	161.1	2.1	180.7	2.2
니더작센	604.9	7.9	639.0	8.2	624.8	7.5
노르트라인-베스트팔렌	1,331.8	17.4	1,349.9	17.3	1,523.9	18.4
라인란트-팔츠	123.5	1.6	127.5	1.6	126.6	1.5
자를란트	54.1	0.7	57.3	0.7	59.7	0.7
작센	402.2	5.3	420.7	5.4	458.3	5.5
작센-안할트	167.9	2.2	177.5	2.3	177.5	2.1
슐레스비히-홀슈타인	219.3	2.9	232.0	3.0	251.4	3.0
튀링엔	151.5	2.0	153.1	2.0	156.2	1.9
독일 전체	**7,639.0**	**100.0**	**7,803.6**	**100.0**	**8,279.4**	**100.0**
구동독 지역과 베를린	1,961.1	25.7	1,976.0	25.3	2,066.0	25.0

출처: 2008년 연구개발 보고서, 512-513쪽

전체 지원액의 50%를 차지한다. 구동독 지역에 대한 지원액도 주별로 다소 편차가 있는데, 브란덴부르크, 작센 등은 인구비율보다 높은 지원을 받지만 다른 주들은 인구비율보다 낮은 수준인데, 이것은 지역별로 투자가치를 가늠할 수 있는 연구기반의 구축 정도가 편차를 보이기 때문이다.

2) 부문별 · 주별 연구개발비

(1) 주정부의 연구개발비 추이

주정부 및 지자체가 부담하는 연구개발비는 2005년 기준으로 19억 2,400만 유로로 1995년과 비교하면 10년 사이에 14% 증가하였다. 주정부가 부담하는 연구개발비의 86%는 대학 연구비로 지원되고 14%는 대학 외 연구소에

표 4-36 주정부의 연구개발비 추이(단위: 100만 유로)

		대학연구소	대학 외 연구소		총액	비율(%)	주정부	지자체
			총액	주정부부담				
독일 전체	1995	14,457.7	2,373.4	2,214.8	16,831.1	100.0	16,672.5	158.6
	2000	15,306.1	2,576.6	2,389.1	17,882.7	100.0	17,695.2	187.5
	2003	16,675.4	2,624.6	2,422.5	19,300.0	100.0	19,097.9	202.1
	2004	16,305.3	2,534.1	2,331.7	18,839.3	100.0	18,637.0	202.3
	2005	16,633.6	2,606.9	2,400.5	19,240.4	100.0	19,034.1	206.3
구동독 지역	1995	3,642.4	754.2	743.4	4,396.6	26.1	4,385.8	10.8
	2000	3,496.5	839.8	826.8	4,336.3	24.2	4,323.3	13.0
	2003	3,548.5	828.7	805.9	4,377.2	22.7	4,354.3	22.9
	2004	3,363.1	788.5	767.5	4,151.6	22.0	4,130.6	21.0
	2005	3,654.4	772.5	748.4	4,426.9	23.0	4,402.7	24.2

출처: 2008년 연구개발보고서, 521쪽.

지원되어, 연방정부의 예산이 대학에 16%, 대학 외 연구소에 14% 지원되는 것과는 대비된다. 주정부 연구개발 예산 중 구동독 지역이 차지하는 비율은 2000년대 들어와서 22~24% 수준을 유지하고 있어서 인구대비로 환산하면 구서독 지역에 비해 2~4%가 높은 수준이다.

(2) 주별 기업 연구개발비 추이

2005년 기준으로 기업에서 지출하는 연구개발비 총액은 약 380억 6,500만 유로로 순수 연구개발비의 약 67%를 차지한다. 그중에서 구동독 지역에 투자하는 연구개발비는 〈표 4-37〉에서 보는 바와 같이 8.5% 수준이다. 앞에서 살펴본 대로 대학이나 국공립 연구소에 지출되는 공공 연구비에서는 구동독 지역이 23~25%인 반면, 공공 연구비의 2배나 되는 기업 연구개발비에서 구동독 지역에 할당되는 비율이 인구비율(20%)에 비해 현저히 낮은 것은 구동독 지역의 경제가 짧은 기간 내에 서독과 균등한 수준에 도달하기 어려운 결정적인 제약 요인으로 작용한다. 주정부에 대한 연방정부의 연구개발비 지원에서 구서독 지역의 '빅 3' 주들이 50%를 차지했다면 기업 연구개발비의 경우에는 3개 주가 합쳐서 66%를 차지하여 편중도가 훨씬 높다.

표 4-37 주별 기업 연구개발비 추이(단위: 100만 유로)

연방주	2003		2004		2005	
	총액	비율	총액	비율	총액	비율
바덴-뷔르템베르크	9,750	25.6	9,899	25.6	10,966	28.4
바이에른	9,090	23.9	9,229	23.9	9,201	23.8
베를린	1,575	4.1	1,599	4.1	1,473	3.8
브란덴부르크	157	0.4	159	0.4	140	0.4
브레멘	329	0.9	334	0.9	225	0.6
함부르크	864	2.3	877	2.3	934	2.4
헤센	4,174	11.0	4,238	11.0	4,236	11.0
메클렌부르크-포어포메른	82	0.2	83	0.2	97	0.3
니더작센	3,836	10.1	3,895	10.1	2,871	7.4
노르트라인-베스트팔렌	5,136	13.5	5,214	13.5	5,376	13.9
라인란트-팔츠	1,208	3.2	1,227	3.2	1,186	3.1
자를란트	101	0.3	103	0.3	90	0.2
작센	848	2.2	861	2.2	915	2.4
작센-안할트	131	0.3	133	0.3	161	0.4
슐레스비히-홀슈타인	322	0.9	327	0.8	356	0.9
튀링엔	426	1.1	433	1.1	424	1.1
독일 전체	**38,029**	**100.0**	**38,611**	**100.0**	**38,651**	**100.0**
구동독 지역과 베를린	3,219	8.5	3,268	8.5	3,210	8.3

출처: 2008년 연구개발 보고서, 542쪽.

표 4-38 대학 연구개발비 추이(단위: 10억 유로)

	1991	1992	1993	1994	1995	1996	1997	1998	1999	2000	2001	2002	2003	2004	2005
금액	6.1	6.6	6.8	7.1	7.4	7.7	7.7	7.8	7.9	8.1	8.5	9.1	9.2	9.1	9.2
기업지원	1.8	2.0	2.2	2.3	2.3	2.3	2.4	2.5	2.6	2.8	3.1	3.3	3.4	3.5	3.7

출처: 2008년 연구개발보고서, 546쪽.

(3) 대학 연구개발비 추이

대학에 지원되는 연구개발비는 통일 후 약 10년 동안은 꾸준히 증가하였고, 2002년 이후 약 92억 유로로 일정한 수준을 유지하고 있다. 〈표 4-38〉에서 보는 바와 같이 대학 연구개발비의 60%는 연방정부 및 주정부의 지원을 받고 40%는 기업체와 민간 부문에서 지원된다.

표 4-39 주별 대학 연구개발비 추이(단위: 100만 유로)

연방주	2003		2004		2005	
	총액	비율	총액	비율	총액	비율
바덴-뷔르템베르크	1,355.0	14.8	1,323.6	14.6	1,385.9	15.1
바이에른	1,348.5	14.7	1,309.8	14.4	1,244.5	13.6
베를린	667.7	7.3	665.8	7.3	656.5	7.2
브란덴부르크	134.8	1.5	141.9	1.6	132.6	1.4
브레멘	163.9	1.8	169.2	1.9	157.7	1.7
함부르크	295.9	3.2	308.3	3.4	328.8	3.6
헤센	609.7	6.6	623.2	6.9	639.9	7.0
메클렌부르크-포어포메른	151.7	1.7	162.8	1.8	159.6	1.7
니더작센	830.7	9.0	811.2	8.9	788.6	8.6
노르트라인-베스트팔렌	2,044.5	22.3	2,059.0	22.7	2,074.2	22.6
라인란트-팔츠	327.6	3.6	319.9	3.5	330.1	3.6
자를란트	113.8	1.2	120.3	1.3	117.3	1.3
작센	495.6	5.4	482.6	5.3	524.8	5.7
작센-안할트	228.6	2.5	207.7	2.3	202.2	2.2
슐레스비히-홀슈타인	204.3	2.2	188.4	2.1	214.7	2.3
튀링엔	208.8	2.3	195.8	2.2	212.6	2.3
독일 전체	**9,181.1**	**100.0**	**9,089.5**	**100.0**	**9,170.1**	**100.0**
구동독 지역과 베를린	1,887.2	20.6	1,856.7	20.4	1,888.4	20.6

출처: 2008년 연구개발 보고서, 547쪽.

(4) 주별 대학 연구개발비

주별로 살펴보면 〈표 4-39〉에서 보는 바와 같이 구동독 지역은 인구비율과 일치하는 20% 수준의 연구개발비를 유지하고 있다.

(5) 학문 분야별 대학 연구개발비

학문 분야별 대학 연구개발비 분포를 보면 〈표 4-40〉에서 보는 바와 같이 자연과학이 30%, 인문사회과학 분야가 21%를 차지하여 기초학문 분야가 전체의 50%를 차지한다. 2000년부터 2005년까지 연구개발비 증감 추이를 보면 인문사회과학 분야가 가장 높게 21.3% 증가하였고, 농림학 분야가 1.4% 감소한 것을 제외하면 모든 분야에서 16~17% 수준으로 고르게 증가하였다.

표 4-40 분야별 대학 연구개발비 추이(단위: 100만 유로)

		자연과학	공학	의학	농림학	인문사회과학	총액
독일 전체	1995	2,146.5	1,497.7	1,728.0	374.9	1,523.6	7,270.7
	2000	2,389.9	1,635.4	2,024.8	337.1	1,709.3	8,096.5
	2001	2,492.0	1,681.5	2,141.4	353.3	1,779.8	8,448.0
	2002	2,647.0	1,843.9	2,291.7	375.2	1,883.5	9,041.3
	2003	2,645.2	1,908.6	2,386.5	359.3	1,881.5	9,181.1
	2004	2,657.0	1,854.3	2,315.3	248.4	1,914.4	8,989.4
	2005	2,700.2	1,856.2	2,306.9	328.1	1,978.6	9,170.0
구동독 지역	1995	420.3	345.0	353.8	131.3	344.4	1,594.8
	2000	460.2	396.7	416.1	84.1	391.9	1,749.0
	2001	476.6	426.3	424.6	85.1	413.7	1,826.3
	2002	493.3	431.8	476.9	84.1	417.5	1,903.6
	2003	499.7	427.9	456.7	81.5	421.5	1,887.3
	2004	493.5	423.7	441.5	83.3	414.6	1,856.6
	2005	504.6	418.6	458.9	76.5	429.8	1,888.4

출처: 2008년 연구개발보고서, 542쪽.

구동독 지역은 2005년 기준으로 총예산에서 20.4%를 차지하고, 자연과학 18.6%, 인문사회과학 21.6%, 공학 22.5%, 의학 19.8%, 농림학 23%를 차지하고 있다.

(6) 학문 분야별 대학 외 연구소 연구개발비 추이

대학연구소와 비슷한 규모로 지원되는 대학 외 연구소에 대한 연구개발비는 연방정부가 67%, 주정부가 33%를 부담하며, 주로 기초학문 연구에 투입된다. 구동독 지역에 대한 지원은 29%로 대학 연구비 지원비율(20%)보다 훨씬 높다. 이것은 연방정부가 구동독 지역에서 기초과학 연구기반을 확충하기 위해 지속적으로 재정적인 뒷받침을 하고 있다는 뜻이다.

(7) 주별 대학 외 연구소 연구개발비

대학 외 연구소에 지원되는 연구개발비를 주별로 나누어 살펴보면 아래 〈표 4-42〉에서 보는 바와 같다. 베를린이 인구비율(4.1%)에 비해 가장 높은 연구비

표 4-41 분야별 대학 외 연구개발비 추이(단위: 100만 유로)

		자연과학	공학	의학	농림학	인문사회과학	총액
독일 전체	2001	3,416	1,961	481	423	864	7,146
	2002	3,470	2,080	487	372	924	7,333
	2003	3,394	2,075	490	393	955	7,307
	2004	3,554	2,118	461	423	958	7,514
	2005	3,636	2,320	483	428	1,000	7,867
구동독 지역	2001	1,028	461	150	168	264	2,072
	2002	1,056	489	147	129	274	2,095
	2003	1,071	490	137	145	273	2,116
	2004	1,128	518	125	160	294	2,224
	2005	1,131	569	129	173	297	2,299

출처: 2008년 연구개발보고서, 554쪽.

표 4-42 주별 대학 외 연구개발비 추이(단위: 100만 유로)

연방주	2003		2004		2005	
	총액	비율	총액	비율	총액	비율
바덴-뷔르템베르크	1,217.1	16.8	1,301.0	17.4	1,350.0	17.3
바이에른	909.5	12.5	952.1	12.7	1,012.2	13.0
베를린	864.3	11.9	876.2	11.7	898.9	11.5
브란덴부르크	258.2	3.6	296.1	4.0	299.0	3.8
브레멘	148.4	2.0	145.4	1.9	155.1	2.0
함부르크	274.6	3.8	279.2	3.7	289.2	3.7
헤센	323.6	4.5	307.6	4.1	327.9	4.2
메클렌부르크-포어포메른	160.9	2.2	182.2	2.4	193.4	2.5
니더작센	573.7	7.9	533.9	7.1	638.1	8.2
노르트라인-베스트팔렌	1,279.1	17.6	1,291.3	17.3	1,291.4	16.5
라인란트-팔츠	142.2	2.0	160.3	2.2	158.9	2.0
자를란트	62.0	0.9	65.8	0.9	81.8	1.0
작센	497.7	6.9	507.8	6.8	552.1	7.1
작센-안할트	171.8	2.4	183.2	2.5	187.1	2.4
슐레스비히-홀슈타인	205.2	2.8	208.4	2.8	206.6	2.6
튀링엔	162.7	2.2	178.7	2.4	168.2	2.2
독일 전체	**7,251.1**	**100.0**	**7,469.7**	**100.0**	**7,809.8**	**100.0**
구동독 지역과 베를린	2,115.6	29.2	2,224.3	29.8	2,298.7	29.4

출처: 2008년 연구개발 보고서, 556쪽.

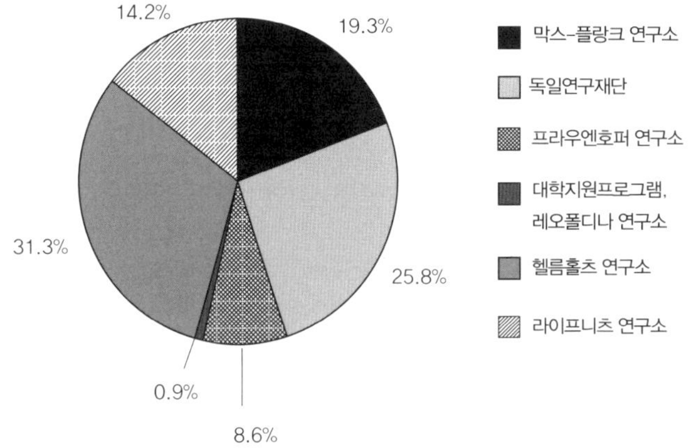

출처: 2008년 연구개발 보고서, 482쪽.

그림 4-2 연구기관별 연구개발비(2007년 기준)

(11.5%)를 지원받고 있으며, 구동독 지역이 전체의 29% 이상을 차지하고 있다.

(8) 연구기관별 연구개발비

연구기관별로 보면 〈그림 4-2〉에서 보는 바와 같이 헬름홀츠 연구소(HZ)가 전체의 31.3%로 가장 높은 비율을 차지한다. 헬름홀츠 연구소 산하 연구소들이 대부분 기초과학 연구를 바탕으로 응용분야로의 기술이전까지 연구대상으로 삼고 있기 때문에 막대한 재원이 소요되기 때문이다. 그 다음으로는 주로 기초학문 프로젝트 연구 지원을 담당하는 독일연구재단(DFG)과 막스-플랑크 연구소(MPG)가 각각 25.8%와 19.3%를 차지하고 있다.

3) 연구개발 인력

(1) 연구개발 인력 현황 및 연도별 추이

2005년 기준으로 독일의 연구개발 인력은 약 48만 명으로 1995년에 비해 약 2만 명이 증가하였다. 〈표 4-43〉에서 보는 바와 같이 이 기간 동안 연구인력은 약 4만 5,000명이 증가하고, 기술자 및 기타 인력은 2만여 명이 줄어들었다. 부문별로 보면 기업과 대학 외 연구소의 연구인력은 증가한 반면 대학의 연구인력은 오히려 소폭 감소하였다.

전체 연구인력 가운데 기업 부문이 가장 많은 63%를 차지하고, 대학 외 국공립 연구소들이 16%, 대학의 연구인력이 21%를 차지한다. 그리고 대학졸

표 4-43 연구개발 인력 변동 추이

		연구자	기술자	기타	총인원
기업연구소	1995	129,370	78,155	75,791	283,316
	2000	153,026	81,654	77,810	312,490
	2001	157,836	74,144	75,277	307,257
	2002	155,440	73,020	74,140	302,600
	2003	161,980	70,056	66,035	298,071
	2004	162,232	70,177	66,140	298,549
	2005	166,874	76,256	61,372	304,502
대학 외 연구소	1995	37,324	20,380	17,444	75,148
	2000	37,667	17,599	16,188	71,454
	2001	38,587	17,355	15,964	71,906
	2002	39,080	17,507	16,103	72,690
	2003	38,719	8,525	26,623	73,867
	2004	42,646	7,076	27,140	76,862
	2005	39,911	8,420	27,923	76,254
대학연구소	1995	64,434	13,636	22,604	100,674
	2000	67,087	12,151	21,551	100,789
	2001	67,962	11,951	21,530	101,443
	2002	71,292	11,746	21,675	104,713
	2003	68,243	11,375	20,976	100,594
	2004	65,764	10,559	19,769	96,092
	2005	70,843	9,902	19,258	100,003
총계	1995	231,128	112,171	115,839	459,138
	2000	257,780	111,404	115,549	484,733
	2001	264,385	103,450	112,771	480,606
	2002	265,812	102,273	111,918	480,003
	2003	268,942	89,956	113,634	472,532
	2004	270,642	87,812	113,049	471,503
	2005	277,628	94,578	108,553	480,759

출처: 2008년 연구개발 보고서, 557쪽.

업 이상의 학력을 가진 연구자 인력이 전체의 58%를 차지하여 1995년에 비해 8% 증가하였다.

(2) 구동독 지역의 연구개발 인력

구동독 지역의 연구개발 인력은 〈표 4-43〉과 〈표 4-44〉를 비교해 보면

표 4-44 구동독 지역 연구개발 인력

		연구자	기술자	기타	총인원
기업연구소	1995	19,768	5,402	7,443	32,613
	2000	21,370	7,790	7,060	36,220
	2001	22,325	7,330	7,250	36,905
	2002	21,980	7,220	7,140	36,340
	2003	18,346	6,294	5,822	30,462
	2004	18,378	6,304	5,832	30,514
	2005	17,393	-	-	29,525
대학 외 연구소	1995	11,481	4,894	4,407	20,782
	2000	11,641	4,372	3,938	19,951
	2001	12,486	4,228	3,807	20,521
	2002	12,698	4,329	3,899	20,926
	2003	12,805	1,722	7,416	21,943
	2004	13,586	1,787	7,605	22,978
	2005	12,012	2,018	7,940	21,970
대학연구소	1995	15,484	3,214	5,901	24,599
	2000	15,415	2,494	5,122	23,031
	2001	15,615	2,495	5,128	23,238
	2002	16,449	2,304	5,111	23,864
	2003	15,532	2,249	4,723	22,504
	2004	15,322	2,113	4,767	22,202
	2005	16,759	1,896	4,966	23,621
총계	1995	46,733	13,510	17,751	77,994
	2000	49,426	14,657	16,120	80,203
	2001	50,426	14,053	16,185	80,664
	2002	51,127	13,853	16,150	81,130
	2003	46,683	10,265	17,961	74,909
	2004	47,285	10,204	18,203	75,692
	2005	46,156	-	-	75,108

출처: 2008년 연구개발 보고서, 558쪽.

표 4-45 주별 연구개발 인력(단위: 명, %)

연방주	2001		2002		2003		2004		2005	
	인원	비율	인원	비율	인원	비율	인원	비율	인원	비율
바덴-뷔르템베르크	99,593	20.7	96,676	20.6	104,519	22.1	104,006	22.1	110,328	23.0
바이에른	99,416	20.7	98,699	20.6	96,391	20.4	97,235	20.6	99,598	20.7
베를린	31,671	6.6	31,981	6.7	28,389	6.0	29,442	6.2	27,207	5.7
브란덴부르크	6,952	1.4	6,860	1.4	6,146	1.3	6,128	1.3	6,444	1.3
브레멘	4,894	1.0	5,158	1.1	5,652	1.2	5,426	1.2	4,881	1.0
함부르크	10,466	2.2	10,243	2.1	11,438	2.4	11,492	2.4	11,390	2.4
헤센	41,841	8.7	41,579	8.7	39,640	8.4	39,199	8.3	39,637	8.3
메클렌부르크-포어포메른	4,170	0.9	4,153	0.9	4,356	0.9	4,352	0.9	4,632	1.0
니더작센	38,453	8.0	38,807	8.1	37,924	8.0	36,786	7.8	36,890	7.7
노르트라인-베스트팔렌	77,605	16.2	78,148	16.3	75,606	16.0	75,328	16.0	76,848	16.0
라인란트-팔츠	16,655	3.5	16,450	3.4	15,756	3.3	16,074	3.4	14,909	3.1
자를란트	2,701	0.6	2,751	0.6	2,850	0.6	2,881	0.6	2,895	0.6
작센	21,895	4.6	21,703	4.5	20,418	4.3	20,322	4.3	20,577	4.3
작센-안할트	6,332	1.3	6,552	1.4	6,376	1.4	6,368	1.4	6,470	1.3
슐레스비히-홀슈타인	7,954	1.7	7,597	1.7	7,516	1.6	6,962	1.5	7,913	1.6
튀링엔	9,644	2.0	9,884	2.1	9,227	2.0	9,080	1.9	9,785	2.0
독일 전체	**480,242**	**100.0**	**479,601**	**100.0**	**472,204**	**100.0**	**471,082**	**100.0**	**480,403**	**100.0**
구동독 지역과 베를린	80,664	16.8	81,130	16.9	74,909	15.9	75,692	16.1	75,108	15.6

출처: 2008년 연구개발 보고서, 560쪽.

1995년 17%에서 2005년 15.6%로 감소하였으며, 인구비율(20%)에 비해 상당히 낮은 수준이다. 전체 연구개발 인력 중에서 연구인력이 차지하는 비율은 2005년 기준으로 61%로, 독일 전체의 58%보다 높은 편이다. 부문별로 보면 기업과 대학의 연구개발 인력은 줄어들었고, 대학 외 국공립 연구소의 연구개발 인력은 늘어난 것을 알 수 있다.

(3) 주별 연구개발 인력

연구개발 인력의 주별 분포를 살펴보면 〈표 4-45〉에서 보는 바와 같이 '빅 3' 주들이 합쳐서 거의 66%를 차지한다. 구동독 지역의 주들은 예외 없이 인구비율에 비해 연구개발 인력의 비율이 모두 낮게 분포되어, 중장기적 성장

표 4-46 주별 기업부문 연구개발 인력(단위: 명, %)

연방주	2001		2002		2003		2004		2005	
	인원	비율	인원	비율	인원	비율	인원	비율	인원	비율
바덴-뷔르템베르크	71,868	23.4	70,779	23.4	76,456	25.7	76,579	25.7	82,376	27.1
바이에른	76,665	25.0	75,503	25.0	73,360	24.6	73,477	24.6	76,061	25.0
베를린	15,567	5.1	15,331	5.1	12,330	4.1	12,350	4.1	10,698	3.5
브란덴부르크	2,467	0.8	2,430	0.8	1,616	0.5	1,619	0.5	1,620	0.5
브레멘	2,304	0.7	2,269	0.7	2,482	0.8	2,485	0.8	1,824	0.6
함부르크	5,054	1.6	4,978	1.6	6,091	2.0	6,101	2.0	5,984	2.0
헤센	31,796	10.3	31,314	10.3	29,964	10.1	30,012	10.1	30,147	9.9
메클렌부르크-포어포메른	646	0.2	636	0.2	930	0.3	932	0.3	950	0.3
니더작센	23,682	7.7	23,323	7.7	22,617	7.6	22,653	7.6	22,461	7.4
노르트라인-베스트팔렌	43,127	14.0	42,473	14.0	41,395	13.9	41,461	13.9	41,968	13.8
라인란트-팔츠	11,678	3.8	11,501	3.8	11,255	3.8	11,273	3.8	10,077	3.3
자를란트	860	0.3	847	0.3	951	0.3	953	0.3	864	0.3
작센	11.058	3.6	10,889	3.6	9,211	3.1	9,225	3.1	9,393	3.1
작센-안할트	1,913	0.6	1,884	0.6	1,701	0.6	1,704	0.6	1,991	0.7
슐레스비히-홀슈타인	3,319	1.1	3,269	1.1	3,038	1.0	3,042	1.0	3,217	1.1
튀링엔	5,253	1.7	5,173	1.7	4,676	1.6	4,683	1.6	4,873	1.6
독일 전체	**307,257**	**100.0**	**302,600**	**100.0**	**298,073**	**100.0**	**298,549**	**100.0**	**304,503**	**100.0**
구동독 지역과 베를린	36,905	12.0	36,340	12.0	30,462	10.2	30,514	10.2	29,525	9.7

출처: 2008년 연구개발 보고서, 564쪽.

동력을 뒷받침하는 연구개발 인력이 구서독 지역에 비해 현저히 낮은 구조적 문제점을 안고 있다.

(4) 주별 기업 부문 연구개발 인력

연구개발 인력 중 가장 많은 비중을 차지하는 기업 부문의 연구개발 인력 분포를 보면 〈표 4-46〉에서 보는 바와 같이 구동독 지역은 2001년 12%에서 2005년 9.7%로 감소하였고, 인구비율(20%)의 절반에도 못 미치는 수준이다. 기업 부문에서 가장 많은 연구개발비가 투입된다는 사실을 고려하면 기업 부문의 이러한 격차가 구동서독 지역 간의 연구개발 격차를 벌이는 가장 큰 변수라 할 수 있다.

표 4-47 주별 대학소속 연구개발 인력(단위: 명, %)

연방주	2001		2002		2003		2004		2005	
	인원	비율	인원	비율	인원	비율	인원	비율	인원	비율
바덴-뷔르템베르크	15,788	15.6	16,276	15.5	15,954	15.9	15,448	16.1	15,965	16.0
바이에른	13,828	13.6	13,788	13.2	13,674	13.6	13,210	13.7	13,241	13.2
베를린	7,947	7.8	8,286	7.9	7,541	7.5	7,850	8.2	7,927	7.9
브란덴부르크	1,521	1.5	1,591	1.5	1,546	1.5	1,532	1.6	1,737	1.7
브레멘	1,468	1.4	1,714	1.6	1,922	1.9	1,744	1.8	1,723	1.7
함부르크	2,924	2.9	2,847	2.7	3,032	3.0	2,966	3.0	2,899	2.9
헤센	7,252	7.1	7,427	7.1	6,693	6.7	6,302	6.6	6,402	6.4
메클렌부르크-포어포메른	2,061	2.0	2,018	1.9	1,873	1.9	1,814	1.9	2,035	2.0
니더작센	8,501	8.4	9,190	8.8	8,770	8.7	7,746	8.1	7,731	7.7
노르트라인-베스트팔렌	21,155	20.8	22,567	21.6	21,117	21.0	20,047	20.9	21,077	21.1
라인란트-팔츠	3,691	3.6	3,412	3.3	3,270	3.3	3,247	3.4	3,522	3.5
자를란트	1,276	1.3	1,261	1.2	1,277	1.3	1,244	1.3	1,352	1.4
작센	6,417	6.3	6,379	6.1	6,202	6.2	5,871	6.1	6,320	6.3
작센-안할트	2,683	2.6	2,800	2.7	2,714	2.7	2,682	2.8	2,698	2.7
슐레스비히-홀슈타인	2,322	2.3	2,369	2.3	2,380	2.4	2,037	2.1	2,469	2.5
튀링엔	2,610	2.6	2,790	2.7	2,629	2.6	2,452	2.6	2,903	2.9
독일 전체	**101,443**	**100.0**	**104,714**	**100.0**	**100,594**	**100.0**	**96,092**	**100.0**	**100,002**	**100.0**
구동독 지역과 베를린	23,238	22.9	23,864	22.8	22,505	22.4	22,201	22.7	23,621	23.6

출처: 2008년 연구개발 보고서, 567쪽.

(5) 주별 대학 소속 연구개발 인력

대학 소속 연구개발 인력 분포를 주별로 나누어 살펴보면 〈표 4-47〉에서 보는 바와 같이 구동독 지역이 대체로 23% 수준을 유지하고 있어서 인구비율보다 다소 높게 나타나고 있다.

(6) 분야별 대학 외 연구소 연구개발 인력

대학 연구소와 비슷한 규모인 대학 외 국공립 연구소의 연구개발 인력은 〈표 4-48〉에서 보는 바와 같이 구동독 지역이 연구개발비 비율과 동일한 수준인 29%를 유지하고 있다. 따라서 공공 부문의 연구개발비와 연구개발 인력은 구동독 지역이 상대적으로 혜택을 누리고 있다고 볼 수 있다. 학문 분야

표 4-48 학문분야별 대학 외 연구소 연구개발 인력(단위: 명)

		자연과학	공학	의학	농림학	인문사회과학	총인원
독일 전체	1995	42,743	21,728	7,287	9,824	20,659	102,241
	2000	39,611	22,125	7,060	9,186	17,820	95,802
	2003	40,609	23,085	7,630	7,860	18,665	97,849
	2004	42,120	23,858	7,257	8,314	18,674	100,223
	2005	42,694	22,985	7,117	8,296	18,397	99,489
구동독 지역	1995	11,778	5,181	2,269	3,860	6,509	29,597
	2000	11,433	5,232	1,678	3,580	5,744	27,667
	2003	12,799	5,524	1,735	2,660	6,424	29,142
	2004	12,890	5,717	1,608	2,963	6,401	29,579
	2005	13,146	5,213	1,498	3,188	6,407	29,452

출처: 2008년 연구개발 보고서, 578쪽.

별로 보면 구동독 지역은 자연과학 분야의 연구개발 인력이 증가하여 국공립 연구소에서 기초과학 연구에 중점을 두고 있음을 알 수 있다.

(7) 주별 대학 외 연구소 연구개발 인력

〈표 4-49〉에서 대학 외 국공립 연구소에 속해 있는 연구개발 인력의 분포를 살펴보면 2005년 현재 구동독 지역 전체의 평균치는 29%로 매우 높은 편이지만 주별로는 상당한 편차를 보인다. 브란덴부르크 주와 작센 주의 연구개발 인력의 분포비율은 인구비율보다 높지만 다른 주들은 인구비율보다 낮게 나타나고 있다.

(8) 주별 특허 출원 수

연구개발 성과의 가시적 지표 중 하나인 특허 출원 수를 주별로 살펴보면 〈표 4-50〉에서 보는 바와 같이 '빅 3'주가 65%를 차지하여 연구개발비나 연구개발 인력의 비율에 비해 훨씬 높게 나타나고 있다. 그 반면 구동독 지역의 주들은 인구비율에 비해서도 낮고(이 책 제3장의 〈표 3-2〉 참조), 각 주의 경제력 규모(이 책의 제2장 〈표 2-5〉 참조)에 비해서도 낮게 나타나고 있어서 구동독 지역

표 4-49 주별 대학 외 연구소 연구개발 인력(단위: 명, %)

연방주	2001		2002		2003		2004		2005	
	인원	비율	인원	비율	인원	비율	인원	비율	인원	비율
바덴-뷔르템베르크	11,937	16.7	11,621	16.1	12,109	16.5	11,980	15.8	11,987	15.8
바이에른	8,923	12.5	9,408	13.0	9,357	12.7	10,548	13.9	10,296	13.6
베를린	8,157	11.4	8,364	11.6	8,518	11.6	9,042	11.9	8,582	11.3
브란덴부르크	2,964	4.1	2,839	3.9	2,984	4.1	2,977	3.9	3,087	4.1
브레멘	1,122	1.6	1,175	1.6	1,248	1.7	1,197	1.6	1,334	1.8
함부르크	2,488	3.5	2,418	3.3	2,315	3.1	2,525	3.3	2,507	3.3
헤센	2,793	3.9	2,838	3.9	2,983	4.1	2,885	3.8	3,088	4.1
메클렌부르크-포어포메른	1,463	2.0	1,499	2.1	1,553	2.1	1,607	2.1	1,647	2.2
니더작센	6,270	8.8	6,294	8.7	6,537	8.9	6,027	8.0	6,698	8.8
노르트라인-베스트팔렌	13,323	18.6	13,108	18.1	13,094	17.8	13,820	18.3	13,803	18.2
라인란트-팔츠	1,286	1.8	1,537	2.1	1,231	1.7	1,554	2.1	1,310	1.7
자를란트	565	0.8	643	0.9	622	0.8	684	0.9	679	0.9
작센	4,420	6.2	4,435	6.1	5,005	6.8	4,788	6.3	4,864	6.4
작센-안할트	1,736	2.4	1,868	2.6	1,961	2.7	1,846	2.4	1,781	2.3
슐레스비히-홀슈타인	2,313	3.2	2,319	3.2	2,098	2.9	2,243	3.0	2,227	2.9
튀링엔	1,781	2.5	1,921	2.7	1,922	2.6	1,945	2.6	2,009	2.6
독일 전체	**71,541**	**100.0**	**72,287**	**100.0**	**73,537**	**100.0**	**75,667**	**100.0**	**75,898**	**100.0**
구동독 지역과 베를린	20,521	28.7	20,926	28.9	21,955	29.9	22,205	29.3	21,970	28.9

출처: 2008년 연구개발 보고서, 580쪽.

의 연구개발 성과가 상용화되는 비율이 전반적으로 낮다는 것을 알 수 있다.

6. 요약과 전망

통일독일의 고등교육 정책은 구동독 지역의 대학을 혁신하는 데 최우선의 비중을 두었고, 특히 대학의 인적 쇄신을 최우선 과제로 삼았다. 그 결과 1990년대를 경과하면서 구동독 당시 대학 교원들이 대거 퇴출되는 사태를 맞게 되었고, 특히 과거 동독 시절 이념적 성향이 강했던 인문사회계의 교원들은 90% 이상이 퇴출되었다. 사실상 모든 분야에서 서독을 표준으로 삼은 통일 후의 상황에서 구동독의 체제 및 이념과 밀착해 있던 대학 교원들이 적

표 4-50 주별 특허 출원 수(단위: 건수, %)

연방주	1995		2000		2005		2006	
	출원 수	비율	출원 수	비율	출원 수	비율	출원 수	비율
바덴-뷔르템베르크	8,411	21.9	12,486	23.3	12,828	26.5	13,347	27.8
바이에른	8,375	21.8	13,301	24.9	13,688	28.3	14,010	29.2
베를린	1,345	3.5	1,265	2.4	866	1.8	943	2.0
브란덴부르크	239	0.6	396	0.7	311	0.6	428	0.9
브레멘	155	0.4	166	0.3	173	0.4	142	0.3
함부르크	712	1.9	1,222	2.3	919	1.9	946	2.0
헤센	3,860	10.1	4,818	9.0	3,402	7.0	3,202	6.7
메클렌부르크-포어포메른	153	0.4	212	0.4	197	0.4	183	0.4
니더작센	2,272	5.9	3,529	6.6	2,738	5.7	2,603	5.4
노르트라인-베스트팔렌	8,532	22.2	10,330	19.3	8,151	16.9	8,195	17.1
라인란트-팔츠	1,795	4.7	2,504	4.7	2,218	4.6	1,311	2.7
자를란트	241	0.6	363	0.7	360	0.7	318	0.7
작센	882	2.3	1,021	1.9	847	1.8	810	1.7
작센-안할트	354	0.9	466	0.9	366	0.8	343	0.7
슐레스비히-홀슈타인	563	1.5	680	1.3	600	1.2	585	1.2
튀링엔	488	1.3	762	1.4	703	1.5	646	1.3
독일 전체	**38,377**	**100.0**	**53,521**	**100.0**	**48,367**	**100.0**	**48,012**	**100.0**

출처: 2008년 연구개발 보고서, 595쪽.

응하기 힘든 현실을 인정한다 하더라도, 대학 교원의 그와 같은 대량 해직 사태는 대학에서도 구동독 지역의 '식민지화'가 관철되었다는 비판의 빌미가 되기도 한다.

고등교육 정책과 관련하여 통일독일 정부가 추진한 또 하나의 중요한 과제는 구동독 지역의 성상 잠재력을 확보하기 위한 중상기석 선방 하에 대학생 수를 늘리는 것이었다. 통일독일 정부는 통일 직전 구서독의 3분의 1에 불과했던 구동독의 대학생 수를 10년 동안 3배로 늘린다는 목표를 세웠다. 1994년에 이미 구동독 지역의 대학생 수가 구서독 지역과 대등한 수준에 올라서 목표를 조기 달성한 것처럼 보였지만, 1990년대 중반 이후 다시 구동독 지역의 대학생 수가 급감하는 불의의 사태를 맞았다. 그 후 현재까지도 구동독 지역에서는 대학생 수가 계속 감소하는 추세를 보이고 있다. 그것은 통일 후 구동독 지역의 실업률이 치솟으면서 출산율이 급감함에 따라 학령인구 수 자체가 줄어들고 있기 때문이다. 게다가 구동독 지역의 김나지움 졸업생 중에 20~30%가 구서독 지역 혹은 수도 베를린으로 대학진학 유학을 떠나는 것도 구동독 지역의 대학생 수를 감소시키는 요인의 하나다. 구동독 지역에서 경제 사정이 가장 좋은 작센 주의 경우에도 2020년까지 출산율이 최저점에 머물 것으로 전망되어 구동독 지역의 대학생 수 감소 추세를 과연 언제부터 정상화할 수 있을지 전망하기 어려운 실정이다.

이러한 문제점들에도 불구하고 통일독일 정부가 애초에 구동독 지역의 대학 혁신을 1994년까지 완료하겠다고 목표를 설정한 것은 대학사회에 영향을 미치는 여러 가지 변수들을 충분히 고려하지 못한 채 목표달성 시점을 조급하게 설정한 실책이라 할 수 있다. 그렇긴 하지만 독일 정부가 2000년대에 들어와서 고등교육 정책의 기조를 공교육 강화로 설정한 것은 중장기적인 안목에서 고등교육 강화를 통해 국가경쟁력을 제고하겠다는 의지의 표명이라 할 수 있다. 2007년 연방정부와 주정부 사이에 체결된 〈대학지원협약 2020〉에 따르면 독일 정부는 2010년까지 대학생 1인당 연간 1만 1,000유로의 예산을 배정하고, 2011~2015년까지는 2배로 늘여서 2만 2,000유로를, 2016~2020년까지는 2만 6,000유로를 지원할 계획이다. 이 예산에서도 구서독 지역 지원금에서 5%를 떼어내어 구동독 지역에 추가로 배정하지만, 그보다는 대학지원 예산을 향후 20년 동안 2배로 늘림으로써 지원액의 절대 규모가 커지기 때문에 지역격차를 해소하는 데 상당한 도움이 될 것으로 기대된다.

통일독일의 연구개발 지원 정책은 크게 세 가지 방향으로 나누어 살펴볼 수 있다. 첫째, 구동독 지역에서 연구 인프라를 복구하는 과제는 우선 구서독 지역의 대표적인 연구기관인 막스-플랑크 연구소 등을 구동독 지역에도 이식하여 연구 인프라를 이전하는 방식을 주로 삼되, 구동독의 기초과학 연구소인 프라우엔호프 연구소 등에 대해서는 통일 후에도 지속적으로 지원하여 연구역량을 강화하는 방식을 취하였다. 둘째, 구체적인 연구 프로젝트 지원과 관련해서는 국가 차원에서 전략과제를 설정하여 독일 전역을 대상으로 우수과제를 공모하는 방식이 주를 이루는데, 구동독 지역의 연구기관과 대학들도 여기에 참여할 수는 있지만 특별한 혜택을 받지는 않는다. 셋째, 구동독 지역에 대한 특별지원을 위해 별도의 연구개발 지원 사업을 추진하는 방식이 있는데, 이 방식으로 추진되는 사업은 둘째 방식의 사업에 비해 규모가 훨씬 적다. 이런 사업의 대표적인 예로 대학의 연구역량 강화를 위한 '혁신연구지원사업', '지역혁신역량강화사업' 등을 꼽을 수 있다.

통일 후 구동독 지역에 대한 연구개발 정책은 대학과 마찬가지로 먼저 인적 쇄신을 단행하고 점차적으로 연구 인프라 구축을 주력하는 방식으로 진행되었다. 인적 쇄신의 경우 통일 후 경쟁력을 상실한 산업체 연구인력을 대학에 통합하여 기초연구 역량을 강화한다는 목표를 설정하여 한시적으로 '연구인력 재활 프로그램'을 시행하였다. 〈표 4-11〉에서 보듯이 그 결과 산업체 연구인력이 8만 5,700명에서 2만 2,000여 명으로 감소하였으나, 산업체 연구소에서 해직된 연구인력 중에서 재활 프로그램의 지원을 받은 사람은 5%에 불과했고, 대학 등의 연구기관에 재취업한 수는 3.6%에 불과했다. 대학의 경우와 마찬가지로 통일 후 구동독 출신 연구인력도 대량 실직 사태를 피할 수는 없었다.

제5장

문화

1. 통일독일의 문화정책

과거 서독과 동독의 문화예술인들은 이미 1970년대부터 활발하게 상호교류를 해 왔고, 1980년대에 들어와서는 방송이나 출판 인쇄물 역시 거의 여과 없이 상호개방을 했다. 그런 점에서 문화와 예술은 이미 분단시대부터 동서독 주민들의 상호이해를 증진하는 데 크게 기여했다고 할 수 있다. 구동독과 구서독이 법적 통일을 이루기 전인 1990년 8월 31일 양 독일 정부 사이에 체결된 통일조약에서 문화의 중요성을 다음과 같이 강조하는 것도 그런 역사적 배경의 연장선에서 이해될 수 있다.

> 과거 분단시대에 문화와 예술은 — 두 나라의 상이한 발전에도 불구하고 — 독일민족의 통일성을 지속적으로 담보해 주는 바탕이 되었다. 장차 유럽의 통합으로 이어질 독일의 통일 과정에서 문화와 예술은 독자적인 기여를 할 것이다. 통일 독일의 위상은 정치적 비중이나 경제력에 못지않게 문화국가에 달려 있다(통일조약 제35조 1항).

여기서 특히 주목할 것은 통일독일의 국가적 위상을 가늠하는 잣대로 '문화국가'를 앞세우고 있다는 점이다. 이처럼 통일 독일의 국가적 정체성을 문화국가에서 찾는 주된 이유 역시 독일의 과거사에 대한 비판적 성찰에 바탕을 둔 것이다. 20세기 역사에서 독일은 두 차례의 세계대전을 일으킨 전범국가이자 나치시대에 자행한 인종학살로 세계사에서 결코 씻을 수 없는 오명을 남겼다. 그리고 독일의 분단은 그러한 역사적 죄과에 따른 업보라 할 수 있다. 따라서 독일의 분단 극복과 온전한 통일은 그러한 과거사의 극복과 분리될 수 없는 과제다. 다시 말해 유럽이 통합되어 가는 과정에서 독일이 단지 정치와 경제의 강대국 지위만 앞세운다면, 과거의 패권주의에 대한 철저한 반성 및 극복이 이루어지기 어려울 것이다. 바로 그렇기 때문에 통일된 독일은 '문화국가'로서 동서화합과 유럽의 통합에 기여해야 한다고 보는 것이다.

통일독일이 문화국가를 지향하고 자임할 수 있기 위해서는 무엇보다 구동독 지역의 문화기반이 명실상부하게 구서독 지역과 대등한 수준에 도달해야 한다. 그런데 과거 서독의 문화정책은 기본적으로 각 지방의 주정부와 지자체가 책임을 지고 자율적으로 추진하는 '문화주권(Kulturhoheit)'의 원칙에 바탕을 두고 있었다. 다시 말해 해당 지역에서 이루어지는 문화재 관리나 문화예술 활동 지원 등에 소요되는 재정 역시 국가 차원의 특별지원 사업이 아닌 한 원칙적으로는 주정부와 지자체가 부담하게 되어 있었다. 하지만 통일 후 구동독 지역이 낙후된 산업시설이 와해되고 실업률이 급증하는 등 극심한 경제난에 시달리는 상황에서 구동독 지역의 주정부와 지자체들이 각종 문화시설의 정상화 및 문화예술 활동 지원에 필수적인 문화예산을 자체적으로 충당한다는 것은 불가능했다. 독일의 통일은 모든 분야에서 구동독 지역의 구조를 서독의 구조에 맞추는 방향으로 진행되었기 때문에 '문화주권'의 원칙을 견지하되 구동독 지역에서 소요되는 문화재정의 일부를 연방정부가 분담하지 않을 수 없게 되었다. 통일조약 제35조 문화 항목은 이러한 사정을 반영하여 구동독 지역과 관련된 문화정책의 기본원칙을 다음과 같이 규정하고 있다.[1]

- 구동독 지역에 있는 문화재들이 훼손되어서는 안 된다.
- 문화 분야의 과제들을 실행하기 위한 재정을 확보해야 한다.
- 과거 동독에서 중앙정부가 관리하던 문화재들은 주정부의 관할로 이관한다. 재정도 주정부가 책임진다. 단, 베를린의 경우에는 공동분담 가능성을 열어둔다.
- 전후 분산되었던 프로이센 문화소장품들은 베를린으로 집중한다.
- 구동독 지역의 문화기반 확충을 위한 문화기금을 확보한다.
- 분단의 여파를 해소하는 데 주력한다.

이러한 원칙에 입각한 통일독일의 문화정책은 처음 10년 동안에는 무엇보다 구동독 지역에서 박물관과 도서관, 연주회장과 전시공간 등 문화기반을 확충하는 한편, 프로이센 왕국의 문화유적이 밀집해 있는 브란덴부르크 주라든가 작센 왕국의 문화유적이 밀집해 있는 작센 주 등지의 문화재와 문화유적을 복구하는 데 최우선 순위를 두었다. 그리고 문화기반 확충과 문화재 복원이 1990년대를 경과하면서 상당히 가시적인 성과를 거두자[2] 2000년대에 들어와서부터는 그러한 정책기조를 지속하면서도 한편으로는 동서화합을 위한 문화예술 활동을 지원하는 데도 역점을 두고 있다.

중요한 정책사업들에 관해서는 다음 장에서 자세히 살펴보겠지만 여기서는 우선 통일 독일 정부가 구동독 지역의 문화기반 복구와 동서화합을 위해 수행한 문화정책의 기본방향과 주요 특징을 몇 단계로 나누어 살펴보기로 하겠다.[3]

---

1 통일조약 제35조 2항~7항 내용의 요약.

2 단적인 예로, 독일의 세계문화유산 33개 중 25개가 통일 이후 등재되었고, 그중 11개가 구동독 지역에 자리 잡고 있다. 자세한 내용은 제2절 참조.

3 이하의 설명은 Raabe(2006: 21-32) 참조.

1) 1단계(1991~1993년)

1990년 서독 지역과 동독 지역의 화폐통합이 단행된 이후 특히 구동독 지역의 주정부와 지자체들이 극심한 재정난에 빠졌다. 그러자 연방정부는 구동독 지역 문화기반 확충을 위한 특별예산법안이 아직 의회에서 의결되지 않은 시점인 같은 해 11월 14일 다음 해 연방정부 예산에 구동독 지역을 지원하기 위한 특별문화예산 9억 마르크를 책정하였다. 그리하여 1991년부터 1993년까지 "구동독 지역 문화재 보호 사업"이라는 명칭으로 총 28억 마르크의 특별예산이 투입되어 약 230개소의 문화재 및 문화시설들이 지원을 받았다. 구동독 지역 주정부의 문화관련 부처나 행정지원체계가 미처 완전히 복구되지도 못한 통일 직후의 시기에 연방정부 차원에서 이러한 지원이 이루어진 것은 고무적인 일이었다.

2) 2단계(1994~1998년)

1993년 하반기에 독일 연방의회는 대규모의 설문과 현장실사를 통해 구동독 지역의 문화 실태를 조사하면서 1994년 이후 구동독 지역의 문화재정을 연방정부 차원에서 어떻게 계속 지원할 것인지 연방정부에 공식 질의하였다. 이에 연방정부는 1999년까지도 연방정부의 특별지원은 계속될 것이라고 지원계획을 발표하였다. 이에 따라 연방정부는 1994~1998년 기간 동안 약 11억 6,200만 마르크를 지원하였다. 이 기간에 특기할 것은 1993년 연방정부와 구동독 지역 주정부들 사이에 맺어진 협약에 따라 1995년부터 '문화 등대 사업'이라는 명칭으로 구동독 지역의 국보급 문화재를 복원하는 사업이 시작되어 매년 사업비 4,000만 마르크 중 절반을 연방정부가 부담했다는 점이다.

3) 3단계(1999~2004년)

이 기간 중에도 연방정부는 매년 약 1억 4,000만 유로를 구동독 지역의 문화재 복구와 문화시설 확충 및 문화활동에 지원하였다. 이 시기에 특기할 것은 1990년대에 가장 큰 역점을 두었던 문화기반 복구 사업 외에 구동독 지역 시민들이 자발적으로 지역사회의 현안들에 참여하여 사회적 통합을 제고하기 위한 방안으로 지역시민 문화활동을 지원하는 프로그램이 새로 시작되었다는 점이다(자세한 내용은 2장 참조). 또한 각 지역의 문화정책을 집행하는 기구인 문화재단들이 1999년에 '문화재단 협의회'를 발족시켜서 독일 전역을 포괄하는 연계망을 구축하였다. 이를 바탕으로 2002년도에는 연방 차원의 총괄 집행 기구인 '연방 문화재단'이 설립되어 연방 차원의 문화지원 및 관리가 효율화되었다. 특히 '연방 문화재단' 본부를 구동독 지역의 도시인 할레 시에 둠으로써 구동독 지역의 문화 진흥에 주력한다는 연방정부의 의지를 표명하였다. 1993년에 독일 연방의회가 구동독 지역의 문화실태를 조사한 데 이어 2002년에도 문화정책 전문가들에게 위임하여 구동독 지역의 문화실태를 조사하는 작업이 이루어져 그 결과보고서가 출간되었다.

4) 4단계(2005년~현재)

독일 연방정부는 2단계 '연대협약(Solidarpakt)'[4]에 따라 2005년부터 2019년까지 구동독 지역에 대한 특별지원예산 1,050억 유로를 책정해 놓았다. 그 중 약 절반을 차지하는 목적사업비 510억 유로의 2%를 구동독 지역의 문화지원 예산으로 책정하고 있으며, 이에 따라 이 기간 동안 연간 약 6,400만 유

4 연방정부와 구서독 지역 주정부들이 대략 절반씩 공동으로 부담하는 구동독 지역에 대한 특별지원은 '통일 기금'(1990~1994)으로 약 822억 유로, '1단계 연대협약'(1995~2004)으로 약 812억 유로가 집행되었으며, '2단계 연대협약'(2005~2019)에는 약 1,050억 유로가 책정되어 있다.

로가 문화재정으로 추가 지원된다. 2005년 독일 연방의회는 2000년대 중반 이후 독일의 문화정책 청사진을 새롭게 구상해야 한다는 결의를 채택하고, 이 연구과제를 문화정책 전문가들에게 위임하였다. 2년 동안의 작업 끝에 2007년 독일 연방의회에 제출된 보고서는 "문화는 국가적 목표(Kultur als Staatsziel)"라는 슬로건 하에 2000년대 중반 이후 문화정책의 새로운 방향을 제시하고 있다. 그중 특기할 만한 것은 지식기반 사회에서 핵심적 교육이념으로 강조되는 평생학습 능력의 기초를 문화예술 소양으로 설정하고, 문화예술 소양교육의 강화를 문화정책의 새로운 핵심과제로 제시하고 있다는 점이다. 아울러 문화산업 및 창의산업의 육성을 문화정책의 핵심과제로 제시하고 있는 것도 문화예술이 현실과 동떨어진 협의의 '교양'이 아니라 실질적인 성장동력의 중요한 요소라는 인식에 바탕을 둔 것이라 하겠다. 이에 관한 자세한 내용은 다음 장에서 살펴보겠지만, 2000년대 중반 이후 문화정책의 이러한 방향전환은 통일 후 15년 동안 구동독의 낙후된 문화기반을 복구하는 데 상당한 성과를 거두었고, 이를 바탕으로 애초에 통일조약에서 표방했던 '문화국가'의 이념을 본격적으로 추구하겠다는 의지와 자신감의 표현이라 할 수 있겠다. 1991~2004년까지 약 7억 4300만 유로를 투입하여 구동독의 국보급 문화재를 복구한 '문화 등대 사업'과 같은 문화재 복구 사업이 국가 간 경제력의 편차가 상당히 큰 유럽연합의 틀에서도 도입되어야 한다고 촉구하는 것도 그런 맥락에서 이해된다.[5]

5 Raabe(2006: 32). 이 보고서는 유럽연합 내에서 국가 간 상호보전 기금 중 40% 이상이 농업 부문 적자 보전에 투입되는 반면 문화 부문에 대한 원조는 0.5%에 불과하다고 비판하고 있다.

2. 주요 정책사업

1) 국가문화재 보호: '문화 등대' 프로젝트

1993년 독일 연방정부는 주정부와 협약을 맺어 구동독 지역에서 국가적 대표성을 가지는 중요한 문화유적들을 '문화 등대'라 명명하고, 이를 보존하고 정비하는 사업을 벌였다. 독일연방문화부는 '문화 등대'라는 명칭을 도입한 이유를 '문화 등대' 선정의 기준으로 명시하고 있는데, 그 요지를 간추리면 다음과 같다(Raabe, 2006: 34f.).

- 문화등대는 국지적 소재를 넘어서 멀리서도 방향을 안내해 주는 지표가 된다.
- 문화등대는 지속적인 파급력이 있고 온 나라를 비춰 주는 계몽의 역할을 한다.
- 문화등대는 정태적으로 고정된 것이 아니라 역동적으로 살아 움직이는 문화를 담보한다.
- 문화등대는 유일무이한 가치를 지닌 문화재다.
- 문화등대는 국가적 대표성을 지니는 문화재다.
- 문화등대는 국제적인 문화교류에 기여하는 문화재다.

이러한 기준에 따라 2009년 현재까지 모두 23개 문화재들이 '문화 등대'로 지정되었고, 1995년부터 연간 약 7,500만 유로가 이 사업에 투입되었다. 특기할 만한 것은, 독일 통일 이후 구동독 지역에서 세계문화유산으로 등재된 문화재 및 자연공원 11개 중 '문화 등대'에 해당되는 문화재 및 자연공원이 8개나 포함되어 있다는 사실이다. 구동독 시절에 문화재 관리가 부실하고 낙후되었음에도 불구하고 구동독 지역에서 세계문화유산을 7개나 등재시켰다는 것은 통일 독일 정부가 구동독 지역의 문화를 복구하는 데 그만큼 주력했다는 뜻으로 볼 수 있다.

2009년 현재까지 '문화 등대'로 등재되어 국가적 관리와 지원을 받는 구동독 지역의 국가문화재 현황은 다음과 같다.

표 5-1 '문화 등대' 프로젝트 등재 문화재 목록

문화재 명칭	건축연도 및 소장품수집기간	방문객 수	직원 수	연간예산 (1,000유로)	비고
프로이센의 성과 공원들	1730~1916	2,239,762	474	32,176	1990~1999년 기간 세계문화유산 등재
드레스덴 미술관	16~19세기	2,040,238	317	17,406	
바이마르 고전문화 유적지	18~19세기	670,000	277	17,892	1998 세계문화유산
데사우-뵈를리츠 유적지	1765~1800	800,000	104	5,476	2000 세계문화유산
바르트부르크 유적지	11세기	500,000	36	2,521	1999 세계문화유산
프랑켄문화재단(할레)	1698	80,000	30	3,695	
루터 역사 유적지	16세기	140,000	36	1,946	1996 세계문화유산
독일해양박물관(슈트랄준트)	1951	674,708	55	4,028	2002 세계문화유산 (슈트랄준트 구시가지)
독일위생박물관(드레스덴)	1930	266,000	66	5,089	
바우하우스(데사우)	1925	80,000	55	4,993	1996 세계문화유산
무스카우 자연공원	1819	60,000	45	2,373	2004 세계문화유산
슈베린 박물관	1882	310,193	89	6,529	
라이프치히 그라시박물관	1929	-	101	6,005	
라이프치히 미술관	1819	200,000	27	3,694	
모리츠부르크 미술관(할레)	1885	42,200	43	3,028	
켐니츠 미술관	1909	-	22	2,738	
린데나우박물관(알텐베르크)	1848	18,000	10	711	
드레스덴 자연사박물관	1728	-	45	2,582	
바흐 문서고(라이프치히)	1950	68,966	31	1.859	
헨델 기념관(할레)	1948	50,000	34	1,600	
프리덴슈타인 유적지(고타)	1640~1879	-	-	-	
선사시대박물관(할레)	1819~1921	-	-	-	
클라이스트 기념관	1953	-	-	-	

방문객 수, 직원 수, 연간예산은 2005년 기준임.

2005년 이후 등재된 프리덴슈타인 유적지, 선사시대박물관, 클라이스트박물관의 방문객 수, 직원 수, 연간예산은 파악하지 못함.

출처: Raabe(2006: 51f.).

표 5-2 '프로이센의 성과 공원들' 재정 구조(단위: 1,000유로)

수입		지출	
항목	금액	항목	금액
자체 수입	12,505	인건비	20,575
연방정부 지원	14,687	경상비	11,601
브란덴부르크 주정부 지원	11,320	특별투자(건축 등)	10,903
베를린 주정부 지원	6,606		
계	45,118	계	43,079

출처: Raabe(2006: 72).

위의 표에서 연간예산액은 인건비와 경상비만 합친 것으로, 건축물 개축 및 보수 등에 투입된 '문화 등대' 프로젝트 특별지원 예산은 포함되지 않았다. 위의 문화재 중 '프로이센의 성과 공원들'을 예로 들면, 인건비와 경상비를 합친 연간예산이 약 3,200만 유로인데, 건축물 개축 및 보수 등을 위한 특별지원 예산 약 1,090만 유로가 '문화 등대' 프로젝트 특별지원액이라 할 수 있다. '문화 등대' 특별지원액이 총예산의 약 3분의 1을 차지한다고 볼 수 있으며, 이것은 연방정부 지원금 총액이 총수입의 약 3분의 1을 차지하는 것에 상응한다(〈표 5-2〉 참조).

그 밖에도 연방정부로부터 보수 및 정비를 위한 추가예산의 4분의 1을 지원받는 주요 국가문화재는 다음과 같다.[6]

〈음악 분야〉

- 하인리히 쉬츠 박물관(바트 쾨스트리츠 및 바이센펠스 소재)
- 바흐 박물관(아이세나흐 소재)
- 슈만 박물관(츠빅카우 소재)
- 멘델스존 박물관(라이프치히 소재)
- 쿠르트 바일 기념관(데사우 소재)

---

6 개별 문화재에 대한 설명과 상세한 지원내역은 Raabc(2006: 233-318) 참조.

〈미술 분야〉

- 파노라마 박물관(바트 프랑켄하우센 소재)
- 에른스트 바를라흐 박물관(귀스트로 소재)

〈문학 분야〉

- 레싱 박물관(카멘츠 소재)
- 글라임 박물관(할버슈타트 소재)
- 폰타네 박물관(포츠담 소재)
- 하우프트만 박물관(에르크너, 히덴제, 아그네텐도르프, 쉬라이버하우 소재)
- 투홀스키 박물관(라인스베르크 소재)
- 한스 팔라다 박물관(카르비츠 소재)

〈학술 분야〉

- 빙켈만 박물관(슈텐달 소재)
- 하인리히 슐리스만 박물관(안켈샤겐 소재)
- 니체 박물관(나움부르크 소재)
- 로코 박물관(레칸 소재)
- 오토 릴리엔탈 박물관(안클람 소재)

2) 수도 베를린의 문화 진흥

통일 독일의 수도가 된 베를린은 근현대 독일 역사의 중심무대였을 뿐 아니라 특히 독일 통일과 유럽연합(EU) 출범 이후로는 국제적 위상이 더욱 높아지고 있다. 통일 후 개정된 기본법(Grundgesetz) 제1조 22항은 통일 독일의 수도인 베를린의 특별한 위상과 역할을 '베를린 특별조항(Berlin-Klausel)'으로 명시하고 있다. 베를린은 유구한 역사적 전통과 국제적 위상에 걸맞게 갖가지 문화유적이 밀집해 있고 문화활동이 가장 활발한 도시이기도 하다. 통일 후 베를린 시의 문화정책은 크게 2단계로 대별된다. 1990년대에는 동베를린 지역에 있는 문화유적들을 복원하는 한편 브란덴부르크 주와 공동으로 프로이센 문화유적을 복원하는 문화재 보호에 주력하였다. 이를 위해 '프로이센 문화재단'을 설립(1996년)하여 2001년까지 연방정부가 매년 총예산의 75%에 해당되는 1억 유로씩을 지원하였으며, 2002년부터는 재단 지원예산 전액을 연방정부가 부담하고 있다. 이러한 문화재 보호사업의 성과로 1990~1999년 기간 동안 베를린과 브란덴부르크에 산재해 있는 '프로이센 문화유적'들과 동베를린 지역에 있는 '박물관 섬(Museuminsel)'이 세계문화유산으로 등재되었다.

2000년대에 들어와서는 문화재 보호사업을 지속하는 한편 문화활동의 저변을 확산하고 문화산업을 육성하는 데에도 주력하였다. 이를 위해 1999년부터 연방정부와 시정부 사이에 문화재정을 확충하기 위한 논의가 시작되어 2003년도에 연방정부와 시정부가 '수도문화진흥협약'을 체결하여 매년 문화예산을 1억 유로씩 증액하여 절반씩 분담하기로 하였다. 이에 따라 앞의 〈표 5-3〉에서 보는 바와 같이 2004년부터 베를린의 문화예산이 2억 유로씩 증액되었고, 총예산 대비 문화예산 비율도 1% 가까이 높아진 것을 알 수 있다. 이와 같이 획기적인 문화재정 확충에 힘입어 2004년부터 도서관 지원액과 음악 부문 지원이 2배 이상 늘어났고,[7] 다른 분야의 지원액 역시 획기적으로 늘어났다. 특히 2004년부터 새로운 통계지표로 도입된 '문화교육' 예산은 지자체에서 청소년과 시민들을 대상으로 하는 실질적인 문화교육 비용을 지원함으로써 전문예술가들에 대한 지원뿐 아니라 일반 시민들에게까지 지원의 폭을 확대했다는 것을 말해 준다. 이처럼 문화재정이 획기적으로 확충되고 문화활동의 저변이 확대된 것은 통일 후 매번의 선거에서 사민당 및 좌파연합이 언제나 최다 득표를 차지한 베를린 정부의 문화정책에 힘입은 바 크다 할 수 있다. 2006년 선거에서도 좌파연합이 최다 득표를 한 베를린 시정부는 다음과 같은 문화정책을 표방하고 있다(Föhl und Neisener, 2008: 6).

---

7 2004년부터 음악학교 지원예산(연간 약 3,000만 유로)이 음악 부문 예산에 포함되었다.

표 5-3 베를린의 문화예산 추이(단위: 1,000유로)

	연극	박물관	영화	도서관	음악	문화 유적	문화 단체	문화 행정	교회	문화 교육	총액	문화예산 비율(%)
1997	483,677	176,155	18,684	51,787	67,750	14,040	58,611	13,108	138,990	-	1,022,802	2.28
1998	461,592	187,331	18,214	60,694	66,888	18,654	57,115	8,121	147,843	-	1,026,452	2.34
1999	435,152	186,621	23,714	57,673	63,870	12,639	58,709	9,511	140,612	-	988,501	2.38
2000	445,647	236,860	46,660	62,950	63,879	12,995	55,414	9,641	160,546	-	1,094,592	2.70
2001	229,747	78,689	9,737	31,899	33,255	6,755	22,590	6,607	79,472	-	498,751	2.29
2002	221,844	61,207	11,761	28,145	33,424	6,912	26,311	3,563	77,437	-	470,604	2.06
2003	208,083	57,167	9,691	28,177	33,631	10,934	27,644	3,533	77,119	-	455,979	2.12
2004	212,136	86,848	-	65,292	70,950	16,640	48,213	14,894	70,981	32,446	618,400	3.21
2005	210,384	81,016	-	65,930	67,429	17,052	43,366	13,754	71,494	31,690	602,115	3.16
2006	207,508	75,721	-	65,152	67,124	20,149	38,489	13,100	71,774	27,434	586,451	3.31
2007	204,936	75,967	-	65,431	65,048	19,622	37,113	13,228	71,088	29,803	582,236	3.26
2008	220,834	80,972	-	65,045	66,222	27,013	36,913	12,925	71,723	29,380	611,027	3.38
2009	240,698	86,325	-	67,757	70,659	37,245	38,341	12,379	71,904	26,390	651,698	3.61

* 1997~2000년 화폐단위: 독일 마르크(DM).
* 2001~2009년 화폐단위: 유로(EURO).

출처: 베를린 시정부 학술 문화위원회: 1997~2003년 문화재정 통계, 2002년 12월 3일 공표; 연방통계청: 2004~2009년 베를린 문화재정 통계, 2009년 7월 29일 공표.[8]

- 청소년 문화교육과 시민들의 문화활동 참여를 확대한다.

⇨ 예술학교 지원, 박물관 입장료 할인, 시민문화학교 지원 등

- 과거사에 대한 역사교육을 문화적 차원에서 강화한다.

⇨ 나치시대 역사기록관, 베를린 장벽의 역사, 유대인 박물관 등

- 예술가들의 창조적 예술활동을 지원한다.

⇨ 창작 지원, 전시시설 지원 등

- 베를린을 첨단 미디어 도시로 육성한다.

⇨ 첨단 문화산업 육성, 영화제작 지원 등

8 2004~2009년도 통계에는 영화 부문에 별도로 포함되어 있지 않은데, '문화단체' 지원예산에 포함된 것으로 추정된다. 또한 2004년도부터 새로운 지표로 포함된 '문화교육' 예산은 주로 지자체 부설 시민학교 등에서 운영하는 문화교육 프로그램 지원비로 책정되어 있다. 문화단체 지원은 예술가들의 창작지원 프로그램도 포함한 것이다.

- 베를린과 브란덴부르크 주의 협력을 강화한다.

⇨ 공동의 문화재 보호 사업 등

- 오더(Oder) 강변 도시들과의 협력을 강화한다.

⇨ Stettin, Landsberg/Warthe, Grünberg, Posen, Breslau 등 브란덴부르크 주에 있는 오더 강변 도시들과의 문화협력 강화

- 세계 각국 도시들과의 유대 및 협력을 강화한다.

⇨ 아시아–태평양 문화제 등

(1) 수도문화 지원협약

앞에서 언급한 대로 동베를린과 브란덴부르크 지역의 문화재를 복원하고 문화생활의 저변을 확대하기 위해 연방정부의 전폭적인 지원이 있었고, 특히 2000년대에 들어와서 문화재정을 획기적으로 확충하기 위해 "수도문화지원협약"이 체결되어 매년 2억 유로의 추가재정이 투입되고 있으며, 최근 2007년 11월 30일에 갱신된 협약에 따르면 이 협약은 2017년까지 유효한 것으로 명시하고 있다. 1999년까지 프로이센 유적지와 '박물관 섬'이 세계문화유산에 등재된 성과 외에 2000년대에 들어와서 최근까지 진행 중인 중요한 문화재 복구사업을 예로 들면 다음과 같다.

- (구)국립미술관(2001년 완공)
- 보덴 박물관(2006년 완공)
- 이집트 박물관(2013년 완공예정)
- 고대사 박물관(2013년 완공예정)
- (구)시립도서관(2012년 완공예정)

또한 수도문화 지원협약의 지원을 받는 중요한 문화재 및 프로그램은 다음과 같다.

- 프로이센 문화재단(세계문화유산)
- 박물관 섬(세계문화유산)
- 독일역사박물관
- 유대인 박물관
- 베를린 영화제
- 세계문화전시관
- 베를린 방송 오케스트라
- 예술원
- 독일 영화 박물관
- 도이체 벨레 베를린(한국의 '아리랑 방송'에 해당)
- 홀로코스트 유적지
- 동독 독재체제 유적지
- 베를린 장벽 역사유적지 복원

(2) 베를린 장벽 역사유적지 복원 사업

베를린 장벽은 독일민족의 분단의 상처를 응축하고 있는 역사적 기념물인 동시에 장벽 붕괴로 상징되는 분단극복과 재통일의 역사적 상징물이기도 하다. 따라서 베를린 장벽은 분단시대의 고통에 대한 역사적 기억을 환기시켜 주고 평화통일의 역사적 의의를 일상생활 속에서 생생하게 깨우쳐 줄 수 있는 살아 있는 역사교육의 현장으로서 막중한 의의를 지닌다. 그럼에도 불구하고 통일 후 베를린 장벽은 분단시대의 흉물이라는 이유로 대부분 철거되었고 찰리 포인트 등 몇 군데 기념물만 남아 있을 뿐이다. 더구나 포츠담 광장의 경우에서 보듯이 장벽이 철거된 자리에 초현대식 고층건물들이 들어섬으로써 역사적 기념물로서의 의의를 크게 훼손당한 상태다. 뒤늦게 이러한 문제점에 눈을 뜬 베를린 시는 2004년 말부터 베를린 장벽을 역사적 기억의 상징물로 복원하기 위한 논의를 시작하여 2006년 6월 종합계획을 발표하였는데, 그 핵심 내용은 다음과 같다.[9]

- 현재까지 원형대로 보존되어 있는 모든 장벽을 보호한다. 나아가서 과거에 장벽이 있던 자리의 윤곽을 전체적으로 확인할 수 있도록 특정한 구역을 지정하여 복원작업을 시행한다. 베르나우어 거리(Bernauer Straße)를 복원구역으로 지정한다.
- 베를린 장벽 희생자들에 대한 추모의 핵심유적지는 베르나우어 거리로 정한다.
- 연방의회의 제안에 따라 브란덴부르크 성문과 국회의사당이 있는 자리에도 분단과 통일의 역사적 기억을 상징화한다.
- 베를린 장벽은 독일역사를 증언할 뿐 아니라 세계사를 증언하는 역사적 상징물이므로 그에 상응하는 역사적 기록을 남겨야 한다. 프리드리히 거리(Friedrich Straße)에 세계사와 관련된 역사기록관을 세운다.
- 시민단체나 개인들이 주도하여 장벽에 대한 역사적 기억을 기리는 활동들을 존중하여 최대한 반영한다.
- 베를린 장벽이 있던 지점들을 연결해 주는 '베를린 장벽의 길'(보도 및 자전거 도로)을 조성하고, 구간마다 역사적 정보를 제시한다.
- 장벽의 역사와 현존하는 물적 증거자료에 근거하여 다양한 장소들을 그 특성에 맞게 주제화한다.

이와 같은 구상에 따라 2006년부터 장벽 역사유적 복원사업이 시작되어 2011년에 완공될 예정이다. 총예산은 약 3,744만 유로로, 연방정부와 베를린 시가 절반씩 분담하기로 되어 있다. 베를린 장벽에 관한 상세한 역사적 정보는 이미 인터넷 웹사이트로 구축되어 있다.[10]

9 베를린 시 문화부, Gesamtkonzept zur Erinnerung der Berliner Mauer – Dokumentation, Information und Gedenken, 2006년 6월 12일 공표.

10 www.berlin.de/mauerdialog.

3) 지역시민 참여문화 활성화

구서독의 문화정책은 이른바 '문화주권(Kulturhoheit)'의 원칙을 견지하여 모든 문화정책의 책임과 권한을 주정부의 주권으로 일임하였다. 그러나 지금까지 살펴본 대로 통일 후에는 구동독 지역의 문화적 낙후성을 극복하기 위하여 연방정부의 재정지원이 크게 늘어났다. 1990년대의 문화정책이 국보급의 문화유적과 박물관 등 문화 인프라를 복구하고 재건하는 데 집중했다면, 2000년대에 들어와서는 지자체의 시민들이 주도하는 문화활동을 지원하는 사업이 새로운 중점사업으로 부각된다. 이에 따라 구동독 지역의 주정부들을 포괄하는 연방정부 차원의 지원을 뒷받침하기 위하여 2002년에 연방문화재단이 설립되었다. 연방문화재단은 '구동독 지역 문화 활성화 기금'이라는 형태로 다음의 4개 항목을 중점사업으로 지원하고 있다.

- 동서 문화교류
- 구동독 지역 문화현황 파악 연구
- 국가문화재 협의회 지원
- 지역시민 참여문화 활성화

이 중에서 우선 지역사회의 통합에 크게 기여한 것으로 평가되는 지역시민 참여문화 활성화 지원에 관해 그 개요를 살펴보고자 한다. 2002년부터 2008년 현재까지 구동독 지역에서 82개의 지역문화단체들이 '구동독 지역 문화 활성화 기금'의 지원을 받았고, 지원액 총액은 약 330만 유로다. 지원형태는 개별 프로젝트에 대하여 2년 동안 3만 유로를 지원하는 방식, 그리고 문화단체 활동비로 3년 동안 8만 유로를 지원하는 방식으로 나누어져 있다. 대표적인 유형과 사례를 살펴보면 다음과 같다.

(1) 문화활동 지원

사례: 자이츠 시 문화 · 예술 · 연극인 연합(작센-안할트 주)

1994년 "사라져 가는 것을 지키자!"라는 모토로 미술인들을 중심으로 설립된 이 단체는 통일 후 문을 닫은 시립극장을 되살려냈다. 2008년 현재에는 초중등학교 학생들이 참여하는 연극제를 개최하는 데 역점을 두고 있다.

(2) 예술창작 지원

사례: 고타 시 예술 포럼(튀링엔 주)

연극, 미술전시회, 문학작품 낭송회, 연주회 등을 주관하는 이 단체는 특히 청소년들을 위한 예술제를 개최하고 있다. 2008년 현재에는 특히 구동독 지역 도처에서 심각한 문제가 되고 있는 청소년층의 전출 문제를 종합예술의 형태로 다루고 있다.

(3) 향토문화 보호단체 지원

사례: 그라우파 향토문화협회(작센 주)

지역문화 보호를 위해 결성된 이 단체는 예컨대 이 지역의 고성(古城)과 바그너 박물관을 연결하는 '바그너의 길'을 테마공원으로 조성하였다. '바그너의 길'은 바그너 생애의 중요한 이정표들을 산책로로 연결하여 폐허로 방치되어 있던 고성을 이 지역을 대표하는 문화유적으로 발굴하는 성과를 거두었다.

(4) 문화예술단체 지원

사례: 슈텐달 소재 빙켈만 기념관(작센-안할트 주)

2000년부터 빙켈만 학회가 주도하여 슈텐달에 빙켈만 기념관을 건립하였고, 약 600명의 회원들이 빙켈만의 생애와 작품에 관련된 자료들을 기증하였다. 또한 이 기념관에서는 18~19세기 미술사를 주제로 하는 다양한 전시회를 개최하여 지역문화 활성화와 국제화에 크게 기여하고 있다.

(5) 문화행사 지원

사례: 바우첸 청소년 문화센터(작센 주)

이 단체는 2003~2004년에 국제 청소년 문화제를 개최하였고, 이를 바탕으로 3개 국어로 된 문화정보 교류 웹사이트를 구축하여 운영하고 있다.

4) 문화예술 교육의 강화

문화예술 소양의 바탕이 되는 창의성은 최근 들어 세계적으로 강조되는 평생학습능력의 중요한 기초가 된다. 2007년 독일의 문화실태 조사단은 독일연방의회에 평생학습능력을 제고하기 위한 핵심적 정책수단으로 문화예술교육을 강화하기 위한 특별대책을 제시하였고, 그 주요내용은 연방의회에 의해 채택되었다. 구동독 지역의 높은 실업률이 좀처럼 해소되지 않고 세계경제가 장기적인 침체국면에 있는 상황에서 독일연방의회가 전국가적 차원에서 경제성장 잠재력을 제고하기 위한 중장기적 대책을 다름 아닌 문화예술교육의 강화를 통해 평생학습능력을 끌어올린다는 방향으로 채택한 것은 단기적인 경기부양책에만 매달리는 한국의 경우와 대비되는 매우 신선한 발상의 전환을 보여 주는 것이기 때문에 보고서에 제시된 정책대안의 핵심내용을 간략히 소개하기로 하겠다(독일연방의회 보고서 2007: 377-410).

(1) 사회적 과제로서의 문화예술 교육

① 연방정부와 주정부 및 지자체에 문화예술 교육을 강화되어야 한다. 특히 조기교육에 중점을 두어야 한다.

② 연방의회와 연방정부에 혁신적인 아이디어를 개발하고 문화예술 전문가들의 네트워크를 구축하기 위해 연방정부에 문화예술교육 전담 기구[11]가 설치되어야 한다.

---

11 기구의 명칭을 Bundesznt rale für kulturelle Bildung으로 제안하고 있어서 연방공보처

③ 문화예술교육의 모든 분야에서 전국적인 차원에서 경쟁과 협력 체계가 구축되어야 한다.
④ 청년층의 공익근무에서 문화 분야의 인원을 대폭 늘려야 한다.
⑤ 연방정부는 문화예술 조기교육의 강화를 위해 재정적 뒷받침을 해야 한다.

(2) 문화예술 조기교육 강화

① 지자체는 아동들이 문화적 표현력을 일찍부터 함양할 수 있도록 해야 한다.
② 연방정부와 주정부는 아동들이 각종 문화시설에서 조기 문화교육을 받을 수 있게 해야 한다.
③ 유치원과 문화시설 및 학교가 지속적으로 긴밀하게 협력하여 아동들에게 문화예술 조기교육을 받을 수 있는 제도적 장치를 마련해야 한다.

(3) 초중등학교 문화예술 교육

① 미술, 음악, 무용, 연기 등 예술 관련 교과목을 다양화하고 교육의 질을 담보할 수 있도록 일정한 자격을 갖춘 교사들을 확충해야 한다.
② 지자체는 학생들이 방과 후에도 학교 외 문화시설이나 단체에서 문화예술 교육을 받을 수 있도록 힘써야 한다.
③ 문화예술교육이 초등학교의 핵심적 교육목표로 설정되어야 한다.
④ 예술 관련 교과목이 필수과목으로 지정되어야 한다.
⑤ 학교 단위의 합창단과 악단 설립을 장려해야 한다.
⑥ 각 학교는 아동 및 청소년 극단들과 유기적으로 협력하여 교내 공연을 장려하고 아동 및 청소년 연극제를 개최하는 한편 아동들이 연극인들과 접촉할 수 있는 기회를 제공하는 데 힘써야 한다.

(Bundeszntrale für politische Bildung)에 준하는 위상으로 설정한 것이라 볼 수 있다.

⑦ 아동 및 청소년의 독서를 장려해야 한다.

⑧ 학교와 공공 도서관의 협력을 강화하고 학생들에게 작가 초청 낭송회 등을 통해 독서분위기를 진작해야 한다.

⑨ 예술, 지리, 사회 교과목에서 건축문화의 비중을 높여야 한다.

⑩ 미디어 활용능력을 신장하고, 영화를 정규교과목에 편입해야 한다.

⑪ 전국적인 차원에서 문화예술 교육의 표준안을 마련해야 한다.

⑫ 정부는 OECD 국가들이 문화예술 교육을 강화하고 표준안을 마련하도록 촉구해야 한다. 아울러 유럽연합 공통의 중등교육 표준안인 PISA 프로그램에 문화예술 교육을 강화하는 내용을 포함시켜야 한다.

⑬ 초중등학교와 문화예술 시설 및 단체들과의 유기적 협력체계를 구축하고, 학생들이 학교를 졸업하기 전에 문화예술가들과 접촉할 수 있는 기회를 제공해야 한다.

(4) 학교 밖 문화예술 교육

① 주정부와 지자체는 공적 지원을 받는 문화시설들이 아동 및 청소년을 위한 문화예술 프로그램을 반드시 제공하도록 의무화해야 한다.

② 주정부와 지자체는 문화시설 운영책임자를 임용할 때 아동 및 청소년을 위한 문화예술 프로그램 제공을 임용계약 조건에 포함시켜야 한다.

③ 주정부와 지자체는 문화시설들이 단기간의 문화예술 프로그램 외에도 장기적으로 지속될 수 있는 상시적인 프로그램을 개발하도록 해야 한다.

④ 주정부와 지자체는 아동 및 청소년들이 문화시설에 용이하게 접근할 수 있도록 해야 한다.

⑤ 주정부와 지자체는 아동 및 청소년들이 문화시설에서 제공하는 문화예술 프로그램에 직간접으로 참여할 수 있게 해야 한다.

⑥ 주정부와 지자체는 문화시설의 질적 수준을 개선할 수 있도록 제도적 · 경제적 뒷받침을 해야 한다.

⑦ 주정부는 지자체의 학교 밖 문화예술 교육을 위한 재정을 확충해야 한다.

⑧ 주정주는 관련 당사자들과 협력하여 문화시설들이 학급 학교와 유기적 협력체계를 구축하도록 힘써야 한다.

⑨ 연방공보처는 신설될 문화예술교육 전담기구와 협의하여 특정한 역사유적들을 선정하여 여러 세대가 공유할 수 있는 역사교육의 주제와 내용을 개발하고, 그러한 주제와 내용을 연령별 세대별로 다양한 문화적 콘텐츠로 개발할 것을 권장한다.

(5) 문화예술 교육 전문가 양성

① 연방정부와 주정부는 문화예술 교육 전문가 양성을 대폭 늘려야 한다.

② 정부와 주정부는 직업분류에서 문화예술 교육에 종사하는 직업군을 다양화해야 한다. 예컨대 양로원에서 일하는 건강댄스 강사 등.

③ 문화시설 종사들이 문화예술 교육자 양성과정과 연계될 수 있도록 한다.

④ 주정부와 예술대학들은 문화예술 교육자 양성과정을 확충하고 실습을 강화해야 한다.

⑤ 문화예술 교육자들이 지속적으로 재교육을 받을 수 있도록 해야 한다.

(6) 문화예술 평생교육

① 정부와 지자체는 일반시민을 위한 문화예술 교육을 혁신하고 강화해야 한다.

② 일반시민을 위한 문화예술 교육과정을 체계화하여 단계별로 자격증을 부여할 필요가 있다.

③ 노년층을 위한 문화예술 교육을 강화해야 한다.

④ 특정한 역사유적들을 선정하여 일반시민을 위한 역사교육의 문화적 콘텐츠를 개발할 필요가 있다.

⑤ 주정부는 평생교육 관련법에 문화예술 평생교육에 관한 조항을 신설하고 이를 제도적으로 뒷받침하기 위한 관련 규정을 제정할 것을 권장한다.
⑥ 문화예술 평생교육을 직능 재교육과 대등한 비중으로 설정해야 한다.
⑦ 일반시민들이 문화예술 평생교육에 원활하게 참여할 수 있도록 주정부와 지자체의 문화인프라를 개선해야 한다.
⑧ 다양한 형태로—가령 '가족과 함께', '양로원 프로그램' 등—문화예술 평생교육 모델들을 개발해야 한다.

(7) 다문화 교육

① 주정부는 다문화 교육 프로그램의 내용과 질적 수준 및 성과에 대해 평가를 하고, 사회통합 차원에서 제기되는 다양한 문제들에 대하여 지속적으로 진단한다.
② 주정부는 이민자 가정의 모든 아동들이 정상적인 의사소통이 가능한 수준으로 독일어를 습득하도록 배려해야 한다.
③ 주정부는 방과 후 학교를 활용하여 다문화 가정 및 아동들이 상호교류의 장으로 활용할 수 있게 한다.
④ 주정부는 이민자 가정의 학부모와 자녀들이 다양한 형태로 공동의 문화예술 프로그램에 참여할 수 있게 한다.
⑤ 주정부는 초중등학교 교사 및 사회교육 종사자에 이민자들이 더 많이 충원될 수 있도록 뒷받침한다.

5) 동서 문화교류

2000년대에 들어와서 독일문화재단은 동서 간 문화교류 프로젝트들을 지원해 오고 있다. 최근의 대표적인 사례를 소개하면 다음과 같다.

(1) 동독과 서독의 영화들: 비교연구 및 영화제 개최

구동독 지역인 메클렌부르크-포어포메른 주의 노이브란덴부르크 시에 있는 라튀히트(Latücht) 영상협회와 뉘른베르크 시 예술관의 영상분과가 공동으로 참여하여 1945년부터 1989년까지 구동독의 영화와 구서독의 영화를 비교분석하고, 연구결과를 바탕으로 서로 대비되는 영화들을 선정하여 2007년부터 2009년까지 영화관에서 동서독 영화제의 형식으로 상영하였다.

(2) 공연물 공동제작

2004년도에 구동독 지역인 할레 시의 연극인들과 슈투트가르트 시립 연극단이 합작하여 '모든 것이 하룻밤에'라는 제목의 퍼포먼스를 함께 제작하였다. 이 작품은 구동독 지역과 구서독 지역의 주민들이 영상물과 문자 텍스트에 의해 자기정체성이 어떤 방식으로 해체되고 재구성되는가를 탐색하는 실험적인 작품이다.

(3) 양 독일 음악제

2006년도에 바이마르에 있는 '새로운 인생'이라는 명칭의 악단과 뮌헨 청소년 교향악단, 그리고 루르 지방의 '신세대' 악단이 합작하여 바이마르에서 신년음악회를 열고, 뒤이어 뮌헨과 에센에서 순회공연을 가졌다.

(4) 사진전 — '1945년부터 2005년까지 베를린의 유년시절'

2005년도에 베를린 시립문화재단, 베를린 지역사연구회, 구동독 일상문화기록센터 등이 공동으로 참여하여 2차대전 이후 분단시대를 거쳐 통일 독일에 이르기까지 가족과 아동 사진을 통해 가족의 상, 놀이, 학습, 유년의 귀감 및 우상 등이 어떻게 변천해 왔는가를 보여 주는 사진전을 개최하였다.

6) 문화산업 육성

독일 통일 후 문화산업은 다른 분야에 비해 훨씬 높은 성장률을 기록하고 있다. 그런 점에서 문화산업은 경제성장을 가속화하고 일자리를 창출할 수 있는 유력한 수단이다. 2004년 기준으로 문화산업 분야의 총생산은 약 360억 유로로 국내총생산의 1.6%를 차지하며, 에너지산업보다 높은 비중을 차지한다. 여기에 광고와 소프트웨어, 게임산업 등 이른바 '창의산업' 분야까지 합치면 총생산이 580억 유로로 독일의 전통적인 강세분야인 화학산업보다 높은 비중을 차지한다.

구동독 지역은 문화산업의 측면에서 높은 성장 잠재력을 갖고 있다. 통일 독일의 수도 베를린은 독일 문화산업의 거점으로서, 약 2만 5,000개의 중소기업에서 16만여 명이 문화산업 분야에 종사하고 있으며, 2006년도 기준으로 약 175억 유로의 매출실적을 올렸다(독일연방내무성 2009년보고서 137쪽 이하 참조). 또한 구동독 지역에서만 프로이센 유적지, 바이마르, 루터 유적지 등 통

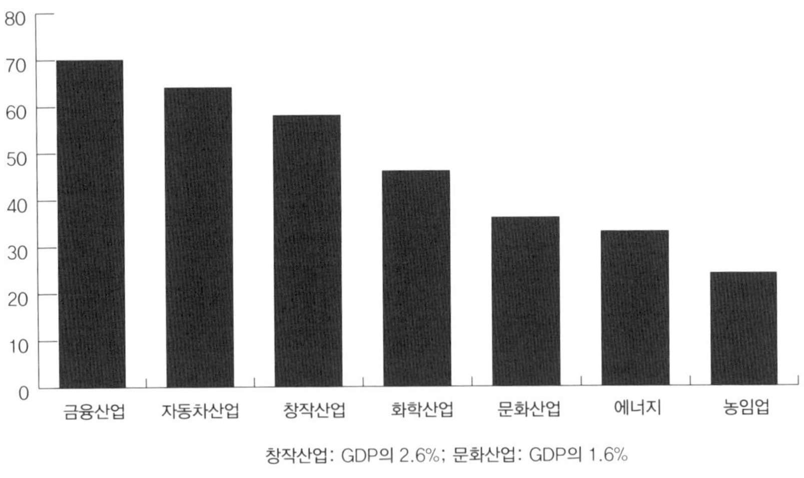

출처: 연방의회 보고서(2007), 336쪽.

그림 5-1 국내총생산 대비 문화산업의 비중(2004년 기준)

일 후 11개의 문화유적이 세계문화유산으로 등재되고 통일 후 라이프치히 국제도서박람회가 다시 재개된 것도 문화관광산업의 중요한 인프라라 할 수 있다. 2007년 독일연방정부는 베를린과 구동독 지역의 영화산업을 육성하기 위하여 영화진흥기금에 특별예산을 투입하여 2012년까지 연간 6,000만 유로를 지원하기로 하였고, 이를 통해 구동독 지역에서 독일 전체 영화제작 건수의 25%를 차지하도록 하였다. 2차대전 이후 크게 위축되었던 독일의 영화산업을 부흥시키기 위한 이러한 지원에 힘입어 2007년부터 2009년까지 73개의 국내외 투자사들이 독일영화산업에 7억 9,800만 유로를 투자하였다. 구동독 지역에서 문화산업 관련 업체를 창업할 경우에는 연방정부로부터 창업지원기금, 중소기업진흥기금, 기술발전지원기금 등의 혜택을 받을 수 있도록 제도적인 지원책도 마련되어 있다.

7) 시민참여 유도: '통일공로상'

2002년부터 독일연방공보처에서 수여하는 통일공로상(Einheitspreis)이 제정되어 일반 시민들이 동서통합에 적극적으로 참여하도록 유도하고 있는데, 이 상은 다음의 4개 부문으로 나누어 수여된다.

- 사람: 동서 간 상호이해와 협력, 소통과 통합에 기여한 인물을 선정하여 수상
- 문화: 동서통합에 기여한 문화활동을 발굴하여 수상
- 청소년: 통일의 미래를 이끌어 갈 청소년들이 동서화합에 기여한 사례를 발굴하여 수상
- 국민추천작품: 문화예술작품 중 국민들이 추천한 작품에 대하여 수상

위의 각 영역별로 대표적인 사례를 소개하면 다음과 같다.

• 사람: 안드레아스 엘케(Andreas Elke), 마뉴엘 엘하르트(Manuel Erhard)(2004년 수상)

바이에른 주에 사는 이 두 사람은 1989년부터 동서화합을 위한 다양한 프로젝트를 추진해 왔다. 이를 통해 이들은 동서 간의 상호이해를 증진하고 역사적 유산을 편견 없이 공유할 수 있도록 하는 데 힘썼다. 이들이 추진한 대표적인 사업을 예시하면 다음과 같다.

– 장벽 붕괴 이전부터 동독 도시와 서독 도시들의 자매결연 추진
– 1999년부터 독일의 분단의 역사를 되새기는 역사기념물 설립
– 2001년부터 과거 국경지역을 중심으로 야외전시회 개최
– 2001년부터 독일 통일을 기리는 체험학습 도로 조성

• 문화: 포인트 알파 유적지 조성(2004년 수상)

구서독 지역인 헤센 주의 라스도르프와 구동독 지역인 튀링엔 주의 가이자 사이의 접경지역으로 과거 미군 주둔지였던 곳을 두 지역의 주민들이 유적지로 지정하는 사업을 추진하여 과거 전쟁과 분단의 상처를 되새기는 역사적 기억의 공간으로 조성하였다. 매년 6월 17일에 이곳에서는 1953년 동독 노동자들의 시위 때 희생된 사람들을 추모하는 추모제가 열리며, 그 밖에 양쪽 지역의 주민들이 참여하는 연극제라든가 청소년 문화제 같은 동서 간 만남의 문화행사를 개최한다.

• 청소년: 양 독일 미디어 캠프(2004년 수상)

600km나 떨어져 있는 소도시인 호이어스베르다와 알렌의 청소년들이 서로 자기 고장을 알리는 비디오를 촬영하여 12일 동안 공동의 문화제를 개최하여 상호이해를 증진하는 데 기여하였다. 양 지역의 청소년들은 이러한 문화교류 행사를 바탕으로 "통일은 둘이서 시작된다"라는 기치를 내걸고 두 지역 사이의 교류와 소통을 촉진하는 문화행사를 지속해 오고 있다. 홈페이지 참조: www.dieeinheitbeginntzuzweit.de

3. 민간 부문의 문화운동

민간 부문에서도 가령 구동독 지역에 진출한 슈파카세(Sparkasse) 은행이 구동독 지역 문화진흥기금을 조성하는 등 다양한 형태의 문화기금이 조성되었고 개인 기부자들도 있다. 여기서는 그런 통상적인 경우는 논외로 하고 시민 문화운동 차원에서 참신하고도 모범적인 성공사례로 꼽히는 몇 가지 경우만 소개하고자 한다.

1) 도시 공동화에 대한 문화적 대응: '수축하는 도시들' 프로젝트

독일이 통일된 후 구동독 지역의 도시들에서는 인구의 상당수가 서독 지역으로 전출함에 따라 도시의 공동화 현상이 심각한 문제로 대두하고 있다. 주거지역뿐 아니라 산업시설의 붕괴로 인해 폐허가 되어 버린 공장들이나 복원되지 않은 채 방치된 문화재 등도 도시의 공동화에 일조하고 있다. 2006년 기준으로 구동독 지역의 도시들에서 약 100만 채의 주택이 비어 있는 것으로 추산되고 있다. 지금까지는 주로 사회경제적 측면에서만 해결책을 찾아온 이 문제에 대하여 2002년부터 문화예술가들이 주축이 되어 도시의 공동화 과정을 다양한 형태의 매체로 기록하고 문화행사를 개최하는 한편, 대안적 건축 디자인 모델을 제시하는 획기적인 프로젝트를 추진해 오고 있다.[12]

'수축하는 도시들(Schrumpfende Städte)'이라는 제목의 프로젝트로 독일문화재단의 지원을 받아 2002년부터 2006년까지 진행된 이 프로젝트는 데사우 바우하우스와 라이프치히 현대미술관이 주축이 되어 예술가와 문화정책 전문가, 건축가, 미술사학자, 경제학자, 기자 등 다양한 분야의 전문가들을 망라하여 구성되었다. 이 프로젝트는 2단계로 추진되었는데, 1단계(2002~2003년)에는 구동독 지역보다 먼저 공동화 현상을 겪은 외국의 대도시들의 사례와

---

12 자세한 설명은 프로젝트 홈페이지 참조. http://www.schrumpfendestaedte.de

구동독 지역의 표본사례를 연구하는 데 주력하였다. 그리하여 영국의 맨체스터, 리버풀, 미국의 디트로이트, 러시아의 이바노보 등의 도시들과 구동독 지역의 할레 및 라이프치히에 대해 사례연구를 하고 기록으로 남기는 작업을 진행하였다.

2단계의 중점과제는 구동독 지역의 도시 공동화에 대한 문화적 대응과 정책대안을 제시하는 것이었다. 공동화 현상에 대한 기록은 사진과 동영상 그리고 역사적인 서술 등 다양한 차원에서 이루어졌고, 문화행사 역시 퍼포먼스와 동영상 제작, 웹사이트 구축, 전시회 개최 등 다양한 차원에서 진행되었다. 2004년부터 라이프치히와 베를린에서 시작하여 지금까지 계속 열리고 있는 전시회는 단순히 기록물만 포함한 것이 아니라, 문화예술적 요소를 바탕으로 한 대안적 건축 모델 및 조경계획 등도 제시하여 큰 반향을 불러일으켰다.

이들의 작업에서 주목할 만한 것은 공동화 실태 조사 및 기록이나 문화행사를 개최하는 과정에서 해당 지역의 주민들이나 시민단체 등과 긴밀하게 공조하여 작업을 진행했다는 점이다. 그리고 비어 있는 건축물을 전시공간으로 활용한 사례도 특기할 만하다. 가령 할레 시의 한 구역에서 2003년에 폐쇄된 기차역을 전시회장으로 활용하였고, 전시회가 끝난 후에도 이 기차역을 지속적으로 문화공간으로 활용하기 위한 노력을 기울여 왔다. 이들의 작업에서 또 한 가지 특기할 만한 것은 독일에서 전시회를 개최하는 동시에 외국의 주요 도시들에서도 유사한 활동을 하는 단체들이 문화행사 및 전시회를 열도록 국제적인 연대를 조직해 냈다는 사실이다. 독일과 병행하여 문화행사 및 전시회를 개최한 외국의 주요 사례는 아래와 같다.[13]

• 베를린 현대미술관(2004)

13 각국의 시민문화단체들이 공동으로 운영하는 다국어 홈페이지 http://www.shrinking-cities.com 참조.

- 할레, 라이프치히 현대미술관(2005~2006)
- 베네치아 국제 건축박람회(2006)
- 불가리아 루스 시립미술관(2007)
- 뉴욕 맨하탄 갤러리(2006~2007)
- 도쿄 아키하바라 홀(2007)
- 디트로이트 크레인브룩 미술관(2007)
- 불가리아 소피아 다우하우스 독립미술관(2007)
- 클리블랜드 스페이스 미술관 및 디자인센터(2007)
- 맨체스터 큐브 미술관, 리버풀 리뉴 미술관(2007~2008)
- 프랑크푸르트 국립건축박물관(2007~2008)
- 도르트문트 장벽박물관, 두이스부르크 마리아성당(2008)
- 성 페테르부르크 시립미술관(2008)
- 모스크바 제1회 건축박람회(2008)
- 베를린 예술원(2008)

2) 구동독 지역 문화예술 지원 협의회

구동독 지역의 문화예술을 지원하는 자원봉사자들로 구성된 법정등록단체인 '구동독 지역 문화예술 지원협의회'(이하 '협의회'로 줄임)는 1992년 뒤셀도르프의 대학생 7명으로 구성된 소모임으로 시작되어 현재는 회원수가 650여 명에 이른다. 동서 간의 상호이해와 구동독 지역의 문화재 보호, 예술활동 지원을 표방하는 이 협회는 학생, 직장인, 미장이, 지붕수리공, 문화재복원 전문가, 조경사 등 다양한 직업을 가진 사람들이 25~50명씩 팀을 짜서 주말을 이용하여 구동독 지역의 특정한 곳을 찾아가서 문화재 수리 공사를 하거나 전시회, 연주회, 심포지엄을 열기도 하고, 자전거 일주를 하기도 한다. 2002년부터 2007년까지 구동독 지역의 30여 곳에서 문화예술 지원활동을 벌여 온 이 협회는 2005년 독일연방정부가 수여하는 '통일공로상'을 수상하였다. 문화지원과 관련해서는 메클렌부르크-포어포메른 주의 문화유산 보호재단을 설립하는 데 결정적으로 기여하였다. 그리고 예술활동 지원은 주로 청소년 예술교육과 신인발굴을 통해 '예술후속세대' 양성에 주력하고 있으며, 2000년부터는 동서 간 상호이해와 동서통합에 기여한 문화예술활동에 대하여 시상하는 상을 제정하였다.[14]

4. 주요 문화 지표

1) 문화 재정

(1) 문화예산의 변동 추이

독일의 문화예산은 2006년 기준으로 약 82억 유로로 총예산에서 1.6%를 차지하며, 국내총생산 중에서는 0.36%의 비중을 차지한다. 그리고 인구 1인당 문화예산은 1996년 95유로에서 2006년 99유로로 6.1% 증가하였다.

(2) 지역별 문화예산 변동 추이

2005년 기준으로 연방정부는 총예산의 0.7%를 문화예산으로 할당하고 주정부와 지자체는 각각 1.7%와 2.4%를 문화예산으로 할당하고 있다. 〈표 5-5〉에서 보듯이 1995년부터 2005년 사이에 연방정부의 문화예산은 5.4% 증가하였는데, 이러한 증액 요인은 거의 전적으로 구동독 지역의 문화재 관리 등 문화기반을 복구하기 위한 추가비용에 기인하는 것이라 할 수 있다. 구서독 지역 주들의 문화예산은 16.7% 증가한 반면 구동독 지역의 문화예산은 3.4% 감소하였다. 그것은 구서독 지역 주들의 경제규모가 월등하게 크기 때문으로 분석된다. 그렇지만 인구 1인당 문화예산을 보면 구서독 지역은 64.6

14 자세한 내용은 협회 홈페이지 http://www.vkf-ev.de 참조.

표 5-4 주요 부문별 예산 추이

연도	국방	치안	교육	연구 개발	문화	사회 보장	보건	환경	주택	경기 부양	교통
총액(단위: 100만 유로)											
1996	962,546	24,139	27,444	86,536	8,958	7.755	492,041	40.569	31,371	38,786	23,919
1997	921,798	23,591	27,829	78,916	8,605	7.454	486,922	13.989	30,459	38,799	22,173
1998	932,704	23,876	28,554	79,275	8,769	7.599	495,222	14.088	28,804	38,207	22,019
1999	951,294	24,399	29,350	80,579	8,805	7.917	505,783	13.956	27,998	37,233	22,445
2000	960,788	23,123	29,959	81,293	9,114	8.177	513,162	14.387	27,258	37,326	22,579
2001	975,465	24,195	30,873	83,851	9,596	8.196	522,230	14.939	25,648	34,138	22,932
2002	992,688	24,523	32,102	76,932	9,441	8.470	555,344	15.389	24,868	28,020	22,956
2003	1,003,307	24,409	32,141	77,122	9,445	8.355	566,076	15.079	23,436	34,393	22,265
2004	993,125	23,740	32,392	77,448	9,305	8.207	562,944	14.727	22,626	26,888	21,977
2005	1,002,244	23,710	32,719	78,029	9,331	8.127	570,646	14.720	22,233	25,729	22,635
2006	1,004,943	23,946	33,238	79,723	9,692	8.196	570,512	16.355	21,829	26,560	23,070
1인당 예산(단위: 1유로)											
1996	11,755	295	335	1,057	109	95	6.009	495	383	473	292
1997	11,233	287	339	962	105	91	5.934	170	371	473	270
1998	11,371	291	348	966	107	93	6.037	172	351	466	268
1999	11,589	297	358	982	107	96	6.162	170	341	454	273
2000	11,691	281	365	989	111	99	6.244	175	332	454	275
2001	11,848	294	375	1,018	117	100	6.343	181	312	415	279
2002	12,036	297	389	933	114	103	6.734	187	302	340	278
2003	12,159	296	390	935	114	101	6.860	183	284	417	270
2004	12,038	288	393	939	113	99	6.824	179	274	326	266
2005	12,153	288	397	946	113	99	6.920	178	270	312	274
2006	12,200	291	404	968	118	99	6.926	199	265	322	280

출처: 2009년 통계연감, 573쪽.

유로에서 73.3유로로 증가한 반면 구동독 지역은 109.3유로에서 112유로로 증가하여 인구 1인당 문화재정 지출은 구동독 지역이 월등히 높은 것을 알 수 있다. 국내총생산(GDP, BIP)에서 문화 부문이 차지하는 비중 역시 구서독 지역이 0.27% 수준인 반면 구동독 지역은 0.58~0.74%로 2배 이상 높은 비중을 차지하고 있다.

표 5-5 지역별 문화예산 증감 추이

	합계	연방정부	주정부(구서독)	주정부(구동독)	도시주
총액(단위: 100만 유로)					
1995	7,467.8	966.0	3,976.6	1,552.5	972.7
2000	8,206.4	1,010.7	4,557.2	1,694.6	943.9
2005	8,004.2	1,018.2	4,638.9	1,499.8	847.3
2006	7,844.0	992.8	-	-	756.9
2007	8,148.3	1,106.5	-	-	732.8
1인당 예산(단위: 1유로)					
1995	91.4	11.8	64.6	109.3	166.0
2000	99.8	12.3	72.9	121.9	164.0
2005	97.1	12.3	73.3	112.0	146.2
2006	95.2	12.1	-	-	130.2
2007	99.1	13.5	-	-	125.7
GDP 대비 비율(%)					
1995	0.40	0.05	0.27	0.74	0.59
2000	0.40	0.05	0.28	0.72	0.55
2005	0.36	0.05	0.26	0.58	0.46
2006	0.34	0.04	-	-	0.40
2007	0.34	0.05	-	-	0.37

출처: 독일통계청 2008년 문화재정 보고서, 20쪽.

(3) 주별 문화예산 비교

주별로 나누어 살펴보면 구동독 지역에서 작센 주의 1인당 문화재정 지출은 155.4유로로 구서독 지역에서 가장 낮은 주에 비해 3배나 높은 것으로 나타나고 있다. 작센 주는 국내총생산에서 문화 부문이 차지하는 비중 역시 0.78%로 가장 높고, 총예산에서 문화예산의 비중 역시 3.7%로 가장 높다.

(4) 부문별 문화예산

독일의 문화예산에서 연방정부는 국제문화교류, 문화시설, 공공도서관 등을 주로 지원하는 반면 주정부와 지자체는 연극 및 음악, 박물관, 문화시설 등을 지원하는 데 비중을 두고 있다. 문화예산 구성에서 특이한 사항으로 주정부와 지자체의 문화예산 가운데 연극 및 음악이 차지하는 비중이 39~44%

표 5-6 주별 문화예산 비교(2005년)

연방주	예산총액 (100만 유로)	1인당 예산 (1유로)	GDP 대비 비율 (%)	총예산 대비 비율 (%)
바덴-뷔르템베르크	898.0	83.70	0.28	2.09
바이에른	983.8	79.00	0.25	2.00
베를린	498.3	146.90	0.63	2.34
브란덴부르크	190.7	74.40	0.39	1.67
브레멘	97.5	147.10	0.40	2.49
함부르크	251.5	144.60	0.31	2.66
헤센	515.9	84.70	0.25	1.98
메클렌부르크-포어포메른	147.2	85.90	0.46	1.89
니더작센	464.0	58.00	0.24	1.49
노르트라인-베스트팔렌	1,350.8	74.80	0.28	1.73
라인란트-팔츠	221.9	54.70	0.23	1.43
자를란트	52.8	50.10	0.19	1.22
작센	665.5	155.40	0.78	3.71
작센-안할트	260.2	104.80	0.55	2.34
슐레스비히-홀슈타인	151.6	53.60	0.22	1.40
튀링엔	236.2	100.70	0.53	2.42
주정부 합계	**6,986.0**	**84.70**	**0.31**	**1.99**
연방정부	1,018.2	12.30	0.05	0.68
총계	**8,004.2**	**97.10**	**0.36**	**1.60**

출처: 독일통계청 2008년도 문화재정 보고서, 22쪽.

로 대단히 높다는 사실이 눈에 띄는데, 이러한 예산구조에 비추어 보면 독일은 연극과 음악의 나라라 해도 과언이 아니다.

(5) 문화재 보호를 위한 공공재정 지출

통일 후 구동독 지역의 문화정책에서 가장 화급한 과제는 과거에 제대로 관리되지 않았던 문화재를 복원하는 일이었다. 따라서 문화재 보호를 위해 지출된 예산을 비교해 보면 구동독 지역이 구서독 지역에 비해 훨씬 높게 나타나고 있다. 또 같은 구동독 지역이라 하더라도 역사 유적이 집중적으로 분포해 있는 작센, 브란덴부르크, 튀링엔 주의 1인당 문화재 보호 재정이 월등히 높게 투입되었다는 것을 알 수 있다.

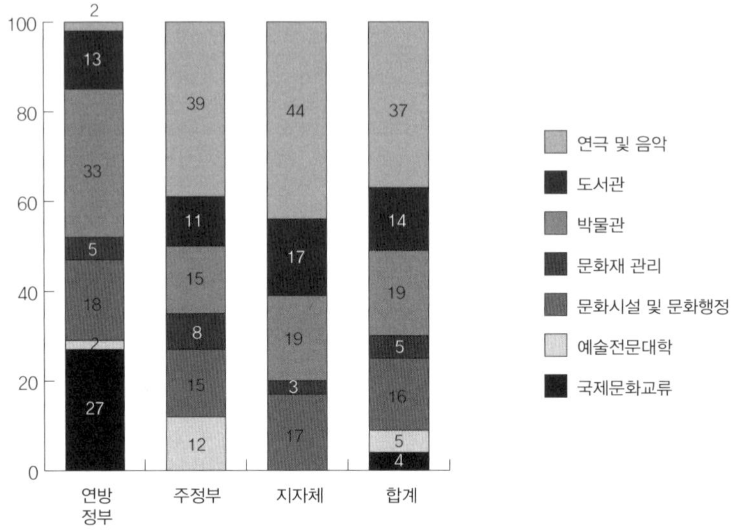

출처: 독일통계청 2008년 문화재정보고서, 42쪽.

그림 5-2 문화예산의 주요 부문별 비율(2005년)

2) 문화 생활

(1) 주별 도서관 수, 도서대출 권수 및 도서관 방문자 수

2006년도에 독일 전역에서 독일도서관협회에 등록된 1만 3,700여 개의 도서관 가운데 9,011개 도서관을 대상으로 조사한 결과에 따르면 바이에른과 노르트라인-베스트팔렌 그리고 바덴-뷔르템베르크 주의 순으로 도서관 수가 많은 것으로 나타나 도서관 수는 각 주의 경제력 및 인구 수에 비례하고 있음을 알 수 있다. 도서대출 권수는 브레멘이나 함부르크 같은 도시 주가 높게 나타나고 있으며, 개별 주 중에서는 구동독 지역의 작센 주가 1인당 6.7권으로 가장 높게 나타나고 있다.

표 5-7 문화재 보호를 위한 재정 지출(총지출액: 100만 유로; 1인당 지출액: 1유로)

연방주	2000		2002		2003		2004		2005	
	총 지출액	1인당 지출액	총 지출액	1인당 지출액	총 지출액	1인당 지출액	총 지출액	1인당 지출액	총 지출액	1인당 지출액
바덴-뷔르템베르크	41.6	4.00	39.8	3.70	40.5	3.80	51.0	4.80	45.9	4.30
바이에른	43.3	3.60	154.1	12.50	78.7	6.40	67.4	5.40	62.0	5.00
베를린	14.5	4.30	14.9	4.40	16.4	4.80	14.7	4.40	16.9	5.00
브란덴부르크	23.2	8.90	20.4	7.90	26.1	10.10	22.9	8.90	22.8	8.90
브레멘	0.4	0.70	0.5	0.80	0.5	0.70	0.4	0.60	0.4	0.60
함부르크	2.9	1.70	2.5	1.50	2.6	1.50	9.7	5.60	6.5	3.80
헤센	17.8	2.90	2.4	0.40	9.4	1.50	11.6	1.90	13.8	2.30
메클렌부르크-포어포메른	8.1	4.50	3.9	2.20	3.6	2.10	4.5	2.60	2.7	1.60
니더작센	22.6	2.90	14.6	1.80	13.4	1.70	15.6	2.00	14.8	1.90
노르트라인-베스트팔렌	28.8	1.60	55.4	3.10	57.2	3.20	52.3	2.90	46.8	2.60
라인란트-팔츠	15.4	3.80	13.7	3.40	15.7	3.90	23.1	5.70	24.4	6.00
자를란트	1.0	1.00	2.0	1.90	2.1	2.00	1.9	1.80	1.8	1.70
작센	61.2	13.80	71.0	16.30	78.3	18.10	69.5	16.10	63.4	14.80
작센-안할트	6.7	2.60	19.4	7.60	9.6	3.80	7.6	3.00	10.3	4.10
슐레스비히-홀슈타인	1.9	0.70	7.7	2.80	7.5	2.70	7.3	2.60	7.2	2.60
튀링엔	28.1	11.50	26.8	11.20	19.4	8.20	20.3	8.60	20.8	8.90
주정부 합계	**317.7**	**3.90**	**449.1**	**5.50**	**381.2**	**4.60**	**379.8**	**4.60**	**360.4**	**4.40**
연방정부	0.2	0.00	88.0	1.10	68.5	0.80	43.7	0.50	48.6	0.60
총계	**317.9**	**3.90**	**537.1**	**6.50**	**449.6**	**5.50**	**423.5**	**5.10**	**409.1**	**5.00**

출처: 독일통계청 2008년도 문화재정 보고서, 57쪽.

(2) 주별 박물관 방문자 수

2006년 기준으로 독일 전역에서 박물관 방문자 수는 약 1억 명으로 집계되었다. 도서관 이용자 수와 마찬가지로 박물관 방문자 수 역시 경제력이 크고 인구밀도가 높은 구서독 지역의 바이에른(1,850만), 노르트라인-베스트팔렌(1,550만), 바덴-뷔르템베르크(1,400만) 주가 압도적으로 높다. 그 뒤를 잇는 베를린(1,200만)은 통일 독일의 수도로서 박물관이 밀집해 있어 박물관 방문자 수가 급증하고 있는 것으로 나타나고 있다. 인구 수로 환산하면 베를린이 1인당 3.5회로 가장 높게 나타난다. 구동독 지역에서는 역사 유적이 많이 몰려 있는 작센과 튀링엔이 오히려 바이에른보다 높게 나타나고 있다. 전체적

표 5-8 도서대여 및 도서관 방문자 수(2006년)

연방주	대여		방문	
	방문자 수 (100만 명)	1인당 대여 권 수 (1회)	방문 횟수 (100만 회)	1인당 방문 횟수 (1회)
바덴-뷔르템베르크	69.3	6.5	28.1	2.6
바이에른	70.6	5.7	34.8	2.8
베를린	20.1	5.9	9.7	2.8
브란덴부르크	11.2	4.4	3.9	1.5
브레멘	6.0	9.0	3.0	4.5
함부르크	14.0	7.9	6.4	3.6
헤센	23.5	3.9	9.6	1.6
메클렌부르크-포어포메른	8.4	4.9	3.8	2.2
니더작센	37.1	4.6	14.1	1.8
노르트라인-베스트팔렌	91.8	5.1	40.1	2.2
라인란트-팔츠	13.5	3.3	4.7	1.2
자를란트	2.2	2.1	1.0	0.9
작센	28.3	6.7	10.3	2.4
작센-안할트	10.4	4.2	4.7	1.9
슐레스비히-홀슈타인	16.4	5.8	2.2	0.8
튀링엔	10.6	4.6	5.8	2.5
독일 전체	**433.4**	**5.3**	**182.2**	**2.2**

출처: 독일통계청 2008년도 문화지표 보고서, 19쪽.

으로 구동독 지역의 박물관 방문자 수가 구서독 지역에 비해 높게 나타나고 있는 것은 통일 후 구동독 지역의 문화인프라 복구를 위한 연방정부와 주정부의 노력이 가시적인 성과를 거두고 있다는 뜻으로 이해될 수 있다. 특히 통일 후 구동독 지역에서 새로 복원된 박물관들이 다수 재개장하면서 방문자 수가 크게 늘어난 것으로 보인다. 예컨대 2008년 7월에 새로 문을 연 북독일 항구도시 슈트랄준트 소재 독일해양박물관은 2009년 말까지 75만여 명의 방문객을 기록하였다.

(3) 주별 연극 관람자 수

연극 공연장과 극단에 대한 공적 지원은 문화예산에서 가장 큰 비중을 차

표 5-9 주별 박물관 방문자 수(2002~2006년)

연방주	2002		2003		2004		2005		2006	
	방문자 수(100만 명)	1인당 방문 횟수	방문자 수(100만 명)	1인당 방문 횟수	방문자 수(100만 명)	1인당 방문 횟수	방문자 수(100만 명)	1인당 방문 횟수	방문자 수(100만 명)	1인당 방문 횟수
바덴-뷔르템베르크	14.1	1.3	13.0	1.2	13.6	1.3	13.7	1.3	14.0	1.3
바이에른	20.5	1.7	18.8	1.5	19.3	1.6	18.7	1.5	18.5	1.5
베를린	8.7	2.6	9.3	2.7	11.3	3.3	10.9	3.2	12.0	3.5
브란덴부르크	3.3	1.3	3.6	1.4	3.5	1.4	3.5	1.4	3.3	1.3
브레멘	1.6	2.4	1.4	2.2	1.4	2.1	1.4	2.1	1.5	2.3
함부르크	2.1	1.2	1.8	1.1	2.1	1.2	2.1	1.2	2.2	1.3
헤센	4.8	0.8	5.0	0.8	4.9	0.8	4.7	0.8	4.6	0.8
메클렌부르크-포어포메른	3.2	1.8	3.3	1.9	3.3	1.9	3.1	1.8	2.9	1.7
니더작센	7.5	0.9	7.1	0.9	7.0	0.9	6.7	0.8	6.7	0.8
노르트라인-베스트팔렌	14.3	0.8	13.5	0.7	14.7	0.8	14.8	0.8	15.5	0.9
라인란트-팔츠	4.1	1.0	4.2	1.0	4.0	1.0	3.8	0.9	3.8	0.9
자를란트	0.5	0.4	0.6	0.5	0.6	0.6	0.7	0.6	0.7	0.7
작센	7.1	1.6	7.3	1.7	7.7	1.8	7.8	1.8	7.8	1.8
작센-안할트	2.5	1.0	2.5	1.0	2.7	1.1	2.6	1.1	2.7	1.1
슐레스비히-홀슈타인	2.9	1.0	2.8	1.0	2.8	1.0	2.7	0.9	2.6	0.9
튀링엔	4.2	1.7	4.1	1.7	4.3	1.8	4.3	1.8	3.9	1.7
독일 전체	**101.2**	**1.2**	**98.4**	**1.2**	**103.2**	**1.3**	**101.4**	**1.2**	**102.6**	**1.2**

출처: 독일통계청 2008년 문화지표 보고서, 19쪽.

지하는 만큼 연극 관람자 수는 독일 국민들의 문화생활을 가늠하는 중요한 지표가 된다. 2005년 가을부터 2006년 봄까지 이어지는 연극 시즌 기간에 연극 관람자 수는 총 3,480만 명으로 집계되었고, 인구 1,000명당 422명이 연극을 관람한 꼴이다. 연극공연장이 집중되어 있는 함부르크와 브레멘, 베를린 같은 도시들의 관람자 수가 압도적으로 높고, 지역 중에서는 구동독 지역의 작센이 가장 높게 나타나고 있어서 대부분의 문화지표에서 작센 주가 고르게 높은 수치를 보여 주고 있음을 알 수 있다.

표 5-10 주별 연극 관람자 수(2001~2006년)

연방주	2000/2001		2003/2004		2005/2006	
	방문자 수 (1,000명)	1000명 당 방문 횟수	방문자 수 (1,000명)	1000명 당 방문 횟수	방문자 수 (1,000명)	1000명 당 방문 횟수
바덴-뷔르템베르크	4,973	472	4,984	466	5,002	466
바이에른	4,458	365	4,381	353	4,653	373
베를린	3,273	968	2,867	846	3,080	907
브란덴부르크	507	195	461	179	550	215
브레멘	826	1,251	514	775	611	921
함부르크	3,663	2,135	4,616	2,662	4,154	2,383
헤센	2,211	364	2,002	329	1,776	291
메클렌부르크-포어포메른	724	408	665	384	704	412
니더작센	2,282	288	2,255	282	2,180	273
노르트라인-베스트팔렌	7,296	405	6,925	383	6,520	361
라인란트-팔츠	859	213	930	229	796	196
자를란트	293	274	267	252	241	229
작센	2,390	540	2,376	550	2,386	558
작센-안할트	796	304	701	278	689	279
슐레스비히-홀슈타인	714	256	704	250	677	239
튀링엔	790	325	807	340	805	345
독일 전체	**36,054**	**438**	**35,453**	**430**	**34,825**	**422**

출처: 독일통계청 2008년 문화지표 보고서, 57쪽.

(4) 주별 인터넷 및 개인용 컴퓨터 보급률

독일 전체로 보면 2000년부터 2006년 사이에 인터넷 보급률은 16.4%에서 57.9%로 3배 이상 증가하였다. 구서독 지역과 구동독 지역을 비교해 보면, 인터넷 보급률이나 개인용 컴퓨터 보급률 모두 구서독 지역이 다소 높다. 하지만 보급률 증가 추세를 보면 구동독 지역의 경우 인터넷 보급률이 12.2%에서 54.9%로 4배 이상 증가하였고, 개인용 컴퓨터 보급률 역시 2000년에는 구서독 지역에 5% 뒤져 있었지만 2006년에는 그 격차가 3%로 줄어들었음을 알 수 있다.

표 5-11 인터넷 및 개인용 컴퓨터 보급률(단위: %)

		2000	2001	2002	2003	2004	2005	2006
구서독 지역(서베를린 포함)								
인터넷 연결 사용		17.4	28.7	37.0	43.2	47.6	55.2	58.6
PC 사용	고정형	46.4	52.8	54.6	58.1	59.1	63.1	64.9
	이동형	6.0	6.7	8.4	10.5	13.8	17.6	21.9
구동독 지역(동베를린 포함)								
인터넷 연결 사용		12.2	21.3	31.5	40.5	44.9	51.6	54.9
PC 사용	고정형	42.2	46.9	52.0	56.6	56.9	62.1	62.6
	이동형	(3.2)	4.0	5.9	6.9	11.3	15.2	18.5
독일 전체								
인터넷 연결 사용		16.4	27.3	36.0	42.6	47.1	54.6	57.9
PC 사용	고정형	45.6	51.6	54.1	57.8	58.7	62.9	64.5
	이동형	5.5	6.1	7.9	9.9	13.3	17.2	21.3

출처: 독일통계청 2008년 문화지표 보고서.

(5) 주별 가계 문화생활비 지출

〈표 5-12〉에서 보듯이 각 가정에서 여가 · 오락 · 문화생활에 지출하는 비용은 총액 기준으로 보면 구서독 지역이 연간 2,688유로로 구동독의 2,340유로에 비해 다소 높다. 하지만 가계지출에서 문화비가 차지하는 비중은 구동독 지역이 12.8%로 구서독 지역의 11.4%보다 다소 높게 나타나고 있다. 〈표 5-12〉 아래쪽에서 보듯이 가계 문화비에서 신문 및 잡지 구독료가 가장 높은 비중을 차지하고 그 다음으로 도서구입비인 데서 독일인들의 문화생활 패턴이 주로 독서에 할애된다는 사실을 알 수 있다.

5. 요약과 전망

통일 독일은 분단의 상처를 극복하고 동서 통합과 유럽 국가들의 평화적 상생에 기여하기 위한 독일의 국가적 정체성을 다름 아닌 '문화국가(Kulturstaat)'에서 찾았다. 따라서 통일 독일의 내적 통합을 이루고 대외적 국

표 5-12 가계 문화생활비 지출

		2003		2004		2005		2003	2004	2005
		금액 (유로)	비율 (%)	금액 (유로)	비율 (%)	금액 (유로)	비율 (%)	총지출 대비 비율 (%)		
구서독 지역(서베를린 포함)										
여가 오락 문화	문화생활 전체	2,688	100	2,796	100	2,832	100	10.9	11.3	11.4
	음반/그림	96	3.6	96	3.4	96	3.4	0.4	0.4	0.4
	도서	156	5.8	156	5.6	168	5.9	0.6	0.6	0.7
	신문/잡지 등	276	10.3	276	9.9	276	9.7	1.1	1.1	1.1
구동독 지역(동베를린 포함)										
여가 오락 문화	문화생활 전체	2,340	100	2,508	100	2,592	100	12.0	12.3	12.8
	음반/그림	84	3.6	72	2.9	84	3.2	0.4	0.4	0.4
	도서	108	4.6	120	4.8	132	5.1	0.6	0.6	0.6
	신문/잡지 등	228	9.7	228	9.1	228	8.8	1.2	1.1	1.1
독일 전체										
여가 오락 문화	문화생활 전체	2,616	100	2,736	100	2,784	100	11.1	11.5	11.6
	음악/미술 재생 도구	108	4.1	120	4.4	120	4.3	0.5	0.5	0.5
	음반/미술	84	3.2	96	3.5	96	3.4	0.4	0.4	0.4
	연극/영화/음악회 방문	84	3.2	96	3.5	96	3.4	0.4	0.4	0.4
	박물관/동물원/식물원 방문	24	0.9	24	0.9	24	0.9	0.1	0.1	0.1
	도서	144	5.5	144	5.3	156	5.6	0.6	0.6	0.6
	신문/잡지 등	264	10.1	264	9.6	264	9.5	1.1	1.1	1.1

출처: 독일통계청 2009년 문화지표 보고서.

가 위상을 제고하는 데 문화는 결정적인 중요성을 갖는다고 할 수 있다. 통일 후 10년 동안 독일 정부가 문화 부문의 최우선 과제로 추진한 것은 구동독 지역의 국가문화재를 복구하는 사업으로, 그 결과 구동독 지역에서 세계문화유산으로 등재된 문화재 및 자연공원이 11개에 이른다.

분단의 역사적 경험과 직결된 역사문화유적을 보존하는 사업으로 '베를린 장벽 프로젝트'는 각별한 의미를 갖는다. 베를린 장벽은 독일민족의 분단 상처를 응축하고 있는 역사적 기념물인 동시에 장벽 붕괴로 상징되는 분단극복과 재통일의 역사적 상징물이기도 하다. 그럼에도 통일 후 베를린 장벽은 분단시대의 흉물이라는 이유로 대부분 철거되었고 찰리 포인트 등 몇 군데 기념물만 남아 있을 뿐이다. 뒤늦게 이러한 문제점에 눈을 뜬 베를린 시는 2006년 베를린 장벽을 역사문화유적으로 복구하기 위한 종합계획을 발표하고, 베를린 장벽을 생생한 역사교육의 현장으로 조성하고 있다.

2000년대에 들어와서는 동서 문화교류와 지역시민문화를 활성화하는 데 주력하였고, 이를 관장하기 위한 총괄기구로 '독일문화재단'이 설립되었다. 또 한 가지 주목할 것은 2000년대 중반 이후 독일정부가 문화예술 교육의 강화를 전국가적 과제로 설정하여 초등학교 입학 전부터 초중등학교 그리고 일반 시민교육에 이르기까지 문화예술교육을 강화하기 위해 다각적인 정책을 추진하고 있다는 사실이다. 앞의 4장에서 살펴보았듯이 고등교육 공공예산을 획기적으로 끌어올리는 것과 때맞추어 독일 정부는 국가적 차원에서 문화예술 교육을 강화함으로써 창의력 향상을 통해 전 국민의 평생학습능력과 국가경쟁력을 제고하기 위한 장기적 비전을 제시하고 있는 셈이다.

시민운동 차원에서 주목할 것은 구동독 지역 도시들의 공동화에 대응하는 문화운동인 '수축하는 도시들' 프로젝트다. '독일문화재단'의 지원을 받아 2002년부터 2006년까지 진행된 이 프로젝트는 예술가와 문화정책 전문가, 건축가, 미술사학자, 경제학자, 언론기자 등 다양한 분야의 전문가들로 구성되어 구동독 지역의 도시 공동화 실태를 조사하여 다양한 매체로 기록하는 한편, 퍼포먼스와 동영상 제작, 웹사이트 구축, 전시회 개최 등 다양한 문화행사를 개최하였고, 나아가서 문화예술적 요소를 바탕으로 한 대안적 건축모델 및 조경계획 등도 제시하여 큰 반향을 불러일으켰다.

이상에서 살펴본 국가문화재 복구, 분단의 역사적 상징물 복원, 문화예술교육의 강화, 도시공동화에 대한 문화적 대응 등은 장차 우리가 맞이할 통일의 과정에서도 시사하는 바가 크다 하겠다.

제6장

환경과 에너지

구동독 지역 환경보호 및 관련 정책 변화는 크게 세 가지 관점에서 접근할 수 있다. 첫째, 구동독체제에서 파괴된 자연을 다시 정비하기 위한 노력(2절), 둘째, 미래형 에너지원의 확보를 위한 노력(3절), 셋째, 보호할 가치가 있는 자연과 환경의 건설과 보호(4절)이다.

1. 구동독의 환경파괴 실태와 통독 후 개선 개괄

통일 전 동독 지역의 환경훼손은 심각한 정도에 있었으며, 따라서 즉각적으로 개선조치를 취해야 했다. 환경개선에 대한 국민들의 기대나 요구 또한 팽배해 있어, 한 조사에 따르면 전 국민의 98%가 환경보호의 필요성에 대해 절감하여, 민주화를 요구하는 열망도와 동일한 수준을 보이고 있었다. 통일 당시 환경오염 상황을 부문별로 보면 다음과 같다. 구동독의 하천관리체계는 전 지역에 걸쳐 심하게 오염되어 있었다. 흐르는 물[流水]의 42%와 고여 있는 물[貯水]의 24%가 정수처리를 해도 식수로 사용이 불가능했으며, 생태학적으로 전체수량의 3%만이 양호한 상태였다. 80만 개 이상의 공업지로부터 발생하는 공업폐수 가운데 95% 이상이 처리되지 않거나 처리가 불충분한 상태로 하수처리되고 있었다. 특히 공장지대로부터 방류되는 산업폐수로 인해 엘베 강은 크게 오염되어 있었고 이는 북해로 흘러 북해의 오염원이 되고 있었다.

동독의 대기오염은 『슈피겔』지에서 동화 작가 미하엘 엔데를 인용해 "1,000개의 화산이 있는 나라"에 비유할 정도로 심각했었다. 대기오염은 처리시설 미비로 연 500만~600만 톤의 아황산가스(SO_2)가 배출되었는데, 이는 1인 기준으로 볼 때 서독의 8배에 이르는 정도였고 대기 중 먼지량도 서독 기준치보다 훨씬 높았었는데, 그 주요한 한 원인은 앞에 언급한 에너지 자급자족 차원에서 갈탄을 주에너지원으로 하고 있었다는 데 있다. 동독은 낙후된 기술로 인해 발전소들의 평균 전력효율(28%)도 서독(35%)에 비해 훨씬 떨어지고 있었다. 역설적으로 이러한 상황에서도 1인당 에너지 소비량은 미국과 캐나다에 이어 세계 3위를 차지하고 있을 정도로 에너지가 낭비되었는데, 이는 저렴한 가격으로 개인소비자에게 제공됨으로 인해 발생한 것이라 할 수 있다.

전체 토지의 40%가 갈탄채취 및 적재, 휴경 없는 농작물 경작 그리고 관리 소홀 등으로 황무지화하였고 전체 토지의 10%는 동독인민군과 소련군이 마구 사용하여 황폐한 것으로 나타났다. 쓰레기 처리장은 환경유해물질을 부주의하게 처리함으로써 매립지와 그 주변에는 심각한 토양 및 지하수 오염이 발생했었다.

구동독의 환경파괴에 구서독이 일조한 사실 또한 빠뜨릴 수 없다. 이미 1970년 중반부터 정치적으로 생태친화적 경제발전을 그 지향점으로 들고 나온 녹색당의 지방의회 진출과 국민들의 고양된 환경의식은 환경오염 감시 강화로 나타났다. 그에 따라 폐기물 처리 비용은 높아질 수밖에 없었고, 관료들은 편의적 사고로 구동독에 쓰레기를 싼값으로 떠넘기기 시작했다. 구동독은 '경화(硬貨, hard currency)벌이'를 위해서 이런 장사를 마다하지 않았다. 특히 지형적으로 구동독 지역에 위치한 구서베를린은 주변 구동독 지역에 쓰레기 처리장소를 세 개나 갖고 있었고, 구서독과 접하여 있는 구동독 지역에는 몇 개의 쓰레기 매립시설 및 처리장이 이러한 용도로 확보되어 있었다.

1989년 한 해 동안에도, 구서독의 하이테크공장들이 밀집해 있는 바덴-

뷔르템베르크 주(州) 소재 공장들은 6만 t의 독성폐기물을 구동독의 쉔베르크 쓰레기매립장에 저렴한 비용을 치르고 매립했으며, 구서베를린은 1만 2,000t의 오염된 흙과 4만 t의 특수폐기물을 베를린 주변 포어케친에 싼 비용으로 매립한 것으로 드러났다. 전체적으로 매년 약 400만 t의 가정쓰레기 및 독성폐기물들이 구동독에 수출된 것으로 나타난다. 이러한 상태를 비꼬아 '동독=유럽의 뒷간'이라는 은어가 있었을 정도다. 구동독 지역에 있는 유럽에서 가장 큰 독성폐기물 처리장이 이제는 서유럽 기준 규정에 따라 고쳐진 상태이지만, 이미 그 이전에 이 처리장에서 방출된 독성물질에 의해 지하수가 심하게 오염된 상태였다.

한 잡지 기자의 말대로, 서독은 "구동독의 생태적 재건에 재정적으로 동참해야 할 충분한 근거가 있다." 동서독의 분단의 역사 동안 구서독은 자신의 부담분을 잠시 구동독에 전가시켜 놓았던 것이지만, 이는 결국 "내일로 미루어 놓았을 뿐"이었던 것이다.

1) 환경파괴의 원인

환경파괴의 1차적 원인은 경제체제의 미작동에서 찾아질 수 있다. 1972년 거의 대부분의 생산수단의 사적 소유가 폐지되고 거의 대부분 국유화된 이후(제조업의 국유화비는 95%), 1980년대 초 동독의 경제는 현저하게 집중화되어, 분야에 따라 거대기업조직인 콤비나트(Kombinat)로 통합되었다. 그 결과 하나의 거대독점적 산업구조가 성립되는데, "콤비나트가 납품업체나 투자재 생산단위들까지도 포괄하여, 생산요소의 대부분을 콤비나트 자체 내에서 완성함으로써 자신의 구조를 '스스로 결정하는' 자급자족적인 경제단위로 만들려는 시도"에 의해서 이러한 현상은 더욱 첨예해진다. 이러한 경향은 1980년대 말에 가서야 둔화되어 투자의 분산화가 이루어지기 시작했다. 세계시장으로부터 분리되어 '동유럽상호원조회의(COMECON: 코메콘)'에 내포되어 있던 동독의 산업구조는 시장에 의해 강제되지 않고 독자적인 자급자족형 경제구조를 취하고 있었고 이를 강화했었다. 그 결과 서독에서는 고용의 감축을 통해 시장 상황에 적응해 나가는 분야의 경우, 동독에서는 오히려 고용이 증가하는 상황도 발생했을 정도로 이질적인 발전의 길을 걷고 있었다.

동독의 자급자족형 경제체제 원칙은 몇몇 산업분야에서 환경상황과 관련해 볼 때 현저하게 부정적인 결과를 초래했다. 이는 첫째, 1970년대 말부터 1980년대 초반의 유가폭등에 따른 대응 방식과 둘째, 마이크로 칩과 같은 '미래기술' 분야에서 세계적인 수준으로 끌어 올리려는 시도에서 특히 문제점을 노정하고 있었다. 유가폭등에 대해 동독은 자국의 갈탄채광을 증량함으로써 대응했는데, 이는 대기오염, 지하수오염 및 경작지 황폐화를 초래했다.[1] 이렇게 발생한 환경오염은 국가 전반적으로 재원이 부족한 상태에서 사후적으로 환경을 복원할 수 있는 기술을 확보하고 있지 못했던 상황으로 인해 제대로 개선되지도 못하여 자급자족적 경제체제의 부정적 폐해는 더욱 커졌다. 이에 반해서 세계시장에서의 발전수준과의 연관성도 없는 상태에서 자급자족의 원칙에 따라 '미래기술'을 세계수준으로 끌어올리려는 자본재에의 투자는 엄청난 자원의 낭비를 초래했는데, 이것은 코메콘 내적 분업체계상의 요구에 의해 이루어진 것이었다. 즉 경화부족의 제약 속에서 한편으로 갈탄채취를 늘리는 방식으로 에너지 자립을 이루는 반면, 마이크로칩의 생산을 위한 대규모 설비를 서방국가에서 수입하는 모순적인 상황으로 내달은 것이었다.

이러한 자원의 부문 간 비효율적 (재)분배는 사회경제 전반에서의 자본재 투자의 후진성을 결과해, 총국민소득 대비 생산부문에의 투자비는 1970년 16%에서 80년에는 10%로 감소했다(DIW, 1990: 8). 투자재원의 제약에도 불구하고 생산을 유지하기 위해 대부분의 낡은 시설 · 장비들은 현대화되지 못하고 그대로 사용될 수밖에 없었고(Aussonderungsquote unter 1%; 설비재의 기술수준은 서독에 비해 20년 이상 낙후했던 것으로 추정), 이는 (재)보수비용의 상승을 초래했

1 40년 동안 동독에서는 갈탄채취를 위해 약 12만 ha가 파헤쳐졌는데, 그중 약 50%만이 결함은 많지만 다시 경작지로 사용할 수 있는 것으로 나타났다(통일원, 1996: 463).

다. 재원부족의 상태에서 이는 결국 더 많은 노동력의 투입을 의미했을 뿐이고 이는 '의사적(擬似的) 노동력 결핍'현상으로 드러났다.[2] 자본재 투자를 줄이는 대신 노동력의 투입을 통해서 낡은 시설을 보수해 생산을 유지하는 전략은 환경파괴를 초래했다. 낡은 설비를 통한 생산은 유해물질의 방출로 귀결되고, 낡은 설비의 사용기간 연장은 문제점을 더욱 심화시켰다.[3]

2) 환경개선의 일반 현황[4]

통일 후 상황의 개선이 두드러진 분야의 하나로 꼽을 수 있는 것이 환경개선 관련 분야다. 1989년 구동독 지역 산업밀집지역의 대기의 오염도, 특히 이산화탄소와 먼지 배출 정도는 매우 심각한 상태였던 것으로 나타난다. 환경오염의 심각성과 그 변화를 쉽게 파악할 수 있는 주민 1인당 대기 중 오염물질 배출정도를 비교하면 확연히 드러난다. 대부분 오염물질 배출량이 통일 5년 후인 1994년(통계청의 비교통계가 이때까지만 구분되어 제시됨)에는 1989년에 비해 약 두세 배 정도 줄어들고 있다. 심지어 먼지의 경우 12배나 줄어든 것을 확인할 수 있다.

2006년 현재 구동독 지역의 에너지 사용에 따른 이산화탄소 배출량의 감소폭은 1990년 대비 약 40% 정도로 나타나고 있다. 전반적으로 산업시설의

---

2 Umweltreport DDR(1990: 14). 공식적인 자료에 따르면 모든 장치 · 설비재의 20%는 이미 수명을 다했던 것으로, 독일경제연구소(DIW)의 분석에 따르면 이의 유지 · 보수를 위해 투자한 비용은 약 490억 DM으로 추정된다. 시설재의 유지 · 보수를 위해 전체 노동자의 약 17%가 투입되었던 것으로 나타난다(DIW, 1990: 8). 예를 들어 에스펜하인(Espenhain)의 갈탄처리 공장에는 6,000명의 노동자 중 2,000명이 수리부문에 종사하고 있었다(통일원, 1996: 465).

3 동독은 코메콘에의 내포적 관계 속에서 요구되는 수요를 충족시키기 위해 대외무역에서도 낡은 구조를 유지할 수밖에 없었고—특히 중기계 및 기계제작 분야 등 투자재 분야에서 그러했음—, 동독보다 발전한 서방국가에는 상당 부분 원자재나 소비재를 수출하는 구조를 갖추고 있었다.

4 특별히 출처를 밝히지 않은 경우, 본 장의 모든 자료는 통계청 자료에 근거함(Statistisches Bundesamt, 2009d).

표 6-1 주민 1인당 오염물질 배출량(단위: 톤)

	구동독 지역[1]		구서독 지역[2]		독일전역
	1989	1994	1989	1994	2006
이산화황	0.32	0.12	0.01	0.01	0.01
질산	0.05	0.03	0.04	0.02	0.02
일산화탄소	0.20	0.09	0.13	0.09	0.05
이산화탄소	20.95	11.69	11.15	10.96	10.69
먼지	0.12	0.01	0.01	0.01	0.00
대기 유기물에의 부착 오염물질	0.05	0.02	0.04	0.03	0.02

1) 동베를린 포함.

2) 서베를린 포함.

출처: BMWI(2008); Arbeitskreis der VGR der Lände(2009); Berechnungen des IFO Instituts.

붕괴에 따라 에너지 사용량이 전체적으로 줄어들던 1997/1998년을 최저점으로 한 뒤에는 서서히 늘고 있다. 에너지 사용량이 최저수준이던 당시 작센과 튀링엔 주의 이산화탄소 배출량은 1990년에 비해 절반 수준 이하로 낮아지기도 했다. 2000년 이후 경기의 활성화에 따라 조금씩 늘고 있다. 통일 이후 구동독 지역의 쓰레기 배출량도 구서독 지역에 비해서 훨씬 빠른 속도로 대폭 줄고 있는 것을 확인할 수 있다.

연방정부의 동독 지역에 대한 환경정책은 우선 환경오염으로 인한 위험방지조치에 집중하고, 다음으로 경기부양을 위한 기반으로서 환경정화에 중점을 두고 있다. 통일과 더불어 구소련식 원자력발전소를 비롯한 환경오염 업체는 즉시 가동 중지시켰다. 그리고 통일 후 2년간 연방정부는 식수공급과 하수처리, 대기정화, 쓰레기 매립장 등 긴급한 환경시설을 구축하기 위해 약 12억 DM을 투입하였다. 그 후에도 연방정부와 EU는 구동독 지역의 환경정화를 위해 대규모 재원을 투입하고 있으며, 유럽부흥계획(ERP)은 저리의 융자금을 지원하고 있다. 또한 신탁청 소속기업체들이 과거에 오염된 토양을 정화해야 할 경우 연방정부와 구동독 지역이 그 비용을 분담하기로 하였다. 이로써 환경문제로 인한 투자장애요인은 제거되었다. 한편 구동독 지역의 환경정화사업은 고용창출조치(ABM) 및 고용촉진조치(AFG 249h)를 통해 근로자들

표 6-2 1차에너지 사용에 따른 주민 1인당 이산화탄소(CO_2) 배출량(1990~2006년)(1990=100)

	구서독 지역									
	BW	BY	HB	HH	HE	NI	NW	RP	SL	SH
1990	100.00	100.00	100.00	100.00	100.00	100.00	100.00	100.00	100.00	100.00
1991	103.82	103.56	100.64	110.28	105.71	105.42	102.56	105.94	108.24	97.65
1992	101.30	100.01	95.30	100.67	102.92	–	100.41	102.30	102.01	97.72
1993	100.91	102.55	92.50	104.63	107.01	–	97.63	105.61	96.62	98.87
1994	95.10	99.15	98.91	100.91	106.88	96.90	95.94	104.78	101.28	96.77
1995	99.17	99.11	98.45	101.55	106.35	–	98.02	108.30	96.37	91.20
1996	103.35	103.02	106.18	109.81	113.11	95.79	100.55	107.59	99.38	92.97
1997	98.92	99.97	105.97	105.11	107.83	–	98.57	107.56	91.01	88.99
1998	100.62	103.05	104.42	–	107.61	97.43	97.80	105.68	99.74	87.74
1999	96.85	100.30	97.15	–	102.77	–	94.27	102.56	96.10	85.26
2000	93.40	97.65	107.61	–	105.00	89.28	94.18	97.58	99.00	83.00
2001	99.20	98.74	108.24	–	108.13	–	95.96	99.75	98.39	87.85
2002	94.17	91.82	107.46	–	102.46	86.04	94.27	93.50	97.31	82.47
2003	92.58	90.67	111.89	90.69	103.54	–	94.40	90.00	98.85	82.01
2004	91.34	89.34	99.59	85.93	102.18	83.31	93.03	88.76	101.97	78.71
2005	94.13	–	93.18	83.95	101.45	–	90.20	88.64	106.32	73.88
2006	95.34	–	96.69	84.31	–	83.42	91.78	–	101.68	73.75

	구동독 지역					베를린	구서독 지역	구동독 지역	전체
	BB	MV	SN	ST	TH	BE	평균	평균	D
1990	100.00	100.00	100.00	100.00	100.00	100.00	100.00	100.00	100.00
1991	82.44	70.13	85.62	75.96	79.61	103.21	104.38	78.75	95.76
1992	73.26	62.15	72.02	64.52	68.44	92.73	100.29	68.08	90.36
1993	70.97	63.61	74.90	56.84	60.17	97.46	100.70	65.30	88.90
1994	67.40	64.39	71.86	54.00	51.81	93.21	99.66	61.89	86.62
1995	63.30	69.61	70.30	52.07	49.29	89.41	99.84	60.92	86.02
1996	62.49	79.50	64.70	53.37	51.08	90.55	103.18	62.23	88.48
1997	62.66	73.06	58.99	52.96	48.18	86.82	100.44	59.17	84.66
1998	72.62	71.82	43.25	53.37	48.11	85.06	100.45	57.83	84.04
1999	71.71	73.67	41.14	57.41	47.35	88.64	96.91	58.26	81.56
2000	73.69	71.54	49.04	56.77	46.19	88.76	96.30	59.44	81.32
2001	74.25	75.40	58.14	58.70	47.64	90.26	99.53	62.83	83.41
2002	75.28	77.43	58.89	60.97	46.96	79.69	94.39	63.91	81.80
2003	71.13	74.79	60.03	63.14	46.78	79.54	94.96	63.18	81.97
2004	72.52	79.00	59.00	61.46	46.70	75.64	91.42	63.74	80.88
2005	73.98	74.18	57.55	63.75	45.64	74.85	91.47	63.02	78.33
2006	72.23	–	59.42	64.38	45.40	74.36	89.57	60.36	79.68

출처: Statistisches Bundesamt(2009d).

표 6-3 쓰레기 배출량(1990년=100)

구분	1990	1993	1996	2000	2003	2004	2005	2006	2007
바덴-뷔르템베르크	100	78.05	65.52	64.12	60.20	61.36	59.93	60.53	58.87
바이에른	100	79.83	71.95	69.07	67.14	67.44	67.50	68.31	67.58
브레멘	100	69.60	78.77	52.96	49.01	49.11	48.26	48.78	48.13
함부르크	100	103.23	98.57	103.97	96.10	97.00	95.50	92.90	93.77
헤센	100	86.60	73.92	68.30	65.46	66.27	65.63	66.76	65.30
니더작센	100	82.07	78.38	63.47	63.37	64.41	61.79	61.72	61.35
노르트라인-베스트팔렌	100	82.39	75.36	75.75	66.56	67.60	67.13	66.86	66.50
라인란트-팔츠	100	68.93	69.07	61.94	60.55	61.60	61.97	61.33	59.94
자를란트	100	94.95	92.32	69.34	67.39	68.17	68.03	65.45	63.40
슐레스비히-홀슈타인	100	95.11	76.83	71.93	71.90	73.00	69.60	69.40	68.71
베를린	100	114.08	101.94	92.87	81.33	84.14	84.49	81.48	80.06
브란덴부르크	100	73.27	69.97	53.93	48.33	45.80	46.16	46.71	45.78
메클렌부르크-포어포메른	100	80.16	59.58	49.35	45.03	44.42	43.71	42.78	42.74
작센	100	106.47	77.61	52.13	43.21	42.38	41.52	40.33	39.85
작센-안할트	100	112.85	98.62	70.52	66.14	67.06	62.49	57.44	56.36
튀링엔	100	124.47	81.97	71.70	66.98	66.88	63.42	63.61	57.56
독일 전체	**100**	**86.91**	**76.31**	**68.68**	**63.64**	**64.28**	**63.28**	**62.92**	**62.00**

출처: Statistisches Bundesamt(2009d).

에게 수많은 일자리를 보장해 주었다. 이들은 산업부지 정화, 매립지 제거, 시설물 철거, 쓰레기 처리, 도로 정비 등 다양한 분야에서 일하였다.[5]

거주지와 기타 설비 등으로 대지를 점하고 있는 비율과 에너지 및 물 소비로 유발되는 비용을 가계에 제반 세금의 형태로 부과하고 있다. 예를 들어 환경세, 유류세, 상하수도세 및 토지세 등이 그것이다. 경제와 환경 사이의 상호작용 관계에 개별 가계가 개입되게 된다. 상품과 서비스 등의 생산, 자원소

5 이상과 같은 적극적인 환경정책에 힘입어 구동독 지역의 환경은 짧은 시간 내에도 눈에 뜨일 정도로 크게 개선되었다. 예를 들어 에너지 사용 결과 방출되는 이산화탄소의 양은 1987년 3억 4,500만 톤에서 1993년 1억 7,700만 톤으로 감소하였으며, 유황방출량은 1985년 539만 톤에서 1992년 302만 톤으로 감소하였고, 분진방출량도 1985년 249만 톤에서 1992년에는 91만 톤으로 감소하였다. 하천의 경우에는 엘베 강의 수은 함유량이 1985년 28톤에서 1993년 1.9톤으로 현격하게 낮아졌으며, 잘레 강 하류의 유기물 오염도는 1988년보다 43.2% 감소하였다.

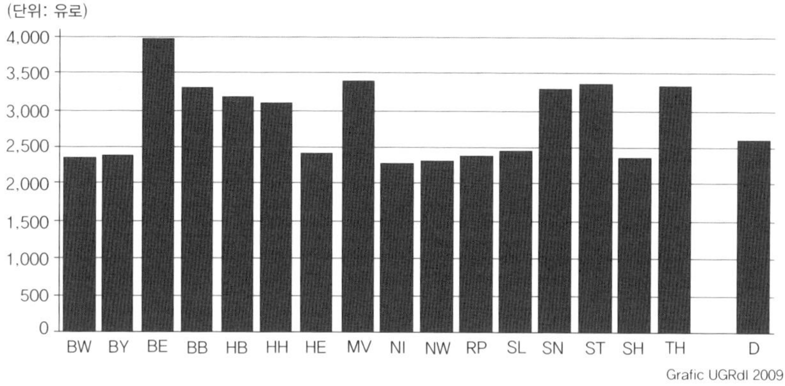

그림 6-1 주민 1인당 조세수입(2007년)

비 및 오염물질 배출은 개별가계의 욕구충족에 필요로 되는 것이다. 이러한 구조를 통해서 '개별가계-경제-생태'라는 '마의 삼각관계'가 형성되는 것이다. 이런 측면에서 주민 1인당 세금 수준을 주별로 비교해 보면 구동서독 지역 간 격차는 의미가 없다. 오히려 구동독 지역의 세금부담이 더 크게 나타나고 있다. 광활한 농경지를 확보하고 있는 지역의 세금부담이 크게 나타나는 것으로 추론할 수 있다.

2. 환경오염의 개선

1) 환경오염 개선 개괄

지난 20년 동안 구동독 지역의 환경 상태는 대기 유지와 하천보호에 대한 광범위한 투자를 통하여, 그리고 좀 더 소규모의 환경보호적인 산업생산방식을 통하여서 총괄적으로 개선된 이후에 오늘날에는 개별적인 침해요인의 감소가 전면에 부각되지는 않는 정도다. 이제는 지속적인 발전에 있어 더욱더

표 6-4 재정지원 대형트로젝트

연방주	대형 프로젝트
베를린	쉬프레 산업지역
메클렌부르크-포어포메른	비스마르 조선, 로스토크 조선, 스트랄준트 조선
브란덴부르크	오라니엔부르크 지역, 브란덴부르크 도시, 바스프 쉬바 르쯔하이데(주), 쉬베트 PCK
작센-안할트	볼펜 필름공장, 비터펠드 화학(주), 부나(주), 로이나베르크(주), 히드리에르베르크 짜이츠 사, 만스펠드(주), 막데부르크-로텐제 지역 고메른 석유, 천연가스
작센	뵐렌-리펜도르프 올레핀베르크, 프라이베르크 삭소니아(주), 라우타베르크(유한회사), 드레스덴-코쉬츠/그릴터제
튀링엔	칼리-베라(주), 칼리-쥐드하르츠(주), 로지츠 사

복합적인 과제를 처리하여야 한다. 이것은 특히 기후보호(Klimaschutz)와 생물종보호(Artenschutz), 자원보호(Ressourcenschonung) 및 환경친화적인 역동성에 대한 지원 등에 해당된다. 미래의 과제로 남는 중요한 것은 하천보호, 특히 인접국가와의 협력을 통한 엘베 강과 오더 강의 하천보호와 구동독에서 훼손된 자연 복원, 갈탄채석장의 재개발 및 우라늄광산지역의 정비다.

(1) 구동독체제 자연훼손의 정비

구체제의 생태학적인 훼손에 대해서 연방과 구동독 지역은 1992년 행정조약에서 합의를 보았다. 이에 따라 구체제하에서의 자연훼손 정비를 위한 비용—이것은 주로 신탁청에 의해 사유화가 임기응변식으로 급하게 이루어짐에 따라 이전의 기업들로부터 이월된 것임—은 기본적으로 60(연방) 대 40(주)으로 나뉜다. 이 조약은 환경정비를 위한 비용을 1992년부터 10년간 매년 10억 마르크까지 재정 지원하도록 틀을 마련하고 있다. 특히 중요한 큰 프로젝트를 위해서 연방은 부가적인 재정지원 의무를 이행하고 있다(재정원조비율은 연방 75% 대 주 25%이다). 갈탄정비 프로젝트 외에 대형 프로젝트로는 23개의 프로젝트가 확정되었다.

구체제하 자연훼손 정비를 위한 행정조약 이행을 가속화하기 위하여, 구

그림 6-2 유독성 폐기물 처리 대규모 프로젝트(진한 점 표시 지역)

동독 지역의 대표와 통일 관련 특수업무청 및 해당 연방정부의 대표로 이루어진 공통 협동그룹인 행정협약 '구체제 환경훼손'은 '최종적인 합의(총액화)'를 통하여 연방의 재정지원 의무의 규모를 확정할 수 있고, 훼손 정비를 위한 비용이 충분히 확보되면 대형 프로젝트를 각 주의 단독사업으로 넘겨 수행하도록 하였다. 1999년 튀링엔, 2001년 작센-안할트, 2003년 메클렌부르크-포어포메른, 그리고 2008년 작센 주가 각각 환경훼손 관련 행정협약을 체결하여, 각 주가 책임지고 사업을 수행하도록 하였다.

(2) 방사성 오염의 정비와 원자력 발전시설의 해체

구동독 지역에서 가장 큰 환경훼손 사례로는 작센과 튀링엔에 있는 우라늄 광산 비스무트(유한회사)가 꼽힌다. 연방정부는 구동독 지역의 특수 상황 때문에 독일 통합을 위한 노력의 일환으로 비스무트 공장부지의 정리 책임을 떠맡았다. 오로지 연방의 자금으로 지원되는 이 환경정화프로젝트의 목적은 이 지역 주민을 위해 온전한 환경과 생활조건을 마련하는 것이다. 1991년부터 2008년까지 사용된 자금(64억 유로)으로 연방기업 비스무트사는 광범위한 폐쇄 및 정리조치를 단행 중이며, 이것은 해당 지역의 방사성 유해물질과 기타 유해물질을 가진 환경오염을 현저하게 감소시키는 역할을 하였다. 이로써 활성화를 위한 기본적인 전제조건이 마련되었다. 현재도 진행 중인 해체 및 정화작업은 2008년 말 현재 약 80% 완료된 상태로, 프로젝트 진행 상태에 따라 2010~2015년 사이에 종료될 것이다.

그라이프스발트-루브민과 라인스베르크-멘츠에 있는 구소련식 원자력 발전소는 1991년 이후 가동이 중지되었으며, 연방정부에 의해 지원된 발전소 해체작업은 계속되고 있다. 발전소 해체에는 여러 분야에서 소련식 원자력 발전 시설 관련 기술적 노하우가 투입되는데, 예를 들면 오염된 방사성 블록을 원격조정으로 해체하는 기술 등이다. 연소되어 버린 화기요소의 중간적재와 해체 시에 떨어진 방사성 폐기물의 중간적재는 북부 중간적재소 소재지에서 이루어진다. 작업이 원활하게 이루어짐으로써 소재지 루브민을 에너지와 산업의 기지로 이용하기 위한 전제조건이 더욱 개선되었다. 그래서 효율적이고 환경친화적인 GuD-발전소의 설립을 위한 계획이 지속적으로 진척되고 있다. 연방정부와 주정부는 산업기지의 투자자를 위한 계획의 확실성을 마련하기 위해 이용할 수 있는 틀을 최대한 이용하고 있어, 유류세 납부의무의 한시적 면제 등과 같은 조세감면이나 그 외에 현존하는 지원조치의 투입 등이 검토되고 있다.

(3) 갈탄광의 정화

구동독 지역의 광범위하게 분포되어 있는 갈탄광 채굴은 심각한 생태파괴를 가져왔다. 중부독일과 라우지츠 지역에 남겨져 있는 이러한 '갈탄탄전 환경훼손(Braunkohlealtlasten)'의 정화는 통일 이후 바로 고용창출 조치의 일환으로 시작되었고 1933년 이후 연방과 구동독 지역 갈탄탄전지역 주 사이에 체결된, 환경훼손 유재(遺在) 처리를 위한 재정지원 규정 행정협정(VA-Altlastenfinanzierung)의 기초 위에서 이루어진다. 갈탄탄전의 정화를 위해서 1991~2008년간 연방과 주에서 제공된 자금 규모는 86억 유로였다. 동독 갈탄지역에서 갈탄정화작업을 진행하면서 노동시장 정책적인 효과도 비교적 커서, 2000년 현재 약 1만 2,000개의 일자리가 유지되었고, 2008년 현재에도 3,100개의 일자리가 유지되고 있다.

(4) 구소련군의 동독주둔으로 인한 환경오염[6]

연방환경부의 '구소련군 서부주둔병력 주둔지역 중 환경오염 의심지역에 대한 조사사업'의 일환으로, 소련군 서부주둔병력(WGT)이 사용해 온 총면적 23만 1,000ha의 지역과 1,026건의 부동산에 대한 오염도 조사가 실시되었다. 이 중 전체적으로 약 3만 3,000ha의 지역이 환경오염 의심지역으로 나타났다. 이러한 조사 결과에 따라, 군사적 용도로 사용된 지역의 환경오염을 정화하기 위한 일반적인 조치와 수단들이 이 지역에도 적용되었다.

일반적 응용이 가능한 이러한 경험과 사례들은 독일에서뿐만 아니라 세계적으로도 적용가능하며, 이미 다방면적으로 응용되었다. 예를 들어, 중부·동부유럽과 독립국가연합(GUS) 국가들이 체제전환 프로그램의 맥락에서 개발하였던 방법들이 극도로 오염된 군사지역의 시범적 정화사업에 도입되었으며, 국제회의에서 소개되기도 하였다. 이러한 방법들을 통해 비교적 적은 비용으로 효과 측면에서 현저한 성과를 이루었다. 경험의 교환을 통해 각종

---

6 통일부(1998: 14).

조치방법들이 평준화되고 기술이전도 이루어질 수 있었다.

2) 대기

표 6-5 연도별 온실가스 배출량(1995~2006년, 이산화탄소(CO_2) 1,000톤 등가물로 환산)[1)]

	구연방주									
	BW	BY[2)]	BM	HB	HE	NI[2),3)]	NW	RP[2)]	SL	SH
1995	91,466	106,820	13,804	14,144	63,152	99,839	352,081	52,920	25,864	31,253
2000	86,354	106,587	14,535	-	61,946	93,458	325,839	34,327	25,842	29,309
2003	85,379	99,822	15,017	12,783	60,578	-	328,281	31,756	25,418	28,861
2004	84,153	98,413	13,391	12,186	59,671	88,096	317,034	32,096	26,085	28,123
2005	86,656	-	12,528	11,902	59,098	-	314,394	31,862	26,676	26,975
2006	87,704	-	13,012	11,790	-	88,806	318,163	-	25,144	27,094

	구동독 지역					베를린	구서독 지역	구동독 지역	전체
	BB	MV	SN	ST	TH[2)]	BE	소계	소계	D[4)]
1995	60,326	17,815	68,682	33,770	17,853	25,082	851,343	198,447	1,066,735
2000	69,377	17,538	47,600	35,061	15,999	24,213	778,196	185,574	993,420
2003	65,728	17,086	55,070	38,075	15,471	21,743	687,895	191,430	991,892
2004	66,602	17,845	53,688	37,599	15,190	20,664	759,248	190,925	981,153
2005	67,472	17,012	52,261	37,707	14,784	20,485	570,091	189,236	951,835
2006	65,921	-	53,267	37,757	14,575	20,384	571,713	171,520	961,900

* CO_2, CH_4 및 N_2O 포함; 경작, 경작의 변화, 산림업으로부터 배출되는 CO_2는 제외; 국제운송(선박 및 항공)으로부터 배출되는 CO_2 포함.

1) 메탄배출량은 GWP21-수치, 아산화질소 배출량은 GWP30-수치를 통해 CO_2 등가물로 환산된 수치임(GWP = Global Warming Potential).

2) 에너지전환 과정에서 배출된 CO_2는 제외함.

3) 1995년의 수치는 1996년의 것임.

4) 독일 전체 출처: Umweltbundesamt(2008).

표 6-6 연도별 온실가스 배출 증감률(1995~2006년, 1995년=100)

	구서독 지역									
	BW	BY[2]	BM	HB	HE	NI[2,3]	NW	RP[2]	SL	SH
1995	100	100	100	100	100	100	100	100	100	100
2000	94.41	99.78	105.29	–	98.09	93.61	92.55	64.87	99.91	93.78
2003	93.34	93.45	108.79	90.38	95.92	–	93.24	60.01	98.28	92.35
2004	92.00	92.13	97.01	86.16	94.49	88.24	90.05	60.65	100.85	89.99
2005	94.74	–	90.75	84.15	93.58	–	89.30	60.21	103.14	86.31
2006	95.89	–	94.26	83.36	–	88.95	90.37	–	97.22	86.69

	구동독 지역					베를린	구서독 지역	구동독 지역	전체
	BB	MV	SN	ST	TH[2]	BE	평균	평균	D[4]
1995	100	100	100	100	100	100	100	100	100
2000	115.00	98.44	69.30	103.82	89.61	96.53	93.59	95.24	93.13
2003	108.96	95.91	80.18	112.75	86.65	86.69	91.75	96.89	92.98
2004	110.40	100.16	78.17	111.34	85.08	82.39	89.16	97.03	91.98
2005	111.85	95.49	76.09	111.66	82.81	81.67	87.77	95.58	89.23
2006	109.27	–	77.56	111.81	81.64	81.27	90.96	95.07	90.17

	이산화탄소 1톤 등가물[1]									
	구서독 지역									
	BW	BY[2]	BM	HB	HE	NI[2,3]	NW	RP[2]	SL	SH
1995	8.88	8.94	20.30	8.28	10.54	12.89	19.73	13.35	23.87	11.50
2000	8.23	8.75	21.97	–	10.22	11.81	18.10	8.52	24.16	10.53
2003	8.00	8.05	22.66	7.38	9.95	–	18.16	7.83	23.91	10.24
2004	7.86	7.92	20.20	7.02	9.80	11.02	17.54	7.91	24.63	9.95
2005	8.08	–	18.89	6.84	9.70	–	17.41	7.85	25.33	9.53
2006	8.17	–	19.59	6.74	–	11.12	17.64	–	24.02	9.57

	구동독 지역					베를린	구서독 지역	구동독 지역	전체
	BB	MV	SN	ST	TH[2]	BE	평균	평균	D[4]
1995	23.76	9.74	15.01	12.28	7.11	7.23	13.83	13.58	13.06
2000	26.68	9.84	10.71	13.32	6.56	7.15	13.59	13.42	12.09
2003	25.52	9.83	12.71	15.02	6.49	6.41	12.91	13.91	12.02
2004	25.92	10.34	12.46	14.98	6.42	6.10	12.39	14.03	11.89
2005	26.33	9.93	12.20	15.19	6.30	6.04	12.95	13.99	11.54
2006	25.82	–	12.50	15.37	6.27	6.00	13.83	14.99	11.68

1) 연중 주민 수.

2) 에너지전환 과정에서 배출된 CO_2는 제외함.

3) CO_2 1995년 수치는 1996년의 것임.

4) 독일 전체 출처: Umweltbundesamt(2008).

표 6-7 연도별 1인당 온실가스 배출 증감률(1995~2006, 1995년=100)

	구서독 지역									
	BW	BY[2]	BM	HB	HE	NI[2) 3)]	NW	RP[2]	SL	SH
1995	100	100	100	100	100	100	100	100	100	100
2000	92.63	97.87	108.23	–	97.00	91.65	91.76	63.79	101.22	91.58
2003	90.00	90.10	111.61	89.05	94.40	–	92.06	58.63	100.18	89.01
2004	88.48	88.61	99.50	84.72	93.00	85.46	88.92	59.22	103.22	86.52
2005	90.92	–	93.04	82.59	92.04	–	88.23	58.78	106.14	82.86
2006	91.93	–	96.47	81.36	–	86.24	89.39	–	100.64	83.16

	구동독 지역					베를린	구서독 지역	구동독 지역	전체
	BB	MV	SN	ST	TH[2]	BE	평균	평균	D[4]
1995	100	100	100	100	100	100	100	100	100
2000	112.28	100.94	71.38	108.45	92.20	99.01	92.86	97.05	92.53
2003	107.38	100.90	84.65	122.30	91.32	88.72	90.56	101.31	92.02
2004	109.10	106.12	83.03	122.01	90.35	84.42	87.77	102.12	91.04
2005	110.82	101.92	81.27	123.71	88.65	83.58	86.83	101.27	88.36
2006	108.68	–	83.27	125.22	88.23	82.97	89.89	101.35	89.40

* CO_2, CH_4 및 N_2O 포함; 경작, 경작의 변화, 산림업으로부터 배출되는 CO_2는 제외; 국제운송(선박 및 항공)으로부터 배출되는 CO_2 포함.

1) 연중 주민 수.

2) 에너지전환 과정에서 배출된 CO_2는 제외함.

3) CO_2 1995년의 수치는 1996년의 것임.

4) 독일 전체 출처: Umweltbundesamt(2008).

표 6-8 에너지 사용에 의해 배출된 이산화탄소량(단위: 1,000톤)

	구서독 지역									
	BW	BY	BM	HB	HE	NI	NW	RP	SL	SH
1990	74,374	84,544	13,433	12,743	50,338	77,138	299,028	27,394	23,708	24,200
1991	78,590	88,972	13,586	14,226	53,945	82,276	309,888	29,448	25,767	23,826
1992	78,036	87,041	12,903	13,116	53,267	-	306,287	28,914	24,398	24,082
1993	78,673	90,335	12,517	13,813	56,060	-	300,041	30,248	23,214	24,590
1994	74,535	87,871	13,341	13,361	56,201	78,192	295,874	30,274	24,313	24,191
1995	78,074	88,307	13,239	13,467	56,126	-	303,349	31,490	23,133	22,940
1996	81,759	92,265	14,256	14,572	59,935	78,475	312,345	31,463	23,852	23,517
1997	78,570	89,837	14,170	13,940	57,264	-	307,064	31,646	21,825	22,654
1998	80,080	92,708	13,857	-	57,156	80,405	304,784	31,167	23,795	22,426
1999	77,379	90,590	12,793	-	54,688	-	294,014	30,311	22,833	21,868
2000	74,940	88,705	14,079	-	56,011	74,228	293,987	28,853	23,459	21,378
2001	80,108	90,377	14,137	-	57,817	-	299,969	29,574	23,260	22,737
2002	76,549	84,578	14,031	-	54,897	72,061	295,293	27,793	22,964	21,455
2003	75,598	83,783	14,667	12,206	55,528	-	295,885	26,787	23,278	21,401
2004	74,768	82,769	13,057	11,589	54,787	70,019	291,555	26,432	23,917	20,592
2005	77,222	-	12,222	11,343	54,441	-	282,533	26,399	24,799	19,356
2006	78,283	-	12,704	11,451	-	70,032	287,140	-	23,577	19,339

	구동독 지역					베를린	구서독 지역	구동독 지역	전체
	BB	MV	SN	ST	TH	BE	소계	소계	D
1990	81,894	15,539	91,465	50,863	28,098	26,941	686,899	267,859	948,089
1991	66,751	10,757	77,105	38,085	22,071	27,957	720,524	214,768	914,963
1992	58,894	9,360	64,059	31,892	18,687	25,234	628,044	182,891	869,981
1993	57,104	9,473	66,046	27,887	16,334	26,643	629,491	176,843	862,100
1994	54,011	9,510	62,988	26,307	13,992	25,531	698,154	166,808	842,550
1995	50,791	10,233	61,349	25,200	13,240	24,445	630,125	160,813	839,117
1996	50,312	11,636	56,223	25,652	13,641	24,726	732,439	157,464	865,631
1997	50,762	10,654	51,036	25,294	12,806	23,560	636,969	150,553	829,868
1998	59,255	10,413	37,167	25,261	12,713	22,876	706,377	144,809	823,551
1999	58,783	10,627	35,116	26,900	12,438	23,693	604,476	143,864	799,749
2000	60,564	10,256	41,552	26,301	12,059	23,661	675,640	150,732	798,378
2001	60,928	10,718	48,842	26,840	12,339	24,068	617,979	159,667	820,433
2002	61,537	10,908	49,038	27,518	12,066	21,281	669,622	161,067	806,012
2003	57,910	10,451	49,625	28,171	11,924	21,249	609,133	158,081	808,012
2004	58,882	10,961	48,476	27,145	11,812	20,184	669,485	157,276	797,125
2005	59,910	10,216	47,019	27,846	11,450	19,998	508,315	156,441	771,688
2006	58,273	-	48,295	27,821	11,283	19,915	502,526	145,672	784,026

표 6-9 에너지 사용에 의해 배출된 이산화탄소 증감률(1990년=100)

	구서독 지역									
	BW	BY	BM	HB	HE	NI	NW	RP	SL	SH
1990	100	100	100	100	100	100	100	100	100	100
1991	105.67	105.24	101.14	111.64	107.17	106.66	103.63	107.50	108.68	98.45
1992	104.92	102.95	96.05	102.93	105.82	-	102.43	105.55	102.91	99.51
1993	105.78	106.85	93.18	108.40	111.37	-	100.34	110.42	97.92	101.61
1994	100.22	103.94	99.32	104.85	111.65	101.37	98.95	110.51	102.55	99.96
1995	104.97	104.45	98.56	105.68	111.50	-	101.45	114.95	97.57	94.79
1996	109.93	109.13	106.13	114.35	119.07	101.73	104.45	114.85	100.61	97.18
1997	105.64	106.26	105.49	109.39	113.76	-	102.69	115.52	92.06	93.61
1998	107.67	109.66	103.16	-	113.54	104.24	101.92	113.77	100.37	92.67
1999	104.04	107.15	95.23	-	108.64	-	98.32	110.65	96.31	90.36
2000	100.76	104.92	104.81	-	111.27	96.23	98.31	105.33	98.95	88.34
2001	107.71	106.90	105.24	-	114.86	-	100.31	107.96	98.11	93.95
2002	102.92	100.04	104.45	-	109.06	93.42	98.75	101.46	96.86	88.66
2003	101.65	99.10	109.18	95.79	110.31	-	98.95	97.79	98.19	88.43
2004	100.53	97.90	97.20	90.94	108.84	90.77	97.50	96.49	100.88	85.09
2005	103.83	-	90.98	89.01	108.15	-	94.48	96.37	104.60	79.98
2006	105.26	-	94.57	89.86	-	90.79	96.02	-	99.45	79.91

	구동독 지역					베를린	구서독 지역	구동독 지역	전체
	BB	MV	SN	ST	TH	BE	평균	평균	D
1990	100	100	100	100	100	100	100	100	100
1991	81.51	69.22	84.30	74.88	78.55	103.77	105.58	77.69	96.51
1992	71.91	60.23	70.04	62.70	66.51	93.67	102.56	66.28	91.76
1993	69.73	60.96	72.21	54.83	58.13	98.90	103.98	63.17	90.93
1994	65.95	61.20	68.87	51.72	49.80	94.77	103.33	59.51	88.87
1995	62.02	65.85	67.07	49.54	47.12	90.74	103.77	58.32	88.51
1996	61.44	74.88	61.47	50.43	48.55	91.78	107.74	59.35	91.30
1997	61.99	68.56	55.80	49.73	45.58	87.45	104.94	56.33	87.53
1998	72.36	67.01	40.64	49.66	45.25	84.91	105.22	54.98	86.86
1999	71.78	68.39	38.39	52.89	44.27	87.94	101.34	55.14	84.35
2000	73.95	66.00	45.43	51.71	42.92	87.82	100.99	56.00	84.21
2001	74.40	68.97	53.40	52.77	43.92	89.34	104.38	58.69	86.54
2002	75.14	70.20	53.61	54.10	42.94	78.99	99.51	59.20	85.01
2003	70.71	67.26	54.26	55.39	42.44	78.87	99.93	58.01	85.23
2004	71.90	70.54	53.00	53.37	42.04	74.92	96.61	58.17	84.08
2005	73.16	65.74	51.41	54.75	40.75	74.23	95.93	57.16	81.39
2006	71.16	-	52.80	54.70	40.16	73.92	93.69	54.70	82.70

국제운송(선박 및 항공)으로부터의 배출가스 배제.

출처: Länderarbeitskreis Energiebilanzen; für Deutschland: Umweltbundesamt(2008)(기준: November 2008).

표 6-10 에너지 사용으로 발생한 이산화탄소로 인해 감소된 산소량(단위: 1,000톤)

	구서독 지역									
	BW	BY	BM	HB	HE	NI	NW	RP	SL	SH
1990	54,090	61,487	9,769	9,268	36,609	56,100	217,475	19,923	17,242	17,600
1991	57,156	64,707	9,881	10,346	39,233	59,837	225,373	21,417	18,740	17,328
1992	56,753	63,303	9,384	9,539	38,740	-	222,754	21,028	17,744	17,514
1993	57,217	65,698	9,103	10,046	40,771	-	218,212	21,999	16,883	17,884
1994	54,207	63,906	9,703	9,717	40,873	56,867	215,181	22,017	17,682	17,593
1995	56,781	64,223	9,628	9,794	40,819	-	220,617	22,902	16,824	16,684
1996	59,461	67,102	10,368	10,598	43,589	57,073	227,160	22,882	17,347	17,103
1997	57,142	65,336	10,305	10,138	41,647	-	223,319	23,015	15,873	16,476
1998	58,240	67,424	10,078	-	41,568	58,476	221,661	22,667	17,305	16,310
1999	56,276	65,884	9,304	-	39,773	-	213,828	22,044	16,606	15,904
2000	54,502	64,513	10,239	-	40,735	53,984	213,809	20,984	17,061	15,548
2001	58,260	65,729	10,281	-	42,049	-	218,159	21,508	16,916	16,536
2002	55,672	61,511	10,204	-	39,925	52,408	214,759	20,213	16,701	15,604
2003	54,980	60,933	10,667	8,877	40,384	-	215,189	19,481	16,929	15,564
2004	54,377	60,196	9,496	8,428	39,845	50,923	212,040	19,223	17,394	14,976
2005	56,161	-	8,889	8,249	39,593	-	205,479	19,199	18,036	14,077
2006	56,933	-	9,239	8,328	-	50,932	208,829	-	17,147	14,065

	구동독 지역					베를린	구서독 지역	구동독 지역	전체
	BB	MV	SN	ST	TH	BE	소계	소계	D
1990	59,559	11,301	66,520	36,991	20,435	19,593	499,564	194,807	713,964
1991	48,546	7,823	56,076	27,698	16,052	20,332	524,017	156,196	700,545
1992	42,832	6,807	46,588	23,194	13,591	18,352	456,759	133,012	608,124
1993	41,530	6,889	48,033	20,281	11,879	19,377	457,812	128,614	605,802
1994	39,281	6,916	45,809	19,132	10,176	18,568	507,748	121,315	647,631
1995	36,939	7,442	44,617	18,327	9,629	17,778	458,273	116,955	593,006
1996	36,591	8,463	40,889	18,656	9,921	17,983	532,683	114,519	665,185
1997	36,918	7,748	37,117	18,396	9,313	17,135	463,251	109,492	589,878
1998	43,095	7,573	27,031	10,372	9,246	16,637	513,729	105,316	635,682
1999	42,751	7,729	25,539	19,564	9,046	17,231	439,619	104,628	561,479
2000	44,047	7,459	30,220	19,128	8,770	17,208	491,375	109,623	618,206
2001	44,311	7,795	35,521	19,520	8,974	17,504	449,439	116,121	583,065
2002	44,754	7,933	35,664	20,013	8,775	15,477	486,997	117,140	619,614
2003	42,116	7,601	36,091	20,488	8,672	15,454	443,006	114,968	573,428
2004	42,823	7,972	35,255	19,742	8,591	14,679	486,898	114,383	615,960
2005	43,571	7,430	34,196	20,252	8,327	14,544	369,684	113,775	498,003
2006	42,380	-	35,124	20,233	8,206	14,484	365,473	105,943	485,900

표 6-11 에너지 사용으로 발생한 이산화탄소로 인한 산소 증감률(단위: %)

	구서독 지역									
	BW	BY	BM	HB	HE	NI	NW	RP	SL	SH
1990	-	-	-	-	-	-	-	-	-	-
1991	5.67	5.24	1.14	11.64	7.17	6.66	3.63	7.50	8.68	-1.55
1992	-0.70	-2.17	-5.03	-7.80	-1.26	-	-1.16	-1.81	-5.31	1.07
1993	0.82	3.78	-2.99	5.31	5.24	-	-2.04	4.61	-4.85	2.11
1994	-5.26	-2.73	6.58	-3.27	0.25	-	-1.39	0.09	4.73	-1.62
1995	4.75	0.50	-0.76	0.79	-0.13	-	2.53	4.02	-4.85	-5.17
1996	4.72	4.48	7.68	8.21	6.79	-	2.97	-0.09	3.11	2.52
1997	-3.90	-2.63	-0.60	-4.34	-4.46	-	-1.69	0.58	-8.50	-3.67
1998	1.92	3.20	-2.21	-	-0.19	-	-0.74	-1.51	9.03	-1.01
1999	-3.37	-2.28	-7.68	-	-4.32	-	-3.53	-2.75	-4.04	-2.49
2000	-3.15	-2.08	10.05	-	2.42	-	-0.01	-4.81	2.74	-2.24
2001	6.90	1.88	0.41	-	3.22	-	2.03	2.50	-0.85	6.36
2002	-4.44	-6.42	-0.75	-	-5.05	-	-1.56	-6.02	-1.27	-5.64
2003	-1.24	-0.94	4.53	-	1.15	-	0.20	-3.62	1.37	-0.25
2004	-1.10	-1.21	-10.98	-5.05	-1.33	-	-1.46	-1.33	2.75	-3.78
2005	3.28	-	-6.40	-2.12	-0.63	-	-3.09	-0.12	3.69	-6.00
2006	1.37	-	3.94	0.95	-	-	1.63	-	-4.93	-0.09

	구동독 지역					베를린	구서독 지역	구동독 지역	전체
	BB	MV	SN	ST	TH	BE	평균	평균	D
1990	-	-	-	-	-	-	-	-	-
1991	-18.49	-30.77	-15.70	-25.12	-21.45	3.77	5.58	-22.31	-3.25
1992	-11.77	-12.99	-16.92	-16.26	-15.33	-9.74	-2.69	-14.65	-7.15
1993	-3.04	1.21	3.10	-12.56	-12.59	5.58	1.33	-4.78	-0.42
1994	-5.42	0.39	-4.63	-5.67	-14.34	-4.17	-0.29	-5.93	-2.43
1995	-5.96	7.60	-2.60	-4.21	-5.37	-4.25	0.18	-2.11	-0.88
1996	-0.94	13.71	-8.36	1.79	3.03	1.15	4.49	1.85	3.38
1997	0.89	-8.44	-9.23	-1.40	-6.12	-4.72	-3.25	-4.86	-3.88
1998	16.73	-2.26	-27.17	-0.13	-0.73	-2.90	1.06	-2.71	-0.57
1999	-0.80	2.06	-5.52	6.49	-2.16	3.57	-3.81	0.01	-1.92
2000	3.03	-3.49	18.33	-2.23	-3.05	-0.14	0.37	2.52	1.10
2001	0.60	4.50	17.54	2.05	2.32	1.72	2.81	5.40	3.66
2002	1.00	1.77	0.40	2.53	-2.21	-11.58	-3.89	0.70	-2.80
2003	-5.89	-4.19	1.20	2.37	-1.18	-0.15	0.15	-1.54	-0.47
2004	1.68	4.88	-2.32	-3.64	-0.94	-5.01	-2.61	-0.07	-1.92
2005	1.75	-6.80	-3.01	2.58	-3.06	-0.92	-1.43	-1.71	-1.49
2006	-2.73	-	2.71	-0.09	-1.46	-0.42	0.48	-0.39	0.08

표 6-12 에너지 사용으로 발생한 이산화탄소로 인해 감소된 산소량(1990년=100)

	구서독 지역									
	BW	BY	BM	HB	HE	NI	NW	RP	SL	SH
1990	100	100	100	100	100	100	100	100	100	100
1991	105.67	105.24	101.14	111.64	107.17	106.66	103.63	107.50	108.68	98.45
1992	104.92	102.95	96.05	102.93	105.82	-	102.43	105.55	102.91	99.51
1993	105.78	106.85	93.18	108.40	111.37	-	100.34	110.42	97.92	101.61
1994	100.22	103.94	99.32	104.85	111.65	101.37	98.95	110.51	102.55	99.96
1995	104.97	104.45	98.56	105.68	111.50	-	101.45	114.95	97.57	94.79
1996	109.93	109.13	106.13	114.35	119.07	101.73	104.45	114.85	100.61	97.18
1997	105.64	106.26	105.49	109.39	113.76	-	102.69	115.52	92.06	93.61
1998	107.67	109.66	103.16	-	113.54	104.24	101.92	113.77	100.37	92.67
1999	104.04	107.15	95.24	-	108.64	-	98.32	110.65	96.31	90.36
2000	100.76	104.92	104.81	-	111.27	96.23	98.31	105.33	98.95	88.34
2001	107.71	106.90	105.24	-	114.86	-	100.31	107.96	98.11	93.95
2002	102.92	100.04	104.45	-	109.06	93.42	98.75	101.46	96.86	88.66
2003	101.65	99.10	109.19	95.79	110.31	-	98.95	97.78	98.19	88.43
2004	100.53	97.90	97.20	90.94	108.84	90.77	97.50	96.49	100.88	85.09
2005	103.83	-	90.98	89.01	108.15	-	94.48	96.37	104.60	79.98
2006	105.26	-	94.57	89.86	-	90.79	96.02	-	99.45	79.91

	구동독 지역					베를린	구서독 지역	구동독 지역	전체
	BB	MV	SN	ST	TH	BE	평균	평균	D
1990	100	100	100	100	100	100	100	100	100
1991	81.51	69.23	84.30	74.88	78.55	103.77	105.58	77.69	96.75
1992	71.91	60.24	70.04	62.70	66.51	93.66	102.56	66.28	89.88
1993	69.73	60.96	72.21	54.83	58.13	98.89	103.98	63.17	90.04
1994	65.95	61.20	68.87	51.72	49.80	94.77	103.33	59.51	89.10
1995	62.02	65.85	67.07	49.54	47.12	90.74	103.77	58.32	87.75
1996	61.44	74.88	61.47	50.43	48.55	91.78	107.74	59.35	91.62
1997	61.99	68.56	55.80	49.73	45.58	87.45	104.94	56.33	87.57
1998	72.36	67.01	40.64	49.66	45.25	84.91	105.22	54.98	87.12
1999	71.78	68.39	38.39	52.89	44.27	87.94	101.34	55.14	83.88
2000	73.95	66.00	45.43	51.71	42.92	87.83	100.99	56.00	85.12
2001	74.40	68.97	53.40	52.77	43.91	89.34	104.38	58.69	86.99
2002	75.14	70.20	53.61	54.10	42.94	78.99	99.51	59.20	84.71
2003	70.71	67.26	54.26	55.39	42.44	78.87	99.93	58.01	84.55
2004	71.90	70.54	53.00	53.37	42.04	74.92	96.61	58.17	83.24
2005	73.16	65.74	51.41	54.75	40.75	74.23	95.93	57.16	80.53
2006	71.16	-	52.80	54.70	40.16	73.92	93.69	54.70	79.05

시점(始點)의 출처: Länderarbeitskreis Energiebilanzen.

출처: Umweltökonomische Gesamtrechnungen der Länder, 2009.10.

표 6-13 메탄(CH_4) 배출량(단위: 톤)

	구서독 지역									
	BW	BY	BM	HB	HE	NI	NW	RP	SL	SH
1995	308,998	472,699	13,083	8,710	193,138	543,974	1,043,982	132,547	109,496	158,905
2000	223,285	410,852	7,045	7,346	129,778	459,056	699,961	94,697	94,669	137,989
2003	187,721	373,806	5,328	9,036	103,832	417,580	552,631	75,746	82,875	133,959
2004	174,267	356,915	4,926	7,189	95,733	401,954	529,363	71,140	84,391	130,116
2005	170,912	351,426	4,660	7,166	93,549	396,322	531,357	69,689	68,745	127,573
2006	167,551	339,570	4,556	7,523	90,163	440,654	486,183	67,789	56,127	125,617

	구동독 지역					베를린	구서독 지역	구동독 지역	전체
	BB	MV	SN	ST	TH	BE	소계	소계	D[1]
1995	218,778	121,310	226,030	159,660	147,160	11,568	2,985,533.3	872,937.8	3,808,713
2000	171,412	102,007	173,341	124,561	110,714	9,204	2,264,677.8	682,034.7	3,039,707
2003	144,881	87,819	143,599	110,933	91,615	8,854	1,942,513.0	578,847.4	2,523,823
2004	137,796	85,247	134,830	108,130	85,386	8,631	1,855,993.0	551,389.1	2,322,723
2005	131,780	80,242	128,464	103,223	81,243	8,370	1,821,399.9	524,951.8	2,201,090
2006	127,479	77,662	122,157	97,272	76,898	8,354	1,785,734.0	501,468.7	2,100,123

1) 독일 전체의 출처: Umweltbundesamt(2008).

표 6-14 메탄(CH_4) 배출 증감률(1995년=100)

	구서독 지역									
	BW	BY	BM	HB	HE	NI	NW	RP	SL	SH
1995	100	100	100	100	100	100	100	100	100	100
2000	72.26	86.92	53.85	84.34	67.19	84.39	67.05	71.44	86.46	86.84
2003	60.75	79.08	40.72	103.74	53.76	76.76	52.93	57.15	75.69	84.30
2004	56.40	75.51	37.65	82.53	49.57	73.89	50.71	53.67	77.07	81.88
2005	55.31	74.34	35.62	82.27	48.44	72.86	50.90	52.58	62.78	80.28
2006	54.22	71.84	34.82	86.37	46.68	81.01	46.57	51.14	51.26	79.05

	구동독 지역					베를린	구서독 지역	구동독 지역	전체
	BB	MV	SN	ST	TH	BE	평균	평균	D[1]
1995	100	100	100	100	100	100	100	100	100
2000	78.35	84.09	76.69	78.02	75.23	79.56	76.07	78.48	79.81
2003	66.22	72.39	63.53	69.48	62.26	76.54	68.49	66.78	66.26
2004	62.98	70.27	59.65	67.73	58.02	74.61	63.89	63.73	60.98
2005	60.23	66.15	56.83	64.65	55.21	72.36	61.54	60.61	57.79
2006	58.27	64.02	54.04	60.92	52.25	72.22	60.30	57.90	55.14

1) 독일 전체의 출처: Umweltbundesamt(2008).

표 6-15 1인당 메탄(CH_4) 배출량(단위: Kg)

	구서독 지역									
	BW	BY	BM	HB	HE	NI	NW	RP	SL	SH
1995	30.0	39.5	19.2	5.1	32.2	70.2	58.5	33.4	101.0	58.5
2000	21.3	33.7	10.7	4.3	21.4	58.0	38.9	23.5	88.5	49.6
2003	17.6	30.2	8.0	5.2	17.0	52.3	30.6	18.7	78.0	47.5
2004	16.3	28.7	7.4	4.1	15.7	50.3	29.3	17.5	79.7	46.0
2005	15.9	28.2	7.0	4.1	15.4	49.5	29.4	17.2	65.3	45.1
2006	15.6	27.2	6.9	4.3	14.8	55.2	26.9	16.7	53.6	44.3

	구동독 지역					베를린	구서독 지역	구동독 지역	전체
	BB	MV	SN	ST	TH	BE	평균	평균	D[1]
1995	86.2	66.4	49.4	58.1	58.6	3.3	44.8	63.7	46.6
2000	65.9	57.2	39.0	47.3	45.4	2.7	35.0	51.0	37.0
2003	56.2	50.5	33.1	43.8	38.5	2.6	30.5	44.4	30.6
2004	53.6	49.4	31.3	43.1	36.1	2.5	29.5	42.7	28.2
2005	51.4	46.8	30.0	41.6	34.6	2.5	27.7	40.9	26.7
2006	49.9	45.7	28.7	39.6	33.1	2.5	26.6	39.4	25.5

1) 독일 전체의 출처: Umweltbundesamt(2008).

표 6-16 아산화질소(N_2O) 배출량(1995~2006년, 단위: 톤)

	구서독 지역									
	BW	BY	BM	HB	HE	NI	NW	RP	SL	SH
1995	13,012	27,697	937	1,125	6,608	32,067	45,777	60,149	1,391	12,610
2000	13,200	29,849	994	1,920	7,118	30,934	31,178	11,243	1,273	12,582
2003	11,825	26,417	770	742	6,484	31,088	45,211	10,897	1,289	12,702
2004	11,515	26,287	744	921	6,506	31,084	46,329	13,454	1,275	12,771
2005	11,303	25,476	671	813	6,296	30,526	44,224	12,901	1,397	13,189
2006	11,166	25,320	684	584	6,184	30,711	44,826	12,747	1,252	13,379

	구동독 지역					베를린	구서독 지역	구동독 지역	전체
	BB	MV	SN	ST	TH	BE	소계	소계	D[1]
1995	11,750	16,242	8,345	7,405	4,913	1,271	201,373	48,655	251,229
2000	12,034	16,580	7,611	9,902	5,209	1,157	140,291	51,336	192,784
2003	10,420	15,455	7,697	12,352	5,235	993	147,426	51,159	199,578
2004	10,760	16,432	7,545	14,437	5,112	965	150,886	54,286	206,137
2005	10,973	16,485	8,072	12,980	5,251	1,003	146,795	53,761	201,559
2006	11,055	16,521	7,631	13,347	5,409	948	146,853	53,963	201,764

1) 독일 전체의 출처: Umweltbundesamt(2008).

표 6-17 아산화질소(N_2O) 배출 추이(1995~2006년, 1995년=100)

	구서독 지역									
	BW	BY	BM	HB	HE	NI	NW	RP	SL	SH
1995	100	100	100	100	100	100	100	100	100	100
2000	101.44	107.77	106.03	170.65	107.73	96.47	68.11	18.69	91.45	99.78
2003	90.88	95.38	82.19	65.92	98.12	96.95	98.76	18.12	92.63	100.73
2004	88.50	94.91	79.39	81.81	98.46	96.94	101.21	22.37	91.66	101.27
2005	86.86	91.98	71.56	72.28	95.28	95.19	96.61	21.45	100.38	104.59
2006	85.81	91.42	72.95	51.87	93.59	95.77	97.92	21.19	89.97	106.10

	구동독 지역					베를린	구서독 지역	구동독 지역	전체
	BB	MV	SN	ST	TH	BE	평균	평균	D[1)]
1995	100	100	100	100	100	100	100	100	100
2000	102.41	102.08	91.20	133.73	106.03	91.00	96.81	107.09	72.32
2003	88.68	95.16	92.23	166.81	106.56	78.08	83.97	109.89	77.74
2004	91.58	101.17	90.41	194.97	104.05	75.87	85.65	116.44	81.73
2005	93.39	101.50	96.72	175.30	106.87	78.85	83.62	114.75	83.93
2006	94.08	101.72	91.44	180.26	110.10	74.58	80.66	115.52	79.17

1) 독일 전체 출처: Umweltbundesamt(2008).

표 6-18 1인당 아산화질소(N_2O) 배출량(1995~2006년, 단위: Kg)

	구서독 지역									
	BW	BY	BM	HB	HE	NI	NW	RP	SL	SH
1995	1.26	2.32	1.38	0.66	1.10	4.14	2.57	15.18	1.28	4.64
2000	1.26	2.45	1.50	1.12	1.17	3.91	1.73	2.79	1.19	4.52
2003	1.11	2.13	1.16	0.43	1.06	3.89	2.50	2.69	1.21	4.51
2004	1.08	2.11	1.12	0.53	1.07	3.89	2.56	3.31	1.20	4.52
2005	1.05	2.05	1.01	0.47	1.03	3.82	2.45	3.18	1.33	4.66
2006	1.04	2.03	1.03	0.33	1.02	3.84	2.48	3.14	1.20	4.72

	구동독 지역					베를린	구서독 지역	구동독 지역	전체
	BB	MV	SN	ST	TH	BE	평균	평균	D[1)]
1995	4.63	8.88	1.82	2.69	1.96	0.37	3.45	4.00	2.64
2000	4.63	9.30	1.71	3.76	2.13	0.34	2.17	4.31	1.90
2003	4.05	8.89	1.78	4.87	2.20	0.29	2.07	4.36	2.03
2004	4.19	9.52	1.75	5.75	2.16	0.28	2.14	4.68	2.14
2005	4.28	9.62	1.88	5.23	2.24	0.30	2.10	4.65	2.20
2006	4.33	9.72	1.79	5.44	2.33	0.28	2.08	4.72	2.07

1) 독일 전체 출처: Umweltbundesamt(2008).

3) 물

표 6-19 자연으로부터의 물 급수량(단위: 100만 m³)

	구서독 지역									
	BW	BY	BM	HB	HE	NI	NW	RP	SL	SH
1995	8,292.5	5,815.0	1,179.8	646.5	4,684.7	5,999.4	9,207.1	2,443.7	391.2	5,346.6
1998	6,682.2	5,458.9	1,155.4	945.2	5,730.2	5,631.4	9,160.5	2,358.1	376.1	4,632.8
2001	6,930.7	5,332.7	1,093.6	751.5	5,638.0	4,902.2	7,927.1	2,494.8	360.3	5,096.6
2004	6,152.0	4,884.6	1,082.3	601.1	5,551.4	3,932.6	7,239.3	2,427.3	312.3	5,170.2
2007	6,043.2	5,123.5	1,168.8	588.1	2,588.9	4,266.3	7,801.7	2,529.6	349.1	4,319.6

	구동독 지역					베를린	구서독 지역	구동독 지역	전체
	BB	MV	SN	ST	TH	BE	소계	소계	D
1995	842.4	163.5	967.6	626.6	370.1	1,424.3	44,006.5	2,970.2	48,400.9
1998	812.7	167.7	788.3	518.8	291.4	1,155.8	42,130.7	2,578.8	45,865.3
2001	655.7	164.0	783.1	392.4	274.5	1,025.9	40,527.5	2,269.6	43,823.1
2004	685.8	147.9	796.9	414.5	254.4	627.0	37,353.3	2,299.4	40,279.7
2007	713.3	162.1	756.1	384.0	279.7	581.0	34,778.8	2,295.3	37,655.2

표 6-20 자연으로부터의 물 급수량 지역별 구성비(단위: %)

	구서독 지역									
	BW	BY	BM	HB	HE	NI	NW	RP	SL	SH
1995	17.13	12.01	2.44	1.34	9.68	12.40	19.02	5.05	0.81	0.81
1998	14.57	11.90	2.52	2.06	12.49	12.28	19.97	5.14	0.82	0.82
2001	15.82	12.17	2.50	1.71	12.87	11.19	18.09	5.69	0.82	0.82
2004	15.27	12.13	2.69	1.49	13.78	9.76	17.97	6.03	0.78	0.78
2007	16.05	13.61	3.10	1.56	6.88	11.33	20.72	6.72	0.93	0.93

	구동독 지역					베를린	구서독 지역	구동독 지역	전체
	BB	MV	SN	ST	TH	BE	소계	소계	D
1995	1.74	0.34	2.00	1.29	0.76	2.94	90.92	6.14	100.00
1998	1.77	0.37	1.72	1.13	0.64	2.52	91.86	5.62	100.00
2001	1.50	0.37	1.79	0.90	0.63	2.34	92.48	5.18	100.00
2004	1.70	0.37	1.98	1.03	0.63	1.56	92.73	5.71	100.00
2007	1.89	0.43	2.01	1.02	0.74	1.54	92.36	6.10	100.00

표 6-21 1인당 자연으로부터의 물 급수량(단위: m^3)

	구서독 지역									
	BW	BY	BM	HB	HE	NI	NW	RP	SL	SH
1995	805	486	1,735	379	782	775	516	617	361	1,968
1998	642	452	1,722	555	950	717	510	587	349	1,678
2001	656	434	1,656	437	928	617	440	617	338	1,823
2004	575	393	1,633	346	912	492	401	598	295	1,830
2007	562	410	1,762	334	426	535	433	625	336	1,524

	구동독 지역					베를린	구서독 지역	구동독 지역	전체
	BB	MV	SN	ST	TH	BE	평균	평균	D
1995	332	89	211	228	147	410	842	202	593
1998	315	93	175	193	118	339	816	179	559
2001	253	93	178	151	113	303	795	157	532
2004	267	86	185	165	108	185	747	162	488
2007	281	96	179	158	122	171	695	167	458

표 6-22 하수 유입총량(단위: 100만 m^3)

	구서독 지역									
	BW	BY	BM	HB	HE	NI	NW	RP	SL	SH
1995	6,956.5	4,527.7	1,188.6	573.9	3,988.2	5,484.4	7,047.2	2,068.6	251.7	5,217.4
1998	5,500.7	4,302.9	1,153.1	856.7	5,040.7	5,177.0	6,959.7	1,985.4	245.6	4,550.3
2001	5,574.3	4,036.9	1,091.9	621.0	4,851.3	4,481.6	5,810.9	2,047.3	200.9	5,025.6
2004	5,091.0	3,834.2	1,075.2	533.8	4,916.5	3,535.4	5,246.6	2,085.1	187.4	5,111.3
2007	4,748.3	4,001.7	1,168.3	511.0	1,888.7	3,816.2	5,753.4	2,153.2	201.3	4,245.5

	구동독 지역					베를린	구서독 지역	구동독 지역	전체
	BB	MV	SN	ST	TH	BE	소계	소계	D
1995	713.2	104.8	617.5	488.8	225.4	1,394.6	37,304.2	2,149.8	40,848.6
1998	663.0	106.7	464.2	451.4	150.0	1,115.9	35,772.0	1,835.4	38,723.3
2001	516.3	94.8	451.0	323.2	139.7	993.3	33,741.7	1,525.0	36,260.0
2004	525.1	97.9	446.1	345.8	144.9	599.5	31,616.5	1,559.8	33,775.7
2007	566.7	107.2	405.8	302.4	155.2	540.7	28,487.4	1,537.3	30,565.3

표 6-23 주민 1인당 하수 유입량(단위: m^3)

	구서독 지역									
	BW	BY	BM	HB	HE	NI	NW	RP	SL	SH
1995	676	379	1,748	336	665	708	395	522	232	1,920
1998	529	357	1,719	503	836	659	387	494	228	1,648
2001	528	329	1,654	361	799	564	322	507	188	1,797
2004	476	308	1,622	307	807	442	290	514	177	1,809
2007	442	320	1,761	290	311	478	319	532	194	1,497

	구동독 지역					베를린	구서독 지역	구동독 지역	전체
	BB	MV	SN	ST	TH	BE	평균	평균	D
1995	281	57	135	178	90	402	758	148	500
1998	257	59	103	168	61	327	736	130	472
2001	199	54	102	124	58	293	705	107	440
2004	204	57	104	138	61	177	675	113	409
2007	223	64	96	125	67	159	614	115	372

* 1998년부터 측정 방법의 변경이 있어 1995년 자료와의 비교는 제한적임.

표 6-24 경제부문별 및 일반가정으로부터의 하수 유입총량(단위: 100만 m^3)

주	구서독 지역									
	BW	BY	BM	HB	HE	NI	NW	RP	SL	SH
농림어업	1.49	4.37	0.02	0.01	0.57	2.26	1.29	0.45	0.05	1.06
광공업	584.20	939.46	176.15	220.69	420.06	529.70	3,296.78	1,310.31	73.45	99.49
에너지	5,833.91	2,886.32	978.08	247.79	3,236.29	4,539.28	2,722.32	574.62	126.92	4,956.86
상수	10.17	16.79	0.20	1.67	6.81	15.57	24.15	5.26	1.44	5.66
건설업	7.15	12.28	0.25	1.03	4.14	4.47	11.99	2.81	0.50	1.24
서비스업	75.31	122.74	3.78	21.33	60.01	48.05	128.28	5.32	6.68	14.52
개별 가계	444.24	545.78	30.14	81.42	260.32	345.02	862.41	169.83	42.68	138.55
합계	6,956.47	4,527.74	1,188.61	573.93	3,988.18	5,484.35	7,047.23	2,068.60	251.72	5,217.38

주	구동독 지역					베를린	구서독 지역	구동독 지역	전체
	BB	MV	SN	ST	TH	BE	소계	소계	D
농림어업	0.66	0.66	0.72	0.49	0.53	0.00	11.56	3.04	14.61
광공업	556.41	16.79	356.75	254.97	85.58	25.02	7,650.29	1,270.50	8,945.80
에너지	24.58	2.76	57.01	70.73	21.61	1,146.55	26,102.38	176.69	27,425.62
상수	3.35	4.18	11.04	6.05	7.02	4.24	87.71	31.65	123.59
건설업	2.34	2.93	8.21	2.35	7.19	6.46	45.86	23.02	75.34
서비스업	29.85	12.59	36.51	61.26	29.66	63.93	486.03	169.88	719.83
개별 가계	96.02	64.84	147.29	92.97	73.86	148.41	2,920.38	474.98	3,543.77
합계	713.21	104.76	617.53	488.81	225.44	1,394.61	37,304.21	2,149.75	40,848.57

*경제부문별

표 6-25 경제부문별 하수 유입량 비중(단위: %)

주	구서독 지역									
	BW	BY	BM	HB	HE	NI	NW	RP	SL	SH
농림어업	0.02	0.10	0.00	0.00	0.01	0.04	0.02	0.02	0.02	0.02
광공업	8.40	20.75	14.82	38.45	10.53	9.66	46.78	63.34	29.18	1.91
에너지	83.86	63.75	82.29	43.17	81.15	82.77	38.63	27.78	50.42	95.01
상수	0.15	0.37	0.02	0.29	0.17	0.28	0.34	0.25	0.57	0.11
건설업	0.10	0.27	0.02	0.18	0.10	0.08	0.17	0.14	0.20	0.02
서비스업	1.08	2.71	0.32	3.72	1.50	0.88	1.82	0.26	2.65	0.28
개별 가계	6.39	12.05	2.54	14.19	6.53	6.29	12.24	8.21	16.95	2.66
합계	100.00	100.00	100.00	100.00	100.00	100.00	100.00	100.00	100.00	100.00

주	구동독 지역					베를린	구서독 지역	구동독 지역	전체
	BB	MV	SN	ST	TH	BE	평균	평균	D
농림어업	0.09	0.63	0.12	0.10	0.23	0.00	0.03	0.23	0.04
광공업	78.02	16.03	57.77	52.16	37.96	1.79	24.38	48.39	21.90
에너지	3.45	2.64	9.23	14.47	9.59	82.21	64.88	7.87	67.14
상수	0.47	3.99	1.79	1.24	3.11	0.30	0.26	2.12	0.30
건설업	0.33	2.80	1.33	0.48	3.19	0.46	0.13	1.63	0.18
서비스업	4.19	12.01	5.91	12.53	13.16	4.58	1.52	9.56	1.76
개별 가계	13.46	61.90	23.85	19.02	32.76	10.64	8.80	30.20	8.68
합계	100.00	100.00	100.00	100.00	100.00	100.00	100.00	100.00	100.00

* 1993년 기준 산업부문 구분에 따름.

4) 쓰레기(폐기물)

독일연방환경부에 따르면 1996년부터 2000년까지 독일은 통일 이후 곳곳에서 건설과 철거가 진행되면서 매년 배출되는 쓰레기의 양이 늘어 연간 4,000억 톤에 이르기도 했었다. 그러던 것이 2000년을 기점으로 매년 급감하는 추세를 보이기 시작, 실제로 2004년에는 약 3,400억 톤까지 줄었다.[7] 이렇게 쓰레기가 급격히 감소하게 된 배경으로는 무엇보다도 폐기물 처리방법의 친환경적 개선을 통한 정책적 효과에 주목해야 한다. 즉, 폐기처분 및

7 이렇게 폐기물이 감소한 배경으로는 건설 등의 위축으로 폐기물의 양이 줄어든 것도 지적할 수 있다.

표 6-26 가정 쓰레기(폐기물)(1990년=100)

	구서독 지역									
	BW	BY	BM	HB	HE	NI	NW	RP	SL	SH
1990	100	100	100	100	100	100	100	100	100	100
1993	78.05	79.83	69.60	103.23	86.60	82.07	82.39	68.93	94.95	95.11
1996	65.52	71.95	78.77	98.57	73.92	78.38	75.36	69.07	92.32	76.83
2000	64.12	69.07	52.96	103.97	68.30	63.47	75.75	61.94	69.34	71.93
2003	60.20	67.14	49.01	96.10	65.46	63.37	66.56	60.55	67.39	71.90
2004	61.36	67.44	49.11	97.00	66.27	64.41	67.60	61.60	68.17	73.00
2005	59.93	67.50	48.26	95.50	65.63	61.79	67.13	61.97	68.03	69.60
2006	60.53	68.31	48.78	92.90	66.76	61.72	66.86	61.33	65.45	69.40
2007	58.87	67.58	48.13	93.77	65.30	61.35	66.50	59.94	63.40	68.71

	구동독 지역					베를린	구서독 지역	구동독 지역	전체
	BB	MV	SN	ST	TH	BE	평균	평균	D
1990	100	100	100	100	100	100	100	100	100
1993	73.27	80.16	106.47	112.85	124.47	114.08	84.08	99.44	86.91
1996	69.97	59.58	77.61	98.62	81.97	101.94	78.07	77.55	76.31
2000	53.93	49.35	52.13	70.52	71.70	92.87	70.08	59.52	68.68
2003	48.33	45.03	43.21	66.14	66.98	81.33	66.77	53.94	63.64
2004	45.80	44.42	42.38	67.06	66.88	84.14	67.59	53.31	64.28
2005	46.16	43.71	41.52	62.49	63.42	84.49	66.53	51.46	63.28
2006	46.71	42.78	40.33	57.44	63.61	81.48	66.20	50.18	62.92
2007	45.78	42.74	39.85	56.36	57.56	80.06	65.36	48.46	62.00

소각 등을 줄이고 재활용률을 제고한 것이다.

독일 폐기물 처리의 역사를 살펴보면 쓰레기 수거는 1950년대부터 시작되었다.[8] 1970년대 중반까지는 주로 매립 처리되었고, 그 이후부터 매립에 대한 관리가 시작되었다. 그리고 1980년대 중반에 들어와서 재활용 과정이 도입되어 여러 재활용시설이 자리를 잡기 시작되었다. 1972년 처음 제정된 「폐기물관리법」에 따라 수거(collection), 처리(treatment), 처분(disposal)의 과정에 맞추어 폐기물을 관리해 오다, 1986년부터는 발생억제(avoidance), 재활용

8 독일의 폐기물 관리에 관한 법제도적 변천은 '환경과공해연구회'의 자료를 인용하였다. 황순원, "독일의 폐기물 관리"(http://www.ecoi.or.kr/maybbs/view.php?db=ecoi&code=ecoi_Waste&n=39&page=2; 검색일: 2010.11.11.).

표 6-27 1인당 가정 쓰레기(폐기물)(단위: Kg)[1]

	구서독 지역									
	BW	BY	BM	HB	HE	NI	NW	RP	SL	SH
1990	266	264	499	399	335	349	353	347	367	359
1993	200	204	347	400	280	276	284	229	345	333
1996	165	181	395	381	237	258	257	225	336	264
2000	159	171	273	400	217	206	257	200	256	243
2003	147	163	251	365	207	204	225	195	250	240
2004	150	164	252	369	210	207	229	198	254	243
2005	146	164	247	361	208	199	228	199	255	232
2006	148	165	250	349	212	199	227	198	247	231
2007	143	163	247	349	208	198	226	193	241	228

	구동독 지역					베를린	구서독 지역	구동독 지역	전체
	BB	MV	SN	ST	TH	BE	평균	평균	D[1]
1990	479	478	348	334	285	337	354	385	333
1993	352	398	377	379	366	380	290	374	283
1996	334	300	280	338	245	342	270	299	247
2000	253	255	193	251	219	318	238	234	221
2003	229	238	164	244	210	278	225	217	205
2004	217	237	162	251	211	288	228	216	207
2005	220	235	160	236	202	288	224	210	204
2006	223	231	156	219	205	277	223	207	203
2007	220	233	155	218	187	272	220	203	200

1) 각 연도 말(12.31.) 주민 수 기준.

(recycling), 처분(disposal)의 개념이 도입되었다. 이후 1991년「포장폐기물 발생억제 및 재활용에 관한 시행령」이 제정되어 각종 포장용기류의 생산업자, 유통업자 및 생산업자가 수입, 생산, 판매한 포장재, 용기류 등을 회수, 처리토록 하여 이를 2차원료물질로 재활용하도록 의무화하였다. 또한 보다 효과적으로 포장폐기물을 수집처리, 선별하여 재활용하기 위하여 전국적인 수집망을 갖춘 민간회사 D.S.D.(Duales System Deutschland GmbH)를 설립하였다.

1993년의 기술적 지침(The Technical Instruction on Waste from Human Settlement)에 따라 — 폐기가 원칙적으로 금지된 2005년까지 — 모든 쓰레기는 마지막 폐기 단계에 앞서 광물화(mineralise)와 같은 방법으로 처리되었다. 이 방법은 현재의 기술로는 오직 열처리(소각)만이 가능한 방법이다. 전(前)처리된 쓰레기만이 특수설비가 된 매립지에 매립될 수 있으며, 유기물은 전 지역에서 분리 · 수거되어 퇴비로 재활용되도록 했다. 1996년 제정된 「물질순환과 폐기물관리에 관한 법」에 따라 생산품의 전 과정에서의 폐기물관리의 의무를 생산자가 지도록 하였다. 이러한 법적 정비에 따라 독일은 1993년의 경우 1990년에 비해 쓰레기가 10%가 감소하였고 재활용률은 20~25%가 증가하였다. 2005년부터 폐기물의 매립은 금지되었다.

표 6-28 연도별 쓰레기(폐기물) 총량(단위: 1,000톤)

	구서독 지역									
	BW	BY	BM	HB	HE	NI	NW	RP	SL	SH
1996	28,600	33,908	877	562	20,186	16,421	66,195	7,955	10,125	4,242
1997	25,911	30,064	825	553	16,254	17,370	66,669	8,108	11,136	4,033
1998	27,042	29,076	541	523	22,453	19,330	67,215	8,512	10,684	7,097
1999	34,247	29,795	653	523	22,582	19,851	65,097	9,800	7,944	6,322
2000	30,918	33,908	631	932	25,345	17,649	65,895	11,906	6,692	8,240
2001	29,662	31,679	584	938	25,815	18,992	65,133	12,910	6,566	8,426
2002	26,542	34,039	468	840	24,809	18,429	63,454	10,143	5,298	6,548
2003	23,333	30,570	454	883	24,736	17,334	61,751	9,761	6,839	5,796
2004	21,808	31,444	548	855	24,529	19,721	59,420	8,979	5,989	5,949
2005	21,697	31,546	447	1,106	21,830	18,809	58,105	8,649	5,719	6,060
2006	24,902	35,372	348	793	23,337	17,751	45,627	9,368	5,079	5,978
2007	24,978	36,318	661	750	24,418	19,897	46,488	10,281	5,400	5,932

	구동독 지역					베를린	구서독 지역	구동독 지역	전체
	BB	MV	SN	ST	TH	BE	소계	소계	D
1996	17,098	4,751	21,692	16,761	13,383	3,289	189,071	73,684	266,044
1997	21,366	4,111	21,128	20,323	16,867	3,104	180,922	83,794	267,821
1998	17,486	4,784	17,773	19,185	12,469	2,677	192,473	71,697	266,846
1999	17,937	4,936	20,809	18,412	13,443	2,898	196,814	75,537	275,248
2000	16,493	5,050	18,981	19,062	11,480	2,596	202,115	71,066	275,778
2001	14,666	5,276	18,778	18,893	10,350	2,194	200,705	67,964	270,863
2002	14,035	4,395	17,228	19,354	9,516	1,613	190,570	64,528	256,711
2003	15,057	3,847	18,225	19,448	9,078	1,601	181,456	65,654	248,711
2004	13,427	3,916	15,979	20,515	8,438	1,852	179,241	62,274	243,367
2005	12,621	4,378	13,000	18,741	7,079	1,855	173,967	55,818	231,641
2006	11,636	4,239	12,995	17,618	6,717	2,137	168,556	53,206	223,899
2007	12,533	4,620	13,800	17,624	6,729	2,137	175,122	55,306	232,565

표 6-29 쓰레기(폐기물) 전년 대비 증감률(단위: %)

	구서독 지역									
	BW	BY	BM	HB	HE	NI	NW	RP	SL	SH
1996	-	-	-	-	-	-	-	-	-	-
1997	-9.40	-11.34	-5.85	-1.65	-19.48	+5.78	+0.72	+1.92	+9.98	-4.92
1998	+4.37	-3.28	-34.50	-5.43	+38.14	+11.28	+0.82	+4.99	-4.06	+75.98
1999	+26.64	+2.47	+20.83	+0.00	+0.58	+2.70	-3.15	+15.13	-25.64	-10.93
2000	-9.72	+13.80	-3.34	+78.28	+12.23	-11.09	+1.23	+21.49	-15.77	+30.34
2001	-4.06	-6.57	-7.48	+0.64	+1.86	+7.61	-1.16	+8.43	-1.88	+2.26
2002	-10.52	+7.45	-19.88	-10.49	-3.90	-2.96	-2.58	-21.43	-19.32	-22.30
2003	-12.09	-10.19	-2.99	+5.12	-0.30	-5.94	-2.68	-3.77	+29.09	-11.49
2004	-6.54	+2.86	+20.59	-3.18	-0.84	+13.77	-3.78	-8.01	-12.43	+2.65
2005	-0.51	+0.33	-18.30	+29.38	-11.01	-4.63	-2.21	-3.67	-4.50	+1.85
2006	+14.77	+12.13	-22.20	-28.29	+6.91	-5.62	-21.47	+8.31	-11.19	-1.35
2007	+0.31	+2.67	+89.94	-5.42	+4.63	+12.09	+1.89	+9.74	+6.31	-0.77

	구동독 지역					베를린	구서독 지역	구동독 지역	전체
	BB	MV	SN	ST	TH	BE	평균	평균	D
1996	-	-	-	-	-	-	-	-	-
1997	+24.96	-13.46	-2.60	+21.25	+26.03	-5.62	-3.42	11.24	+0.67
1998	-18.16	+16.37	-15.88	-5.60	-26.07	-13.77	8.83	-9.87	-0.36
1999	+2.58	+3.17	+17.08	-4.03	+7.81	+8.25	2.86	5.32	+3.15
2000	-8.05	+2.32	-8.78	+3.53	-14.60	-10.39	11.75	-5.12	+0.19
2001	-11.08	+4.47	-1.07	-0.89	-9.84	-15.49	-0.03	-3.68	-1.78
2002	-4.30	-16.69	-8.26	+2.44	-8.06	-26.51	-10.59	-6.97	-5.22
2003	+7.28	-12.49	+5.79	+0.49	-4.60	-0.74	-1.52	-0.71	-3.12
2004	-10.83	+1.79	-12.33	+5.49	-7.05	+15.68	0.51	-4.58	-2.15
2005	-6.01	+11.81	-18.64	-8.65	-16.11	+0.19	-1.33	-7.52	-4.82
2006	-7.80	-3.16	-0.04	-5.99	-5.10	+15.20	-4.80	-4.42	-3.34
2007	+7.71	+8.97	+6.19	+0.03	+0.18	+0.00	12.14	4.62	+3.87

표 6-30 연도별 쓰레기(폐기물) 증감 추이(1996년=100)

	구서독 지역									
	BW	BY	BM	HB	HE	NI	NW	RP	SL	SH
1996	100	100	100	100	100	–	100	100	100	100
1997	90.60	88.66	94.15	98.35	80.52	105.78	100.72	101.92	109.98	95.08
1998	94.55	85.75	61.67	93.01	111.23	117.72	101.54	107.00	105.52	167.32
1999	119.74	87.87	74.51	93.01	111.87	120.89	98.34	123.19	78.46	149.03
2000	108.11	100.00	72.03	165.81	125.56	107.48	99.55	149.66	66.09	194.25
2001	103.71	93.43	66.64	166.88	127.89	115.66	98.40	162.29	64.85	198.64
2002	92.80	100.39	53.39	149.38	122.91	112.23	95.86	127.51	52.32	154.35
2003	81.58	90.15	51.80	157.03	122.54	105.56	93.29	122.70	67.54	136.63
2004	76.25	92.73	62.46	152.03	121.52	120.10	89.77	112.87	59.15	140.25
2005	75.86	93.03	51.03	196.69	108.14	114.54	87.78	108.73	56.48	142.85
2006	87.07	104.32	39.70	141.05	115.61	108.10	68.93	117.77	50.16	140.93
2007	87.33	107.11	75.41	133.40	120.97	121.17	70.23	129.24	53.33	139.84

	구동독 지역					베를린	구서독 지역	구동독 지역	전체
	BB	MV	SN	ST	TH	BE	평균	평균	D
1996	100	100	100	100	100	100	100	100	100
1997	124.96	86.54	97.40	121.25	126.03	94.38	96.58	111.24	100.67
1998	102.27	100.71	81.93	114.46	93.17	81.38	104.53	98.51	100.30
1999	104.91	103.90	95.93	109.85	100.45	88.10	105.69	103.01	103.46
2000	96.46	106.31	87.51	113.73	85.78	78.94	118.85	97.96	103.66
2001	85.78	111.06	86.57	112.72	77.34	66.72	119.84	94.69	101.81
2002	82.09	92.52	79.42	115.47	71.10	49.03	106.11	88.12	96.49
2003	88.06	80.97	84.02	116.03	67.83	48.67	102.88	87.38	93.48
2004	78.53	82.42	73.66	122.40	63.05	56.29	102.71	84.01	91.48
2005	73.81	92.15	59.93	111.81	52.89	56.40	103.51	78.12	87.07
2006	68.06	89.24	59.91	105.11	50.19	64.97	97.36	74.50	84.16
2007	73.30	97.24	63.62	105.15	50.28	64.97	103.80	77.92	87.42

표 6-31 매립 쓰레기(폐기물) 추이(단위: 1,000톤)

	구서독 지역							
	BW	BY	HE	NI	NW	RP	SL	SH
1996	11,265	9,164	3,518	5,783	19,416	2,166	1,887	1,916
1997	8,218	7,757	3,164	6,196	20,087	2,021	2,214	1,725
1998	8,120	6,930	2,813	5,824	20,009	1,859	2,259	1,572
1999	10,003	6,737	2,935	5,269	20,462	2,043	1,528	1,549
2000	10,423	6,790	3,099	5,136	21,422	1,867	1,571	1,663
2001	9,328	6,563	2,926	4,789	21,531	1,810	1,381	1,700
2002	8,509	6,607	2,507	4,857	25,633	1,806	1,262	1,302
2003	6,678	5,427	2,365	4,970	26,161	1,688	1,380	1,345
2004	5,620	5,474	2,520	5,080	21,548	1,464	1,094	1,238
2005	4,829	5,216	1,502	3,927	17,654	1,628	1,181	724
2006	5,392	5,178	1,039	-	16,479	1,037	955	758
2007	5,942	5,358	1,093	4,019	17,263	1,311	1,084	715

	구동독 지역					도시국가	구서독 지역	구동독 지역	전체
	BB	MV	SN	ST	TH		소계	소계	D
1996	7,507	2,039	4,087	4,782	3,193	855	55,115	21,607	77,577
1997	7,131	1,400	3,221	5,640	2,577	610	51,382	19,969	71,961
1998	6,373	1,245	3,182	4,153	2,277	782	49,386	17,230	67,397
1999	6,350	1,116	3,134	2,771	1,746	1,115	50,526	15,116	66,758
2000	5,855	1,078	3,055	3,630	1,604	987	51,970	15,221	68,178
2001	6,292	1,046	3,111	3,223	1,602	544	50,027	15,273	65,844
2002	6,644	1,148	3,267	3,918	1,118	444	52,484	16,095	69,024
2003	6,460	1,054	2,631	3,914	989	461	50,014	15,048	65,523
2004	3,474	1,104	2,127	4,395	935	601	44,038	12,035	56,675
2005	2,277	1,060	1,571	2,765	572	758	36,662	8,244	45,665
2006	1,029	998	-	-	292	495	30,838	2,319	38,728
2007	2,005	937	1,422	884	362	765	36,784	5,610	43,159

표 6-32 매립 쓰레기(폐기물) 증감률(단위: %)

	구서독 지역							
	BW	BY	HE	NI	NW	RP	SL	SH
1996	-	-	-	-	-	-	-	-
1997	-27.05	-15.35	-10.07	+7.14	+3.45	-6.69	+17.33	-9.97
1998	-1.20	-10.67	-11.07	-6.00	-0.39	-8.00	+2.03	-8.88
1999	+23.19	-2.78	+4.31	-9.53	+2.27	+9.90	-32.36	-1.43
2000	+4.20	+0.78	+5.58	-2.52	+4.69	-8.63	+2.81	+7.36
2001	-10.50	-3.33	-5.56	-6.76	+0.51	-3.06	-12.13	+2.20
2002	-8.78	+0.67	-14.31	+1.42	+19.05	-0.21	-8.59	-23.37
2003	-21.52	-17.86	-5.68	+2.33	+2.06	-6.54	+9.37	+3.28
2004	-15.84	+0.87	+6.53	+2.21	-17.63	-13.27	-20.76	-7.95
2005	-14.07	-4.72	-40.37	-22.69	-18.07	+11.24	+8.00	-41.55
2006	+11.65	-0.73	-30.82	-	-6.66	-36.31	-19.20	+4.75
2007	+10.21	+3.48	+5.14	-	+4.76	+26.43	+13.55	-5.70

	구동독 지역					도시 국가	구서독 지역	구동독 지역	전체
	BB	MV	SN	ST	TH		평균	평균	D
1996	-	-	-	-	-	-	-	-	-
1997	-5.01	-31.35	-21.18	+17.94	-19.28	-28.70	-5.15	-11.77	-7.24
1998	-10.63	-11.05	-1.22	-26.37	-11.66	+28.21	-5.52	-12.18	-6.34
1999	-0.36	-10.40	-1.50	-33.28	-23.33	+42.66	-0.80	-13.77	-0.95
2000	-7.80	-3.42	-2.51	+31.00	-8.13	-11.49	1.78	1.83	+2.13
2001	+7.47	-2.96	+1.81	-11.21	-0.12	-44.90	-4.83	-1.00	-3.42
2002	+5.59	+9.79	+5.04	+21.56	-30.18	-18.29	-4.26	2.36	+4.83
2003	-2.77	-8.18	-19.47	-0.10	-11.56	+3.83	-4.32	-8.42	-5.07
2004	-46.22	+4.73	-19.15	+12.29	-5.44	+30.32	-8.23	-10.76	-13.50
2005	-34.47	-3.96	-26.17	-37.09	-38.82	+26.13	-15.28	-28.10	-19.43
2006	-54.80	-5.86	-	-	-48.98	-34.73	-11.05	-36.55	-15.19
2007	+94.84	-6.09	-	-	+23.95	+54.55	8.26	37.57	+11.44

표 6-33 연도별 매립 쓰레기(폐기물) 증감 추이(1996년=100)

	구서독 지역							
	BW	BY	HE	NI	NW	RP	SL	SH
1996	100	100	100	100	100	100	100	100
1997	72.95	84.65	89.93	107.14	103.45	93.31	117.33	90.03
1998	72.08	75.61	79.98	100.71	103.05	85.85	119.72	82.04
1999	88.80	73.51	83.43	91.11	105.39	94.35	80.97	80.87
2000	92.53	74.09	88.09	88.81	110.33	86.21	83.25	86.82
2001	82.81	71.62	83.19	82.81	110.89	83.57	73.15	88.73
2002	75.54	72.10	71.28	83.99	132.02	83.39	66.87	67.99
2003	59.28	59.22	67.23	85.94	134.74	77.94	73.14	70.22
2004	49.89	59.74	71.63	87.84	110.98	67.59	57.96	64.64
2005	42.87	56.92	42.71	67.91	90.93	75.19	62.59	37.78
2006	47.86	56.50	29.54	-	84.87	47.89	50.57	39.58
2007	52.75	58.47	31.06	69.50	88.91	60.54	57.43	37.32

	구동독 지역					도시국가	구서독 지역	구동독 지역	전체
	BB	MV	SN	ST	TH		평균	평균	D
1996	100	100	100	100	100	100	100	100	100
1997	94.99	68.65	78.82	117.94	80.72	71.30	94.85	88.23	92.76
1998	84.89	61.06	77.86	86.85	71.32	91.42	89.88	76.40	86.88
1999	84.59	54.71	76.69	57.95	54.68	130.41	87.30	65.72	86.05
2000	77.99	52.84	74.77	75.91	50.23	115.43	88.76	66.35	87.88
2001	83.81	51.27	76.12	67.40	50.17	63.60	84.60	65.76	84.88
2002	88.50	56.29	79.95	81.93	35.03	51.96	81.65	68.34	88.97
2003	86.05	51.69	64.38	81.85	30.98	53.95	78.46	62.99	84.46
2004	46.28	54.13	52.06	91.91	29.29	70.31	71.28	54.73	73.06
2005	30.33	51.99	38.43	57.82	17.92	88.68	59.61	39.30	58.86
2006	13.71	48.94	-	-	9.14	57.88	50.97	23.93	49.92
2007	26.71	45.96	34.80	18.49	11.33	89.45	57.00	27.46	55.63

3. 에너지

동독에서는 에너지경제가 전통적으로 특히 갈탄에 의존하는 구조였고 경제적으로나 환경적으로 비효율적이었다. 이러한 상황은 특히 에너지 전환과 에너지 응용에 있어서 경제성이 결여되어 있고 환경부담 · 훼손율이 높은 점과 광역의 면적 수요 등으로 특징지어진다. 오늘날 구동독 지역의 에너지 분야에서는 광범위한 현대화가 진행되고 있다. 동시에 에너지 분야에서 시장경제적인 구조가 형성되었다.

〈표 6-34〉에서 확인하듯이 주민 1인당 1차에너지 소비량은 1990년 에너지다소비체제(208.2 Gigajoule/1인)에서 짧은 시간 내에 급격한 변화가 초래, 1992년부터 주민 1인당 에너지소비량은 140Gigajoule대로 줄어든다. 이 배경으로는 무엇보다 산업시설의 붕괴와 동시에 주거공간의 개조에 따른 열효율 증가 등을 지적할 수 있다. 이후 산업의 회복에 따라 1998년부터 서서히 늘고 있음을 알 수 있다. 두드러지는 점은 구동독 지역 내에서도 주별로 에너지소비량의 증감량 및 그 변화폭이 차이를 보이고 있다는 점이다. 메클렌부르크-포어포메른이나 브란덴부르크 주에 비해 작센, 작센-안할트 및 튀링엔 주는 2000년 이후 빠른 속도로 에너지소비량이 늘고 있다.

구동독 지역은 오늘날 구서독 지역과 마찬가지로 현대적인 에너지 병합방식을 쓰고 있다. 이를 위해 2000년 기준 500억 마르크 이상이 투자되었다. 새로운 에너지 생산시설이 건설되었다. 이들은 전 세계적으로 갈탄을 베이스로 한 발전소 중에서 가장 현대적인 시설들이다. 2000년 현재 160개 이상의 시영 전력회사가 설립되었다. 이들은 열병합발전(KWK: Kraft-Wärme-Kopplung)의 사용 시에 원격난방공급에 대한 높은 의존도가 지속될 수 있도록 하는 데 결정적인 기여를 한다. 열병합발전(KWK-Anlagen)에서의 발전을 지원하기 위한 긴급조치가 효력을 발생하였는데 이것은 동독 열병합발전 경영 측에게도 도움이 된다.

〈표 6-35〉에서 확인하듯이 구동독 지역의 에너지생산성이 급속도로 높아

표 6-34 주민 1인당 1차에너지 소비량(1990~2006년, 단위: Gigajoule)

	구서독 지역									
	BW	BY	BM	HB	HE	NI	NW	RP	SL	SH
1990	147.0	157.2	237.6	146.1	162.6	195.3	230.1	154.9	257.1	225.3
1991	153.0	162.7	242.9	156.7	165.5	197.0	234.6	157.4	271.6	222.2
1992	151.7	159.3	233.3	146.4	169.1	–	232.0	154.7	264.9	225.3
1993	152.2	159.1	226.0	149.3	171.1	–	227.4	156.3	259.4	196.1
1994	147.8	157.7	240.1	145.1	168.8	192.7	225.6	158.2	269.4	187.4
1995	151.1	163.4	240.4	146.9	164.9	–	229.3	165.6	255.6	218.9
1996	156.8	168.2	253.0	156.3	174.6	196.0	233.7	176.8	256.9	225.0
1997	152.1	166.5	253.1	151.7	176.4	–	228.1	173.9	243.6	222.4
1998	153.8	169.3	245.1	–	178.0	195.0	225.6	164.9	255.8	199.9
1999	151.6	167.3	232.3	–	170.4	–	216.9	161.0	245.5	215.7
2000	148.7	167.2	251.2	–	170.4	184.5	219.7	160.8	253.5	210.8
2001	153.0	170.2	252.1	–	177.8	–	219.9	164.4	251.1	216.5
2002	149.4	164.0	248.6	–	170.6	182.1	228.5	164.7	254.5	194.8
2003	153.2	161.5	257.5	136.7	165.4	–	241.5	157.8	249.4	204.1
2004	150.8	162.1	233.2	126.8	174.0	180.6	224.1	159.4	264.6	202.3
2005	154.5	–	219.6	127.9	170.2	–	223.0	160.1	274.9	201.3
2006	158.6	–	227.6	130.1	172.3	183.0	226.4	–	272.3	206.1

	구동독 지역					베를린	구서독 지역	구동독 지역	전체
	BB	MV	SN	ST	TH	BE	평균	평균	D
1990	337.0	126.5	192.8	249.8	135.0	104.1	191.3	208.2	–
1991	262.0	80.4	165.1	174.7	111.0	108.8	196.4	158.6	182.7
1992	235.2	81.4	137.9	158.8	100.4	98.2	193.0	142.7	177.7
1993	237.1	83.9	143.3	151.7	94.2	103.0	188.5	142.0	176.3
1994	231.6	84.3	137.1	155.9	87.6	99.5	189.3	139.3	174.2
1995	221.9	89.2	142.0	159.0	90.0	97.7	192.9	140.4	174.7
1996	227.0	98.9	136.7	160.2	94.1	100.4	199.7	143.4	180.1
1997	224.4	92.8	133.3	152.0	91.5	94.5	196.4	138.8	178.1
1998	242.2	91.1	121.9	166.4	92.0	93.1	198.6	142.7	177.0
1999	235.4	93.9	119.5	165.3	92.8	98.6	195.1	141.4	174.5
2000	237.6	93.7	130.2	168.2	91.8	98.0	196.3	144.3	175.2
2001	245.5	97.5	141.4	171.5	94.9	102.7	200.6	150.2	178.3
2002	248.7	100.1	143.2	174.2	100.3	95.1	195.3	153.3	174.9
2003	240.1	98.2	145.4	180.8	104.8	93.3	191.9	153.8	175.2
2004	244.9	101.6	143.3	180.7	104.5	90.3	187.8	155.0	177.6
2005	262.2	98.4	147.4	197.7	106.0	87.6	191.4	162.3	175.4
2006	264.0	–	151.8	206.4	107.9	89.2	197.1	182.5	179.2

출처: Statistisches Bundesamt(2009d).

표 6-35 에너지생산성 변화 추이(1991년=100)

	구서독 지역									
	BW	BY	BM	HB	HE	NI	NW	RP	SL	SH
1991	100	100	100	100	100	100	100	100	100	100
1992	100.33	103.48	103.90	106.98	98.44	-	101.16	100.23	102.07	99.07
1993	94.73	100.57	104.28	104.04	94.34	-	100.02	95.14	99.37	111.76
1994	99.11	103.03	99.79	107.98	96.25	101.63	101.62	94.93	98.55	117.71
1995	98.09	99.99	100.10	107.65	99.47	-	101.37	91.50	106.95	102.36
1996	95.89	98.39	95.30	102.42	95.77	98.40	98.69	84.70	103.33	100.27
1997	100.84	101.27	98.51	107.45	96.03	-	102.64	87.31	111.61	102.50
1998	102.00	103.34	103.58	-	96.51	102.29	105.89	92.85	109.86	114.29
1999	105.91	107.28	110.49	-	103.91	-	110.95	97.43	117.25	107.14
2000	111.44	112.64	107.12	-	107.20	111.84	112.10	100.20	118.98	112.24
2001	110.54	112.21	108.14	-	104.25	-	112.68	96.61	122.11	109.89
2002	111.07	117.28	111.10	-	107.30	110.85	108.36	97.27	119.23	119.14
2003	107.58	119.15	107.61	125.59	111.12	-	101.57	101.08	121.09	113.59
2004	109.76	120.77	118.92	135.70	106.05	113.01	110.97	102.32	118.65	115.61
2005	107.40	-	128.35	135.73	109.32	-	111.67	101.59	118.73	116.15
2006	109.87	-	128.27	134.96	110.84	117.04	112.27	-	123.52	116.57

	구동독 지역					베를린	구서독 지역	구동독 지역	전체
	BB	MV	SN	ST	TH	BE	평균	평균	D
1991	100	100	100	100	100	100	100	100	100
1992	122.68	110.04	133.25	122.78	132.56	114.05	101.74	124.26	104.30
1993	136.86	120.30	145.27	146.71	161.15	111.18	100.47	142.06	103.54
1994	157.36	135.77	172.60	158.93	196.09	116.25	102.06	164.15	107.22
1995	176.48	139.14	180.45	163.75	198.13	120.70	100.83	171.59	108.60
1996	177.10	129.54	193.70	167.94	195.82	115.69	97.32	172.82	106.13
1997	182.00	141.03	199.94	183.42	209.77	121.28	100.91	183.23	109.02
1998	169.19	144.21	221.49	169.90	213.44	123.97	103.40	183.65	111.95
1999	180.29	145.34	232.73	175.84	220.06	116.90	107.55	190.85	115.78
2000	184.42	147.05	216.22	177.10	228.39	119.30	110.42	190.64	118.85
2001	179.60	142.99	204.38	176.00	225.90	112.42	109.55	185.78	118.05
2002	177.57	140.57	208.35	179.21	216.22	119.26	111.29	184.38	120.10
2003	184.26	144.29	209.74	174.40	212.30	118.77	112.04	185.00	119.57
2004	183.89	142.66	218.31	178.38	218.83	120.53	115.18	188.41	119.40
2005	173.48	148.98	213.42	163.89	218.21	125.11	116.12	183.60	121.91
2006	177.80	-	216.67	163.82	224.02	125.51	119.17	195.58	123.04

출처: Energieverbrauch: Länderarbeitskreis Energiebilanzen; für Deutschland: Arbeitsgemeinschaft Energiebilanzen(Statistisches Bundesamt 2009d 재인용).

져, 2006년 구동독 지역 에너지효율성은 1991년에 비해서 약 2배로 개선되었다.

구동독 지역 지역의 재생에너지 생산도 상승일로에 있다. 2005년 현재 총 518개의 풍력발전기가 설치되어 906MW의 전력을 생산하고 있다. 이는 전국 생산의 약 50% 규모다. 지금까지 구동독 지역에서 생산된 풍력 에너지는 총 7,121MW이며 이는 전국 생산량의 약 40%에 해당한다. 풍력에너지를 가장 많이 생산하는 곳은 니더작센, 브란덴부르크, 작센-안할트 주(州)다.

바이오가스 생산과 이용 역시 구동독 지역에서 크게 확대되고 있다. 최근 몇 년간 약 300개의 바이오 가스 시설이 설치되어 112MW의 전력을 생산, 전국 생산량의 약 17%를 차지한다. 125개 태양에너지 업체 중 30% 가까이가 구동독 지역에 위치해 있어 태양광 산업으로 높은 수익을 올리고 있다. 재생에너지는 구동독 지역의 일자리 창출에도 크게 기여하고 있다. 2004년 전국적으로 재생에너지와 직간접적으로 관련된 일자리가 약 15만 7,000개 만들어졌다. 조사에 따르면 2005년에는 17만 개로 증가한 것으로 나타났다. 그 중 상당수의 일자리가 구동독 지역에서 창출되었다.

갈탄에 의한 발전원(發電源) 확보

구동독 지역에서의 갈탄에 대한 지원은 거의 6,500만 톤에 달하는데, 이것은 1990년대 초의 지원의 단지 20%밖에 되지 않는다. 그럼에도 불구하고 갈탄은 발전과 일자리 확보에 있어서 오늘날에도 여전히 중요한 역할을 한다. 갈탄은 경쟁력 있는 가격으로 제공된다. 물론 가정의 에너지 담당자는 전기 시장의 자유화와 그로 인해 인하된 전기료로 인하여 추가적인 경쟁압력을 받게 되었다. 2008년 현재 구동독 지역에서 생산되는 전력의 44%가 갈탄과의 에너지병합에 의해 생산되는 것으로 나타난다. 독일 전역에서 갈탄생산의 44%가 구동독 지역에서 생산되는 것이다. 석탄 사용에도 불구하고 이산화탄소(CO_2) 배출량은 현격히 줄어들었는데, 이른바 탄소포획저장기술(CCS기술:

Carbon Capture and Storage Technology)에 기인한다.

가정과 소규모 사용자에게 있어서 에너지 사용은 크게 변하였다. 이전에는 난방을 위한 목적으로는 에너지 수요의 65%가 갈탄으로 충당되었고 가스의 비율은 단지 6%에 불과했던 반면 그동안 상황은 반전되어, 2000년 현재 가정과 소규모 사용자 중 가스의 비율은 41%에 달하고 화석연료의 비율은 13%로 감소되었다.

구동독 지역의 넓은 갈탄광과 갈탄 정제소는 환경에 막대한 피해를 주었다. 그렇지만 통일 직후 연방정부의 고용창출방안의 일환으로 갈탄생산지가 재개발되기 시작했고, 1993년부터는 연방정부와 갈탄생산지 주정부 간 맺은 환경유해시설 재개발에 관한 행정협약에 근거해 진행되었다. 1990년 이래 연방과 주정부 예산 약 78억 유로가 채굴이 멈춰선 노천광의 안전개선과 재활용에 투입되었다. 현재 이 작업의 90% 가량, 특히 비탈 낙석방지, 폐광입구 차단, 피복층의 안전이동 및 산적, 가동중단 석탄공장 및 발전소 안전철거 등은 이미 마무리된 상태다.

2003~2007년 갈탄생산지의 재개발에 14억 유로가 책정되었는데 연방과 해당 주정부가 각각 75%와 25%를 분담한다. 이 외에도 연방과 주정부는 노천광지역 지하수와 관련해 발생할 수 있는 위험을 막고자 각각 1억 유로씩 공동부담하기로 결정했다. 여기에 갈탄생산지 주정부는 2007년까지 갈탄광 지역의 재활용도를 높이하고자 추가로 1억 7,500만 유로를 지원했다. 2006년 초 연방과 해당 주정부는 2008~2012년 갈탄지역 재개발 방안에 착수했다. 앞으로도 갈탄지역 재개발은 역내 인력고용에 기여할 것이다. 2006년 초 기준, 중부독일과 라우지츠 지역에서 창출된 일자리는 약 5,500개에 달한다. 폐광지역의 재개발과 현대화에 많은 인력이 지속적으로 투입되어 노력한 결과 라우지츠와 중부독일 탄광지역은 오늘날 매력적인 모습으로 거듭나고 있다. 또한 지역주민들도 많은 시간과 돈이 투자된 폐광지역 재개발의 이득을 차츰 확인할 수 있게 되었다. 이 재개발사업은 독일 산업사(史)에 있어 전 세계에 자랑할 만한 성공담으로 2005년 9월 연방총리의 지원 하에 개최된 국제

표 6-36 구동독 지역에서의 자연보호 프로젝트

연방주	프로젝트	주된 생활공간	지원시기
브란덴부르크	누테-니플리츠-니더룽	습지, 숲	1992~2004
	우커메르키쉐 제	고인물, 초원, 숲, 늪, 초지	1996~2007
	운터레서 오데르탈	갯가, 초지	1992~2008
메클렌부르크-포어포메른	페엔네탈 / 페에네-하프-모르	개천, 습지숲, 갈대숲, 초지	1992~2005
	동뤼겐의 경관	잔디밭, 숲, 땅, 초지	
	쉬알제	고인물, 숲,늪, 초지	1992~2003
작센-안할트	드룀링	초지, 습한 숲	1992~2003
작센	프레설러 하이데 숲과 늪지대	숲, 늪	1995~2007
	니더스프리-하머쉬타트의 연못 지역	숲, 연못, 초지	1997~2007
	동에르츠 산맥의 산지초원	산지초원, 숲	1999~2008
튀링엔	잘러탈의 무쉘칼크헹에	건초원, 숲	1996~2005
	키프호이저	숲, 초원	1997~2006

재개발회의에서도 크게 소개되기도 했다.

4. 자연보호

'국가 전체적으로 대표적인 의미를 가진, 보호할 만한 가치가 있는 자연과 환경의 건설과 보호'라는 지원프로그램의 틀 안에서 연방정부는 독일 연방공화국의 특히 중요한 자연환경의 부분들을 지속적으로 보호하기 위하여 재정지원하고 있다. 이러한 원조로서 독일 연방공화국의 자연유산과 생물학적인 다양성의 보존에 기여하게 된다.

1990년 이후로 이 프로그램의 틀 안에서 구동독 지역의 총 12개 프로젝트가 재정적인 지원을 받았다. 늦어도 2008년까지 완료되어야 할 이 프로젝트를 위해 3억 3,963만 마르크 규모의 전체비용 중에서 총 2억 4,877만 마르크

의 연방자금이 마련되어 있다. 이것은 프로젝트 전체비용에 대한 연방의 재정참여가 73.4% 규모임을 나타내고 있다.

1999년에는 '동독 철광지역의 탄광평야'라는 프로젝트(작센 주)가 지원에 포함되었다. 이 프로젝트의 지원자로는 특히 현지의 지방행정기관과 자연보호협회가 연관되어 있다.

1) 구동독 지역 자연보호지역의 사유화 중단

보상 · 변제법의 개정안을 통해 구동독 지역의 자연보호지역 매각이 중단되었다. 이로써 자연보호지역, 국립공원 그리고 특정 생태 보호구역의 대규모 대지는 사유화로부터 벗어날 수 있게 되었는데, 이것은 연립정부가 합의한 중요 사항이었다.

개별적으로는 다음과 같은 규정이 정해졌다.

- 주와 자연보호협회에게 5만 ha까지 보호가치가 있는 대지가 무상으로 제공된다.
- 그 외의 5만 ha는 우선적으로 교환되거나 특정한 경우에는 교환가치로서 자연보호를 위해 제공될 수 있다.
- 자연보호 사유화 문제를 위임받은 베를린 소재 토지평가 및 관리회사 BVVG를 통한 모든 자연보호지역 사유화가 있기 전에 각 해당 주는 이 토지가 자연보호의 이유에서 주의 소유로 넘어가게 되는지 혹은 자연보호협회나 자연보호재단으로 넘어가게 되는지 통보받아야 한다. 이에 대해 주는 6개월의 기간 내에 입장을 표명할 수 있다. 이 기간은 신청에 의하여 3개월까지 연장될 수 있다.

이로써 주와 자연보호협회 및 자연보호재단은 구동독 지역에서의 국가적인 자연유산을 보호하기 위한 책임을 다할 수 있는 위치에 놓이게 되었다.

2) 생물 서식공간 연결체계의 마련

연립정부의 합의는 약 10%의 대지비율을 가진 방대한 면적의 생물 서식공간의 연결체계(Biotopverbundsystem)를 마련하는 방안을 포함하고 있다. 이러한 목표의 실현을 위한 전제조건으로 현재 해당 전문기관 사이의 협의를 통한 세부적인 계획이 수립되고 있다.

5. 요약과 전망

구동독 지역 환경보호 및 관련 정책 변화는 크게 두 가지 관점에서 평가할 수 있다. 첫째, 구동독체제에서 파괴된 자연을 다시 정비하기 위한 노력과 보호할 가치가 있는 자연 · 환경의 보호 · 유지, 둘째, 에너지 정책 차원에서의 접근이다.

통일 전 동독 지역의 환경훼손은 너무 심각한 상태여서 즉각적으로 개선조치를 취해야 했다. 환경개선에 대한 국민들의 기대나 요구 또한 팽배해 있어, 전 국민의 98%가 환경보호의 필요성에 대해 절감, 민주화를 요구하는 열망도와 동일한 수준을 보이고 있었다. 통일 당시 구동독의 하천관리체계는 전 지역에 걸쳐 심하게 오염되어 있었다. 흐르는 물[流水]의 42%와 고여 있는 물[貯水]의 24%가 정수처리를 해도 식수로 사용이 불가능했으며, 생태학적으로 전체수량의 3%만이 양호한 상태였다. 공업지로부터 발생하는 공업폐수의 95% 이상이 처리되지 않거나 처리가 불충분한 상태로 하수처리되고 있었다. 특히 공장지대로부터 방류되는 산업폐수로 인해 엘베 강은 크게 오염되어 있었고 이는 북해로 흘러 북해의 오염원이 되고 있었다. 또한 전체 토지의 40%가 갈탄채취 및 적재, 휴경 없는 농작물 경작 그리고 관리소홀 등으로 황무지 상태였다.

통일 후 환경 관련 분야 현황은 급격히 개선되기 시작하며, 대부분 오염물질 배출량이 통일 5년 후인 1994년(통계청의 비교통계가 이때까지만 구분되어 제시됨)에도 1989년에 비해 약 두세 배 줄어들고 있다. 먼지는 12배나 줄어들 정도였다. 2006년 현재 구동독 지역의 에너지 사용에 따른 이산화탄소 배출량의 감소폭은 1990년 대비 약 40%에 달했다.

구체제의 생태계 훼손에 대응해서 연방과 구동독 지역은 1992년 행정협약을 통해 합의를 보았다. 이에 따라 자연훼손 정비를 위한 비용 부담은 기본적으로 60(연방) 대 40(주)으로 정하였다. 특히 중요한 대형프로젝트를 위해서 연방은 부가적인 재정지원 의무를 이행하고 있다(재정원조비율은 연방 75% 대 주 25%이다). 갈탄정비 프로젝트 외에 23개의 대형 프로젝트가 확정되었다.

대형프로젝트의 하나로 작센과 튀링엔에 있는 우라늄광산 비스무트(유한회사)를 꼽을 수 있다. 연방정부는 구동독 지역의 특수 상황 때문에 독일 통합을 위한 노력의 일환으로 비스무트 공장부지의 정리 책임을 떠맡았다. 1991년부터 2008년까지 사용된 자금(64억 유로)으로 연방기업 비스무트사는 광범위한 폐쇄 및 정리조치를 단행 중이며, 현재도 진행 중인 해체 및 정화작업은 2008년 말 현재 약 80% 완료된 상태로, 프로젝트 진행 상태에 따라 2010~15년 종료 예정이다. 그라이프스발트-루브민과 라인스베르크-멘츠에 있는 구소련식 원자력 발전소는 1991년 이후 가동이 중지되었으며, 연방정부에 의해 지원된 발전소 해체작업은 계속되고 있다. 이외에 구동독 지역의 상당히 넓은 지역에 분포되어 있는 '갈탄탄전 환경훼손(Braunkohlealtlasten)의 정화' 또한 한 예로 들 수 있다. 1991~2008년간 연방과 주에서 86억 유로를 들였다. 동독 갈탄지역의 갈탄정화작업의 노동시장 정책적인 효과도 비교적 커서, 2000년 현재 약 1만 2,000개의 일자리가 유지되었고, 2008년 현재에도 3,100개의 일자리가 유지되었다.

끝으로 미래에너지원 확보의 차원에서 구동독지역은 다양한 에너지원 확보 실험경제 지역으로 변화되었다. 구동독 지역은 오늘날 구서독 지역과 마찬가지로 현대적인 에너지 병합 방식을 쓰고 있다. 2000년 기준 500억 마르크 이상 투자되어 새로운 에너지 생산시설이 건설되었다. 그 결과 전 세계적으로 갈탄을 베이스로 한 발전소 중에서 가장 현대적인 시설들이다. 2000년 현재 160개 이상의 시영 전력회사가 설립되었는데, 이들은 열병합발전(KWK: Kraft-Wärme-Kopplung) 도입으로 에너지효율성을 높이는 효과를 산출하여, 2006년 구동독 지역 에너지효율성은 1991년에 비해서 약 2배로 개선되었다.

참고문헌

국가정보원, 2009, 『통계에 나타난 독일통일 20년』.

김수행 · 정병기 · 홍태영, 2006, 『제3의 길과 신자유주의: 영국, 독일, 프랑스를 중심으로』, 개정판, 서울: 서울대학교출판부.

김영탁, 1997, 『독일통일과 동독재건과정』, 서울: 한울아카데미.

남구현 · 황기돈, 2000, 『독일통일 이후 구동독 지역 사회변화와 노동조합』, 서울: 현장에서 미래를.

손병해, 1997, 『경제통합론. 이론과 실제』, 서울: 법문사.

송태수, 2000, 「통독 과정에서 신탁청에 의한 사유화 정책과 그 대안」, 『한국정치학회보』 제34집 4호(한국정치학회), 379-396쪽.

수출입은행, 2009, 『독일통일백서 2009』.

신동천 · 윤덕룡 · 정영주, 1998, 『경제협력과 통일비용: 동서독과 남북한의 비교분석』, 서울: 삼성경제연구소.

유진숙, 2006, 「연방주의 부활과 내적 동력: 2006년 독일 기본법 개정과 연방구조의 이완」, 『한국정치학회보』 제42집 2호(한국정치학회), 301-321쪽.

윤석진 · 이준서, 2008, 『2006년 개정 독일기본법의 주요내용 연구』, 현안분석 2008-49, 서울: 한국법제연구원.

이재원, 1998, 「제3이탈리아 산업지구의 활성화 전략」, 김익수 · 오연천 편, 『전환기의 지역경제정책—IMF 위기의 도전과 극복을 위한 정책가이드』, 서울: 삼성경제연구소.

장태주, 2001, 「독일연방공화국의 수립과 발전」, 박응격 외, 『독일연방정부론』, 서울: 백산자료원, 13-42쪽.

정병기, 1997, 「현실사회주의의 붕괴와 통일 이후의 구동독: 개혁과 통일의 갈등」, 『이론』, 여름호, 61-86쪽.
______, 2003, 「독일 통일 과정에서 나타난 정치 · 사회단체들의 대응: 개혁과 통일의 갈등」, 『통일정책연구』 제12권 2호(통일연구원), 301-334쪽.
______, 2009, 「독일 통일 20년: 급속한 일방적 정치통합과 사회통합의 타임래그(time lag)」, 전국대학통일문제연구소협의회/이화여자대학교 통일학연구원 공동학술회의 〈한반도 통일 과정과 통일방안〉(2009.11.27, 이화여자대학교) 발표 논문.
정용길, 2001, 「전후 서독과 동독의 통일정책 비교」, 유임수 외, 『베를린 시대의 독일 공화국: 통일이 가져온 변화와 새로운 독일의 미래』, 서울: 엠에드, 13-38쪽.
진, 게를린데 · 한스-베르너 진, 1994, 『새로운 출발을 위한 전환전략. 독일통일과 경제정책』, 박광작 · 김용구 · 이헌대 공역, 서울: 서울프레스.
통일부, 1998, 『독일통일백서 1995-97』.
______, 2000, 『독일통일백서 '99』.
통일연구원, 2005, 『독일통일백서』.
______, 2006, 『독일통일백서』.
통일원, 1996, 『독일통일백서 '95』.

Akerlof, George A. et al., 1991, "East Germany in from the Cold: The Economic Aftermath of the Currency Union," *Brookings Papers on Economic Activity*, no.1, pp.1-105.
Andersen, Uwe und Wichard Woyke(Hg.), 2003, *Handwörterbuch des politischen Systems der Bundesrepublik Deutschland*, Opladen: Leske + Budrich.
Ansorg, Leonore und Renate Hörtgen, 1992, "Aber jetzt gibt es Initiative Leute und die mußte man eigentlich alle an einen Tisch bringen: Die 'Initiative für unabhängige Gewerkschaften' (IUG) 1989 bis 1990, Darstellung und Dokumente," *Berliner Arbeitshefte und Berichte zur Sozialwissenschaftlichen Forschung*, vol.73, Freie Universität Berlin: Zentralinstitut für sozialwissenschaftliche Forschung.
Arbeitsgruppe Alternative Wirtschaftspolitik, 2001, *Memorandum 2001:*

Modernisierung durch Investitions- und Beschäftigungsoffensive - Alternative der Wirtschaftspolitik, Köln: PapyRossa Verlag.

Arbeitskreis der VGR der Länder, 2009, *Bruttoinlandsprodukt, Bruttowertschöpfung in den Ländern und Ost-West-Großraumregionen Deutschlands 1991 bis 2007, Reihe 1 Länderergebnisse Band 1-Vorabversion zu Band 1*, Stuttgart.

Armingeon, Klaus, 1991, "Gewerkschaftliche Politk im Prozeß der deutschen Vereinigung," Ulrike Liebert und Wolfgang Merkel(Hg.), *Die Politik zur deutschen Einheit: Probleme-Strategien-Kontroversen*, Opladen: Leske + Budrich, S. 285–296.

Autorengruppe Bildungsberichterstattung, 2008, *Bildung in Deutschland 2008*, Berlin.

Bauer-Volke, Kristine, 2005, "Der Wandel der Kulturlandschaft," Hannes Bahrmann und Christoph Links(Hg.), *Am Ziel vorbei. Die deutsche Einheit - Eine Zwischenbilanz*, Berlin, S. 237–250.

Bauer-Volke, Kristine und Ina Dietzsch(Hg.), 2003, *Labor Ostdeutschland. Kulturelle Praxis im gesellschaftlichen Wandel*, Berlin.

Berliner Morgenpost, 1996.11.16.

Blume, L., 2001, *Erfolgsfaktoren kommunaler Wirtschaftspolitik in Ostdeutschland*, DIW Berlin.

BMVBS, 2003, *Jahresbericht der Bundesregierung zum Stand der Deutschen Einheit 2003*.

______, 2006, *Jahresbericht der Bundesregierung zum Stand der Deutschen Einheit 2006* (역서: 통일연구원, 2007, 『독일통일백서 2006』).

BMVBW, 2005, *Jahresbericht der Bundesregierung zum Stand der Deutschen Einheit 2005*.

______, 2009, *Jahresbericht der Bundesregierung zum Stand der Deutschen Einheit 2009*.

BMWI, 2008, *Jahresbericht der Bundesregierung zum Stand der Deutschen Einheit*

2008.

Bramke, Werner, 1999, "Personelle Hochschulrneuerung in Sachsen 1990 bis 1997," *hochschul ost*, H.3/4, S.277-285.

Brücker, Herbert, 1995, *Privatisierung in Ostdeutschland: Eine institutionalistische Analyse*, Ffm. et al.

Buck-Bechler, Gertraude, Hans Dieter Schaefer, und Carl-Hellmut Wagemann (Hg.), 1996, *Hochschulen in den neuen Ländern der Bundesrepublik Deutschland. Ein Handbuch zur Hochsculerneurung*, Berlin.

Bundesministerium des Innern, 1995, *Materialien zur Deutschen Einheit und zum Aufbau in den Neuen Bundesländern*.

Bundesministerium für Bildung und Forschung, 2004, *Bundesbericht Forschung und Innovation 2004* [인용 표기: 2004년 연구개발 보고서].

______, 2008, *Bundesbericht Forschung und Innovation 2008* [인용 표기: 2008년 연구개발 보고서].

Bundesministrium für Bildung und Forschung, 2007, *Masterplan Umwelttechnologien*.

Bundesministerium für Bildung und Forschung, *2008, Bundesbericht Forschung und Innovation 2008* [인용 표기: 2008년 연구개발 보고서].

Bundesministrium für Verkehr, Bau und Städtenentwicklung, 2008, *Jahresbericht der Regierung zum Stand der Deutschen Einheit 2008* [인용 표기: 2008년 독일통일백서].

Bundesministrium für Verkehr, Bau und Städtenentwicklung, 2009, *Jahresbericht der Regierung zum Stand der Deutschen Einheit 2009* [인용 표기: 2009년 독일통일백서].

Bundesregierung, 2003, *Jahresbericht der Bundesregierung zum Stand der Deutschen Einheit 2003*.

Bund-Länder-Kommission für Bildungsplanung und Forschungsförderung, 2000, *Bildungsfinanzbericht 1998/1999* [인용 표기: 교육재정 보고서 2000].

Bund-Länder-Kommission für Bildungsplanung und Forschungsförderung,

2006, *Bildungsfinanzbericht 2004/2005, 2008* [인용 표기: 교육재정 보고서 2006, 2008].

Bund-Länder-Kommission für Bildungsplanung und Forschungsförderung, Abschlußbericht zum Gemeinsamen Hochschulsonderprogramm III des Bundes und der Länder(2001).

Bundsminissterium des Innern(Hg.), 1996, *Fünf Jahre Kulturförderung in den neuen Ländern*, Bonn.

Bundsministrium für Bildung und Forschung, 2007, *Masterplan Umwelttechnologien*.

Clark, G., 1993, "Global interdependence and regional development: Business linkages and corporate governance in a world of financial risk," *Transactions of the Institute of British Geographers*, vol.18.

Datenreport, 2008, *Ein Sozialbericht für die Bundesrepublik Deutschland*.

Der Spiegel, 1990.3.12.

______, 2004.9.20.

Deutscher Bundstag, 1993, *Bericht der Bundesregierung zur Stärkung der Wissenschafts- und Forschungslandschaft in den neuen Ländern und im geeinten Deutschland* [인용 표기: 제12차 독일연방의회 보고서].

Die Enquette-Kommission des Deutschen Bundestages, 2007, "Kultur in Deutschland" *Schlußbericht*, 2007.12.11. [인용 표기: 2007년 독일연방의회 문화실태 조사보고서].

DIW, 1996, *Wochenbericht*, Nr.46.

Elsenhans, Hartmut und Andreas Lange, 2003, "Die Transformation der ostdeutschen Universität—Unvollständige Kolonisierung und Reformblockaden am Beispiel der Universität Leipzig," 2003년 10월 3~5일 개최된 학술대회 "East Germany Revisited" 발표 원고.

Eppelmann, R., M. Meckel und R. Grünbaum(Hg.), 2005, *Das ganze Deutschland. Reportagen zur Einheit*, Berlin.

Föhl, Patrick S. und Iken Neisener, 2008, *Kulturförderung des Landes Berlin*,

7.17, S.6.

Fuchs, Dieter und Edeltraud Roller, 2004, "Die Einstellung zur Demokratie in Deutschland," Gotthard Breit(Hg.), *Politische Kultur in Deutschland: Eine Einführung*, Schwalbach: Wochenschau Verlag, S.30-37.

Gabriel, Oscar W., 2007, "Bürger und Demokratie im vereinigten Deutschland," *Politische Vierteljahresschrift*, Jg.48, H.3, S.540-552.

Gabriel, Oscar W. und Frank Brettschneider(Hg.), 1994, *Die EU-Staaten im Vergleich: Strukturen, Prozesse, Politikinhalte*, Opladen: Westdeutscher Verlag.

Genosko, Joachim, 1991, "Die Gewerkschaften im Übergang vom real existierenden Sozialismus zur sozialen Marktwirtschaft: Eine Gewerkschaftstheoretische Analyse," Gerhard Kleinhenz(Hg.), *Sozialpolitik im vereinten Deutschland I*, Berlin: Dunckler & Humblot.

Gibowski, Wolfgang G. und Max Kaase, 1991, "Auf dem Weg zum politischen Alltag. Eine Analyse der ersten gesamtdeutschen Bundestagswahl vom 2. Dezember 1990," *Aus Politik und Zeitgeschichte*, B.11-12, S.3-20.

Gill, Ulrich, 1989, *Der Freie Deutsche Gewerkschaftsbund(FDGB): Theorie – Geschichte – Organisation – Funktion–Kritik*, Opladen: Westdeutscher Verlag.

Handbuch der DDR-Betriebe, 〈Welt〉 Ranking Top 100.

Henneberger, Fred, 1995, "Personalentwicklung in den öffentlichen Verwaltungen der neuen Bundesländer," *Deutschland-Archiv*, Jg.28, H.1, S.392-403.

Höhne, Benjamin, 2006, *Vertrauen oder Misstrauen?: Wie stehen die Ostdeutschen 15 Jahre nach der Wiedervereinigung zu ihrem politischen System?*, Marburg: Tectum Verlag.

Hoffmann, Lutz, 1993, *Warten auf den Aufschwung — Eine ostdeutsche Bilanz*, Regensburg.

Hrbek, Rudolf, 1991, "Föderalismus und Parlamentarismus in der Ordnung des

Grundgesetzes," *Bundestag, Bundesrat, Landesparlamente: Parlamentarismus und Föderalismus im Unterricht und in der politischen Bildung*, mit Beiträgen von A. Böhringer J. Bücker et al., Rheinbreitbach: NDV, S.17-56.

Hübner, K. 1994, "Zur politischen Ökonomie des doppelten Deutschlands," *PROKLA*, Jg.94, Nr.1.

Ifo, 2009, "Bestandsaufnahme der Wirtschaftlichen Fortschritte im Osten Deutschlands 1989-2008," Gutachten im Auftrag der INSM-Initiative Neue Soziale Marktwirtschaft GmbH Köln(Dresden, Juli 2009).

Institut für Ökologische Wirtschaftsforschung, 1990, *Umweltreport DDR. Bilanz der Zerstörung, Kosten der Sanierung, Strategien für den ökologischen Umbau. Eine Studie des Instituts für Ökologische Wirtschaftsforschung*, S. Fischer, Ffm.

IWH, 2009, *Wirtschaft im Wandel 2009/10* (20 Jahre Deutsche Einheit).

Jahresbricht zum Stand der Deutschen Einheit 2000~2009 [인용 표기: 2000~2009년 독일통일백서].

Kemmler, Marc, 1993, *Die Entstehung der Treuhandanstalt von der Wahrung zur Privatisierung des DDR-Volkseigentums*, Frankfurt a.M.

Killisch, Winfried u.a., 2009, *Hochschulen im demograpgischen Wandel. Die Lage in Sachsen*.

Kittner, Michael(Hg.), 1995, *Gewerkschaftsjahrbuch 1989~1995*, Köln: Bund-Verlag.

Kolinsky, Eva, 1993, "Concepts of party democracy in the east," Stephen Padgett(ed.), *Parties and Party Systems in the New Germany*, Aldershot etc.: Dartmouth, pp.225-251.

Kulturation. Online Journal für Kultur, Wissenschaft und Politik, 2003~2009.

Kultursenat der Stadtregierung Berlin, 2006, *Gesamtkonzept zur Erinnerung der Berliner Mauer – Dokumentation, Information und Gedenken* [인용 표기: 2006년 베를린 장벽 프로젝트 보고서].

Kurz, Robert, 1993, *Potemkins Rückkehr: Attrappen-Kapitalismus und Verteilungskrieg in Deutschland*, Berlin.

Landeszentrale für Politische Bildung Baden-Württemberg(Hg.), 1990, *Deutsche Frage im Unterricht Aktuell 1*(Stuttgart).

Lewin, Dirk und Peer Pasternack, 2007, *Die Struktur der ostdeutschen Hochschullandschaft*.

Müller-Graff, Peter-Christian, 2005, "Deutsche Wiedervereinigung: Bilanz der rechtlichen Dimension," Volker Sellin(Hg.), *Deutschland fünfzehen Jahre nach der Wiedervereinigung*, Heidelberg: C. F. Müller, S.57-68.

Musiolek, Berndt und Carola Wuttke(Hg.), 1991, *Parteien und Politische Bewegungen im letzten Jahr der DDR(Oktober 1989 bis April 1990)*, mit einer Einleitung von Ralf Rytlewski, Berlin: Basis Druck Verlagsgesellschaft.

Myrdal, Gunnar, 1957, *Economic Theory and Underdeveloped Regions,* Gerald Duckworth, London.

Osterland, Martin, 1996, "Kommunale Demokratie in den neuen Bundesländern. Eine Bilanz," *Aus Politik und Zeitgeschichte*, B.50, S.41-46.

ÖTV Extra, 2000.9.18.

Pasternack, Peer, 1999, "Neu sortiert - Institutioneller Wandel der ostdeutschen Hochschulforschung 1990~2000," *Zeitschrift für intrnationale erziehungs- und sozialwissenschaftlichen Forschung*, Jg.16, H.1/2, S.169-186.

Pasternak, Peer, 2005, "Wissenschaftsumbau," Hannes Bahrmann, und Christoph Links(Hg.), *Am Ziel vorbei. Die deutsche Einheit — Eine Zwischenbilanz*, Berlin, S.221-236.

Pirker, Theo, Hans-Hermann Hertle, Jürgen Kädtler und Rainer Weinert, 1990, *FDGB - Wende zum Ende: Auf dem Weg zu unabhängigen Gewerkschaften?*, Köln: Bund-Verlag.

Presse- und Informationsamt, 1994, *Vier Jahre: Wähungs-, Wirtschafts- und Sozialunion*.

Raabe, Paul, 2006, *Kulturelle Leuchttürme in Brandenburg, Mecklenburg-Vorpomern, Sachsen, Sachsen-Anhalt und Thüringen*, Berlin.

Rammer, C. und D. Czarnitzki, 2003, *Innovation und Gründungen in Ostdeutschland, ZEW (Zentrum für Europäische Wirtschaftsforschung GmbH)*, Nr. 15, 2003.

Schmidt, Manfred G., 2005, "Deutschland fünfzehen Jahre nach der Wiedervereinigung: Die politikwissenschaftliche Perspektive," Volker Sellin(Hg.), *Deutschland fünfzehen Jahre nach der Wiedervereinigung*, Heidelberg: C. F. Müller, S.15-24.

Schmidt, Ute, 1994, "Transformation einer Volkspartei: Die CDU im Prozeß der deutschen Vereinigung," Oskar Niedermayer und Richard Stöss(Hg.), *Parteien und Wähler im Umbruch. Parteiensystem und Wählerverhalten in der ehemaligen DDR und den neuen Bundesländern*, Opladen: Westdeutscher Verlag, S.37-74.

Schroeder, Klaus, 2006, *Die veränderte Republik: Deutschland nach der Wiedervereinigung*, Stamsried: Verlag Ernst Vögel.

Siebert, Horst, 1992, *Das Wagnis der Einheit: eine wirtschaftspolitische Therapie*, Stuttgart.

Staak, Michael, 2007, "Deutschland als Wirtschaftsmacht," in Siegmar Schmidt, Gunther Hellmann und Reinhard Wolf(Hg.), *Handbuch zur deutschen Außenpolitik, VS Verlag für Sozialwissenschaften*.

Statistische Ämter der 16 Bundesländer, 2009, *Entstehung, Verteilung und Verwendung des Bruttoinlandsprodukts in den Ländern und Ost-West-Großraumregionen Deutschlands 1991 bis 2008*, Reihe 1, Band 5. (Hg Arbeitskreis "Volkswirtschaftliche Gesamtrechnungen der Länder" im Auftrag der Statistischen Ämter der 16 Bundesländer, des Statistischen Bundesamtes und des Bürgeramtes, Statistik und Wahlen, Frankfurt a.M.) (http://www.vgrdl.de)

Statistische Ämter des Bundes und der Länder, 2002, *Eckdaten des Kulturhaushalts 1997~2003* [인용 표기: 2002년 베를린 문화재정 보고서].

______, 2008a, *Kulturfinanzbericht* [인용 표기: 2008년 문화재정 보고서].

______, 2008b, *Kulturstatistik. Kulturindikatoren auf einen Blick. Ein Ländervergleich* [인용 표기: 2008년 문화지표 통계].

______, 2008c, *Internationale Bildungsindikatoren im Ländervergleich* [인용 표기: 2008년 교육지표].

______, 2009, *Kulturausgaben des Landes Berlin 2004~2009* [인용 표기: 2009년 베를린 문화재정 보고서].

Statistisches Amt der DDR, 1990, *Statistisches Jahrbuch der DDR 1990*, Berlin.

Statistisches Bundesamt, 1990, *Statistisches Jahrbuch 1990 für die Bundesrepublik Deutschland*, Wiesbaden.

______, 1991, *Statistisches Jahrbuch 1991 für das vereinte Deutschland*, Wiesbaden.

______, 2000, *Sonderreihe mit Beiträgen für das Gebiet der ehemaligen DDR, Entstehung und Verwendung des Bruttoinlandsproduktes 1970 bis 1989 (Heft 33)*, Wiesbaden.

______, 2005, *Die Bundesländer Strukturen und Entwicklungen*, Ausgabe 2005.

______, 2008a, *Bauen und Wohnen, Mikrozensus-Zusatzerhebung 2006: Bestand und Struktur der Wohneinheiten*, Fachserie 5, Heft 1, Wiesbaden.

______, 2008b, *Eisenbahnverkehr, Betriebsdaten des Schienenverkehrs 2007*, Fachserie 8, Reihe 2.1, Wiesbaden.

______, 2008c, *Periodensterbetafeln für Deutschland: Allgemeine und abgekürzte Sterbetafeln 1871/1881 bis 2005/2007*, Wiesbaden.

______, 2008d, *Hochschulstatistik 2008*.

______, 2008e, *Statistisches Jahrbuch 2008 für die Bundesrepublik Deutschland*, Wiesbaden: Statistisches Bundesamt [인용 표기: 2008년 통계연감].

______, 2009a, *Hochschulstandort Deutschland 2009*.

______, 2009b, *Nationale Trendtabellen für die deutsche Berichterstattung atmosphärischer Emissionen seit 1990, Emissionsentwicklung 1990~2006*, Treibhausgase und klassische Luftschadstoffe, inkl. erweiterte Auswertung und Äquivalentemissionen der Treibhausgase.

______, 2009c, *Statistisches Jahrbuch 2009 für Bundesrepublik Deutschland*, Wiesbaden: Statistisches Bundesamt [인용 표기: 2009년 통계연감].

______, 2009d, *Umwelt konomische Gesamtrechnungen der Länder*, 2009.10.

Umweltbundesamt, 2008. *Nationale Trendtabellen für die deutsche Berichterstattung*.

Umweltreport DDR, 1990, *Bilanz der Zerstörung. Kosten der Sanierung Strategien für den ökologischen Umbau*.

Winkler, Gunnar, 1999, "Zur sozialen Lage in den neuen Bundeslndern," *WSI Mitteilungen*, H.10, S.661−672.

Wissenschaftsrat, 1992, *Empfehlungen zur künftigen Struktur der Hochschullandschaft in den neuen Ländern und im Ostteil Berlin*, Bonn.

Ziddies, G., 2009, "Ostdeutsche Exportorientierung trotz Erschliessung neuer Märkte immer noch gering," *Wirtschaft im Wandel*, H.10 (20 Jahre Deutsche Einheit).

Zwahr, Hartmut, 1993, *Ende einer Selbstzerstörung: Leipzig und die Revolution in der DDR*, Göttingen: Vandenhoeck & Ruprecht.

■ 인터넷 자료

독일 위키피디아(http://de.wikipedia.org).

독일노련 홈페이지, 연도별 자료(http://www.dgb.de/dgb/mitgliederzahlen/mitglieder.htm).

독일노련 홈페이지, http://www.dgb.de/dgb/mitgliederzahlen/popit?dok=gesamt2008.htm&append=auswahlformular(검색일: 2009.9.21.).

독일연방선관위(http://www.bundeswahlleiter.de).

독일연방통계청, http://www.destatis.de/jetspeed/portal/cms/Sites/destatis/Internet/DE/Content/Statistiken/Zeitreihen/LangeReihen/Arbeitsmarkt/Content100/lrarb01ga,templateId=renderPrint.psml(검색일: 2009.9.26.).

독일연방통계청, http://www.destatis.de/jetspeed/portal/cms/Sites/

destatis/Internet/DE/Content/Statistiken/VerdiensteArbeitskosten/Bruttoverdienste/Tabellen/Content100/Bruttojahresverdienst,templateId=renderPrint.psml(검색일: 2009.9.20.).

세계은행(World Bank), World Development Indicator 2010 (http://siteresources.worldbank.org/DATASTATISTICS/Resources/GDP.pdf).

한국통계청(http://kostat.go.kr/nso_main/nsoMainAction.do?method=main&catgrp=nso2009).

한국은행(http://www.bok.or.kr).

황순원, "독일의 폐기물 관리"(http://www.ecoi.or.kr/maybbs/view.php?db=ecoi&code=ecoi_Waste&n=39&page=2; 검색일: 2010.11.11.).

Arbeitskreis, "Volkswirtschaftliche Gesamtrechnung der Länder"; MBVBS(2005: 17) www.vgrdl.de/Arbeitskreis_VGR/

Bügel Wirtschaftsinformationen GmbH & Co. KG. Gro unternehmen in Deutschland 2007(Dienstag, 17. Juli 2007). http://www.buergel.de/presse/studien-analysen/97-buergel-studie-grossunternehmen-in-deutschland-2007.pdf(검색일: 2009.11.10.).

"Bundesgesetzblatt Jahrgang 2009, Teil I, Nr. 16, Ausgegeben zu Bonn am 25. März 2009"(http://www.bundesfinanzministerium.de/nn_82/DE/BMF__Startseite/Aktuelles/Aktuelle__Gesetze/Gesetze__Verordnungen/033__Aend__GG__anl,templateId=raw,property=publicationFile.pdf).

Bundeszentrale für politische Bildung, "Die Linke,"http://www.bpb.de/methodik/HSJR9J,0,0,DIE_LINKE_%28DIE_LINKE%29.htm(검색일: 2009.8.6.)

Bundeszentrale für politische Bildung, "Die Linke," http://www.bpb.de/methodik/HSJR9J,0,0,DIE_LINKE_%28DIE_LINKE%29.html(검색일: 2009.8.6.).

Deutscher Bundestag, "60 Jahre Grundgesetz," http://www.mitmischen.de/index.php/Informativ/Zeitleiste/pos/10/infobox/22330(검색일: 2009.8.2.); "Kommission zur Modernisierung der Bund-Länder-Finanzbeziehungen," http://www.bundestag.de/bundestag/ausschuesse/gremien/foederalis-reform/index.html(검색일: 2009.8.2.).

Forschungsportal der Deutschen Rentenversicherung 2009.

Großunternehmen in Deutschland 2007 – Bügel Wirtschaftsinformationen GmbH & Co. KG (Dienstag, 17. Juli 2007).

http://www.buergel.de/presse/studien-analysen/97-buergel-studie-grossunter-nehmen-in-deutschland-2007.pdf(검색일: 2009.11.10.).

Wahlen, Wahlrecht und Wahlsysteme, "Landtagswahlrecht" http://www.wahlrecht.de/landtage/index.htm(검색일: 2009.8.10.).

Wissenschaftliche Dienste des Deutschen Bundestags, 2006, "Föderalismus-reform 2006: Grundgesetzänderung – Synopse"(http://www.bundestag.de/dokumente/analysen/2006/Foederalismusreform_2006.pdf).

WSI-Tarifarchiv, BMA, http://www.boeckler.de/549_20871.html(검색일: 2009.9.18.).

■ 보고서

독일연방의회 보고서 2007, Nr. 16/7000, S. 377~410.

베를린 시 문화부, Gesamtkonzept zur Erinnerung der Berliner Mauer: Dokumentation, Information und Gedenken, 2006년 6월 12일 공표.

독일연방내무성 2009년 보고서 Jahresbericht der Bundesregierung zum Stand der Deutschen Einheit 2009, S.137 이하 참조.

Länderarbeitskreis Energiebilanzen.

Umweltökonomische Gesamtrechnungen der Länder, 2009/10.

부록

2006, 2009년 독일기본법 개정 내용

2006, 2009년 독일기본법 개정 내용[1]

구 기본법	개정 기본법
제22조(연방국기)	제22조(연방수도-연방국기)
연방국기는 흑 · 적 · 황색이다.	[추가] (1) 독일연방공화국의 수도는 베를린이다. 수도에서의 국가 전체를 대표하는 것은 연방의 임무로 한다. 이에 관한 자세한 사항은 연방법률로 정한다. (2) 연방국기는 흑 · 적 · 황색이다.
제23조(유럽연합-기본권-보충성원칙)	제23조(유럽연합-기본권-보충성원칙)
(6) 주들의 전속적 입법권한이 중점적으로 관계되는 경우에 유럽연합의 회원국으로서 독일연방공화국에 속한 권한의 행사는 연방으로부터 연방평의회(Bundesrat)에 의해 지명된 주의 대표에게 이양되어야 한다. 동 권한의 행사는 연방정부의 참여와 표결 하에서 이루어진다. 이 경우에 연방의 국가 전체적 책임은 그대로 존속한다.	(6) 학교교육, 문화 또는 방송 영역에 대한 주들의 전속적 입법권한이 중점적으로 관계되는 경우에 유럽연합의 회원국으로서 독일연방공화국에 속한 권한의 행사는 연방으로부터 연방평의회(Bundesrat)에 의해 지명된 주의 대표에게 이양되어야 한다. 동 권한의 행사는 연방정부의 참여와 표결 하에서 이루어진다. 이 경우에 연방의 국가 전체적 책임은 그대로 존속한다.
제33조(국민의 평등-공직제도)	제33조(국민의 평등-공직제도)
(5) 공직근무법은 직업공무원제도의 전통적인 제 원칙을 고려하여 규정해야 한다.	(5) 공직근무법은 직업공무원제도의 전통적인 제 원칙을 고려하여 규정해야 하며, 지속적으로 발전시켜야 한다.

1 제106조, 제106B조, 제107조, 제108조는 2009년에 개정. 2006년 개정 기본법에 대해서는 윤석진 · 이준서(2008: 48-71)의 내용을 독일연방의회가 내놓은 분석서인 Wissenschaftliche Dienste des Deutschen Bundestags, 2006, "Föderalismusreform 2006: Grundgesetzänderung – Synopse"(http://www.bundestag.de/dokumente/analysen/2006/Foederalismusreform_2006.pdf)와 대조하여 일부 수정. 2009년 개정 기본법에 대해서는 "Bundesgesetzblatt Jahrgang 2009 Teil I Nr. 16, ausgegeben zu Bonn am 25. M rz 2009" (http://www.bundesfinanzministerium.de/nn_82/DE/BMF__Startseite/Aktuelles/Aktuelle__Gesetze/Gesetze__Verordnungen/033__Aend__GG__anl,templateId=raw,property=publicationFile.pdf)을 참조.

제52조(의장-의결 의사규칙)	제52조(의장-의결 의사규칙)
(3a) 유럽연합의 사무를 위하여 연방평의회는 유럽심의회를 설치할 수 있으며, 여기에서의 결정은 연방평의회의 결정으로 간주된다. 제51조 제2항과 제3항 제2호가 준용된다.	(3a) 유럽연합의 사무를 위하여 연방평의회는 유럽심의회를 설치할 수 있으며, 여기에서의 결정은 연방평의회의 결정으로 간주된다. 각 주들이 균등하게 제출한 표의 총수는 제51조 제2항에 따라 결정된다.
제72조(경합적 입법)	제72조(경합적 입법)
(2) 연방은 이러한 영역에서 연방 영역에 있어서의 균등한 생활여건의 조성이나 국가 전체의 이익을 위한 법적 · 경제적 통일성의 유지를 위하여 연방법률로 규정할 필요가 있는 경우에 입법권을 가진다.	(2) 제74조 제1항 4호, 제7호, 제11호, 제13호, 제15호, 제19a호, 제20호, 제22호, 제25호, 제26호에 대하여 연방은 이러한 영역에서 연방 영역에 있어서의 균등한 생활여건의 조성이나 국가 전체의 이익을 위한 법적 · 경제적 통일성의 유지를 위하여 연방법률로 규정할 필요가 있는 경우에 입법권을 가진다.
(3) 전항의 필요성이 더 이상 존재하지 않는 연방법률규정은 주 법에 의하여 대체될 수 있음을 연방법률로 규정할 수 있다.	(3) 연방은 연방 입법권한을 행사하며, 주들은 연방의 입법관할에서 제외되는 다음의 사항들을 법률로 규정할 수 있다. 1. 수렵(수렵면허에 관한 법은 제외) 2. 자연보호와 경관보호에 관한 사항(자연보호의 일반원칙, 생물 종의 보호 혹은 해양보호에 관한 법은 제외) 3. 토지 분배 4. 국토개발계획 5. 물 관리(수질 혹은 수자원 시설에 관련된 규정은 제외) 6. 대학의 입학 및 수료 이러한 영역에서의 연방법률은 연방평의회가 달리 정하지 않는 한, 공포일로부터 6개월이 경과하여야 효력을 발생한다.
제73조(연방의 전속적 입법사항)	제73조(연방의 전속적 입법사항)
(1) 연방은 다음 사항에 대하여 전속적 입법권을 가진다.	(1) 연방은 다음 사항에 대하여 전속적 입법권을 가진다.
3. 이전의 자유, 여권제도, 국내외로의 이민 및 범인 인도	3. 이전의 자유, 여권제도, 신고 및 신분증명제도, 국내외로의 이민 및 범인 인도 [추가] 5a. 독일 문화재의 외국으로의 유출방지를 위한 보호 [추가] 9a. 국제테러리즘의 위험에 대한 방위는 각 주에 파급 위험이 존재하는 경우, 주 경찰청의 권한이 인정되지 않는 경우 또는 최상급의 주 관청이 방위의 인계를 요청하는 경우에 연방사법경찰관리에게 있다.

	[추가] 12. 무기와 폭발물에 관한 법
	[추가] 13. 전상자와 전몰유가족에 대한 원호 및 과거의 전쟁포로를 위한 구호
	[추가] 14. 평화목적의 핵에너지 생산과 이용, 핵에너지 방출 또는 전리 방사선에 의하여 발생하는 위험으로부터의 보호와 방사성 물질의 제거, 이러한 목적에 따른 공공시설의 설립 및 운영
	[추가] (2) 제1항 9호에 의한 법률은 연방평의회의 동의를 필요로 한다.
제74조(연방의 경합적 입법사항)	제74조(연방의 경합적 입법사항)
(1) 경합적 입법에는 다음의 사항이 포함된다.	(1) 경합적 입법에는 다음의 사항이 포함된다.
1. 민법, 형법 및 행형, 법원조직, 재판절차, 변호사, 공증인제도, 법률상담	1. 민법, 형법 및 행형, 법원조직, 재판절차(미결구금의 집행에 관한 법 제외), 변호사, 공증인제도, 법률상담
4a. 총포 및 화약류에 관한 법	4a. [삭제]
7. 공적부조사업	7. 공적부조사업(사회복지시설법 제외)
10. 전상자 및 전몰유가족의 원호, 전쟁포로였던 자에 대한 부조	10. [삭제]
11. 경제법(광업, 공업, 동력산업, 수공업, 어업, 상업, 은행 및 주식제도, 사법상 보험제도)	11. 폐점, 음식점, 도박장, 연기장, 견본시, 어음증서의 발행 및 시장설치에 관한 법을 제외한 경제법(광업, 공업, 동력산업, 수공업, 어업, 상업, 은행 및 주식제도, 사법상 보험제도)
11a. 평화 목적의 핵에너지 생산과 이용, 핵에너지 방출 또는 전리 방사선에 의하여 발생하는 위험으로부터의 보호와 방사성 물질의 제거, 이러한 목적에 따른 공공시설의 설립 및 운영	11a. [삭제]
17. 농임업 생산의 촉진, 식량 확보, 농임산물의 수출입, 원양어업과 연안어업 및 연안보전	17. 농임업 생산의 촉진(경지정리법 제외), 식량 확보, 농임산물의 수출입, 원양어업과 연안어업 및 연안보전
18. 토지 거래, 토지법(개발부담금법 제외) 및 농업소작제도, 주거제도, 이주정착제도	18. 도로계획상의 토지거래, 토지법(개발부담금법 제외)과 주택수당법, 구채무보조법, 주택건설비과세공제법, 광산노동자주택건설법 및 광원주택법
19. 공공의 위험이 있거나 전염성이 있는 가축의 질병에 대한 조치, 의사와 기타 의료업 및 의료관련사업의 허가, 약품과 약제 및 마취제와 독극물 거래의 권한	19. 공공의 위험이 있거나 전염성이 있는 가축의 질병에 대한 조치, 의사와 기타 의료업 및 의료관련사업의 허가와, 약국, 의약품, 치료재, 마취제 및 독극물 거래에 관한 권한
20. 식량, 기호품, 생활필수품, 사료, 농임업용 종자 및 묘목의 거래보호, 식물의 병해로부터의 보	20. 식료품을 포함해 그 생산에 이용되는 동물에 관한 법, 기호품, 생활필수품, 사료, 농임업용 종

호와 동물 보호	자 및 묘목의 거래보호, 식물의 병해로부터의 보호와 동물 보호
22. 도로교통, 자동차제도, 장거리교통을 위한 지방도로의 건설과 유지, 차량 공공도로 이용료의 징수와 배분	22. 도로교통, 자동차제도, 장거리교통을 위한 지방도로의 건설과 유지, 차량의 공공도로 이용에 대한 요금의 징수
24. 오물제거, 대기정화 및 소음방지	24. 폐기물경제, 오물제거, 대기정화 및 소음방지(생활소음으로부터의 보호 제외)
26. 인간의 인공수정, 유전자 정보의 연구 및 인공적 변경과 장기 및 조직 이식에 관한 규율	26. 인간의 생명을 위한 의학적 촉진제의 생산, 인간의 인공수정, 유전자 정보의 연구 및 인공적 변경과 장기와 조직 및 세포 이식에 관한 규율
	[추가] 27. 주 · 자치단체 기타 공법상 단체의 공무원과 주 법관의 지위 부여, 급여 및 연금을 제외한 신분에 관한 권리와 의무
	[추가] 28. 수렵
	[추가] 29. 자연보호와 경관보호
	[추가] 30. 토지분할
	[추가] 31. 국토개발계획
	[추가] 32. 수자원관리
	[추가] 33. 대학의 입학 및 수료
(2) 전항 제25호에 의한 법률은 연방평의회의 동의를 필요로 한다.	(2) 전항 제25호 및 제27호에 의한 법률은 연방평의회의 동의를 필요로 한다.
제74a조(공직에 있어서의 급료와 부양)	제74a조 [삭제]
제75조(대강법률)	제75조 [삭제]
제85조(위임행정)	제85조(위임행정)
(1) 주가 연방의 위임에 따라 연방법률을 집행할 때에는, 연방평의회의 동의를 필요로 하는 연방법률에 다른 규정이 없는 한, 관청의 설치는 주의 소관사항이다.	(1) 주가 연방의 위임에 따라 연방법률을 집행할 때에는, 연방평의회의 동의를 필요로 하는 연방법률에 다른 규정이 없는 한, 관청의 설치는 주의 소관사항이다. 연방법률에 의하여 지방자치단체 및 지방자치단체연합이 그의 업무를 위임하는 것은 허용되지 않는다.
제87c조(핵에너지의 생산과 이용)	제87c조(핵에너지의 생산과 이용)
제74조 11a호에 근거하여 제정되는 법률은 연방평의회의 동의를 얻어 그 법률이 연방의 위임에 따라 주에 의하여 수행된다는 것을 규정할 수 있다.	제73조 1항 14호에 근거하여 제정되는 법률은 연방평의회의 동의를 얻어 그 법률이 연방의 위임에 따라 주에 의하여 수행된다는 것을 규정할 수 있다.
제91a조(연방의 비용분담에의 협력)	제91a조(연방의 비용분담에의 협력)
(1) 주의 업무가 전체를 위하여 중요하고 연방의 협력이 생활관계의 개선을 위해 필요한 경우, 연방은 다음의 영역에서 주의 업무수행에 협력한다(공동업무)	(1) 주의 업무가 전체를 위하여 중요하고 연방의 협력이 생활관계의 개선을 위해 필요한 경우, 연방은 다음의 영역에서 주의 업무수행에 협력한다(공동업무)

1. 대학병원을 포함해 대학의 확장과 신축	1. [삭제]
(2) 공동업무에 관한 사항은 연방평의회의 동의를 필요로 하는 연방법률로 정한다. 동 법률에는 공동업무의 수행에 관한 일반원칙이 포함되어야 한다.	(2) 공동업무와 개별적 협력에 관한 사항은 연방평의회의 동의를 필요로 하는 연방법률로 정한다. 동 법률에는 공동업무의 수행에 관한 일반원칙이 포함되어야 한다.
(3) 동 법률은 공동의 대강계획을 위한 절차와 시설에 관하여 규정한다. 대강계획에 사업계획이 포함될 때에는 그 사업계획이 실행될 지방의 동의를 필요로 한다.	(3) [폐지]
(5) 연방정부와 연방평의회는 자신의 요구로 공동사무의 수행에 관한 보고를 받을 수 있다.	(5) [폐지]
제91b조(교육사업과 연구의 증진)	제91b조(교육사업과 연구의 증진)
연방과 주는 협정에 근거하여 교육계획과 연구시설 및 국가적으로 중요한 학술연구 계획의 증진에 협력할 수 있다. 비용부담에 관해서는 관련 협정에서 정한다.	(1) 연방과 주는 다음과 같은 사항의 증진이 국가적으로 중요할 때 상호 협력할 것을 합의할 수 있다. 1. 고등교육기관 이외의 연구시설과 연구계획 2. 고등교육기관의 과학 프로젝트 및 연구 3. 대규모 과학시설을 포함해 고등교육기관의 신설 제1항 제2호에 의한 협정은 모든 주의 동의를 요한다. (2) 연방과 주는 국제적 비교와 관련보고서 및 권고 초안에 대한 교육체계 이행의 평가를 위해 상호 협력할 것을 합의할 수 있다. (3) 비용부담은 관련 협정에서 정한다.
제93조(연방헌법재판소의 관할)	제93조(연방헌법재판소의 관할)
(2) 연방헌법재판소는 또한 그밖에 연방법률에 의해 배정된 사건에 대해서도 재판한다.	(2) 연방평의회, 주정부 또는 주의회의 요청에 따라 연방헌법재판소는 또한 제72조 4항의 요건을 충족하는 사안들 중 연방법률에 의한 규제의 필요성이 더 이상 존재하지 않거나 제125a조 2항 1호에서 언급된 사안들 중 연방법률이 더 이상 규정하지 않는 사항에 대해서도 재판한다. 폐지할 필요가 있거나 더 이상 규정될 수 없는 연방헌법재판소의 결정은 제72조 4항이나 제125a조 2항 2호에 따라서 연방법률에 갈음한다. 제1호의 요구는 제72조 4항 또는 제125a조 2항 2호에 의해 연방평의회에서 거부되었거나 1년 이내 결정되지 않았거나 연방의회에 의해 거절되었을 경우에만 용인될 수 있다.

제98조(법관의 지위)	제98조(법관의 지위)
(3) 주 법관의 법적 지위는 주 특별법으로 정해야 한다. 제74a조 제4항이 달리 규정하지 않는 한 연방은 대강의 규정을 정할 수 있다.	(3) 제74조 1항 27호가 달리 규정하지 않는 한, 주 법관의 법적 지위는 주 특별법으로 정해야 한다.
제104a조(비용분담-연방의 재정지원)	제104a조(비용분담-연방의 재정지원)
(3) 주에 의해서 집행되는 금전의 급부에 관한 연방법률은 그 급부의 전부 또는 일부를 연방이 부담하도록 규정할 수 있다. 그러한 연방법률 중 어떤 법률이 비용의 절반 또는 그 이상을 연방이 부담한다고 규정할 때에는 이는 연방의 위임을 받은 주에 의해 집행된다. 어떤 법률이 비용의 1/4 또는 그 이상을 주가 부담하도록 규정할 때 이는 연방평의회의 동의를 요한다.	(3) 주에 의해서 집행되는 금전의 급부에 관한 연방법률은 그 급부의 전부 또는 일부를 연방이 부담하도록 규정할 수 있다. 그러한 연방법률 중 어떤 법률이 비용의 절반 또는 그 이상을 연방이 부담한다고 규정할 때 이는 연방의 위임을 받은 주에 의해 집행된다. [이하 삭제]
	(4) 주에게 금전의 급부, 제3자에 대한 이익이나 그에 상응하는 재화를 제공해야 할 의무를 규정한 법률과, 주의 고유한 권한에 의하거나 연방의 위임을 받아 제3항 2호에 따라 집행하도록 한 법률은 그 지출이 주에 의해 발생할 경우 연방평의회의 동의를 요한다.[신설]
(4) 연방은 경제 전체의 균형의 교란을 방지하기 위해서나 연방 영역에서의 상이한 경제력의 조정을 위해 혹은 경제성장의 증진을 위해 투자가 필요한 경우라면, 주 또는 지방자치단체(지방자치단체연합)에 의한 특히 중요한 투자를 위해 각 주에 재정지원을 할 수 있다. 상세한 내용, 특히 촉진될 투자의 종류는 연방평의회의 동의를 요하는 연방법률이나 연방예산법에 근거한 행정협정으로 정한다.	(4) 제104b조로 이관
	[추가] (6) 권한과 책임의 내부 배분에 따라, 연방과 주는 국제법상으로 주어지는 독일의 의무에 대한 위반으로 발생한 비용을 부담하여야 한다. 유럽연합에 의한 재정상 변경이 어느 특정 주를 넘어선 효력이 있는 경우, 연방과 해당 주는 그러한 비용을 15 대 85의 비율로 부담한다. 이 경우, 주는 일반적 관행에 따라 전체가 연대하여 총 35의 책임을 진다. 책임의 50은 재정 수단의 총규모를 조정하여, 채무를 야기한 해당 주가 지게 된다. 세부사항은 연방평의회의 동의를 요하는 연방법률에 의해 규정한다.
제104b조(연방의 재정지원)	[추가] 제104b조(연방의 재정지원)
	(1) 이 기본법이 그 입법권을 부여하는 한도 내에서, 연방은 주 또는 지방자치단체(지방자치단체연합)에 의한 특히 중요한 투자에 대해 주에게 다음

	사항에 필요한 재정 지원을 할 수 있다. 1. 전체 경제적 불균형을 피하는 경우 2. 연방 내 경제적 능력의 차이를 없애기 위한 경우 3. 경제성장을 촉진하는 경우 (2) 상세한 내용, 특히 촉진될 투자의 종류는 연방평의회의 동의를 요하는 연방법률이나 연방예산법에 근거한 행정협정으로 정한다. 급부기간은 한정적이며, 해당 급부는 그것이 사용된 방법에 따라 정기적으로 갱신되어야 한다. 재정 지원은 그 지원비율이 매년 감소되도록 계획되어야 한다.
제105조(세법상 권한배분) (2a) 주는 연방법률로 규정되는 조세와 실질적으로 동일한 것이 아닌 한, 지역소비세와 지출세에 관한 입법권을 갖는다.	제105조(세법상 권한배분) (2a) 주는 연방법률로 규정되는 조세와 실질적으로 동일한 것이 아닌 한, 지역소비세와 지출세에 관한 입법권을 갖는다. 주는 부동산 취득에 대한 세율을 결정할 권한을 갖는다.
제106조(조세 재정) (1) 3. 도로수송세	제106조 (1) 3. 도로수송세와 자동차세 및 기타 엔진 부착 교통수단 관련 교통세
(2) 3. 자동차세	(2) 3. [삭제]
제106b조(조세 재정)	[추가] 제106b조 자동차세의 연방 이관에 따라 2009년 7월 1일부터 주들은 연방 조세수입으로부터 분담금을 받는다. 구체적 사항은 연방평의회의 동의를 필요로 하는 연방법에 따른다.
제107조(재정 조정) (1) 주의 세수입과 소득세 · 법인세 수입에 대한 주의 몫은 그 조세가 주 영역 내의 재정관청에 의해 징수(지역적 수입)되는 때에는 각 주에 귀속한다. 법인세와 근로소득세에 관한 지역 수입의 한계와 종류 및 그 배분범위에 관한 상세한 규정은 연방평의회의 동의를 필요로 하는 연방법률로 정한다. 동법은 그밖의 지역 조세수입의 한계와 배분에 관해서도 규정할 수 있다. 판매세 수입에 관한 주의 몫은 주민 수에 비례하여 각 주에 귀속된다. 이 몫의 일부는 연방평의회의 동의를 필요로 하는 연방법률에 의해 주세와 소득세 및 법인세에서 비롯되는 주민 1인당 수입이 주 평균수입 이하인 주에 대해서는 최고 1/4까지 추가 몫으로 규정될 수 있다.	제107조(재정 조정) (1) 주의 세수입과 소득세 · 법인세 수입에 대한 주의 몫은 그 조세가 주 영역 내의 재정관청에 의해 징수(지역적 수입)되는 때에는 각 주에 귀속한다. 법인세와 근로소득세에 관한 지역 수입의 한계와 종류 및 그 배분범위에 관한 상세한 규정은 연방평의회의 동의를 필요로 하는 연방법률로 정한다. 동법은 그밖의 지역 조세수입의 한계와 배분에 관해서도 규정할 수 있다. 판매세 수입에 관한 주의 몫은 주민 수에 비례하여 각 주에 귀속된다. 이 몫의 일부는 연방평의회의 동의를 필요로 하는 연방법률에 의해 주세와 소득세 및 법인세에서 비롯되는 주민 1인당 수입이 주 평균수입 이하인 주에 대해서는 최고 1/4까지 추가 몫으로 규정될 수 있다. 부동산 취득에 관한 조세에 대해서는

	세수력이 고려되어야 한다.
제108조	제108조
(1) 1. 관세, 재정전매(Finanzmonopole), 수입판매세를 포함해 연방법이 정한 소비세, 자동차세, 기타 엔진 부착 교통수단 관련 교통세는 유럽공동체 영역의 조세와 마찬가지로 연방재정 주무부서에서 관리한다. ……	(1) 1. 관세, 재정전매(Finanzmonopole), 수입판매세를 포함해 연방법이 정한 소비세, 자동차세, 기타 엔진 부착 교통수단 관련 교통세는 유럽공동체 영역의 조세와 마찬가지로 2009년 7월 1일부터 연방재정 주무부서에서 관리한다.
제109조(연방과 주의 예산 운용)	제109조(연방과 주의 예산 운용)
	[추가] (5) 예산상의 운용의 유지를 위하여 유럽공동체설립조약 제104조에 준하여 유럽공동체의 법률행위로 인해 발생한 독일연방공화국의 의무는 연방과 주에 의해서 공동으로 이행되어야 한다. 상세한 내용은 연방평의회의 동의를 필요로 하는 연방법률로 정한다.
제125조(구 연방법률의 지속효력)	제125조(구 연방법률의 지속효력)
(1) 연방법률로 제정되었으나 제74조 1항이나 제75조 1항의 개정으로 더 이상 연방법률로 제정될 수 없는 법이라도 연방법률로서의 효력을 계속 갖는다. 이러한 법은 주법으로 대체될 수 있다.	(1) 연방법률로 제정되었으나 제74조 1항이나 제84조 1항 7호의 삽입, 제85조 1항 2호나 제105조 2a항 2호의 수정된 효력에 의하여, 또는 제74a조, 제75조 또는 제98조 3항 2호로 폐지되어 더 이상 연방법으로 제정되지 않는 법이라도 연방법의 효력을 갖는다. 이러한 법은 주법으로 대체될 수 있다.
(2) 1994년 11월 15일까지 존속하였던 제72조 2항에 의하여 제정된 법은 연방법률의 효력을 지속하게 된다. 연방법률은 이 법이 주법에 의해 대체될 수 있다고 규정할 수 있다. 제75조 2항으로 인해 법제정의 만료일 이전에 제정된 연방법률도 그러하다.	(2) 제72조 2항에 의하여 제정되어 1994년 11월 15일까지 존속하였으나 제72조 2항의 수정에 의해 더 이상 연방법으로 규정될 수 없는 법이라도 연방법으로서 효력을 유지한다. 연방법은 이 법률이 주법에 의해 대체될 수 있다고 규정할 수 있다.
	[추가] (3) 주법으로 제정되었으나 제73조의 수정으로 인해 더 이상 주법으로 규정되지 않는 법이라도 주법으로서 효력을 유지한다. 이는 연방법에 의해 대체될 수 있다.
제125b조(대강법률의 지속효력)	[추가] 제125b조(대강법률의 지속효력)
	(1) 제75조에 준하여 제정되어 2006년 12월 1일까지 존속하였고 이 시점 이후에도 연방법으로 제정될 수 있었던 법은 연방법으로서의 효력을 유지한다. 이로 인해 입법에 대한 주의 권리와 의무는 영향을 받지 아니한다. 제75조 3항 1호에 따른 사항에서 주는 이 법에서 벗어난 규정을 제정할 수 있으나, 제72조 3항 1호, 2호, 5호, 6호에 의해 규정되는 사항에서 주는 연방이 그 입법권을 행사할 때만 그

	리고 그러한 범위에 한하여 그렇게 할 수 있다. (2) 주는 제84조 1항에 의해 제정되어 2006년 12월 1일까지 존속한 연방규정에서 벗어난 규정을 2008년 12월 31일까지 제정할 수 있다. 그러나 이 규정들은 2006년 12월 1일 이후 관련 연방법 내 행정절차에 관한 규정이 수정된 경우에만 행정절차에 관한 규정에서 벗어날 수 있다.
제125c조(공동업무 범위에 포함되는 법의 지속효력)	[추가] 제125c조(공동업무 범위에 포함되는 법의 지속효력) (1) 제91a조 2항의 효력에 의해 제정된 법으로 제1항 1호에 부합하여 2006년 12월 1일까지 존속하는 법은 2006년 12월 31일까지 효력이 유지된다. (2) 제104a조 4항에 의한 지방교통재정 및 공공주택의 증진에 관하여 규정되었고 2006년 12월 1일까지 존속한 규정들은 2006년 12월 31일까지 효력을 유지한다. 지방교통재정법 제6조 1항에 의한 특별조치들을 위한 지방교통재정에 관한 규정들만 아니라 제104a조 4항에 의해 제정되어 2006년 12월 1일까지 존속한 다른 규정들은 2019년 12월 31일까지 효력을 유지한다. 단 이보다 앞서 폐지되었거나 결정된 것은 그렇지 아니하다.
제143c조(연방법률의 지속효력)	[추가] 제143c조(연방법률의 지속효력) (1) 2007년 1월부터 2019년 12월 31일까지, 주는 공동업무 확대의 폐지와 대학병원과 교육계획을 포함해 고등교육기관의 설치뿐 아니라 지방교통 기반시설과 공공주택의 확충을 위한 재정 지원의 손실 결과로 인한 연방 예산에서 연방 기금 분담의 손실에 대한 보상으로 매년 지불을 받을 권한을 얻게 된다. 2013년 12월 31일까지, 총액은 2000년부터 2008년까지 연방 재정 할당의 평균에 의해 결정될 것이다. (2) 2013년 12월 31일까지, 제1항에 따른 지출은 다음과 같은 형태로 주에 배분된다. 1. 2000년부터 2003년까지, 각 주의 평균할당에 따라 결정된 양을 매년 정기적으로 지급 2. 이전(以前) 공동재정의 기능적 영역을 위해 특별 지급 (3) 2013년 말까지, 연방 및 주는 제1항에 의해 주민 개인에게 할당된 재정이 적합한지의 여부와 그

들의 업무를 종료할 필요가 있는지에 대해 심사할 수 있다. 2014년 1월 1일을 시작으로 제1항에 의해 할당된 재정수단의 제2항 2호에 따른 특별자금을 중지해야 한다. 투자의 목적에 따른 특별자금의 양은 변경되지 않는다. 연대협정 II로 인한 합의는 영향을 받지 않는다.

(4) 세부 사항은 연방평의회의 동의를 요하는 연방법률에 의해 규정된다.

▌Abstract ▌

Twenty Years after the Reunification of Germany: Basic Data

Hong Bae Lim, Tae–Soo Song, and Byungkee Jung

In this research we collected, classified, and analyzed the basic data on the political, socioeconomic and cultural integration process of Germany since its political reunification in 1990. We did not only collect the policy reports and the statistical data which were published in Germany but also classified them under the categories of politics, economy, society, education, culture and energy, and environment. And We analyzed them systematically, presenting national integration indicators for an objective judgment of the overall national integration level of Germany on the 20th anniversary of reunification.

As for the political area, this study analyzed the federal system, public sector reform, political parties, and elections; for the economic area, macro indicators were analyzed such as gross regional product, economic and financial aid as well as business indexes along with micro indicators like the establishment and closure of companies, rural development, the transportation infrastructure, and urban construction and investment. Concerning the social area, we assessed the demographic data of gender and age, the job structure, the education structure and policies relevant to labor, employment, children, youth, family and women. In the education area, we examined university reform, research and development, and educational policies, together with cultural property protection in the new Germany, the culture and arts promotion policy in Berlin, citizen participation in the new Germany, and the cultural exchange policy between the old and new Germany. Finally, as to energy and environment area, we assessed coal and nuclear energy, atmosphere issues, water quality, and trash management. All data were analyzed in terms of a chronological comparison between the old and new Germany.

찾아보기

ㄱ

가정당 22
갈탄광 323
개혁사회주의 2
거점지역혁신 227
건설부문 165
경기부양협약 230
경제통합 165
공동화 74
공산당 40
공세당 22
공화당 22
교육 수준 234
교육수준별 실업률 240
교육수준별 청년 실업률 241
교육 예산 231
교육 재정 231
교통인프라 164
구동독 10
구동독 지역 문화예술 지원협의회 297
구동독 지역 문화재 보호 사업 272
구동독 지역 문화 활성화 기금 284
구동독 지역의 연구개발 인력 259
구동독 지역 혁신역량 230
구(舊)채무 153
국가학술정책자문위원회 205
국내총생산 77
국민연 22
극우민족주의 48
금전급부법 13
기민연 4, 6
기본법 5
기업 네트워크 230

ㄴ

나치당 22
남슐레스비히연맹 58
네트워크 128
노동시장 149
노동조합 190
노이에스 포룸 3, 66
녹색당 6

녹색당–독립여성연합 4
녹색당/여성연 6
농민당 6

ㄷ

다문화 교육 290
단위임금비용 88
대기업 126
대안당 22
대연정 46
대학교육협약 2020 215
대학 구조개혁 205
대학기본법 209
대학 연구개발비 추이 253
대학혁신 프로그램(HEP) 215
도서대출 권수 및 도서관 방문자 수 302
도시 공동화 295
독립노조 193
독일당 53, 58
독일을 위한 연맹 6
독일자민당 6
독일중도당 22
동독사민당 3
동맹90 4, 6
동서 문화교류 290
동트(d'Hont) 방식 27

ㅁ

막스–플랑크 연구소 206
무역흑자 78
문화국가 269
문화 등대 사업 272
문화산업 육성 292
문화예산의 변동 추이 298
문화재단 협의회 273
문화재 보호를 위한 공공재정 지출 301
문화주권 270
민사당 6
민족당 22
민족자유당 53
민족전선 4
민주적 사회주의 21
민주주의 68
민주혁파 6

ㅂ

방사성 오염 322
베를린 장벽 1
베를린 장벽 역사유적지 복원 사업 282
베를린 특별조항 278
봉쇄조항 63
부문별 문화예산 300
부문별 연구개발비 249
분야별 대학 외 연구소 연구개발 인력

262
블럭정당 4

ㅅ

사민당 6
사유화 83
사회보험 172
사회부조 182
사회안정망 4
사회연 6, 22
사회적 도시 138
사회적 시장경제 4
사회주의 69
사회통합 204
산업입지 90
산업클러스터 128
산재보험 170
3차산업 105
생-라그 방식 38
선거대안당 20
세계문화유산 275
수도문화 지원협약 281
수입 129
'수축하는 도시들' 프로젝트 295
수출 129
쉴당 50
신자유주의 14
신탁청 83
실업보험 170
실향민연맹 53, 58

ㅇ

에너지경제 347
여성동맹 6
여성연합 6
연구개발비 현황 및 재원 247
연구개발 인력 현황 및 연도별 추이 257
연구기관별 연구개발 257
연구인력 재활 프로그램 221
연금보험 170
연대협약 273
연령별 대졸자 분포 235
연방 문화재단 273
연방의회 1
연방제 8, 9
연방평의회 11
연방헌법수호청 22
연방헌법재판소 12
예산헌법 13
월요시위 1
유권자연합 22, 65
유럽연합 7
유럽의회 23
의료보험 170
인물화된 비례대표제 26
인프라 165

ㅈ

자를란트국민당 56
자민당 2, 4, 6
자연보호 352
자유민주/자유 동맹 6
잔출(殘出)의원 26
장시간노동 166
재정헌법 13
적녹연정 20
적적연정 46
적황연정 14
전독일당 53
전독일블럭 58
전문대학 207
전환기 74
정당명부 비례대표제 26
정상화기 74
정치통합 204
제3의 길 14
제조업 부문 165
좌파당 20
주별 가계 문화생활비 지출 306
주별 교수 1인당 학생 수 243
주별 기업 부문 연구개발 인력 261
주별 기업 연구개발비 추이 252
주별 대학 소속 연구개발 인력 262
주별 대학 연구개발비 254
주별 대학 외 연구소 연구개발비 255
주별 대학 외 연구소 연구개발 인력 263
주별 대학 입학생 수 236
주별 도서관 수 302
주별 문화예산 비교 300
주별 박물관 방문자 수 303
주별 연구개발 인력 260
주별 연극 관람자 수 304
주별 인터넷 및 개인용 컴퓨터 보급률 306
주별 특허 출원 수 263
주별 평균 학급 크기 242
주별 학력 수준 234
주의회 22
주정부에 대한 연방정부의 연구개발 지원 250
주정부의 연구개발비 추이 251
주택임대료 140
중소기업 126
중앙원탁회의 2
중점연구분야 지원사업 224
지역별 문화예산 변동 추이 298
지역주의 38
지역 혁신역량 강화 사업 226
지역혁신포럼 228
지출부담 원칙 13

ㅊ

최대잔여방식 27

ㅋ

케인스주의 14
코메콘 81

ㅌ

타임래그 70
통일 관련 의식 66
통일 붐 77
통일사회 2
통일조약 10
통일좌파행동동맹 4
통일 헌법 5
특수전문대학 207

ㅍ

평생학습 지표 244
폐기물 338
포룸당 6
프라우엔호프 연구소 206

ㅎ

하이테크 창업기금 229
학문 분야별 대학 연구개발비 254
학문 분야별 대학 외 연구소 연구개발비 추이 255
학생 1인당 교육 예산 232
학술 및 연구개발비 공공재정 구조 246
학술 및 연구개발비 현황 246
행정연방주의 10
헤어-니마이어 방식 38
헬름홀츠 연구소 206
혁신기 74
혁신성장거점 227
혁신역량 227
혁신역량개발센터 228
혁신연구 지원 사업 225
현실사회주의 1
협동농장 145
화폐통합 81

A~Z

DGB 197
FDGB 197
GDP 대비 교육부문 공공지출 233

저자소개

임홍배(林洪培), Hong Bae Lim
서울대학교 독문학과 졸업, 동대학원 석사 · 박사
독일 프라이부르크 대학 및 훔볼트 대학 수학
현 서울대학교 인문대학 독어독문학과 교수
저서: 『황석영 문학의 세계』(공저, 2003), 『살아있는 김수영』(공저, 2005), 『나르치스와 골드문트』(역, 1997), 『미학』, 게오르크 루카치 저(4권)(공역, 2001~2003), 『독일 명작단편선』(2010), 『파우스트 박사』, 토마스 만 저(공역, 2010),
논문: 「니체의 언어비판과 근대인식」(1999), 「괴테의 상징과 알레고리 개념에 대하여」(2008), 「아우슈비츠의 기억과 재현의 문제」(2009)

정병기(鄭炳基), Byungkee Jung
서울대학교 정치학과 졸업, 베를린 자유대학교 정치학 박사
현 영남대학교 정치외교학과 조교수
저서: 『상상력에 권력을? 1968 혁명의 평가』(역, 2008), 『이념갈등과 사회통합: 영국과 독일의 경험을 중심으로』(공저, 2006), 『제3의 길과 신자유주의: 영국, 독일, 프랑스를 중심으로』(공저, 2006),
논문: 「2000년대 독일 노조 개혁 논쟁」(2011), 「독일 통일 20년: 급속한 일방적 정치통합과 사회통합의 타임래그」(2010), 「독일 민사당(PDS)/좌파당(Die Linke)의 친근로자적 국민정당화와 지역주의 딜레마」(2010)

송태수(宋泰洙), Tae-Soo Song
베를린자유대학(FUB) 정치학사, 석사, 박사
전 한국노동교육원 교수
현 한국기술교육대학 고용노동연수원 교수
저서: 『독일의 평화통일과 통일독일 20년 발전상』(공저, 2010), 『신세기의 민족질서와 한민족』(공저, 2008), 『유럽의 제노포비아』(공저, 2006), 『유럽정치』(공저, 2004), 『한국민주시민교육론』(공저, 2004),
논문: 「유럽연합(EU)의 대북정책과 지원정책 및 경제교류 평가」(2009), 「독일 통일과정의 사회갈등과 거버넌스: 신탁청의 구동독 경제재편 문제 고찰」(2009), 「통독 후 구동독 지역클러스터 비교연구: 지역산업거점, 기업네트워크, 혁신경쟁력을 중심으로」(2007), 「독일 지방자치 개혁의 현주소: 신공공관리 행정개혁과 직접민주주의」(2003)